Allgemeinverbindlichkeit per Gesetz –
das Sozialkassenverfahrensicherungsgesetz
(SokaSiG)

Europäische Hochschulschriften Recht

European University Studies in Law

Publications Universitaires Européennes de Droit

Band/Volume **6157**

Benjamin Brettschneider

Allgemeinverbindlichkeit per Gesetz – das Sozialkassenverfahrensicherungsgesetz (SokaSiG)

PETER LANG

Bibliografische Information der Deutschen Nationalbibliothek
Die Deutsche Nationalbibliothek verzeichnet diese Publikation in der Deutschen Nationalbibliografie; detaillierte bibliografische Daten sind im Internet über http://dnb.d-nb.de abrufbar.

Zugl.: München, Univ., Diss., 2019

Gedruckt auf alterungsbeständigem, säurefreiem Papier.
Druck und Bindung: CPI books GmbH, Leck

D 19
ISSN 0531-7312
ISBN 978-3-631-81404-8 (Print)
E-ISBN 978-3-631-81925-8 (E-PDF)
E-ISBN 978-3-631-81926-5 (EPUB)
E-ISBN 978-3-631-81927-2 (MOBI)
DOI 10.3726/b16839

Diese Publikation wurde begutachtet.

www.peterlang.com

Vorwort

Die vorliegende Arbeit wurde im Sommersemester 2019 von der Juristischen Fakultät der Ludwig-Maximilians-Universität in München als Dissertation angenommen und ist während meiner Tätigkeit als Rechtsanwalt im Bereich Arbeitsrecht entstanden. Literatur und Rechtsprechung konnten bis zum März 2019 berücksichtigt werden.

Mein Dank gilt meinem Doktorvater, Herrn Prof. Dr. Richard Giesen, der die Anregung zu diesem Thema gab und die Fertigstellung der Arbeit in vielfältiger Weise gefördert hat. Seine ständige Bereitschaft zu fachlichen Diskussionen mit vielen wertvollen Ratschlägen und konstruktiven Anregungen haben maßgeblich zur Realisierung dieser Arbeit beigetragen.

Bedanken möchte ich mich auch bei Herrn Prof. Dr. Volker Rieble für die zügige Erstellung des Zweitgutachtens.

Mein besonderer Dank gilt meinen Eltern, die mich stets unterstützt und gefördert haben. Durch ihren steten Rückhalt und Zuspruch haben sie im wesentlichen Maße zum Gelingen der Arbeit beigetragen. Ihnen widme ich diese Arbeit.

Benjamin Brettschneider
München, den 29.12.2019

Gliederung

§ 1 Einleitung 27

§ 2 Bedeutung des Sozialkassenverfahrens für das Baugewerbe 33

A. Zusammensetzung der SOKA-BAU 33

B. Sozialkassenverfahren des Baugewerbes 36

C. Ergebnisse zu § 2 49

§ 3 Entstehungsgeschichte des Sozialkassenverfahrensicherungsgesetzes (SokaSiG) 51

A. Wiederholt juristische Angriffe gegen die AVE VTV 51

B. Unwirksamkeit der AVEen VTV 2008 – 2014 52

C. Ergebnisse zu § 3 64

§ 4 Potentielle Rückforderungsansprüche gegen die SOKA-BAU 65

A. Wegfall der Rechtsgrundlage für die Erhebung von Sozialkassenbeiträgen 65

B. Prämissen der weiteren Untersuchung 66

C. Rechtsgrundlage für etwaige Rückforderungsansprüche 68

D. Auswirkungen der Beschlüsse des BAG auf abgeschlossene Verfahren 68

E. Vom Rückzahlungsanspruch erfasste Sozialkassenbeiträge 68

F. Schuldner des Rückzahlungsanspruchs 74

G. Fortgeltung der AVE VTV 2006 75

H. Nachwirkung der AVE VTV 2006 80

I. Einwendung der Entreicherung nach § 818 Abs. 3 BGB 108
J. Verjährung der Rückforderungsansprüche 123
K. Ergebnisse zu § 4 129

§ 5 Systematik und Regelungsgehalt des SokaSiG 131
A. Entwurf des SokaSiG als Reaktion auf die Beschlüsse des BAG 131
B. In Bezug genommene Tarifverträge nach §§ 1 bis 8 SokaSiG 132
C. Anwendung auf das Entsendeverfahren 134
D. Verhältnis des SokaSiG zur AVE 134
E. Geltung der Tarifnormen 135
F. Beteiligte Sozialkassen in den Ländern Bayern und Berlin 135
G. Geltungsbereich 136
H. Zivilrechtliche Durchsetzung 137

§ 6 Verfassungsmäßigkeit des SokaSiG 139
A. Verfassungsrechtlicher Prüfungsmaßstab 139
B. Verfassungsrechtliche Grundsätze 143
C. Verbot der Rückwirkung aus Art. 20 Abs. 3 GG 156
D. Verfassungsmäßigkeit der Verpflichtung sog. „Außenseiter“ 226
E. Eingriff in die Tarifautonomie 235
F. Verfassungsmäßigkeit der Ausbildungsumlage für „Solo-Selbstständige“ nach § 17 VTV 240
G. Verfassungsrechtliche Beurteilung des SokaSiG durch das BAG 251
H. Ergebnisse zu § 6 252

§ 7 Zusammenfassung der Ergebnisse 255

§ 8 Ausblick 259

Inhaltsverzeichnis

Abkürzungsverzeichnis 25

§ 1 Einleitung 27

§ 2 Bedeutung des Sozialkassenverfahrens für das Baugewerbe 33

A. Zusammensetzung der SOKA-BAU 33

I. Urlaubs- und Lohnausgleichskasse der Bauwirtschaft e.V. (ULAK) 33

II. Zusatzversorgungskasse des Baugewerbes AG (ZVK) 34

III. Gemeinsame Einrichtungen im Sinne des Tarifvertragsgesetzes 35

B. Sozialkassenverfahren des Baugewerbes 36

I. Tarifverträge des Sozialkassenverfahrens des Baugewerbes 36

II. Zitierte Fassungen der Tarifverträge 37

III. Allgemeinverbindlicherklärung der Bau-Tarifverträge 37

IV. Leistungen der SOKA-BAU 38

1. Urlaubsverfahren 38

a. Urlaubssicherung 38

aa. Grundlagen 38

bb. Ansprüche der Arbeitnehmer 39

[1] Urlaubsanspruch 39

[2] Abgeltungs- und Entschädigungsanspruch 40

cc. Erstattungsansprüche der Arbeitgeber 40

dd. Abwicklung des Urlaubsverfahrens in den Ländern Berlin und Bayern 41

b. Urlaubssicherung im Entsendeverfahren 41

2. Überbetriebliche Altersversorgung 41

a. Grundlagen 41

b. Rentenbeihilfe 42

c. Tarifrente Bau 42

3. Berufsbildungsverfahren ... 44
a. Grundlagen ... 44
b. Ansprüche der Auszubildenden gegen den Ausbildungsbetrieb ... 44
c. Erstattungsansprüche des Ausbildungsbetriebs für Ausbildungsvergütungen ... 44
d. Erstattungsansprüche des Ausbildungsbetriebs für die überbetriebliche Ausbildung ... 45
4. Einzug der Winterbeschäftigungs-Umlage ... 45
V. Finanzierung der Leistungen der SOKA-BAU ... 46
1. Sozialkassenbeitrag ... 46
a. Monatlicher Gesamtbeitrag ... 46
b. Anteil für das Urlaubsverfahren ... 47
c. Anteil für die zusätzliche Altersversorgung ... 47
d. Anteil für das Berufsbildungsverfahren ... 47
e. Anteil für die Sozialaufwandserstattung im Land Berlin .. 47
2. Mindestbeitrag für die Berufsbildung ... 48
3. Einzugsstelle ... 48

C. Ergebnisse zu § 2 ... 49

§ 3 Entstehungsgeschichte des Sozialkassenverfahrensicherungsgesetzes (SokaSiG) ... 51

A. Wiederholt juristische Angriffe gegen die AVE VTV ... 51
I. Betrieblicher Geltungsbereich ... 51
II. Verstoß gegen die negative Koalitionsfreiheit ... 52

B. Unwirksamkeit der AVEen VTV 2008 – 2014 ... 52
I. Premiere des Beschlussverfahrens nach § 2a Abs. 1 Nr. 5 i.V.m. § 98 ArbGG ... 53
1. Gerichtliche Überprüfung einer AVE vor Einführung des Beschlussverfahrens nach § 2a Abs. 1 Nr. 5 i.V.m. § 98 ArbGG ... 53

2. Gerichtliche Überprüfung einer AVE durch das Beschlussverfahrens nach § 2a Abs. 1 Nr. 5 i.V.m. § 98 ArbGG 54
II. Gründe für die Unwirksamkeit der AVEen VTV 2008 - 2014 ... 54
1. Unzureichende demokratische Legitimation im Normsetzungsverfahren 54
a. Keine gesetzgeberische Vorgabe durch den Wortlaut von § 5 TVG 55
b. Grundsätze des Demokratieprinzips und des Rechtsstaatsprinzips, Art. 20 Abs. 1 bis 3 GG 55
aa. Grundsatz der Volkssouveränität 56
bb. Möglichst kurze Legitimationskette 57
cc. Aktenkundige Dokumentation der Ministerbefassung 59
c. Keine entgegenstehende, unbeanstandete Verwaltungspraxis 59
2. Fehlerhafte Ermittlung des 50-Prozent-Quorums nach § 5 Abs. 1 S. 1 Nr. 1 TVG a.F. 60
a. 50-Prozent-Quorum nach § 5 Abs. 1 S. 1 Nr. 1 TVG a.F. .. 60
b. Ermittlung der notwendigen Zahlen 60
aa. Maßgeblicher Geltungsbereich des Tarifvertrags 61
[1] Einschränkungen des Geltungsbereichs durch Tarifvertrag 62
[2] Einschränkungen des Geltungsbereichs durch eingeschränkten Antrag auf AVE 62
bb. Fehlerhafte Bestimmung des Geltungsbereichs im Falle der AVEen VTV 2008 - 2014 63
C. Ergebnisse zu § 3 64

§ 4 Potentielle Rückforderungsansprüche gegen die SOKA-BAU 65
A. Wegfall der Rechtsgrundlage für die Erhebung von Sozialkassenbeiträgen 65
B. Prämissen der weiteren Untersuchung 66
I. Vor dem 16. August 2014 erlassene AVEen 66

II. Nach dem 16. August 2014 erlassene AVEen ... 67
C. Rechtsgrundlage für etwaige Rückforderungsansprüche ... 68
D. Auswirkungen der Beschlüsse des BAG auf abgeschlossene Verfahren ... 68
E. Vom Rückzahlungsanspruch erfasste Sozialkassenbeiträge ... 68
I. Relevante Arbeitsverhältnisse für einen Rückforderungsanspruch ... 68
1. Tarifgebundene Arbeitgeber und Arbeitnehmer nach §§ 3 Abs. 1, 4 Abs. 2 TVG ... 69
a. Ermittlung der notwendigen Zahlen ... 69
b. Beitragspflichtige Arbeitsverhältnisse der kraft Mitgliedschaft gebundenen Arbeitgeber ... 70
2. Gesamtzahl der beitragspflichtigen Arbeitsverhältnisse ... 72
II. Rechnerische Ermittlung der relevanten Arbeitsverhältnisse ... 73
III. Ergebnis ... 74
F. Schuldner des Rückzahlungsanspruchs ... 74
G. Fortgeltung der AVE VTV 2006 ... 75
I. Fortgeltung einer AVE ... 75
II. Auswirkungen der Änderungen des VTV 2005 ... 76
1. Wirkung der geänderten Tarifnormen ... 76
2. Wirkung der bisherigen (abgelösten) Tarifnormen ... 76
3. Wirkung der beibehaltenen (unveränderten) Tarifnormen ... 77
a. Grundsatz der Fortgeltung ... 77
b. Nicht geänderte Tarifnormen als sinnvoller Regelungskomplex ... 77
c. Sinnvoller Regelungskomplex nach Änderungen des VTV 2005 durch den Änderungstarifvertrag vom 20. August 2007 ... 77
aa. Änderungen des VTV 2005 durch den Änderungstarifvertrag vom 20. August 2007 ... 78
bb. Auswirkungen auf die beibehaltenen Tarifnormen ... 78
[1] Änderung von § 33 VTV 2005 ... 78
[2] Änderung von § 25 VTV 2005 ... 78

[3] Änderung von § 6 VTV 2005 ... 79
d. Zwischenergebnis ... 79
III. Ergebnis ... 80

H. Nachwirkung der AVE VTV 2006 ... 80
I. Nachwirkung allgemeinverbindlicher Tarifverträge über gemeinsame Einrichtungen ... 80
1. Nachwirkung allgemeinverbindlicher Tarifnormen ... 81
2. Nachwirkung von allgemeinverbindlichen Tarifverträgen über gemeinsame Einrichtungen ... 82
a. Nachwirkung von Tarifverträgen über gemeinsame Einrichtungen ... 82
aa. Ansicht der Rechtsprechung ... 82
bb. Meinungsstand in der Literatur ... 83
cc. Stellungnahme ... 83
b. Nachwirkung von allgemeinverbindlichen Tarifverträgen über gemeinsame Einrichtungen ... 85
aa. Transfer der gewonnenen Erkenntnisse ... 85
bb. Abweichende Ansicht aus der Literatur ... 85
cc. Stellungnahme ... 85
[1] „andere Abmachung" im Falle der Nachwirkung von allgemeinverbindlichen Tarifnormen ... 85
[2] „andere Abmachung" im Falle der Nachwirkung von allgemeinverbindlichen Tarifnormen über gemeinsame Einrichtungen ... 87
[a] „andere Abmachung" durch Vereinbarung zwischen den Arbeitsvertragsparteien ... 87
[b] „andere Abmachung" durch einen ablösenden Tarifvertrag ... 91
[c] Zwischenergebnis ... 93
c. Nachwirkung der AVE VTV 2006 bzw. des VTV 2005 ... 93
aa. Transfer der gewonnenen Erkenntnisse ... 93
bb. Beendigung der Nachwirkung durch eine „andere Abmachung" im Falle der AVE VTV 2006 ... 93

[1] Herausnahme des Arbeitsverhältnisses aus dem Geltungsbereich der SOKA-BAU 93
[2] Ablösender Tarifvertrag 95
[3] Zwischenergebnis 96
3. Ergebnis 96
a. Ergebnis im Grundsatz 96
b. Ergebnis unter Berücksichtigung der potentiellen Unwirksamkeit der AVEen der übrigen Bau-Tarifverträge 97
II. Reichweite der Nachwirkung 97
1. Erfassung von Alt- und/oder Neu-Arbeitsverhältnissen 97
a. Ansicht der Rechtsprechung 97
b. Meinungsstand in der Literatur 98
c. Stellungnahme 99
2. Reichweite der Nachwirkung im Falle des VTV 2005 101
a. Transfer der gewonnenen Erkenntnisse 101
b. Abweichung durch Vereinbarung zwischen den Arbeitsvertragsparteien 101
c. Zwischenergebnis 102
3. Beweislast 103
a. Beweislast im Rahmen der Geltendmachung eines Beitragsanspruchs 103
b. Beweislast im Rahmen der Geltendmachung eines bereicherungsrechtlichen Rückforderungsanspruchs 103
aa. Grundsatz 103
bb. Korrektur bei alternativem Rechtsgrund 104
c. Zwischenergebnis 105
4. Zwischenergebnis 105
III. Beitragspflichten aus der AVE VTV 2006 106
IV. Ergebnis 107
I. Einwendung der Entreicherung nach § 818 Abs. 3 BGB 108
I. Grundsatz 109
II. Keine Saldierung von gegenseitigen Ansprüchen 109

III. Entreicherung durch tarifgerechten Verbrauch ... 110
1. Beiträge für die zusätzliche Altersversorgung ... 110
2. Beiträge für das Berufsbildungsverfahren ... 111
3. Beiträge für das Urlaubsverfahren ... 112
a. Entreicherung durch Auszahlung ... 112
b. Erwerb von Rückforderungsansprüchen durch die ULAK ... 112
aa. Entfall der tariflichen Rechtsgrundlage für Erstattungsansprüche der Arbeitgeber ... 113
bb. Verwendung der Beiträge für Erstattungszahlungen an den anspruchstellenden Arbeitgeber ... 114
[1] Aufrechnung mit Gegenansprüchen ... 114
[2] Durchsetzbarer Gegenanspruch als Voraussetzung der Aufrechnung ... 114
[a] Unbegründete Einwendung der Entreicherung seitens des Arbeitgebers ... 115
[b] Begründete Einwendung der Entreicherung seitens des Arbeitgebers ... 115
cc. Verwendung der Beiträge für die Erstattungszahlungen an andere Arbeitgeber ... 115
c. Einwendung der Entreicherung seitens der Arbeitgeber 116
d. Zwischenergebnis ... 117
4. Zwischenergebnis ... 117
IV. Entreicherung durch interne Weiterleitung der Beiträge ... 117
1. Entreicherung bei unentgeltlicher Weitergabe an Dritte ... 118
2. Die interne Weiterleitung der Sozialkassenbeiträge ... 118
3. Ausschluss der Entreicherung bei gleichzeitigem Erwerb von Rückforderungsansprüchen ... 119
4. Direktkondiktion nach § 822 BGB bei unentgeltlicher Weitergabe ... 121
a. Voraussetzungen der Direktkondiktion nach § 822 BGB 121
b. Vorliegen der Voraussetzungen von § 822 BGB im Falle der internen Weiterleitung von Sozialkassenbeiträgen ... 121

5. Zwischenergebnis ... 122
V. Beweislast ... 122
VI. Ergebnis ... 123

J. Verjährung der Rückforderungsansprüche ... 123
I. Einschlägige Verjährungsregelung ... 123
II. Beginn der Verjährungsfrist nach § 199 Abs. 1 BGB ... 124
1. Entstehen des Anspruchs ... 124
2. Kenntnis der den Anspruch begründenden Umstände ... 125
a. Verjährungsbeginn bei bereicherungsrechtlichen Ansprüchen ... 125
b. Verjährungsbeginn im Rahmen der CGZP-Rechtsprechung ... 126
c. Übertragbarkeit der CGZP-Rechtsprechung auf die Unwirksamkeit der AVE VTV ... 127
III. Ergebnis ... 128

K. Ergebnisse zu § 4 ... 129

§ 5 Systematik und Regelungsgehalt des SokaSiG ... 131

A. Entwurf des SokaSiG als Reaktion auf die Beschlüsse des BAG ... 131
B. In Bezug genommene Tarifverträge nach §§ 1 bis 8 SokaSiG ... 132
C. Anwendung auf das Entsendeverfahren ... 134
D. Verhältnis des SokaSiG zur AVE ... 134
E. Geltung der Tarifnormen ... 135
F. Beteiligte Sozialkassen in den Ländern Bayern und Berlin ... 135
G. Geltungsbereich ... 136
I. Betrieblicher Geltungsbereich ... 136
II. Zeitlicher Geltungsbereich ... 136
H. Zivilrechtliche Durchsetzung ... 137

§ 6 Verfassungsmäßigkeit des SokaSiG 139

A. Verfassungsrechtlicher Prüfungsmaßstab 139

I. Vergleich mit der Grundrechtsbindung von Tarifverträgen und AVEen 140

1. Grundrechtsbindung von Tarifnormen 140

2. Grundrechtsbindung von allgemeinverbindlichen Tarifnormen 142

II. Sonderfall: Gesetz mit dem Inhalt eines Tarifvertrages und der Wirkung einer AVE 142

B. Verfassungsrechtliche Grundsätze 143

I. Verbot des Einzelfallgesetzes nach Art. 19 Abs. 1 S. 1 GG 143

1. Zielsetzung des Einzelfallgesetzverbots 144

2. Regelung eines Einzelfalls durch das SokaSiG 144

3. Stellungnahme 144

a. Einzelfallgesetz 144

b. Einzelpersonengesetz 145

c. Erlass des SokaSiG2 146

4. Ergebnis 147

II. Grundsatz der Gewaltenteilung aus Art. 20 Abs. 2 S. 2 GG 147

1. Auswirkungen des Grundsatzes der Gewaltenteilung 147

2. Erlass des SokaSiG als Eingriff in die Zuständigkeit der Judikative 148

3. Ergebnis 149

III. Bindung der Gesetzgebung an die verfassungsmäßige Ordnung, Art. 20 Abs. 3 GG 149

1. Normwiederholungsverbot als Element der verfassungsmäßigen Ordnung 150

2. Normwiederholungsverbot aus § 98 Abs. 4 S. 1 ArbGG 151

a. Normwiederholungsverbote in anderen Gesetzen 151

aa. § 47 Abs. 5 S. 2 VwGO 151

bb. § 31 Abs. 2 BVerfGG 152

b. Transfer der gewonnenen Erkenntnisse auf § 98 Abs. 4 S. 1 ArbGG 153

aa. § 98 Abs. 4 S. 1 ArbGG als potentielles Normwiederholungsverbot ... 153
bb. Zulässige Normwiederholung am Maßstab von § 47 VwGO ... 154
cc. Zulässige Normwiederholung am Maßstab von § 31 BVerfGG ... 154
3. Grundsatz der Verfassungsorgantreue als Grenze der Gesetzgebung ... 155
4. Ergebnis ... 155
C. Verbot der Rückwirkung aus Art. 20 Abs. 3 GG ... 156
I. Rückwirkungsverbot als Ausdruck des Rechtsstaatsprinzips ... 156
II. Echte und unechte Rückwirkung ... 156
III. Einordnung des SokaSiG ... 157
IV. Ausnahmen vom Verbot der „echten" Rückwirkung ... 157
1. Bagatellvorbehalt ... 158
2. Unklare und verworrene Rechtslage ... 158
3. Kein begründetes Vertrauen in Fortbestand der früheren Regelung ... 158
4. Ersetzen einer ungültigen Rechtsnorm ... 159
5. Vorrangige Belange des Gemeinwohls ... 159
V. Anwendung auf das SokaSiG ... 159
1. Bagatellvorbehalt ... 160
2. Ersetzen einer ungültigen Rechtsnorm ... 162
a. Anwendungsfälle aus der Rechtsprechung ... 162
b. Ersetzen einer AVE durch ein formelles Gesetz ... 163
aa. SokaSiG als schlichte „Kopie" der AVEen VTV 2008 – 2014 ... 163
bb. Umwandlung von einer AVE zu einem formellen Gesetz als zulässiger Rechtsformwechsel ... 163
cc. Fehlerhafte Ermittlung des Quorums als „formeller" Fehler ... 167
c. Zwischenergebnis ... 171
3. Unklare und verworrene bzw. systemwidrige und unbillige Rechtslage ... 171

a. Unklare oder verworrene Rechtslage ... 172
b. Systemwidrige oder unbillige Rechtslage ... 173
c. Zwischenergebnis ... 174
4. Vorrangige Belange des Gemeinwohls ... 174
a. Vorliegen von vorrangigen Belangen des Allgemeinwohls ... 174
aa. Voraussetzungen nach Rechtsprechung und Literatur ... 174
bb. Vorrangige Belange des Gemeinwohls im Falle des SokaSiG ... 175
cc. Stellungnahme ... 177
b. Tatsächliche Gefährdung der vorrangigen Belange des Allgemeinwohls ... 178
aa. Allgemeine Meinung zur finanziellen Situation der SOKA-BAU ... 178
bb. Potentielle Insolvenz der SOKA-BAU ... 179
[1] Pflicht zur Bildung von Rückstellungen ... 179
[2] Pflicht zur Eröffnung des Insolvenzverfahrens ... 180
[3] Rückstellungspflichtige Verbindlichkeiten ... 181
[4] Rückstellungspflichtige Verbindlichkeiten im Falle der potentiellen Rückforderungsansprüche gegen die SOKA-BAU ... 183
[5] Einschätzungsprärogative des Gesetzgebers ... 183
c. Zwischenergebnis ... 185
5. Kein begründetes Vertrauen in die Unwirksamkeit der AVEen VTV 2008 – 2014 ... 185
a. Zeitraum bis hin zu den Beschlüssen des BAG vom 21. September 2016 ... 186
aa. Rüge der unzureichenden demokratischen Legitimation ... 186
[1] Verhältnis zur bisherigen Rechtsprechung ... 186
[2] Bisheriger Meinungsstand in der Literatur ... 187
[3] Resonanz in der Literatur auf die Entscheidungen des BAG ... 189
[4] Stellungnahme ... 191

bb. Rüge der fehlerhaften Berechnung des 50-Prozent-Quorums 195

[1] Verhältnis zur bisherigen Rechtsprechung 195

[2] Bisheriger Meinungsstand in der Literatur 196

[3] Resonanz in der Literatur auf die Entscheidungen des BAG 198

[4] Stellungnahme 199

cc. Ergebnis 201

b. Zeitraum zwischen den Beschlüssen des BAG und der Verkündung des SokaSiG 201

c. Zwischenergebnis 203

6. Zwischenergebnis 203

VI. Grundsatz der Verhältnismäßigkeit 203

1. Anwendung des Verhältnismäßigkeitsgrundsatzes auf eine rückwirkende Regelung 203

2. Vierstufige Prüfung 204

a. Legitimer Zweck 205

aa. Voraussetzungen 205

bb. Zweck des SokaSiG 205

cc. Legitimität der Zwecke des SokaSiG 206

[1] Sicherung des Fortbestands des Sozialkassensystems des Baugewerbes 206

[2] Schutz des fairen Wettbewerbs in der Baubranche 206

[3] Sicherstellung des fortlaufenden Einzugs von Sozialkassenbeiträgen 206

b. Geeignetheit 208

c. Erforderlichkeit 208

aa. Ausschluss von Rückforderungsansprüchen als potentiell milderes Mittel 208

bb. Zwingende Geltung des SokaSiG als vermeidbare Belastung der Normadressaten 209

[1] Verhältnis von allgemeinverbindlichen Tarifverträgen zu autonomen Tarifverträgen 209

[a] Verdrängungswirkung seit Geltung des TASG ... 209
[b] Grundsatz der Tarifkonkurrenz bzw. Tarifspezialität vor Geltung des TASG ... 210
[2] Verhältnis des SokaSiG zu autonomen Tarifverträgen ... 211
[a] Vorrang von Gesetz gegenüber Tarifvertrag ... 211
[b] Vergleich mit dem Verhältnis von Rechtsverordnungen nach §§ 7, 7a AEntG zu Tarifverträgen ... 211
[3] Auslegung des SokaSiG ... 212
cc. Verpflichtung von bisher Unbeteiligten durch das SokaSiG als vermeidbare Belastung der Normadressaten ... 215
[1] Zweckerreichung durch die Verpflichtung bisher Unbeteiligter ... 215
[2] Ausschluss von Rückforderungsansprüchen als milderes Mittel ... 216
dd. Gleiche Wirksamkeit des milderen Mittels ... 216
[1] Drohender Verlust von Leistungsansprüchen bei endgültigem Entfall von Beitragszahlungen 216
[2] Auswirkungen auf den fortlaufenden Beitragseinzug und die korrespondierenden Leistungsansprüche ... 217
[3] Auswirkungen auf noch nicht eingezogene Beitragszahlungen und die korrespondierenden Leistungsansprüche ... 218
[a] Auswirkungen auf die Leistungen des Urlaubsverfahrens ... 218
[b] Auswirkungen auf die Leistungen des Berufsbildungsverfahrens ... 220
[c] Auswirkungen auf die Leistungen der Altersversorgung ... 220
[d] Zwischenergebnis ... 222

[4] Potentielle Unwirksamkeit der AVEen der anderen Bau-Tarifverträge 222
[a] Entfall der Anspruchsgrundlage für bereits erfüllte Leistungen 222
[b] Entfall der Anspruchsgrundlage für bisher nicht erfüllte Leistungen 223
[c] Zwischenergebnis 223
[5] Zwischenergebnis 224
ee. Einschätzungsprärogative des Gesetzgebers 224
3. Zwischenergebnis 225
VII. Ergebnis 225
D. Verfassungsmäßigkeit der Verpflichtung sog. „Außenseiter“ 226
I. Koalitionsfreiheit nach Art. 9 Abs. 3 GG 226
1. Negative Koalitionsfreiheit 226
a. Verstoß durch die AVE VTV 226
b. Verstoß durch das SokaSiG 227
2. Positive Koalitionsfreiheit 227
a. Verstoß durch die AVE VTV 228
aa. Kein Eingriff in das Recht der positiven Koalitionsfreiheit 228
bb. Entscheidung auf Grundlage der Geltung der allgemeinen Grundsätze der Tarifkonkurrenz 228
cc. Verfassungsmäßigkeit der Verdrängungswirkung nach § 5 Abs. 4 S. 2 TVG 229
[1] Vergleich von § 5 Abs. 4 S. 2 TVG mit § 8 Abs. 2 AEntG 229
[2] Meinungsstand in der Literatur 230
[3] Zwischenergebnis 231
b. Verstoß durch das SokaSiG 231
aa. Übertragbarkeit der Rechtsprechung des BVerfG 231
bb. Verfassungswidrigkeit des § 5 Abs. 4 S. 2 TVG als Problem für das SokaSiG 232
[1] Akzessorietät von SokaSiG und AVE 232

[2] Auswirkungen der Verfassungswidrigkeit von § 5 Abs. 4 S. 2 TVG ... 232
[a] Keine Auswirkungen auf die Wirksamkeit von AVEen ... 232
[b] Akzessorietät und Auslegung des SokaSiG 233
3. Ergebnis ... 233
II. Berufsfreiheit nach Art. 12 Abs. 1 GG ... 234
1. Verstoß durch die AVE VTV ... 234
2. Verstoß durch das SokaSiG ... 234
3. Ergebnis ... 235
E. Eingriff in die Tarifautonomie ... 235
I. Tarifautonomie der Tarifvertragsparteien ... 235
II. Kein Normsetzungsmonopol der Tarifvertragsparteien ... 235
III. Kernbereich der Tarifnormsetzung ... 236
1. Schutzbereich ... 236
2. Eingriff in den Schutzbereich durch das SokaSiG ... 236
3. Verfassungsrechtliche Zulässigkeit des Eingriffs ... 237
a. Gesetz mit der Wirkung einer AVE ... 237
b. Verfassungsmäßigkeit der AVE in Bezug auf die kollektive Koalitionsfreiheit ... 237
c. Verfassungsmäßigkeit des SokaSiG in Bezug auf die kollektive Koalitionsfreiheit ... 238
aa. Rechtfertigung des Eingriffs ... 238
bb. Verfassungskonforme Auslegung des SokaSiG ... 239
IV. Ergebnis ... 240
F. Verfassungsmäßigkeit der Ausbildungsumlage für „Solo-Selbstständige“ nach § 17 VTV ... 240
I. Ausbildungsumlage nach § 17 VTV ... 240
II. Stand der Rechtsprechung ... 241
III. Gesetzgebungskompetenz des Bundes ... 242
1. Einschlägige Gesetzgebungskompetenz ... 242
2. „Erforderlichkeit“ i.S.v. Art. 72 Abs. 2 GG ... 243
3. Zwischenergebnis ... 245

IV. Gebot der Gleichbehandlung aus Art. 3 Abs. 1 GG 245
1. Willkürliche Heranziehung zur Beitragszahlung 245
2. Verstoß gegen das Äquivalenzprinzip 247
3. Zwischenergebnis 248
V. Verfassungskonforme Auslegung 248
VI. Ergebnis 250
G. Verfassungsrechtliche Beurteilung des SokaSiG durch das BAG 251
H. Ergebnisse zu § 6 252
§ 7 Zusammenfassung der Ergebnisse 255
§ 8 Ausblick 259
Literaturverzeichnis 261

Abkürzungsverzeichnis

a.A.	andere Ansicht
a.E.	am Ende
a.F.	alte Fassung
AEntG	Arbeitnehmerentsendegesetz
ArbGG	Arbeitsgerichtsgesetz
AVE VTV	Allgemeinverbindlicherklärung des Tarifvertrags zum Sozialkassenverfahren im Baugewerbe
AVE VTV 2006	Allgemeinverbindlicherklärung des Tarifvertrags über das Sozialkassenverfahren vom 20. Dezember 1999 in der Fassung des Änderungstarifvertrages vom 15.12.2005
AVE(en)	Allgemeinverbindlicherklärung(en)
AVEen VTV 2008 – 2014	Allgemeinverbindlicherklärungen des Tarifvertrags zum Sozialkassenverfahren von 2008, 2010, 2012, 2013 I, 2013 II und 2014
BAG	Bundesarbeitsgericht
Bau-Tarifverträge	BRTV, BBTV, TVR, TZA Bau und VTV
BBTV	Tarifvertrag über die Berufsbildung im Baugewerbe
BGB	Bürgerliches Gesetzbuch
BMAS	Bundesministerium für Arbeit und Soziales
BRTV	Bundesrahmentarifvertrag für das Baugewerbe
bspw.	beispielsweise
BUrlG	Bundesurlaubsgesetz
BVerfG	Bundesverfassungsgericht
BVerfGG	Bundesverfassungsgerichtsgesetz
BVerwG	Bundesverwaltungsgericht
bzgl.	bezüglich
CGZP	Tarifgemeinschaft Christlicher Gewerkschaften für Zeitarbeit und Personal-Service-Agenturen
EGMR	Europäischer Gerichtshof für Menschenrechte
f.	folgende
ff.	fortfolgende
gem.	gemäß
GG	Grundgesetz
ggf.	gegebenenfalls

i.H.v.	in Höhe von
i.S.d.	im Sinne des
i.S.v.	im Sinne von
m.w.N.	mit weiteren Nachweisen
n.F.	neue Fassung
Rn.	Randnummer
SOKA-BAU	Sozialkassen der Bauwirtschaft
SOKA-Berlin	Sozialkasse des Berliner Baugewerbes
SokaSiG	Sozialkassenverfahrensicherungsgesetz
TASG	Tarifautonomiestärkungsgesetz
TVG	Tarifvertragsgesetz
TVR	Tarifvertrag über Rentenbeihilfen im Baugewerbe
TZA Bau	Tarifvertrag über eine zusätzliche Altersversorgung im Baugewerbe
u.a.	unter anderem
UKB	Gemeinnützige Urlaubskasse des Bayerischen Baugewerbes e.V.
ULAK	Urlaubs- und Lohnausgleichskasse der Bauwirtschaft e.V.
VTV	Tarifvertrag über das Sozialkassenverfahren im Baugewerbe
VTV 2005	Tarifvertrag über das Sozialkassenverfahren im Baugewerbe vom 20. Dezember 1999 in der Fassung vom 15. Dezember 2005
VwGO	Verwaltungsgerichtsordnung
WSI	Wirtschafts- und Sozialwissenschaftliches Institut in der Hans-Böckler-Stiftung
ZVEH	Zentralverband der Deutschen Elektro- und Informationstechnischen Handwerke
ZVK	Zusatzversorgungskasse des Baugewerbes AG

Im Übrigen wird verwiesen auf: *Kirchner*, Abkürzungsverzeichnis der Rechtssprache, 8. Auflage 2015

§ 1 Einleitung

Die verfassungsrechtlich geschützte Tarifautonomie lebt von dem Prinzip, dass die Tarifvertragsparteien die Arbeits- und Wirtschaftsbedingungen ihrer Mitglieder selbst bestimmen können. Die durch Art. 9 Abs. 3 GG gewährleistete Normsetzungsbefugnis der Koalitionen erstreckt sich dabei aber grundsätzlich nur auf die Mitglieder der tarifvertragschließenden Parteien.[1] Die Allgemeinverbindlicherklärung (nachfolgend AVE, im Plural die AVEen) nach § 5 TVG durchbricht dieses Prinzip und ermöglicht es den Tarifvertragsparteien, in Zusammenarbeit mit dem Bundesministerium für Arbeit und Soziales, ihre abgeschlossenen Tarifverträge auf alle Arbeitgeber[2] und Arbeitnehmer des jeweiligen Geltungsbereichs zu erstrecken – unabhängig von deren Tarifbindung. Die AVE stellt damit, neben anderen Rechtsinstrumenten wie den Rechtsverordnungen auf Grundlage des Arbeitnehmerentsendegesetzes[3], die wichtigste Methode dar, um eine Tarifnormerstreckung durch staatlichen Akt herbeizuführen. 1

In der Bauwirtschaft nutzt man das Instrument der AVE bereits seit Jahrzehnten, um ein komplexes Sozialkassensystem auf alle Arbeitgeber und Arbeitnehmer des Baugewerbes zu erstrecken. Dabei werden einerseits durch spezielle Flächentarifverträge die Mindestlöhne, die Urlaubssicherung, das Berufsbildungsverfahren und eine zusätzliche Altersversorgung für alle Arbeitnehmer der Branche einheitlich geregelt. Andererseits werden aber auch alle Betriebe des Baugewerbes über die AVE des Tarifvertrags zum Sozialkassenverfahren im Baugewerbe (nachfolgend AVE VTV, im Plural die AVEen VTV) einheitlich bei den Sozialkassen der Bauwirtschaft zur Kasse gebeten, um die finanziellen Lasten dieses brancheneigenen Sozialkassensystems auf alle Betriebe des Baugewerbes zu verteilen. In der AVE VTV sind demnach die Beitragspflichten sowie umfassende Auskunfts- und Meldepflichten der Baubetriebe geregelt. Durchgeführt wird das Verfahren durch die Sozialkassen der Bauwirtschaft, die sog. SOKA-BAU.

---

1 BVerfG vom 24.05.1977 - 2 BvL 11/74 = BVerfGE 44, 322.

2 In der folgenden Arbeit wird aus Gründen der besseren Lesbarkeit ausschließlich die männliche Form verwendet. Sie bezieht sich auf Personen beiderlei Geschlechts.

3 ErfK/*Franzen*, § 5 TVG Rn. 29; siehe zu den zentralen Erscheinungsformen tarifvertraglicher Außenseiterwirkung durch staatlichen Akt *Hartmann*, Negative Tarifvertragsfreiheit, S. 26 ff.

Gesetzlich ermöglicht wird das Sozialkassenverfahren der Bauwirtschaft insbesondere durch § 5 Abs. 1a TVG, der die AVEen von Tarifverträgen über gemeinsame Einrichtungen zur Einziehung von Beiträgen und der Gewährung von Leistungen unter bestimmten Voraussetzungen zulässt. Die Sozialkassen der Bauwirtschaft sind solche gemeinsame Einrichtungen im Sinne von § 5 Abs. 1a TVG.

Mithilfe der AVE VTV finanziert sich die SOKA-BAU also von den Beiträgen aller Arbeitgeber des Baugewerbes. Ohne die solidarische Unterstützung der nichtorganisierten Arbeitgeber wäre die Existenz der SOKA-BAU in ihrer jetzigen Form kaum denkbar. Als Gegenwert erbringt die SOKA-BAU eine Vielzahl an Leistungen, die auf die besonderen Bedürfnisse der Arbeitgeber und Arbeitnehmer der Baubranche zugeschnitten sind.

2 Während es einerseits eine große Zahl an Befürwortern dieses solidarischen Systems gibt, ist die Interessenvertretung der Gegner ebenfalls nicht zu unterschätzen. Durch diese wird bis heute regelmäßig der extrem große betriebliche Geltungsbereich der Tarifverträge in Frage gestellt. Außerdem wird immer wieder ein Eingriff in das Grundrecht der negativen Koalitionsfreiheit gerügt, da die AVE VTV die Arbeitgeber zur Teilnahme am Sozialkassenverfahren „zwingt". Die AVE VTV wurde daher im Jahr 2015 (erneut) durch mehrere Antragsteller vor dem LAG Berlin-Brandenburg angegriffen. Durch das Verfahren nach § 2a Abs. 1 Nr. 5 i.V.m. § 98 ArbGG sollte die Unwirksamkeit der AVEen VTV von 2008, 2010, 2012, 2013 I, II und 2014 (nachfolgend zusammen die AVEen VTV 2008 – 2014) durch das Landesarbeitsgericht mit Wirkung für und gegen jedermann („erga omnes") festgestellt werden. Die Antragsteller waren dabei größtenteils Arbeitgeber, die keinem Arbeitgeberverband angehören und lediglich aufgrund der AVE VTV zur Beitragszahlung an die Sozialkassen der Bauwirtschaft verpflichtet waren (sog. „Außenseiter"). Nach einer Niederlage vor dem LAG Berlin-Brandenburg[4] obsiegten die Außenseiter am 21. September 2016 letztendlich vor dem 10. Senat des Bundesarbeitsgerichts – die AVE VTV 2008, 2010 und 2014 sind allesamt unwirksam.[5] Am 25. Januar 2017 wurden dann

---

4 Bezüglich der AVE VTV 2008 und 2010 siehe LAG Berlin-Brandenburg vom 17.4.2015 - 2 BVL 5001/14, 2 BVL 5002/14 = BeckRS 2015, 70809; zur AVE VTV 2012 LAG Berlin-Brandenburg vom 9.7.2015 – 3 BVL 5003/14 = BeckRS 2015, 119154; zur AVE VTV 2013 I und 2013 II LAG Berlin-Brandenburg vom 8.7.2015 - 4 BVL 5004/14, 4 BVL 5005/14 = BeckRS 2015, 71933; zur AVE VTV 2014 LAG Berlin-Brandenburg vom 21.8.2015 – 6 BVL 5006/14 = BeckRS 2015, 116314.

5 Feststellung der Unwirksamkeit der AVE VTV 2008 und 2010 durch BAG vom 21.9.2016 – 10 ABR 33/15 = NZA-Beil. 2017, 12; Feststellung der Unwirksamkeit der AVE VTV 2014 durch BAG vom 21.9.2016 – 10 ABR 48/15 = AP TVG § 5 Nr. 36.

auch die AVEen VTV 2012, 2013 I und 2013 II durch den 10. Senat für unwirksam erklärt.[6] Nach Auffassung des BAG waren die AVEen zum einen nicht ausreichend demokratisch legitimiert, da die zuständigen Bundesminister sich nicht mit den AVEen befasst hatten. Zum anderen rügte das BAG die fehlerhafte Ermittlung des 50-Prozent-Quorums nach § 5 Abs. 1 S. 1 Nr. 1 TVG in der bis zum 15. August 2014 geltenden Fassung wegen der Verwendung ungeeigneter Schätzgrundlagen.

Die neue Rechtsprechung des BAG stellt die SOKA-BAU nach eigener Aussage der Tarifparteien vor enorme finanzielle Probleme, da der Rechtsgrund für die Zahlung der Sozialkassenbeiträge durch die Unwirksamkeit der AVEen entfallen ist.[7] Das genaue Ausmaß ist dabei noch unbekannt.[8] Die Tarifparteien erwarten jedoch Rückforderungen in der Höhe von mindestens 340 Mio. Euro, die das Eigenkapital der SOKA-BAU aufbrauchen und die SOKA-BAU letztendlich überschulden würden.[9]

Um das befürchtete Ende des Sozialkassenverfahrens der Bauwirtschaft abzuwenden, hat sich die Bundesregierung um eine möglichst schnelle Lösung bemüht.[10] Bereits am 13. Dezember 2016 wurde der Gesetzesentwurf des sog. „Sozialkassenverfahrensicherungsgesetzes“ (SokaSiG) durch die Fraktionen der CDU/CSU und SPD in den Bundestag eingebracht. Mithilfe dieses Gesetzes sollen die bislang nach § 5 TVG für allgemeinverbindlich erklärten Tarifverträge des Baugewerbes *kraft Gesetzes* zur Anwendung kommen – und das mit Rückwirkung beginnend ab dem 1. Januar 2006. Das Gesetz verwendet dafür eine statische Verweisung auf die Tarifverträge über das Sozialkassenverfahren im Baugewerbe in ihrer jeweiligen Fassung, die dem Gesetz allesamt als Anlage beiliegen. Das Gesetz inklusive Anlagen umfasst daher 506 Seiten.

---

6 Feststellung der Unwirksamkeit der AVE VTV 2012 durch BAG vom 25.01.2017 – 10 ABR 43/15 = NZA 2017, 731; Feststellung der Unwirksamkeit der AVE VTV 2013 I und 2013 II durch BAG vom 25.01.2017 – 10 ABR 34/15 = AP TVG § 5 Nr. 37.

7 BT-Ausschussdrucksache 18(11)879; 18(11)893.

8 Das BAG spricht in seinen Beschlüssen lediglich von möglichen „negativen finanziellen Auswirkungen für die betroffenen gemeinsamen Einrichtungen“, BAG vom 21.9.2016 – 10 ABR 33/15 = NZA-Beil. 2017, 12, 35; auch die Begründung des Gesetzesentwurfs zum SokaSiG nennt lediglich die Möglichkeit von Rückforderungsansprüchen der Arbeitgeber gegen die Sozialkassen des Baugewerbes, deren „Werthaltigkeit juristisch nicht sicher prognostizierbar ist“, BT-Drucksache 18/10631, S. 2.

9 https://www.bauindustrie.de/media/documents/Hintergrund_SokaSiG.pdf, zuletzt abgerufen am 31.07.2018.

10 So die Begründung des Gesetzesentwurfs zum SokaSiG, BT-Drucksache 18/10631, S. 647.

Am 26. Januar 2017 wurde das SokaSiG schließlich verabschiedet und bereits jetzt sind mehrere Verfassungsbeschwerden vor dem Bundesverfassungsgericht anhängig. Und auch in laufenden Gerichtsverfahren über Beitragsansprüche der SOKA-BAU spielt das SokaSiG bereits jetzt eine tragende Rolle, so dass sich bspw. das LAG Hessen intensiv mit der Verfassungsmäßigkeit des Gesetzes auseinandersetzen musste.[11]

3 Die erhobenen Verfassungsbeschwerden gegen das SokaSiG stellen keine große Überraschung dar. Das Gesetz war bereits während des Gesetzgebungsverfahrens umstritten und auch noch nach Erlass des Gesetzes wurden Stimmen in der juristischen Fachliteratur laut, die erhebliche Probleme mit der Verfassungsmäßigkeit des SokaSiG hatten.[12]

Dabei spielen einerseits die aus der Vergangenheit bereits bekannten Reibungspunkte der AVE VTV mit der Verfassung eine Rolle. So war die „Zwangsmitgliedschaft" am Sozialkassenverfahren auf Grundlage der AVE VTV schon das Thema mehrerer Entscheidungen des BAG sowie des BVerfG. Denn die Außenseiter sehen sich in ihrer negativen Koalitionsfreiheit aus Art. 9 Abs. 3 GG verletzt. Zwar kamen die Gerichte in der Vergangenheit einheitlich zu dem Ergebnis, dass die AVE VTV gegen keine Grundrechte der Außenseiter verstößt. Die Übernahme der umstrittenen tarifvertraglichen Regelungen in ein formell-materielles Gesetz verlangt jetzt aber eine erneute, gesonderte Prüfung. Der verfassungsrechtliche Prüfungsmaßstab hat sich aufgrund des Rechtsformwechsels von einer AVE zu einem Gesetz geändert.

Hinzu kommt die Berührung des SokaSiG mit gleich mehreren verfassungsmäßigen Grundsätzen – insbesondere dem Verbot der Rückwirkung. Denn das SokaSiG ordnet abgeschlossene Sachverhalte und Zeitperioden aus der Vergangenheit dem Anwendungsbereich von Tarifverträgen zu und verpflichtet die Außenseiter hierdurch zur Zahlung von Sozialkassenbeiträgen. Es ist daher zu klären, ob das SokaSiG einen zulässigen Ausnahmefall vom Rückwirkungsverbot oder aber einen ungerechtfertigten Verstoß gegen das Rechtsstaatsprinzip darstellt. Schließlich könnten die Außenseiter seit den Beschlüssen des BAG ein begründetes Vertrauen darauf entwickelt haben, dass sie nicht mehr zur Zahlung von Sozialkassenbeiträgen herangezogen werden können bzw. ihre abgeführten Sozialkassenbeiträge zurückfordern können – zumindest für den ehemaligen Geltungszeitraum der AVEen VTV 2008 – 2014. Aber auch bereits vor den Beschlüssen des BAG könnte ein solches Vertrauen entstanden sein. Denn die

---

11 Vgl. LAG Hessen vom 2.6.2017 – 10 Sa 907/16 = NZA-RR 2017, 485.

12 Vgl. bspw. *Thüsing*, NZA-Beil. 2017, 3.

AVEen VTV 2008 – 2014 waren von Anfang an unwirksam, unabhängig von den Beschlüssen des BAG.

Eine entscheidende Rolle spielt auch die Frage, ob die Existenz der SOKA-BAU ohne Erlass des SokaSiG tatsächlich bedroht gewesen wäre. Der Gesetzgeber stützt sich zur Rechtfertigung des Gesetzes größtenteils auf die drohende Insolvenz der SOKA-BAU, die aufgrund von Rückforderungsansprüchen der Außenseiter hätte eintreten können. Ob und in welchem Maße diese Rückforderungsansprüche aber tatsächlich bestanden und hätten durchgesetzt werden können, ist bisher ungeklärt und wird an keiner Stelle der Begründung des Gesetzesentwurfs ausgeführt. Hier steht zum einen die Frage im Raum, ob eine ältere, wirksame AVE VTV womöglich gegenüber den Außenseitern gem. § 4 Abs. 5 TVG nachgewirkt und somit eine fortdauernde Rechtsgrundlage für den Einzug von Sozialkassenbeiträgen dargestellt hat. Zum anderen ist bisher unklar, in welchem Ausmaß sich die SOKA-BAU gegenüber Rückforderungsansprüchen auf einen Wegfall der Bereicherung nach § 818 Abs. 3 BGB hätte berufen können. Diese und andere Rechtsfragen der Rückabwicklung sollen daher im Rahmen der folgenden Arbeit geklärt werden.

Ferner verpflichtet der VTV zur Zahlung eines Mindestbeitrags zur Finanzie- 4
rung der Berufsbildung im Baugewerbe. Diesen Mindestbeitrag haben auch sog. „Solo-Selbstständige" zu zahlen, d.h. Betriebe die selbst weder Angestellte noch Auszubildende beschäftigen. Die Verfassungsmäßigkeit der Ausbildungsumlage wurde bereits bei Einführung in den VTV angezweifelt und kann jetzt auch ein Problem für die Verfassungsmäßigkeit des SokaSiG darstellen, da die Regelung unverändert übernommen wurde.

Außerdem beschäftigt sich die folgende Arbeit mit einer grundsätzlichen Frage: Kann sich der Gesetzgeber über höchstrichterliche Rechtsprechung hinwegsetzen und Beschlüsse des Bundesarbeitsgerichts der Wirkung nach aufheben? Der Erfolg der klagenden Arbeitgeber vor dem Bundesarbeitsgericht wäre damit wie weggewischt. Mit dem Entwurf des SokaSiG hat der Gesetzgeber insoweit einen Präzedenzfall geschaffen und damit womöglich den Grundstein für eine zukünftige Gesetzgebungspraxis gelegt.

Die Relevanz der Frage nach der Verfassungsmäßigkeit der SokaSiG hat sich zusätzlich verstärkt, nachdem am 1. September 2017 das SokaSiG2 erlassen wurde. Durch dieses Gesetz wurden auch den Regelungen der Tarifverträge zum Sozialkassenverfahren in zahlreichen anderen Handwerks- und Wirtschaftszweigen[13], die bisher per Allgemeinverbindlichkeit zur Anwendung kamen, gesetzliche Wirkung verliehen. Man befürchtete auch hier die umfängliche

---

13 Maler- und Lackiererhandwerk, Dachdeckerhandwerk, Gerüstbauer-Handwerk, Steinmetz- und Steinbildhauerhandwerk, Betonsteingewerbe Nordwestdeutschland,

Unwirksamkeit aller AVEen, die auf Grundlage des § 5 TVG in der bis zum 15. August 2014 geltenden Fassung ergangen sind und somit noch das Erreichen des 50-Prozent-Quorums zur Voraussetzung hatten.[14] Der Vorbildcharakter des SokaSiG ist damit belegt und damit auch dessen verfassungsrechtliche Bedeutung.

Steine- und Erden-Industrie, Betonsteinhandwerk und Ziegelindustrie in Bayern, Bäckerhandwerk, Brot- und Backwarenindustrie, Tageszeitungen, Garten-, Landschafts- und Sportplatzbau, Land- und Forstwirtschaft.

14 BT-Drucksache 18/12510, S. 866 f.

§ 2 Bedeutung des Sozialkassenverfahrens für das Baugewerbe

Um die praktischen Konsequenzen der Beschlüsse des BAG vom September 2016 und die rechtspolitische Motivation hinter dem Sozialkassenverfahrensicherungsgesetz nachvollziehen zu können, ist zunächst zu klären wie sich die SOKA-BAU zusammensetzt, welche Leistungen sie gegenüber den Arbeitgebern und Arbeitnehmern des Baugewerbes erbringt und wie sie diese finanziert. 5

A. Zusammensetzung der SOKA-BAU

Die SOKA-BAU kann sich bereits einer langen Geschichten rühmen. Schon im Jahre 1949 findet die Urlaubs- und Lohnausgleichskasse der Bauwirtschaft (nachfolgend ULAK) ihren Ursprung. Im Jahre 1957 folgte dann die Gründung der Zusatzversorgungskasse des Baugewerbes (nachfolgend ZVK). Seit 2001 treten die beiden gemeinsamen Einrichtungen als einheitliches Unternehmen unter dem Namen SOKA-BAU auf.[15] Im Jahr 2016 nahmen ca. 730.000 Beschäftigte und 365.000 Arbeitnehmer im Ruhestand am Sozialkassenverfahren der SOKA-BAU teil.[16] 6

I. Urlaubs- und Lohnausgleichskasse der Bauwirtschaft e.V. (ULAK)

Die ULAK ist ein wirtschaftlicher Verein gem. § 22 BGB, der seine Rechtsfähigkeit durch staatliche Verleihung erlangt hat.[17] Das Fundament der heutigen ULAK wurde bereits vor der Verabschiedung des Grundgesetzes gelegt.[18] So wurden die „Gemeinnützigen Urlaubskassen für die Bauwirtschaft" bereits im Jahre 1949 gegründet, um die Urlaubssicherung im Baugewerbe zu garantieren. Im Jahr 1955 folgte dann die Gründung der „Lohnausgleichskasse für die Bauwirtschaft", deren Ziel die Aufrechterhaltung der Beschäftigungsverhältnisse während der Winterperiode war. Seit 1975 arbeiten diese beiden Einrichtungen 7

---

15 Für eine ausführliche Darstellung der geschichtlichen Entwicklung und der sozialpolitischen Hintergründe der SOKA-BAU empfiehlt sich die Lektüre von *Meides*, Die SOKA-BAU.

16 Vgl. Geschäftsbericht der SOKA-BAU 2016, S. 17.

17 Vgl. Geschäftsbericht der ULAK 2016, S. 4.

18 *Sahl*, NZA-Beil. 2010, 8, 9.

als Urlaubs- und Lohnausgleichskasse der Bauwirtschaft (ULAK) zusammen.[19] Mitglieder des Vereins sind auf Arbeitgeberseite der Hauptverband der Deutschen Bauindustrie e.V. (HDB), der Zentralverband des Deutschen Baugewerbes e.V. (ZDB) sowie einzelne Mitgliedsverbände dieser beiden Arbeitgeberspitzenorganisationen. Auf Arbeitnehmerseite ist es die Industriegewerkschaft Bauen-Agrar-Umwelt (IG BAU).[20]

Im Jahr 2016 betrug die Bilanzsumme der ULAK ca. 2,238 Mrd. Euro.[21] Der Tätigkeitsbereich der ULAK umfasst in erster Linie die Sicherung des Urlaubsentgelts für die Arbeitnehmer des Baugewerbes, die Förderung der Berufsbildung sowie die Sicherung von Ansprüchen der Arbeitnehmer aus Arbeitszeitguthaben. Außerdem fungiert die ULAK als Einzugsstelle für den Sozialkassenbeitrag und die Winterbeschäftigungsumlage.[22]

II. Zusatzversorgungskasse des Baugewerbes AG (ZVK)

8 Die im Jahre 1957 gegründete ZVK ist mit ca. 365.000 Beihilfeempfängern[23] eine der größten überbetrieblichen Pensionskassen Deutschlands. Obgleich die ZVK zunächst als ein großer Versicherungsverein auf Gegenseitigkeit (VVaG) gegründet wurde, agiert die Pensionskasse seit 2007 aufgrund eines Rechtsformwechsels als Aktiengesellschaft.[24] Als regulierte Pensionskasse i.S.v. § 233 Versicherungsaufsichtsgesetz (VAG) unterliegt sie dabei der besonderen Aufsicht der Finanzdienstleistungsaufsicht (BaFin).[25] Die Gruppe der Aktionäre setzt sich ausschließlich aus den drei Tarifvertragsparteien zusammen, wobei der Hauptverband der Deutschen Bauindustrie (HDB) und der Zentralverband des Deutschen Baugewerbes (ZDB) zu jeweils 25 % und die Industriegewerkschaft Bauen-Agrar-Umwelt (IG BAU) zu 50 % an der Aktiengesellschaft beteiligt sind. Gemäß der Satzung erhalten die Aktionäre keine Dividenden, so dass alle Erträge und Überschüsse lediglich den Betrieben und Versicherten zufließen.[26] Im Jahr 2016 betrug ihre Bilanzsumme ca. 5,356 Mrd. Euro.[27]

---

19 Vgl. Geschäftsbericht der SOKA-BAU 2016, S. 14.
20 Vgl. Geschäftsbericht der ULAK 2016, S. 4.
21 Vgl. Geschäftsbericht der ULAK 2016, S. 2.
22 Vgl. Geschäftsbericht der ULAK 2016, S. 4.
23 Vgl. Geschäftsbericht der ZVK 2016, S. 2.
24 *Sahl*, NZA-Beil. 2010, 8, 9.
25 Vgl. Schriftliche Stellungnahme der BaFin zum Gesetzesentwurf des SokaSiG, BT-Ausschussdrucksache 18(11)884, S. 20.
26 *Sahl*, NZA-Beil. 2010, 8, 9.
27 Vgl. Geschäftsbericht der ZVK 2016, S. 2.

Ziel der Einrichtung ist es strukturbedingte Nachteile in der gesetzlichen Rentenversicherung für Bauarbeiter, die z.B. durch häufige Entlassungen während Schlechtwetterperioden entstehen, durch eine zusätzliche Altersversorgung auszugleichen.

III. Gemeinsame Einrichtungen im Sinne des Tarifvertragsgesetzes

Die ULAK und auch die ZVK sind gemeinsame Einrichtungen im Sinne des § 4 **9**
Abs. 2 TVG.[28] Zwar findet man im Gesetz keine Legaldefinition für den Begriff der gemeinsamen Einrichtung. Die Rechtsprechung hat jedoch folgende Voraussetzungen entwickelt: Gemeinsame Einrichtungen sind von den Tarifvertragsparteien geschaffene und von ihnen abhängige Organisationen, deren Zweck und Organisationsstruktur durch Tarifvertrag festgelegt wird.[29]

Diese Voraussetzungen sind im Falle der ULAK und der ZVK erfüllt. Beide Einrichtungen wurden durch die Tarifvertragsparteien HDB, ZDB und IG BAU geschaffen. Dabei sind sowohl die Mitgliederversammlung und der Verwaltungsrat der ULAK, wie auch der Aufsichtsrat der ZVK paritätisch besetzt.[30] Der Zweck der beiden Einrichtungen und das Verfahren zur Zweckverwirklichung werden durch die Tarifverträge des Baugewerbes festgelegt und dort näher definiert. Die Rechtsform der beiden Einrichtungen wird zwar nicht durch die Tarifverträge festgelegt, dies ist aber auch nicht zwingend notwendig.[31]

Zur Wirkung von Tarifnormen über gemeinsame Einrichtungen sagt das Gesetz in § 4 Abs. 2 TVG Folgendes:

> Sind im Tarifvertrag gemeinsame Einrichtungen der Tarifvertragsparteien vorgesehen und geregelt (Lohnausgleichskassen, Urlaubskassen usw.), so gelten diese Regelungen auch unmittelbar und zwingend für die Satzung dieser Einrichtung und das Verhältnis der Einrichtung zu den tarifgebundenen Arbeitgebern und Arbeitnehmern.

Aufgrund der besonderen Stellung der gemeinsamen Einrichtung im Tarifgefüge, gelten die tarifvertraglichen Regelungen aus den Tarifverträgen des Baugewerbes also nicht nur unmittelbar und zwingend zwischen den beiderseits Tarifgebundenen (§ 4 Abs. 1 TVG), sondern auch im Verhältnis der ULAK und der ZVK zu den tarifgebundenen Arbeitgebern und Arbeitnehmern sowie

---

28 Entspricht der ständigen Rechtsprechung des BAG, zuletzt auch BAG vom 21.9.2016 – 10 ABR 33/15 = NZA-Beilage 2017, 12; ebenso Wiedemann/*Oetker*, § 1 TVG Rn. 806 m.w.N.

29 BAG vom 25.01.1989 - 5 AZR 43/88 = AP GesamthafenbetriebsG § 1 Nr. 5.

30 *Sahl*, NZA-Beil. 2010, 8, 9 f.

31 Wiedemann/*Oetker*, § 1 TVG Rn. 818; KeZa/*Seifert*, § 4 TVG Rn. 305.

für die Satzungen der Einrichtungen (§ 4 Abs. 2 TVG). Die Tarifnormen für gemeinsame Einrichtungen können hierdurch u.a. neue Rechtsverhältnisse mit normativer Wirkung zwischen den gemeinsamen Einrichtungen und den einzelnen Arbeitgebern und Arbeitnehmern schaffen.[32] Dabei handelt es sich regelmäßig um die Beitragsbeziehung zwischen der gemeinsamen Einrichtung und den Arbeitgebern, wodurch die Leistungen der gemeinsamen Einrichtung finanziert werden, sowie um die Leistungsbeziehung zwischen der gemeinsamen Einrichtung und den Arbeitsvertragsparteien, wodurch konkrete Leistungsansprüche der Arbeitsvertragsparteien gegenüber der gemeinsamen Einrichtung entstehen.[33]

B. Sozialkassenverfahren des Baugewerbes

10 Das Sozialkassenverfahren des Baugewerbes ist ein komplexes Konstrukt aus Ansprüchen und Pflichten, die sich aus den Normen der verschiedenen Tarifverträge des Baugewerbes ergeben.

I. Tarifverträge des Sozialkassenverfahrens des Baugewerbes

11 Die folgende Aufzählung nennt die Tarifverträge des Baugewerbes, die die Grundlage des Sozialkassenverfahrens bilden. Hierzu gehören

- die Bundesrahmentarifverträge für das Baugewerbe (BRTV),
- die Tarifverträge über die Berufsbildung im Baugewerbe (BBTV),
- die Tarifverträge über eine zusätzliche Altersversorgung im Baugewerbe (TZA Bau) sowie deren Vorgänger – die Tarifverträge über Rentenbeihilfen im Baugewerbe (TVR) und
- die Tarifverträge über das Sozialkassenverfahren im Baugewerbe (VTV).

Für Betriebe mit Sitz im Land Berlin gelten außerdem

- der Tarifvertrag über das Verfahren für die Berufsbildung im Berliner Baugewerbe (Verfahrenstarifvertrag Berufsbildung Berlin),
- der Tarifvertrag über Sozialaufwandserstattung im Berliner Baugewerbe – gewerbliche Arbeitnehmer – und
- der Tarifvertrag über zusätzliche Angaben im arbeitnehmerbezogenen Meldeverfahren im Berliner Baugewerbe (TV ZABB).

---

32 *Löwisch/Rieble*, § 4 TVG Rn. 77.
33 Vgl. ErfK/*Franzen*, § 4 TVG Rn. 25.

Für Betriebe mit Sitz in Bayern gilt in Abweichung von den Regelungen des BRTV eine besondere Urlaubsregelung auf Grundlage der

- Tarifverträge Urlaubsregelung für die gewerblichen Arbeitnehmer im Baugewerbe in Bayern.

Die Tarifverträge BRTV, BBTV, TVR, TZA Bau und VTV werden im Folgenden nur noch kollektiv als die „Bau-Tarifverträge" bezeichnet.

II. Zitierte Fassungen der Tarifverträge

Jede im Folgenden zitierte Norm des BRTV bezieht sich – soweit nicht anders 12
gekennzeichnet – auf den BRTV in der Fassung vom 4. Juli 2002, zuletzt geändert durch Tarifvertrag vom 10. Juni 2016.

Jede im Folgenden zitierte Norm des BBTV bezieht sich – soweit nicht anders gekennzeichnet – auf den BBTV in der Fassung vom 10. Dezember 2014.

Jede im Folgenden zitierte Norm des TZA Bau bezieht sich – soweit nicht anders gekennzeichnet – auf den TZA Bau in der Fassung vom 5. Juni 2014, zuletzt geändert durch Tarifvertrag vom 10. Juni 2016.

Jede im Folgenden zitierte Norm des TVR bezieht sich – soweit nicht anders gekennzeichnet – auf den TVR in der Fassung vom 31. Oktober 2002, zuletzt geändert durch Tarifvertrag vom 5. Dezember 2007

Jede im Folgenden zitierte Norm des VTV bezieht sich – soweit nicht anders gekennzeichnet – auf den VTV in der Fassung vom 3. Mai 2013, zuletzt geändert durch Tarifvertrag vom 24. November 2015.

III. Allgemeinverbindlicherklärung der Bau-Tarifverträge

Die Bau-Tarifverträge werden stets nach § 5 TVG für allgemeinverbindlich 13
erklärt. Die AVE bewirkt, dass die Rechtsnormen der Tarifverträge auch für die nicht tarifgebundenen Arbeitgeber und Arbeitnehmer gelten. Die AVE ersetzt hierfür lediglich die privatautonome Tarifgebundenheit des § 3 TVG.[34] Andere Auswirkungen entfaltet sie nicht.

Im Falle von Tarifverträgen über gemeinsame Einrichtungen zielt die AVE primär darauf ab, die nichtorganisierten Arbeitgeber als Beitragsschuldner und die nichtorganisierten Arbeitnehmer als Leistungsempfänger miteinzubeziehen. Die AVE ist für Tarifnormen über gemeinsame Einrichtungen geradezu funktionsnotwendig.[35] Dies wird bspw. im Rahmen der Urlaubsansprüche deutlich,

---

34 *Löwisch/Rieble*, § 5 TVG Rn. 320.

35 *Greiner/Hanaus/Preis*, SR 2014, 2, 7 m.w.N.

die auf die Beschäftigungszeiten bei verschiedenen Arbeitgebern aufbauen und auch bei nichtorganisierten Arbeitgebern in Anspruch genommen werden können sollen (siehe hierzu Rn. 16 ff.). Organisierte Arbeitgeber sollen außerdem „mit ihren Beiträgen zu gemeinsamen Einrichtungen nicht ihre nichtorganisierten Konkurrenten in Bezug auf deren organisierte Arbeitnehmer entlasten müssen"[36]. Ferner sind die Sozialkassen auf das Beitragsaufkommen aller Arbeitgeber angewiesen, da nur auf diese Weise eine möglichst breite Risikogemeinschaft entsteht.[37] Zum Teil verpflichten sich die Tarifvertragsparteien auch bereits im Tarifvertrag dazu, gemeinsam die AVE zu beantragen (vgl. § 16 BBTV und § 28 TZA Bau).

IV. Leistungen der SOKA-BAU

14 Im Folgenden soll ein Überblick über die wesentlichen Leistungen verschafft werden, die durch die SOKA-BAU im Rahmen des Sozialkassenverfahrens erbracht werden.[38]

1. Urlaubsverfahren

15 Eine der Hauptleistungen der SOKA-BAU stellt das überbetriebliche Urlaubsverfahren dar.

a. Urlaubssicherung

aa. Grundlagen

16 Das Baugewerbe lebt von seiner hohen Arbeitnehmerfluktuation. Die Arbeitgeber beschäftigen Arbeitnehmer oftmals nur für kurze Zeitperioden und die Arbeitnehmer ergreifen ihrerseits jedes noch so kurzfristige Angebot auf dem Arbeitsmarkt. Laut dem Geschäftsbericht der SOKA-BAU aus dem Jahr 2016 ergeben sich bezüglich der Beschäftigungsdauer von Arbeitnehmern im Bauhauptgewerbe die folgenden Zahlen:

> „Im inländischen Urlaubsverfahren ergab sich, dass 36 % der Beschäftigten weniger als sechs Monate und rund 53 % weniger als zwölf Monate beim gleichen Arbeitgeber im

---

36 *Löwisch/Rieble*, § 5 TVG Rn. 24 m.w.N.

37 *Löwisch/Rieble*, § 5 TVG Rn. 25.

38 Für eine umfassende Darstellung aller Auswirkungen der Tarifverträge des Baugewerbes auf das Arbeitsverhältnis im Baugewerbe siehe *Biedermann/Möller*, Das Arbeitsverhältnis im Baugewerbe.

Einsatz waren. Das Urlaubsverfahren für Entsendebetriebe ergab: 91 % aller Entsendearbeitsverhältnisse waren 2015 kürzer als ein halbes Jahr."[39]

Das Ansammeln von Urlaubstagen für eine längere Urlaubnahme am Stück wird hierdurch entsprechend erschwert. Bereits die Wartezeit von sechs Monaten gemäß § 4 BUrlG wird selten erfüllt.[40] Die Arbeitnehmer wären daher in jedem einzelnen Arbeitsverhältnis auf den Teilurlaub nach § 5 Abs. 1 BUrlG verwiesen. In der Regel wird es aber (wenn überhaupt) nur zu einer Urlaubsabgeltung nach Beendigung des Arbeitsverhältnisses gemäß § 7 Abs. 4 BUrlG kommen. Hinzu kommt die häufige Insolvenz von Bauunternehmen, die eine Durchsetzung der Ansprüche zusätzlich erschwert. Wenn ein Arbeitnehmer die Wartezeit von sechs Monaten ausnahmsweise doch erfüllt, ist hingegen dessen aktueller Arbeitgeber zur Gewährung des vollen Urlaubsanspruchs verpflichtet – obwohl die betroffenen Arbeitnehmer oftmals kein volles Jahr bei diesem Arbeitgeber tätig sind.

Das überbetriebliche Urlaubskassenverfahren durch die ULAK ermöglicht es den gewerblichen[41] Arbeitnehmern deshalb, in Abweichung von den Vorschriften des Bundesurlaubsgesetzes, ihre Urlaubsansprüche bei verschiedenen Arbeitgebern auf einem Arbeitnehmerkonto anzusparen und bei einem Arbeitgeberwechsel einfach „mitzunehmen", ohne sie direkt geltend machen zu müssen. Das Verfahren sichert auf diesem Wege die Portabilität der Urlaubsansprüche. Ermöglicht wird diese Abweichung von den gesetzlichen Urlaubsvorschriften auf Grundlage von § 13 Abs. 1 und 2 BUrlG, wobei insbesondere Abs. 2 abweichende Vorschriften für das Baugewerbe zulässt, soweit dies zur Sicherung eines zusammenhängenden Jahresurlaubs für die Arbeitnehmer erforderlich ist.

bb. Ansprüche der Arbeitnehmer

[1] Urlaubsanspruch 17

Der Urlaubsanspruch der Arbeitnehmer ist in § 8 BRTV geregelt. Die Geltendmachung des angesammelten Urlaubsanspruchs nach § 8 Nr. 1 BRTV erfolgt beim aktuellen Arbeitgeber, der dem Arbeitnehmer daraufhin den beantragten

---

39 Vgl. Geschäftsbericht der SOKA-BAU 2016, S. 28.

40 Biedermann/Möller/*Gundacker*, BRTV, S. 650.

41 Der persönliche Geltungsbereich des BRTV beschränkt sich gem. § 1 Abs. 3 BRTV auf gewerbliche Arbeitnehmer. Für Angestellte und Poliere des Baugewerbes richtet sich der Urlaubsanspruch nach § 10 des Rahmentarifvertrages für die Angestellten und Poliere des Baugewerbes (RTV Angestellte), wobei hier größtenteils die gesetzlichen Regelungen des BUrlG gelten.

Urlaub und die gesamte tarifliche Urlaubsvergütung nach § 8 Nr. 4 BRTV, zusammengesetzt aus dem Urlaubsentgelt und einem zusätzlichen Urlaubsgeld, gewähren muss. Dabei ist unerheblich, ob der Urlaubsanspruch zum Teil bei anderen Arbeitgebern entstanden ist.

[2] Abgeltungs- und Entschädigungsanspruch

18 Unter den besonderen Voraussetzungen des § 8 Nr. 6.1 BRTV steht dem Arbeitnehmer ein Abgeltungsanspruch in Höhe der Urlaubsvergütung zu (bspw. wenn das letzte Arbeitsverhältnis in einem Baubetrieb länger als drei Monate zurückliegt). Dieser Anspruch richtet sich gem. § 8 Nr. 6.2 BRTV direkt gegen die ULAK, ohne dass der frühere Arbeitgeber an dem Verfahren beteiligt werden muss.

Nach Verfall des Urlaubs- bzw. Urlaubsabgeltungsanspruchs kann der Arbeitnehmer außerdem einen Entschädigungsanspruch nach § 8 Nr. 8 BRTV geltend machen, der sich ebenfalls gegen die ULAK richtet.

Durch die Direktansprüche gegen die Kasse werden Streitigkeiten zwischen Arbeitnehmer und Arbeitgeber bei Beendigung des Arbeitsverhältnisses weitestgehend verhindert.[42] Voraussetzung des Abgeltungs- sowie des Entschädigungsanspruchs ist, dass die Beiträge für die Urlaubsansprüche des jeweiligen Urlaubsjahres bereits geleistet worden sind. Das Verfahren zur Geltendmachung der Ansprüche richtet sich nach § 13 bzw. § 14 VTV.

cc. Erstattungsansprüche der Arbeitgeber

19 Soweit der Arbeitgeber einem Arbeitnehmer die Urlaubsvergütung nach § 8 Nr. 1 BRTV ausbezahlt hat und auch ein entsprechender Anspruch des Arbeitnehmers auf die ausbezahlte Urlaubsvergütung bestand, kann der betroffene Arbeitgeber einen Erstattungsanspruch gegen die ULAK gem. § 12 VTV geltend machen und somit die ausbezahlte Urlaubsvergütung zurückerlangen. Dieser Erstattungsanspruch besteht auch dann, wenn die vorherigen Arbeitgeber des Arbeitnehmers die Beiträge zur Finanzierung nicht ordnungsgemäß, also gar nicht oder in zu geringer Höhe, geleistet haben.[43] Voraussetzung ist lediglich, dass der anspruchstellende Arbeitgeber selbst alle geschuldeten Beiträge an die ULAK erbracht hat, sein Beitragskonto bei der ULAK also ausgeglichen ist.

---

42 *Sahl*, NZA-Beil. 2010, 8, 10.
43 *Sahl*, NZA-Beil. 2010, 8, 10.

dd. Abwicklung des Urlaubsverfahrens in den Ländern Berlin und Bayern

Grundsätzlich ist die ULAK für die Abwicklung des Urlaubsverfahrens zuständig. Für Betriebe mit Sitz im Land Berlin tritt jedoch an die Stelle der ULAK die Sozialkasse des Berliner Baugewerbes mit Sitz in Berlin (SOKA-Berlin) und sichert dort die Auszahlung der Urlaubsvergütung, vgl. § 8 Nr. 15.1 BRTV. Grundlage des Urlaubsverfahrens bleibt allerdings auch hier der BRTV. 20

Für Betriebe mit Sitz in Bayern wird das Urlaubsverfahren gesondert durch den Tarifvertrag Urlaubsregelung für gewerbliche Arbeitnehmer im Baugewerbe geregelt. Außerdem erbringt für diese Betriebe die Gemeinnützige Urlaubskasse des Bayerischen Baugewerbes e.V. (UKB) die Leistungen im Urlaubsverfahren.

b. Urlaubssicherung im Entsendeverfahren

An die besonderen Regelungen des Urlaubsverfahrens aus § 8 BRTV sind gem. § 3 i.V.m. § 5 Nr. 2 AEntG auch Betriebe gebunden, die baugewerbliche Arbeitnehmer aus dem Ausland nach Deutschland entsenden.[44] In Verbindung mit den zwingenden Mindestlöhnen des Baugewerbes[45] sollen hiermit u.a. Wettbewerbsverzerrungen verhindert werden, die durch unterschiedliche Lohnkosten für inländische und ausländische Arbeitgeber entstehen würden. 21

2. Überbetriebliche Altersversorgung

a. Grundlagen

Die von Unterbrechungen geprägte Beschäftigungszeit der Arbeitnehmer in der Baubranche sorgt für eine Vielzahl an beitragsfreien Zeiten im Rentenversicherungsverlauf. Da diese Diskontinuität den Aufbau einer Altersvorsorge erheblich erschwert, wurde bereits im Jahr 1957 eine überbetriebliche Altersversorgung ins Leben gerufen, die die branchenspezifischen Nachteile der Arbeitnehmer berücksichtigt.[46] 22

Lange Zeit wurde die zusätzliche Rentenbeihilfe auf Grundlage des Tarifvertrags über Rentenbeihilfen im Baugewerbe (TVR) geregelt. Durch den

---

44 Vgl. hierzu auch *Biedermann/Möller*, Das Arbeitsverhältnis im Baugewerbe, S. 109 f.

45 Geregelt durch den Tarifvertrag zur Regelung der Mindestlöhne im Baugewerbe im Gebiet der Bundesrepublik Deutschland (TV Mindestlohn), durch Rechtsverordnung nach § 7 AEntG auf alle Arbeitnehmer und Arbeitgeber innerhalb des Geltungsbereichs des Tarifvertrags erstreckt, vgl. Neunte Verordnung über zwingende Arbeitsbedingungen im Baugewerbe (Neunte Bauarbeitsbedingungenverordnung – 9. BauArbbV), BAnz AT 18.10.2013 V1.

46 Vgl. Geschäftsbericht der SOKA-BAU 2016, S. 36.

Tarifvertrag über eine zusätzliche Altersversorgung im Baugewerbe (TZA Bau) vom 5. Juni 2014 fand jedoch eine Reform der Altersvorsorge im Baugewerbe statt. Zwar wurden hier die „alten" Regelungen zur Rentenbeihilfe noch übernommen, da diese Regelungen für bestimmte Arbeitnehmergruppen weiterhin zur Anwendung kommen. Gleichzeitig wurde aber mit Wirkung zum 1. Januar 2016 die „Tarifrente Bau" als kapitalgedeckte Lösung für die Altersversorgung eingeführt. Hierdurch soll die größtenteils umlagefinanzierte Rentenbeihilfe mittelfristig abgelöst werden.[47]

b. Rentenbeihilfe

23 Die Rentenbeihilfe stellt die „alte" Form der zusätzlichen Altersversorgung im Baugewerbe dar und wurde bis zum Abschluss des TZA Bau am 5. Juli 2014 noch im TVR geregelt. Die dortigen Regelungen wurden dann in den TZA Bau übernommen und befinden sich dort unter §§ 11 bis 17.

Der Beihilfeanspruch zur gesetzlichen Altersrente[48] entsteht grundsätzlich nach Erfüllung der allgemeinen und der besonderen Wartezeit. Die allgemeine Wartezeit beträgt gemäß § 12 Abs. 2 TZA Bau 220 Monate. Durch das überbetriebliche Element werden dabei Wartezeiten des Arbeitnehmers in allen Betrieben des Baugewerbes zusammengerechnet. Die Mitnahme von Rentenanwartschaften wird bei Arbeitgeberwechseln also erleichtert und ermöglicht so den linearen Aufbau einer zusätzlichen Altersversorgung. Von der allgemeinen Wartezeit müssen wenigstens 60 Monate innerhalb der letzten neun Jahre vor dem Zeitpunkt des Renteneintritts liegen (besondere Wartezeit), § 12 Abs. 3 TZA Bau.[49]

Die Rentenbeihilfe richtet(e) sich lediglich an Beschäftigte von Arbeitgebern mit Betriebssitz in den alten Bundesländern und im Westteil des Landes Berlin.

c. Tarifrente Bau

24 Seit dem 1. Januar 2016 gilt die in den TZA Bau unter §§ 4 – 10 eingefügte „Tarifrente Bau". Dabei handelt es sich im Gegensatz zur Rentenbeihilfe um eine

---

47 Vgl. Geschäftsbericht der SOKA-BAU 2016, S. 36.

48 Neben der Beihilfe zur gesetzlichen Altersrente existieren außerdem auch Beihilfen zur gesetzlichen Rente wegen Erwerbsminderung und zur Rente aus der gesetzlichen Unfallversicherung, § 11 Abs. 1 lit. b, c TZA Bau.

49 Diese Regelung ist nicht unumstritten, da die Arbeitnehmer das Kriterium der Wartezeit von 60 Monaten oftmals nicht erfüllen, vgl. Stellungnahme des Zentralverbands der Deutschen Elektro- und Informationstechnischen Handwerke, BT-Ausschussdrucksache 18(11)894, S. 40.

kapitalgedeckte Zusatzversorgung, d.h. die Beiträge der Arbeitnehmer finanzieren nicht mehr im Wege der Umlage die Rentenzahlung an anspruchsberechtigte Versicherungsnehmer, sondern jeder monatliche Beitrag des Arbeitnehmers dient dem Aufbau seiner persönlichen Altersvorsorge als „Versorgungsbaustein". Wartezeiten gibt es hier nicht. Die Summe der Versorgungsbausteine bis zum Rentenbeginn ergibt die dem Arbeitnehmer zustehende Altersrente. Diese Altersrente verfällt auch nicht bei Austritt des Arbeitnehmers aus dem Geltungsbereich des TZA Bau vor Eintritt des Versicherungsfalls. Der Arbeitnehmer behält vielmehr seinen Leistungsanspruch, der sich aus den bisher gesammelten Versorgungsbausteinen zusammensetzt.

Anspruchsberechtigt sind gem. § 3 TZA Bau:

- Arbeitnehmer in Betrieben mit Sitz in den alten Bundesländern sowie im Westteil des Landes Berlin, die nach dem 31. Dezember 2015 (Stichtag) erstmals in das Baugewerbe eingetreten sind oder an diesem Stichtag das 50. Lebensjahr noch nicht vollendet haben,
- Arbeitnehmer in Betrieben mit Sitz in den neuen Bundesländern sowie im Ostteil des Landes Berlin,
- Auszubildende.

Die Tarifrente Bau gilt damit bundesweit und schafft so erstmals auch eine Zusatzversorgung für die Beschäftigten in den neuen Bundesländern bzw. im Ostteil des Landes Berlin. Außerdem werden erstmals Auszubildende in die überbetriebliche Altersversorgung einbezogen.

Da die Tarifrente Bau allerdings erst seit dem 1. Januar 2016 gilt, hat die Unwirksamkeit der AVEen VTV 2008 – 2014 (siehe hierzu Rn. 43 ff.) keinen Einfluss auf dieses System der Altersversorgung. Sowohl die Beitragspflicht der erstmals erfassten Betriebe in den neuen Bundesländern, wie auch die eigens geregelte Verwendung der Beiträge für die Tarifrente Bau finden erstmals ab dem 1. Januar 2016 Anwendung (vgl. § 7 Abs. 1 und § 2 Abs. 2 SokaSiG). Seit dem 1. Januar 2015 gilt jedoch die (wirksame) AVE VTV vom 6. Juli 2015[50].

50 BAG vom 21.3.2018 – 10 ABR 62/16 = NZA-Beil. 2018, 8; im Rahmen dieser Entscheidung wurde auch die Wirksamkeit der AVE BRTV 2015, der AVE BBTV 2015 und der AVE TZA Bau 2015 (soweit über diese eine Entscheidung erging) festgestellt.

3. Berufsbildungsverfahren

a. Grundlagen

25 Neben der Urlaubssicherung organisiert und finanziert die ULAK auch die Berufsausbildung im Baugewerbe. Hierfür übernimmt sie die Kosten der überbetrieblichen Ausbildung und einen großen Teil der betrieblichen Ausbildungskosten. Außerdem organisiert die ULAK die Qualitätsprüfung der rund 200 überbetrieblichen Ausbildungsstätten.[51]

Die Rahmenbedingungen für die Ausbildung sind im Tarifvertrag über die Berufsbildung im Baugewerbe (BBTV) geregelt. Dort findet man u.a. die Ansprüche der Auszubildenden gegen ihre Arbeitgeber und die Regelungen zur Erstattung von Ausbildungsvergütungen bzw. von überbetrieblichen Ausbildungskosten der ULAK an die Arbeitgeber.

b. Ansprüche der Auszubildenden gegen den Ausbildungsbetrieb

26 Im BBTV sind lediglich die Rahmenbedingungen zur Ausbildungsvergütung der Auszubildenden geregelt. Die genaue Höhe der Ausbildungsvergütung richtet sich gem. § 2 Abs. 1 BBTV hingegen nach den Lohn- und Gehaltstarifverträgen für das Baugewerbe. Im BBTV wird aber beispielsweise festgelegt inwieweit sich die Ausbildungsvergütung bei schuldhaft versäumter Beschäftigungszeit durch den Auszubildenden verringert (§ 2 Abs. 2 BBTV) oder welche Zuschläge bei Mehrarbeit und bei Arbeit an Sonn- und Feiertagen zu leisten sind (§ 5 BBTV). Zudem besteht ein Anspruch gegen den Ausbildungsbetrieb auf Fahrtkostenerstattung bei überbetrieblicher Ausbildung (§ 8 BBTV).

c. Erstattungsansprüche des Ausbildungsbetriebs für Ausbildungsvergütungen

27 Die Berufsausbildung im Baugewerbe besteht sowohl aus einem betrieblichen Teil, als auch aus einem überbetrieblichen Teil in Form von externen Lehrgängen. Im Rahmen der betrieblichen Ausbildung von gewerblichen Auszubildenden erstattet die SOKA-BAU dem Ausbildungsbetrieb gem. § 19 Abs. 2 lit. a BBTV zehn Ausbildungsvergütungen im ersten Ausbildungsjahr, sechs Ausbildungsvergütungen im zweiten Ausbildungsjahr und eine Ausbildungsvergütung im dritten Ausbildungsjahr.[52]

---

51 Vgl. Geschäftsbericht der SOKA-BAU 2016, S. 34.

52 Bei technisch oder kaufmännisch Auszubildenden sind es nach § 19 Abs. 2 lit. b BBTV zehn Ausbildungsvergütungen für das erste Ausbildungsjahr und vier Ausbildungsvergütungen für das zweite Ausbildungsjahr.

Zuzüglich zu den Ausbildungsvergütungen erstattet die SOKA-BAU gem. § 19 Abs. 2 a.E. BBTV außerdem eine Pauschale für die vom Ausbildungsbetrieb geleisteten Sozialaufwendungen i.H.v. 20 % der Bruttoausbildungsvergütung.

d. Erstattungsansprüche des Ausbildungsbetriebs für die überbetriebliche Ausbildung

Externe Lehrgänge an überbetrieblichen Ausbildungsstätten sind in Berufen des Baugewerbes verbindlich festgeschrieben und ergänzen so die innerbetriebliche Ausbildung.[53] Für die Zeiten dieser überbetrieblichen Ausbildung hat der Ausbildungsbetrieb gem. § 17 BBTV die von der Ausbildungsstätte festgesetzten Nutzungsentgelte (Gebühren) für Ausbildung sowie – bei Internatsunterbringung – für Unterkunft und Verpflegung zu entrichten. **28**

Nach § 24 BBTV erstattet die ULAK dem Ausbildungsbetrieb wiederum die von ihm nach § 17 BBTV zu tragenden Gebühren sowie die von ihm nach § 8 BBTV zu tragenden Fahrtkosten. Die Erstattung der Gebühren erfolgt bis zu einem Betrag von maximal 55 EUR pro Tag, § 24 Abs. 2 BBTV. Bei Internatsunterbringung können bis zu 40 EUR pro Tag hinzukommen.

Erstattungsansprüche des Arbeitgebers nach dem BBTV bestehen gem. § 31 Abs. 2 BBTV nur insoweit das Beitragskonto des fordernden Arbeitgebers bei der Einzugsstelle ausgeglichen ist.

4. Einzug der Winterbeschäftigungs-Umlage

Die ULAK zieht außerdem die Winterbeschäftigungs-Umlage von den Betrieben der Bauwirtschaft ein und leitet sie an die Bundesagentur für Arbeit weiter. Die Winterbeschäftigungsumlage dient der Finanzierung von Leistungen nach § 102 SGB III (Zuschuss-Wintergeld, Mehraufwands-Wintergeld, Sozialaufwandserstattung) und beträgt gem. § 3 Abs. 1 Winterbeschäftigungs-Verordnung 2 % der umlagepflichtigen Bruttoarbeitsentgelte der gewerblichen Arbeitnehmer (1,2 % Arbeitgeberanteil und 0,8 % Arbeitnehmeranteil gem. § 3 Abs. 2). Für den Einzug der Umlage durch die ULAK besteht eine Verwaltungsvereinbarung zwischen der ULAK und der Bundesagentur für Arbeit. Die ULAK ist hier also lediglich im Auftrag tätig – sie behält die Winterbeschäftigungs-Umlage hingegen nicht ein und verwendet sie auch nicht. Die Winterbeschäftigungs-Umlage stellt daher auch keinen Teil des Sozialkassenbeitrags dar, der die Leistungen der SOKA-BAU finanziert (siehe zum Sozialkassenbeitrag Rn. 31 ff.) **29**

---

53 Vgl. Geschäftsbericht der SOKA-BAU 2016, S. 33.

V. Finanzierung der Leistungen der SOKA-BAU

30 Zur Finanzierung ihrer Leistungen erhebt die SOKA-BAU monatlich einen Sozialkassenbeitrag bei den tarifgebundenen Arbeitgebern. Die Höhe dieses Beitrags wird fortlaufend angepasst und richtet sich stets nach der jeweils geltenden Fassung des VTV. Die folgenden Zahlen geben dabei lediglich die Beitragspflichten aus dem VTV in der Fassung vom 24. November 2015 wieder und sollen dadurch veranschaulichen, in welcher Größenordnung sich die Beiträge bewegen.

1. Sozialkassenbeitrag

a. Monatlicher Gesamtbeitrag

31 Um die Leistungen der ULAK und der ZVK zu finanzieren, haben die Arbeitgeber für ihre gewerblichen Arbeitnehmer[54] einen einheitlichen monatlichen Sozialkassenbeitrag an die Einzugsstelle der SOKA-BAU abzuführen. Dieser Gesamtbeitrag beträgt

- 17,2 % der Bruttolohnsumme für Arbeitgeber mit Betriebssitz in den neuen Bundesländern (§ 15 Abs. 1 VTV),
- 20,4 % der Bruttolohnsumme für Arbeitgeber mit Betriebssitz in den alten Bundesländern (§ 15 Abs. 2 VTV),
- 26,55 % der Bruttolohnsumme für Arbeitgeber mit Betriebssitz im Westteil des Landes Berlin (§ 15 Abs. 3 VTV) und
- 23,35 % der Bruttolohnsumme für Arbeitgeber mit Betriebssitz und im Ostteil des Landes Berlin (§ 15 Abs. 3 VTV).

Die Verwendung des Begriffes „Bruttolohnsumme" bedeutet in diesem Kontext lediglich, dass der Beitrag anhand der Bruttolöhne berechnet wird. Ein Abzug von den Bruttolöhnen zur Finanzierung findet hingegen nicht statt. Die Arbeitnehmer sind an den Sozialkassenbeiträgen finanziell nicht beteiligt.

Der monatliche Sozialkassenbeitrag setzt sich zusammen aus den Anteilen für das Urlaubsverfahren, die zusätzliche Altersversorgung und das Berufsbildungsverfahren. Im Land Berlin kommt außerdem ein Anteil für die Sozialaufwandserstattung hinzu.

---

54 Der Beitrag für Angestellte und Auszubildende richtet sich nach § 16 VTV.

b. Anteil für das Urlaubsverfahren

Auf die Finanzierung des Urlaubsverfahrens entfallen 14,5 % der Bruttolohnsumme, unabhängig vom Standort des Betriebssitzes (§ 15 Abs. 1 – 3 VTV). 32

Zur Entrichtung des Beitrags zum Urlaubsverfahren sind nach § 8 Abs. 1 i.V.m. § 5 Nr. 3 AEntG auch ausländische Arbeitgeber verpflichtet, die ihre Arbeitnehmer nach Deutschland entsenden (sog. Entsendeverfahren).

c. Anteil für die zusätzliche Altersversorgung

Auf die Finanzierung der zusätzlichen Altersversorgung entfallen 33

- 0,6 % der Bruttolohnsumme für Arbeitgeber mit Betriebssitz in den neuen Bundesländern (§ 15 Abs. 1 VTV)[55],
- 3,8 % der Bruttolohnsumme für Arbeitgeber mit Betriebssitz in den alten Bundesländern und im Westteil des Landes Berlin (§ 15 Abs. 2, 3 VTV) und
- 0,6 % der Bruttolohnsumme für Arbeitgeber mit Betriebssitz im Ostteil des Landes Berlin (§ 15 Abs. 3 VTV)[56].

d. Anteil für das Berufsbildungsverfahren

Auf die Finanzierung des Berufsbildungsverfahrens entfallen 34

- 2,1 % der Bruttolohnsumme für Arbeitgeber mit Betriebssitz in allen Bundesländern, ausgenommen dem Land Berlin (§ 15 Abs. 1, 2 VTV) und
- 1,65 % der Bruttolohnsumme für Arbeitgeber mit Betriebssitz im Land Berlin.

e. Anteil für die Sozialaufwandserstattung im Land Berlin

Im Sozialkassenbeitrag nach § 15 VTV ist für Betriebe mit Sitz im Land Berlin 35 außerdem der Beitrag zur Finanzierung der Sozialaufwandserstattung aus § 2 des Tarifvertrags über Sozialaufwandserstattung im Berliner Baugewerbe – gewerbliche Arbeitnehmer – i.H.v. 6,6 % der Bruttolohnsumme enthalten. Die Sozialkasse des Berliner Baugewerbes erstattet dem Arbeitgeber, neben ausgezahlten

---

55 Der Beitrag zur zusätzlichen Altersversorgung ist für Betriebe in den neuen Bundesländern erst seit Einführung der Tarifrente Bau zum 1. Januar 2016 zu zahlen, siehe Rn. 24.

56 Der Beitrag zur zusätzlichen Altersversorgung ist für Betriebe im Ostteil des Landes Berlin erst seit Einführung der Tarifrente Bau zum 1. Januar 2016 zu zahlen, siehe Rn. 24.

Urlaubsvergütungen und Lohnausgleichsbeträgen nach den Bestimmungen des VTV, einen Zuschlag auf die ausgezahlten Beträge als Ausgleich für die von ihm zu leistenden Sozialaufwendungen.

2. Mindestbeitrag für die Berufsbildung

36 Mit Wirkung zum 1. April 2015 wurde ein Mindestbeitrag zur Finanzierung der Ausbildungsförderung für alle Bauunternehmen eingeführt. Demnach muss gem. § 17 VTV jeder Betrieb, auch wenn er keinen gewerblichen Arbeitnehmer beschäftigt, einen jährlichen Betrag für den Zeitraum Oktober bis September des Folgejahres in Höhe von mindestens 900,00 EUR abführen. Für den Zeitraum April bis September 2015 musste bereits ein Mindestbeitrag in Höhe von 450,00 EUR gezahlt werden. Dieser Mindestbeitrag wird auf den Beitragsanteil für das Berufsbildungsverfahren nach § 15 Abs. 1 bis 3 VTV angerechnet.

Es ergingen jedoch bereits mehrere Entscheidungen der deutschen Arbeitsgerichte, die die Rechtmäßigkeit des Mindestbeitrags für Soloselbstständige erheblich in Frage gestellt haben (siehe hierzu Rn. 331). Die SOKA-BAU hat auf diese Entscheidungen entsprechend reagiert und schon am 24. August 2017 verkündet, die bisher nach § 17 VTV eingezogenen Mindestbeiträge zum Berufsbildungsverfahren an die Solo-Selbstständigen zurückzuerstatten und in Zukunft auf den Einzug des Mindestbeitrags zu verzichten.[57]

3. Einzugsstelle

37 Nach § 3 Abs. 3 VTV fungiert die ULAK als Einzugsstelle für alle Beiträge, die den Sozialkassen des Baugewerbes nach dem VTV zustehen. Dabei ist es gem. § 3 Abs. 3 S. 1 VTV unerheblich, ob die geltend gemachten Beiträge der ZVK, der Gemeinnützigen Urlaubskasse des Bayerischen Baugewerbes e.V. (UKB), der Sozialkasse des Berliner Baugewerbes (Soka-Berlin) oder der ULAK selbst zustehen. Die ULAK zieht alle Beiträge ein und leitet sie dann intern an die Sozialkasse weiter, die den tarifvertraglichen Anspruch auf den jeweiligen Teil-Beitrag hat.

Bis zum 31. Dezember 2009 nahm die ZVK noch die Funktion der Einzugsstelle wahr. Auch sie zog dabei alle Beiträge nach dem VTV ein, unabhängig davon welche Sozialkasse den tarifvertraglichen Anspruch auf die Beiträge hatte.

---

57 Vgl. https://www.soka-bau.de/soka-bau/medien/nachrichten/beitrag/soka-bau-wird-bisherige-zahlungen-des-mindestbeitrags-zum-berufsbildungsverfahren-zurueckerstatten/, zuletzt abgerufen am 26.3.2018.

Für vor dem 1. Januar 2010 entstandene und von der ZVK gerichtlich geltend gemachte Ansprüche bleibt die ZVK gem. § 3 Abs. 3 S. 2 VTV auch weiterhin die zuständige Einzugsstelle.

C. Ergebnisse zu § 2

Die SOKA-BAU setzt sich aus der Zusatzversorgungskasse des Baugewerbes (ZVK) und der Urlaubs- und Lohnausgleichskasse der Bauwirtschaft (ULAK) zusammen. Dabei handelt es sich jeweils um gemeinsame Einrichtungen im Sinne des TVG, die darauf ausgerichtet sind, branchenbedingte Nachteile der Arbeitnehmer des Baugewerbes auszugleichen. 38

Die Beitrags- und Leistungsbeziehungen zwischen den Arbeitsvertragsparteien des Baugewerbes und der SOKA-BAU werden durch ein umfangreiches Geflecht aus Tarifverträgen ausgestaltet.

Die Bau-Tarifverträge werden stets nach § 5 TVG für allgemeinverbindlich erklärt. Die AVE bewirkt, dass die Rechtsnormen der Tarifverträge auch für die nicht tarifgebundenen Arbeitgeber und Arbeitnehmer gelten. Die AVE ist für Tarifnormen über gemeinsame Einrichtungen geradezu funktionsnotwendig.

Auf Grundlage der eben genannten Tarifverträge betreibt und organisiert die SOKA-BAU u.a. ein überbetriebliches Urlaubsverfahren, eine zusätzliche Altersversorgung sowie die Berufsausbildung im Baugewerbe.

Die Leistungen der SOKA-BAU werden durch den sog. Sozialkassenbeitrag finanziert, dessen Höhe und zugehöriges Verfahren durch die Tarifverträge über das Sozialkassenverfahren im Baugewerbe (VTV) geregelt werden. Der Sozialkassenbeitrag wird durch die Arbeitgeber des Baugewerbes erbracht und richtet sich nach der Bruttolohnsumme der gewerblichen Arbeitnehmer im Betrieb.

Zur Finanzierung der Berufsausbildung existiert darüber hinaus ein tarifvertraglich festgesetzter Mindestbeitrag, der unabhängig davon abzuführen ist, ob es sich um Betriebe mit Arbeitnehmern oder um Betriebe ohne Arbeitnehmer (sog. Solo-Selbstständige) handelt. Aufgrund mehrerer Entscheidungen deutscher Arbeitsgerichte, die die Rechtmäßigkeit des Mindestbeitrags in Frage gestellt hatten, verzichtet die SOKA-BAU mittlerweile allerdings auf den Einzug des Mindestbeitrags und erstattet bereits eingezogene Beiträge zurück.

Die ULAK zieht alle Beiträge ein und leitet sie dann intern an die jeweilige Sozialkasse weiter, die den tarifvertraglichen Anspruch auf den jeweiligen Teil-Beitrag hat.

§ 3 Entstehungsgeschichte des Sozialkassenverfahrensicherungsgesetzes (SokaSiG)

Der Erlass des SokaSiG stellt eine politische Reaktion auf die Beschlüsse des BAG von September 2016 dar. Umstritten war die AVE VTV aber bereits lange vor der Feststellung der Unwirksamkeit der AVEen VTV 2008 – 2014 durch das BAG. Im Folgenden soll dargestellt werden, welche Art von Kritik gegen die AVE VTV in der Vergangenheit vorgebracht wurde und aus welchen Gründen das BAG die Unwirksamkeit der AVEen VTV 2008 – 2014 letztendlich festgestellt hat. 39

A. Wiederholt juristische Angriffe gegen die AVE VTV

Einige Arbeitgeber des Baugewerbes wehren sich schon seit Jahrzehnten gegen das Sozialkassenverfahren ihrer Branche. 40

I. Betrieblicher Geltungsbereich

Die Außenseiter, d.h. die nicht tarifgebundenen Arbeitgeber des Baugewerbes stellten immer wieder den extrem weiten betrieblichen Geltungsbereich der AVE VTV in Frage. Hierbei dreht es sich um hochkomplexe Abgrenzungsfragen.[58] 41

Zum einen enthält der VTV unter § 1 einen mehrseitigen Katalog zum betrieblichen Geltungsbereich, der unter anderem auf die prägende Zweckbestimmung der betrieblichen Tätigkeit abstellt und damit viel Raum für Interpretation lässt. Zum anderen kommt bei allen AVEen VTV die „Große Einschränkungsklausel" zur Anwendung. Die Große Einschränkungsklausel ist ein Teil des Antrags zur AVE VTV, durch den bestimmte Betriebe vom Geltungsbereich der AVE VTV ausgenommen werden. Der betriebliche Geltungsbereich der AVE VTV ist damit enger als der betriebliche Geltungsbereich des VTV. Geregelt werden hierdurch ganz unterschiedliche Fallgestaltungen. Unter anderem werden wesentliche Handwerks- und Industriebereiche – insbesondere soweit anderweitige

58 Es muss immer wieder gerichtlich geklärt werden, welche Tätigkeiten noch als Tätigkeiten im Sinne des betrieblichen Geltungsbereichs des VTV bzw. der AVE VTV zu qualifizieren sind, vgl. zuletzt zu Arbeiten an Schiffen LAG Hessen vom 04.05.2018 – 10 Sa 1659/17 = BeckRS 2018, 15820.

Tarifgebundenheit besteht – von der AVE ausgenommen.[59] Hierdurch sollen Tarifkonkurrenzen verhindert werden.

II. Verstoß gegen die negative Koalitionsfreiheit

42 Darüber hinaus wird die „Zwangsteilnahme“ am Sozialkassenverfahren durch die AVE VTV verbreitet als ein Verstoß gegen die negative Koalitionsfreiheit und die Berufsfreiheit aufgefasst. Mit dieser Problematik haben sich daher bereits das Bundesarbeitsgericht, das Bundesverwaltungsgericht, das Bundesverfassungsgericht und zuletzt auch der Europäische Gerichtshof für Menschenrechte beschäftigt. In den jeweiligen Entscheidungen wurde jedoch wiederholt die Verfassungs- bzw. Rechtmäßigkeit der AVE VTV bestätigt. So entspricht es der übereinstimmenden Rechtsprechung des BAG[60], des BVerfG[61] und des EGMR[62], dass im Falle der staatlichen Tarifnormerstreckung auf Grundlage der AVE VTV und auf Grundlage der AVE von Tarifverträgen generell kein Verstoß gegen die negative Koalitionsfreiheit vorliege. Die Gegner der AVE VTV konnten also bis zum Jahr 2016 keinen einzigen Erfolg verbuchen.

B. Unwirksamkeit der AVEen VTV 2008 – 2014

43 Am 21. September 2016 stellte der 10. Senat des BAG die Unwirksamkeit der AVEen VTV 2008, 2010 und 2014 fest, am 25. Januar 2017 die Unwirksamkeit der AVEen VTV 2012, 2013 I und II.[63] Anlass hierzu waren entsprechende Anträge von mehreren Arbeitgebern aus dem Baugewerbe, die ohne Mitglied in einem der tarifvertragschließenden Arbeitgeberverbände gewesen zu sein, von der ULAK auf Grundlage der streitgegenständlichen AVEen auf Beitragszahlungen in Anspruch genommen wurden. Weiterer Antragsteller war außerdem der

59 BAG vom 21.9.2016 – 10 ABR 33/15 = NZA-Beil. 2017, 12, 38.

60 BAG vom 3.2.1965 – 4 AZR 385/63 = NJW 1965, 1624.

61 BVerfG vom 15.7.1980 – 1 BvR 24/74; 439/79 = NJW 1981, 215.

62 EGMR (V. Sektion) vom 2.6.2016 – 23646/09 (Geotech Kancev GmbH/Deutschland) = NZA 2016, 1519.

63 Feststellung der Unwirksamkeit der AVE VTV 2008 und 2010 durch BAG vom 21.9.2016 – 10 ABR 33/15 = NZA-Beil. 2017, 12; Unwirksamkeit der AVE VTV 2014 durch BAG vom 21.9.2016 – 10 ABR 48/15 = AP TVG § 5 Nr. 36; Unwirksamkeit der AVE VTV 2012 durch BAG vom 25.1.2017 – 10 ABR 43/15 = NZA 2017, 731; Unwirksamkeit der AVE VTV 2013 I und 2013 II durch BAG vom 25.1.2017 – 10 ABR 34/15 = AP TVG § 5 Nr. 37.

Bundesinnungsverband der Elektro- und Informationstechnischen Handwerke (ZVEH).

I. Premiere des Beschlussverfahrens nach § 2a Abs. 1 Nr. 5 i.V.m. § 98 ArbGG

44 Das BAG nutzte die Entscheidungen über die AVEen VTV 2008 – 2014 in erster Linie dazu, um seine hohen Erwartungen an ein korrektes AVE-Verfahren nach § 5 TVG aufzuzeigen (siehe hierzu Rn. 47 ff.). Aber im ersten Abschnitt der Beschlussgründe erteilte das BAG auch eine Lehrstunde über das neue Beschlussverfahren aus § 2a Abs. 1 Nr. 5 i.V.m. § 98 ArbGG.

1. Gerichtliche Überprüfung einer AVE vor Einführung des Beschlussverfahrens nach § 2a Abs. 1 Nr. 5 i.V.m. § 98 ArbGG

45 Die gerichtliche Überprüfung einer AVE war vor Einführung des Beschlussverfahrens in § 2a Abs. 1 Nr. 5 i.V.m. § 98 ArbGG von Rechtsunsicherheit und konkurrierenden Entscheidungen verschiedener Gerichtsbarkeiten geprägt. Einerseits konnte die Wirksamkeit einer AVE jederzeit im Rahmen eines arbeitsgerichtlichen Rechtsstreits durch die Arbeitsgerichte selbst inzident überprüft werden.[64] Aber auch konkurrierende Tarifparteien konnten vor dem Bundesverwaltungsgericht die Feststellung beantragen, dass sie durch die AVE in ihren Rechten verletzt werden.[65] Die Feststellung der Unwirksamkeit der AVE selbst war jedoch mangels einer § 47 VwGO entsprechenden Regelung für die AVE nicht möglich.[66] Ein entscheidender Kritikpunkt war auch die fehlende Bindungswirkung derartiger Entscheidungen.[67] Jede Entscheidung wirkte ausschließlich zwischen den jeweiligen Parteien oder Verfahrensbeteiligten. Das

---

64 Vgl. hierzu BAG vom 3. 2.1965 - 4 AZR 385/63 = NJW 1965, 1624; BAG vom 24.1.1979 - 4 AZR 377/77 = AP TVG § 5 Nr. 16; BAG vom 22.09.1993 - 10 AZR 371/92 = AP TVG § 1 Tarifverträge: Gerüstbau Nr. 2.

65 BVerwG vom 28.1.2010 - 8 C 38/09 = NZA 2010, 1137.

66 GK-ArbGG/*Ahrendt*, Band 3, § 98 ArbGG Rn. 2.

67 So hat das BAG bspw. durch Beschluss festgestellt, dass ein verwaltungsgerichtliches Verfahren über die Feststellung einer Rechtsverletzung von Briefdienstleistungsunternehmen durch die Postmindestlohnverordnung keine Bindungswirkung in einen arbeitsgerichtlichen Entgeltstreit zwischen Arbeitnehmer und Briefdienstleistungsunternehmen entfaltet. Die Gültigkeit der Rechtsverordnung ist als Vorfrage in jedem weiteren gerichtlichen Verfahren (erneut) zu prüfen, BAG vom 26.10. 2009 - 3 AZB 24/09 = NZA 2009, 1436.

Rechtsschutzsystem war zudem schwer durchschaubar und die Wechselwirkungen der gerichtlichen Entscheidungen komplex.[68]

2. Gerichtliche Überprüfung einer AVE durch das Beschlussverfahrens nach § 2a Abs. 1 Nr. 5 i.V.m. § 98 ArbGG

46 Erst die Einführung der §§ 2a Abs. 1 Nr. 5, 98 ArbGG im Rahmen des Tarifautonomiestärkungsgesetzes (TASG) vom 11. August 2014 hat Abhilfe geschaffen und die Kontrolle von AVEen nach § 5 TVG und von bestimmten Rechtsverordnungen nach dem AEntG und dem AÜG den Gerichten für Arbeitssachen zugewiesen. Nach § 98 Abs. 4 S. 1 ArbGG wirkt ein Beschluss der Arbeitsgerichte über die Wirksamkeit der Rechtsnorm dann für und gegen jedermann (erga omnes). Widersprüchliche Entscheidungen zu einer AVE kann es damit nicht mehr geben. Da es bis vor der Überprüfung der AVE VTV noch keine vergleichbaren Verfahren nach § 98 ArbGG gegeben hat, die es bis vor das BAG geschafft hatten, war es nun Sache des BAG Grundentscheidungen in Verfahrensfragen des § 98 ArbGG zu treffen.[69]

II. Gründe für die Unwirksamkeit der AVEen VTV 2008 - 2014

47 Die Wirksamkeit der AVEen VTV 2008 - 2014 scheiterte nach den Entscheidungen des BAG an zwei Voraussetzungen: Zum einen rügte das BAG die fehlerhafte Ermittlung des 50-Prozent-Quorums nach § 5 Abs. 1 S. 1 Nr. 1 TVG in der bis zum 15. August 2014 geltenden Fassung (nachfolgend TVG a.F.) durch das BMAS wegen Verwendung ungeeigneter Schätzgrundlagen. Dieser Fehler lag bei allen überprüften AVEen VTV vor. Zum anderen bemängelte das BAG die unzureichende demokratische Legitimation der AVEen VTV, da sich die jeweils zuständigen Bundesminister bzw. Staatssekretäre mit der Entscheidung über den Erlass der AVEen nicht (ausreichend) befasst hatten. Dieses Defizit lag ausschließlich bei den AVEen VTV 2008, 2010 und 2013 I vor.

1. Unzureichende demokratische Legitimation im Normsetzungsverfahren

48 Zur Verwunderung vieler legte das BAG einen Schwerpunkt seiner Prüfung auf die persönliche Befassung des Ministers mit dem Erlass der AVE. Zwar stellt § 5

68 Zu einer umfassenden Darstellung des komplexen Rechtsschutzsystems vor Einführung des Beschlussverfahrens nach § 98 ArbGG vgl. *Hippmann*, Die Allgemeinverbindlicherklärung, S. 150 ff.

69 Hierzu ausführlich BAG vom 21.9.2016 - 10 ABR 33/15 = NZA-Beil. 2017, 12.

Abs. 1 S. 1 TVG bei der Entscheidung zur AVE lediglich auf das „Bundesministerium für Arbeit und Soziales" ab und spezifizierte die Zuständigkeit nicht weiter. Allerdings reichte die Befassung mit der AVE durch einen Ministerialrat laut BAG nicht aus. Die Bekanntmachungen der AVEen VTV 2008, 2010 und 2013 I wurden jedoch allesamt durch einen Ministerialrat, genauer gesagt durch den Leiter eines der Referate innerhalb der Abteilung für Arbeitsrecht und Arbeitsschutz (Abteilung III des BMAS), unterzeichnet.[70] Eine Beteiligung des zuständigen Ministers bzw. Staatssekretärs bei den Entscheidungen über die AVEen war den Akten des BMAS nicht zu entnehmen.[71] Ein derartiges Verfahren genügt den Ansprüchen des BAG an das Demokratie- und Rechtsstaatsgebot nicht. Die AVEen VTV 2008, 2010 und 2013 I sind daher allesamt bereits aus diesem Grund unwirksam.

a. *Keine gesetzgeberische Vorgabe durch den Wortlaut von § 5 TVG*

Das BAG betonte zunächst, dass sowohl der Wortlaut von § 5 Abs. 1 TVG a.F. als **49**
auch der Wortlaut der aktuellen Fassung des § 5 Abs. 1 TVG keinerlei Aufschluss darüber geben, ob und in welcher Form sich der zuständige Minister mit der AVE persönlich befassen muss. Zwar habe es durch die Achte Zuständigkeitsanpassungsverordnung vom 25. November 2003 (BGBl. I 2003, 2004) eine Änderung des Wortlauts gegeben: So sprach § 5 Abs. 1 S. 1 TVG i.d.F. vom 25. August 1969 noch vom „Bundesminister für Arbeit und Sozialordnung" und erst im Jahr 2003 wurde die Formulierung hin zum „Bundesministerium für Wirtschaft und Arbeit" (nunmehr „das Bundesministerium für Arbeit und Soziales") geändert. Dieser Wechsel der Terminologie ist laut BAG aber nur deklaratorischer Natur und sagt nichts über ein materielles Befassungserfordernis aus. Weder die ursprüngliche noch die geänderte Bezeichnung in § 5 Abs. 1 TVG hätten eine klare gesetzgeberische Entscheidung zur Ministerbefassung vorgegeben.[72]

b. *Grundsätze des Demokratieprinzips und des Rechtsstaatsprinzips, Art. 20 Abs. 1 bis 3 GG*

Unabhängig vom Wortlaut des § 5 Abs. 1 TVG a.F., folgt das Erfordernis einer **50**
materiellen Befassung durch den zuständigen Minister und das Erfordernis

70 BAG vom 21.9.2016 – 10 ABR 33/15 = NZA-Beil. 2017, 12, 35; BAG vom 25.1.2017 – 10 ABR 34/15 = AP TVG § 5 Nr. 37 Rn. 12.

71 BAG vom 21.9.2016 – 10 ABR 33/15 = NZA-Beil. 2017, 12, 35; BAG vom 25.1.2017 – 10 ABR 34/15 = AP TVG § 5 Nr. 37 Rn. 91.

72 BAG vom 21.9.2016 – 10 ABR 33/15 = NZA-Beil. 2017, 12, 30.

einer aktenkundigen Dokumentation dieser Befassung nach Ansicht des BAG aber bereits aus den Grundsätzen des Demokratie- und Rechtsstaatsprinzips, Art. 20 Abs. 1 bis 3 GG.[73]

aa. Grundsatz der Volkssouveränität

51 Nach dem Demokratieprinzip in Art. 20 Abs. 2 GG geht alle Staatsgewalt vom Volke aus und wird von diesem in Wahlen und Abstimmungen und durch besondere Organe der Gesetzgebung, der vollziehenden Gewalt und der Rechtsprechung ausgeübt. Sobald ein Staatsorgan für das Volk tätig wird, muss dieses jedoch ausreichend legitimiert sein, d.h. dessen Akte müssen sich auf den Willen des Volkes zurückführen lassen.[74] Dieser Grundsatz ist nicht auf bestimmte Arten von staatlichem Handeln beschränkt, sondern alles amtliche Handeln mit Entscheidungscharakter bedarf demokratischer Legitimation.[75] Je nach Bedeutung der Entscheidung, sind entsprechende Anforderungen an die Höhe des Legitimationsniveaus zu stellen.[76]

> „Je wichtiger die Entscheidung ist, desto höher muss das Legitimationsniveau sein"[77].

So formuliert es das BAG in seiner Entscheidung und hebt direkt im Anschluss daran hervor, dass die AVE als Akt der Normsetzung[78] für die Exekutive stets eine Entscheidung von besonderer Bedeutung ist. Denn es handele sich bei der AVE nicht nur um eine bloße unselbstständige Zustimmungserklärung zu autonomer Normsetzung der Koalitionen auch gegenüber Außenseitern. Die Entscheidungsgewalt und Verantwortung des BMAS gehe wesentlich weiter, denn es habe in eigener Verantwortung zu prüfen, ob die Voraussetzungen des § 5 Abs. 1 TVG tatsächlich vorliegen.[79] Nur bei der Prüfung durch ein unabhängiges Staatsorgan, das bei seiner Entscheidung die Interessen aller Betroffenen

73 BAG vom 21.9.2016 – 10 ABR 33/15 = NZA-Beil. 2017, 12, 30.

74 Dreier/*Dreier*, Band II, Art. 20 GG (Demokratie) Rn. 83.

75 BVerfG vom 5.12.2002 – 2 BvL 5/98 = BVerfGE 107, 59, 87 m.w.N.

76 Ähnlich formuliert es auch Maunz/Dürig/*Grzeszick*, Band III, Art. 20 GG Rn. 126.

77 BAG vom 21.9.2016 – 10 ABR 33/15 = NZA-Beil. 2017, 12, 31.

78 Die AVE stellt nach herrschender Meinung und der Meinung des Bundesverfassungsgerichts einen Rechtssetzungsakt eigener Art (sui generis) zwischen autonomer Regelung und staatlicher Rechtsetzung dar, der seine eigenständige Grundlage in Art. 9 Abs. 3 GG findet, vgl. BVerfG vom 24.5.1977 - 2 BvL 11/74 = BVerfGE 44, 322 = NJW 1977, 2255; BVerfG vom 15.7.1980 - 1 BvR 24/74, 439/79 = BVerfGE 55, 7 = NJW 1981, 215; BAG vom 29.9.2010 - 10 AZR 523/09 = NZA-RR 2011, 89 Rn. 15.

79 BAG vom 21.9.2016 – 10 ABR 33/15 = NZA-Beil. 2017, 12, 31 f.

berücksichtigt, könne ausreichend dafür garantiert werden, dass die Tarifvertragsparteien den Geltungsbereich der von ihnen erlassenen Normen nicht auf rechtswidrige Art und Weise auf tarifungebundene Arbeitgeber und Arbeitnehmer ausweiteten. Bereits aus dem Rechtsstaatsprinzip sowie aus dem Demokratieprinzip folge, dass der Gesetzgeber seine Rechtsetzungsbefugnis nicht völlig aufgeben und seinen Einfluss auf den Inhalt zu erlassener Normen nicht gänzlich preisgeben dürfe.[80]

Hinzu komme, dass die Normsetzung für die Exekutive stets einen Sonderfall von besonderer Bedeutung darstelle.[81] Nach dem Prinzip der Gewaltenteilung stehe die Normsetzung grundsätzlich der Legislative zu. Nur durch besondere Regelungen wie Art. 80 GG für den Fall der Verordnungen und § 5 TVG für den Fall der AVE werde dieser Grundsatz durchbrochen und die Normsetzungsgewalt ausnahmsweise auf die Exekutive übertragen. Da dies jedoch für Behörden einen Sonderfall darstelle, habe auch jede Maßnahme in diesem Bereich eine herausgehobene Bedeutung für die jeweilige Behörde.[82] Hinzu komme, dass die AVE eines Tarifvertrags für die ungebundenen Arbeitgeber und Arbeitnehmer oft weitreichende Rechtsfolgen mit sich bringe und dadurch erheblich in deren Grundrechtspositionen eingreife.[83]

bb. Möglichst kurze Legitimationskette

Aufgrund der herausgehobenen Bedeutung der AVE sei eine unmittelbare Befas- 52
sung des Bundesministers mit der AVE unter dem Gesichtspunkt des Demokratieprinzips zwingend erforderlich. Nur auf diese Weise sei das erforderliche hohe Legitimationsniveau gewahrt.[84]

Im Bereich der Normsetzung nimmt die Exekutive Aufgaben wahr, die im Grundsatz dem Parlament zustehen. Nach Ansicht des BAG erwächst daraus eine besondere Verantwortung der Exekutive gegenüber dem Parlament:

> „Dieser parlamentarischen Verantwortung ist hinsichtlich der personellen demokratischen Legitimation dadurch Rechnung zu tragen, dass die Legitimationskette, auf welche sich die Exekutive bei ihrem Handeln stützt, möglichst kurz ist und ein möglichst geringes Maß abgeleiteter, mittelbarer demokratischer Legitimation aufweist.“[85]

---

80 BAG vom 21.9.2016 – 10 ABR 33/15 = NZA-Beil. 2017, 12, 32 unter Verweis auf BVerfG vom 9.5.1972 - 1 BvR 518/62, 308/64 = BVerfGE 33, 125 = NJW 1972, 1504.

81 BAG vom 21.9.2016 – 10 ABR 33/15 = NZA-Beil. 2017, 12, 32.

82 BAG vom 21.9.2016 – 10 ABR 33/15 = NZA-Beil. 2017, 12, 32.

83 BAG vom 21.9.2016 – 10 ABR 33/15 = NZA-Beil. 2017, 12, 32.

84 BAG vom 21.9.2016 – 10 ABR 33/15 = NZA-Beil. 2017, 12, 32.

85 BAG vom 21.9.2016 – 10 ABR 33/15 = NZA-Beil. 2017, 12, 33.

In der Bundesrepublik Deutschland findet diese Legitimationskette ihren Ursprung beim Volk, das das unmittelbar demokratisch legitimierte Parlament wählt. Dort wird sodann der Bundeskanzler gewählt (Art. 63 GG), auf dessen Vorschlag im Anschluss die Minister ernannt werden (Art. 64 Abs. 1 GG). Damit ist der Minister die am nächsten demokratisch legitimierte Person im Ministerium.[86] Seinen Geschäftsbereich leitet jeder Bundesminister (innerhalb der politischen Richtlinien des Bundeskanzlers) selbstständig und eigenverantwortlich (Art. 65 S. 2 GG). Nichtsdestoweniger ist der Minister dabei auch immer dem Parlament verantwortlich, d.h. es besteht eine Rechenschafts- und Einstandspflicht gegenüber dem Parlament.[87] Aufgrund dieser Verantwortung ist das BAG der Ansicht, dass dem Minister die Akte exekutiver Normsetzung zurechenbar sein müssen.[88] Er müsse eine bedeutsame Entscheidung wie die über eine AVE zumindest in seinen Willen aufgenommen haben.[89] Dabei bedarf es nach der Auffassung des BAG nicht unbedingt einer förmlichen Zeichnung der AVE durch den Minister, aber es muss zumindest eine materielle Zurechenbarkeit der AVE in Bezug auf den Minister gegeben sein, die seiner parlamentarischen Verantwortlichkeit gerecht wird. Diese Zurechnung müsse sich dann (wenigstens) in einer zustimmenden Befassung des Ministers mit der AVE zeigen.[90]

Allerdings berücksichtigt das BAG auch, dass die AVE ein Normsetzungsakt eigener Art ist, auf den die gesetzlichen Voraussetzungen an eine Rechtsverordnung nicht uneingeschränkt übertragen werden können. So könne ein Staatssekretär nach dem eindeutigen Wortlaut des Art. 80 Abs. 1 GG nicht zum Erlass einer Rechtsverordnung bevollmächtigt werden. § 5 Abs. 1 TVG enthalte aber keine derartige Aussage, so dass im Falle der AVE ausnahmsweise auch ein Staatssekretär den Bundesminister vertreten könne. Dies begründe sich einerseits aus den Regelungen in § 14 Abs. 3 GOBReg und § 6 Abs. 2 S. 2 GGO, wonach der Staatssekretär den Minister als Leiter einer Obersten Bundesbehörde vertrete. Zum anderen nehme der Staatssekretär eine Sonderstellung ein, da er auch im Bereich der Normsetzung tätig und unmittelbar vom Vertrauen

---

86 BAG vom 21.9.2016 – 10 ABR 33/15 = NZA-Beil. 2017, 12, 33.

87 Dreier/*Hermes*, Band II, Art. 65 GG Rn. 38 ff. m.w.N.

88 BAG vom 21.9.2016 – 10 ABR 33/15 = NZA-Beil. 2017, 12, 33.

89 Den Einwand des BMAS, dass eine Ministerbefassung nur bei einer besonders wichtigen AVE verlangt werden könne, lehnte das BAG mit wenigen Sätzen ab. Es gäbe weder einen verlässlichen Maßstab für die Feststellung der Bedeutung einer AVE, noch gäbe es irgendeinen Anhaltspunkt dafür, welche Person im BMAS eine solche Entscheidung zu treffen habe, vgl. BAG vom 21.9.2016 – 10 ABR 33/15 = NZA-Beil. 2017, 12, 33.

90 BAG vom 21.9.2016 – 10 ABR 33/15 = NZA-Beil. 2017, 12, 33.

des Ministers abhängig sei. Das erforderliche Legitimationsniveau sei deshalb – zumindest im Sonderfall der AVE – auch durch eine zustimmende Befassung des Staatssekretärs gewahrt.[91]

cc. Aktenkundige Dokumentation der Ministerbefassung

In den Akten des BMAS war eine Befassung des (damals) zuständigen Ministers mit der AVE VTV 2008, 2010 und 2010 I nicht erkennbar. In einem Rechtsstaat muss laut BAG eine verlässliche, effektive gerichtliche Kontrolle exekutiven Handelns aber garantiert sein. Dies folge bereits aus dem Anspruch auf effektiven Rechtsschutz aus Art 19 Abs. 4 GG. Das BAG fordert daher eine ordnungsgemäße Aktenführung zur AVE, in deren Rahmen der wesentliche sachbezogene Geschehensverlauf objektiv dokumentiert wird.[92] **53**

Eine vor Normerlass fehlende Befassung oder Billigung durch den Minister ist auch nicht nachholbar, da es für das Vorliegen aller Voraussetzungen aus § 5 TVG gerade auf den Moment des Erlasses ankommt. Soweit also keine persönliche Zeichnung der AVE oder eine anderweitige zustimmende Befassung des Ministers mit der AVE aktenkundig dokumentiert wurde, ist die AVE unwirksam.

c. Keine entgegenstehende, unbeanstandete Verwaltungspraxis

Gegen dieses Ergebnis konnte das BMAS auch nicht mit einer abweichenden ständigen, unbeanstandeten Verwaltungspraxis argumentieren. Einerseits war bereits die Kontinuität der Verwaltungspraxis zweifelhaft, da die AVE in der Vergangenheit zum Teil von Abteilungsleitern[93] und zum Teil von Bundesministern persönlich[94] unterzeichnet wurden. Andererseits kann eine Verwaltungspraxis nach Auffassung des BAG auch nicht als „unbeanstandet“ angesehen werden, nur weil das BAG bislang keine Veranlassung dazu gesehen hatte sich mit der formellen Wirksamkeit einer AVE und deren Anforderungen inhaltlich auseinanderzusetzen.[95] **54**

---

91 BAG vom 21.9.2016 - 10 ABR 33/15 = NZA-Beil. 2017, 12, 33.

92 BAG vom 21.9.2016 - 10 ABR 33/15 = NZA-Beil. 2017, 12, 33.

93 Vgl. Bekanntmachung vom 9.12.2013 über die AVE eines Tarifvertrags für das Friseurhandwerk, BAnz. AT 13.12.2013 B1.

94 Vgl. Bekanntmachung vom 14.8.1997 über die AVE von Tarifverträgen für das Baugewerbe, BAnz. Nr. 157 vom 23.8.1997.

95 BAG vom 21.9.2016 - 10 ABR 33/15 = NZA-Beil. 2017, 12, 35.

2. *Fehlerhafte Ermittlung des 50-Prozent-Quorums nach § 5 Abs. 1 S. 1 Nr. 1 TVG a.F.*

a. *50-Prozent-Quorum nach § 5 Abs. 1 S. 1 Nr. 1 TVG a.F.*

55 Das BAG bemängelte in allen seinen Entscheidungen die fehlerhafte Ermittlung des 50-Prozent-Quorums nach § 5 Abs. 1 S. 1 Nr. 1 TVG a.F. Nach der Rechtslage bis zum 15. August 2014[96] durfte die AVE eines Tarifvertrags nur dann erfolgen, wenn

> [...] die tarifgebundenen Arbeitgeber nicht weniger als 50 vom Hundert der unter den Geltungsbereich des Tarifvertrags fallenden Arbeitnehmer beschäftigen [...].

Nach § 5 Abs. 1 S. 1 Nr. 1 TVG a.F. war also zunächst die Gesamtzahl der Arbeitnehmer zu ermitteln, die – unabhängig von deren Tarifbindung – räumlich, fachlich und persönlich unter den Anwendungsbereich des Tarifvertrages fielen (sog. „Große Zahl") und außerdem die Zahl derjenigen Arbeitnehmer, die – unabhängig von ihrer eigenen Mitgliedschaft bei einer Gewerkschaft – von aufgrund Verbandsmitgliedschaft tarifgebundenen Arbeitgebern beschäftigt waren (sog. „Kleine Zahl"). Die Kleine Zahl musste dann mindestens die Hälfte der Großen Zahl betragen.[97]

b. *Ermittlung der notwendigen Zahlen*

56 Für die Ermittlung der Großen Zahl ist auf die Gesamtzahl der Arbeitnehmer abzustellen, die unter den räumlichen, fachlichen und persönlichen Geltungsbereich des für allgemeinverbindlich zu erklärenden Tarifvertrags fallen.[98]

Das Vorliegen der Voraussetzungen des § 5 TVG ist durch das BMAS sowie durch den Tarifausschuss grundsätzlich von Amts wegen zu prüfen. Doch besonders die genaue Ermittlung der Zahl der Arbeitnehmer bei organisierten sowie bei nicht organisierten Arbeitgebern bereitet in der Praxis erhebliche Schwierigkeiten. Prinzipiell sind hier zwar alle greifbaren Erkenntnismittel

---

96 Das 50-Prozent-Quorum wurde durch das „Tarifautonomiestärkungsgesetz" vom 11. August 2014 abgeschafft. Nach neuer Rechtslage sind nur noch ein gemeinsamer Antrag der Tarifvertragsparteien und ein konkretisiertes öffentliches Interesse notwendig. Bei Vorliegen dieser Voraussetzungen kann das BMAS den Tarifvertrag im Einvernehmen mit dem Tarifausschuss für allgemeinverbindlich erklären.

97 Däubler/*Lakies*, § 5 TVG Rn. 98.

98 BAG vom 21.9.2016 – 10 ABR 33/15 = NZA-Beil. 2017, 12, 36; ErfK/*Franzen*, 14. Auflage, § 5 TVG Rn. 11; *Löwisch/Rieble*, 3. Auflage, § 5 TVG Rn. 118.

auszuschöpfen, insbesondere das gesamte verwertbare statistische Material.[99] In Betracht kommt dabei das Datenmaterial des statistischen Bundesamtes, der statistischen Landesämter, der Bundesagentur für Arbeit, der Berufsgenossenschaften, der Krankenkassen, der Handwerks- und Industrie- und Handelskammern, der Innungen, der Gewerkschaften und Arbeitgeberverbände.[100] Es sind also auch Daten von den an der Allgemeinverbindlicherklärung interessierten Tarifparteien selbst zu verwerten.[101] Nichtsdestoweniger hat die Vergangenheit gezeigt, dass die Auskunftsquellen in vielen Fällen des Verfahrens nach § 5 TVG a.F. bereits erschöpft sind, ohne dass auf diesem Wege ein verlässliches Ergebnis ermittelt werden konnte. In diesen Fällen lässt die Rechtsprechung schlussendlich eine sorgfältige Schätzung genügen.[102] Trotzdem müssen diese Schätzungen auf der Grundlage von Erfahrungswerten gemacht werden.[103] Diese Schätzung ist gerichtlich auch voll überprüfbar.[104]

aa. Maßgeblicher Geltungsbereich des Tarifvertrags

Für die Ermittlung der Großen Zahl ist zunächst der Geltungsbereich des für **57** allgemeinverbindlich zu erklärenden Tarifvertrags entscheidend. Nicht einheitlich beantwortet wurde jedoch bisher die Frage, ob auch Einschränkungen des Geltungsbereichs - entweder durch Ausnahmeregelungen im Tarifvertrag selbst oder durch einen eingeschränkten Antrag auf AVE - bei der Festlegung des maßgeblichen Geltungsbereichs für die Große Zahl zu berücksichtigen sind. Diese Problematik hat das BAG in seiner Entscheidung vom 21. September 2016 ausgiebig behandelt. Demnach müsse differenziert werden:

---

99 BAG vom 11.6.1975 – 4 AZR 395/74 = AP Nr. 29 zu § 2 TVG; BAG vom 22.10.2003 – 10 AZR 13/03 = AP Nr. 16 zu § 1 TVG Tarifverträge: Gebäudereinigung.

100 BAG vom 22.10.2003 – 10 AZR 13/03 = AP Nr. 16 zu § 1 TVG Tarifverträge: Gebäudereinigung.

101 Die Verlässlichkeit der Daten ist in diesem Fall besonders problematisch. Denn auch wenn hier nicht direkt von Manipulation ausgegangen werden kann, ist dennoch ein gewisser „Zweckoptimismus" nicht auszuschließen, *Löwisch/Rieble*, 3. Auflage, § 5 TVG Rn. 132.

102 BAG vom 11.6.1975 – 4 AZR 395/74 = AP Nr. 29 zu § 2 TVG; BAG vom 24.1.1979 – 4 AZR 377/77 = AP TVG § 5 Nr. 16; BAG vom 22.10.2003 – 10 AZR 13/03 = AP Nr. 16 zu § 1 TVG Tarifverträge: Gebäudereinigung.

103 Däubler/*Lakies*, § 5 TVG Rn. 98.

104 *Löwisch/Rieble*, 3. Auflage, § 5 TVG Rn. 133.

[1] Einschränkungen des Geltungsbereichs durch Tarifvertrag

58 Soweit der Geltungsbereich durch den Tarifvertrag selbst beschränkt werde, wie bspw. durch Ausnahmen in § 1 Abs. 2 Abschnitt VII VTV für bestimmte Betriebe, seien in solchen Betrieben beschäftigte Arbeitnehmer auch nicht bei der Ermittlung der Großen Zahl zu berücksichtigen. Für den Begriff des Geltungsbereichs i.S.v. § 5 Abs. 1 TVG gelte der gleiche Maßstab wie auch für § 4 Abs. 1 S. 1 TVG, so dass es auf den räumlichen, fachlichen und persönlichen Geltungsbereich des Tarifvertrages ankomme. Ausnahmeregelungen durch den Tarifvertrag selbst müssten daher ebenfalls berücksichtigt werden.[105]

[2] Einschränkungen des Geltungsbereichs durch eingeschränkten Antrag auf AVE

59 Eine Einschränkung des betrieblichen Geltungsbereichs durch einen eingeschränkten Antrag auf AVE oder eine Einschränkung der AVE durch das BMAS darf nach Ansicht des BAG hingegen keinen Einfluss auf die Bestimmung der Großen Zahl haben. Dies ergebe sich bereits aus dem Wortlaut der gesetzlichen Regelung, da § 5 Abs. 1 S. 1 Nr. 1 TVG a.F. ausdrücklich vom „Geltungsbereich des Tarifvertrags" spreche – und nicht nur isoliert vom „Geltungsbereich".[106] Es ergäben sich daher keinerlei Anhaltspunkte dafür, den Begriff des „Geltungsbereichs des Tarifvertrags" im Rahmen des § 5 Abs. 1 S. 1 Nr. 1 TVG a.F. anders zu verstehen als in § 4 Abs. 1 S. 1 TVG. Es widerspreche viel mehr dem System des TVG einen identischen Begriff innerhalb des Gesetzes unterschiedlich auszulegen.[107]

Auch Sinn und Zweck des 50-Prozent-Quorums würden für diese Auslegung von § 5 Abs. 1 S. 1 Nr. 1 TVG sprechen. Das 50-Prozent-Quorum solle u.a. garantieren, dass nur solche Tarifverträge für allgemeinverbindlich erklärt würden, die für ihren gewählten Geltungsbereich repräsentativ seien. Würde man im Rahmen der Ermittlung der Großen Zahl aber eine beantragte Einschränkung des Geltungsbereichs berücksichtigen, könnten die Tarifparteien ihre Tarifverträge auf Außenseiter erstrecken, selbst wenn diese Tarifverträge in ihrem tarifvertraglich festgelegten (weiten) Geltungsbereich kaum zur Anwendung kämen und damit nicht repräsentativ seien. Die Tarifvertragsparteien würden hierfür lediglich eine entsprechend enge Anwendung des Tarifvertrags beantragen müssen.[108] Des Weiteren seien auf diese Weise die

105 BAG vom 21.9.2016 – 10 ABR 33/15 = NZA-Beil. 2017, 12, 36.
106 BAG vom 21.9.2016 – 10 ABR 33/15 = NZA-Beil. 2017, 12, 36.
107 BAG vom 21.9.2016 – 10 ABR 33/15 = NZA-Beil. 2017, 12, 36.
108 BAG vom 21.9.2016 – 10 ABR 33/15 = NZA-Beil. 2017, 12, 37.

Bezugspunkte für die Ermittlung der Großen und der Kleinen Zahl nicht mehr kongruent.[109]

Gegen eine solche Auslegung sprächen auch nicht Sinn und Zweck der Großen Einschränkungsklausel. Zwar könnten Einschränkungen des Geltungsbereichs von AVEen regelmäßig Tarifkonkurrenzen vermeiden, sodass sie damit grundsätzlich zulässig seien.[110] Tarifkonkurrenzen könnten aber bereits von den Tarifvertragsparteien durch entsprechend einschränkende Regelungen zum Geltungsbereich im Tarifvertrag selbst verhindert werden. So würde bereits im Vorfeld vermieden werden, dass eine AVE des Tarifvertrags auch solche Arbeitsverhältnisse erfasst, die nicht im Geltungsbereich des Tarifvertrags liegen.[111]

Letztendlich spricht laut BAG auch eine historische Auslegung des § 5 Abs. 1 S. 1 Nr. 1 TVG a.F. für die vertretene Auffassung. § 5 Abs. 1 TVG a.F. sei noch vor Inkrafttreten des Grundgesetzes und in Abstimmung mit der Alliierten Militärregierung entstanden. Den alliierten Kontrolloffizieren sei die AVE jedoch absolut fremd gewesen und habe bei diesen einen undemokratischen und autoritären Eindruck erweckt. Erst nach ausgiebigen Verhandlungen sei die hier maßgebliche Fassung des § 5 TVG entstanden, die aber lediglich einen von der Alliiertenseite vorgegebenen Inhalt widerspiegele. Diese Entstehungsgeschichte deute darauf hin, dass der demokratischen Legitimation, die im Mehrheitsprinzip ihren Ausdruck finde, eine erhebliche Bedeutung im Rahmen von § 5 TVG a.F. zukommen müsse. Dieses Ergebnis spreche dann aber auch für die durch das BAG vertretene Auslegung von § 5 Abs. 1 S. 1 Nr. 1 TVG a.F.

bb. Fehlerhafte Bestimmung des Geltungsbereichs im Falle der AVEen VTV 2008 – 2014

Im Falle der AVEen VTV 2008 – 2014 ist das BMAS nach Ansicht des BAG von **60**
einer ungeeigneten und damit falschen Schätzgrundlage ausgegangen. Denn anstatt den gesamten Geltungsbereich des VTV bei der Ermittlung der Großen Zahl zu berücksichtigen, hat das BMAS lediglich die Zahl der Arbeitnehmer ermittelt, die dem Geltungsbereich des VTV unter Berücksichtigung der „Großen Einschränkungsklausel“ zur AVE unterfallen. Die Große Einschränkungsklausel ist ein Teil des Antrags zur AVE VTV, durch den bestimmte Betriebe vom Geltungsbereich der AVE VTV ausgenommen werden sollen. Geregelt werden dadurch ganz unterschiedliche Fallgestaltungen. Unter anderem werden

109 BAG vom 21.9.2016 – 10 ABR 33/15 = NZA-Beil. 2017, 12, 37.
110 BAG vom 21.9.2016 – 10 ABR 33/15 = NZA-Beil. 2017, 12, 37.
111 BAG vom 21.9.2016 – 10 ABR 33/15 = NZA-Beil. 2017, 12, 37.

wesentliche Handwerks- und Industriebereiche – insbesondere soweit anderweitige Tarifgebundenheit besteht – von der AVE ausgenommen.[112] Hierdurch sollen Tarifkonkurrenzen verhindert werden. Laut BAG hätte diese Einschränkung aber bei der Ermittlung der Großen Zahl keine Rolle spielen dürfen, da der eingeschränkte Geltungsbereich nicht mehr dem Geltungsbereich des VTV entspricht. Die Schätzgrundlage sei damit unbrauchbar.

Zum Zeitpunkt des Erlasses der AVE standen nach Ansicht des BAG auch keine anderen verwertbaren Daten zur Verfügung, die den Geltungsbereich des VTV zuverlässig hätten abbilden können. Das Vorliegen der Voraussetzungen des § 5 Abs. 1 S. 1 Nr. 1 TVG a.F. müsse jedoch positiv feststehen, so dass eine AVE nicht hätte erfolgen dürfen.

C. Ergebnisse zu § 3

61 Die AVE VTV ist schon seit Jahrzehnten umstritten. Dabei stellten die Außenseiter, d.h. die nicht tarifgebundenen Arbeitgeber des Baugewerbes, immer wieder den weiten betrieblichen Anwendungsbereich der AVE VTV in Frage und rügten außerdem regelmäßig einen Verstoß gegen ihre Koalitionsfreiheit aufgrund der Zwangsteilnahme am Sozialkassenverfahren. Die Rechtswidrigkeit der AVE VTV wurde durch die Gerichte jedoch nie festgestellt.

Im September 2016 und Januar 2017 stellte der 10. Senat des BAG die Unwirksamkeit der AVEen VTV 2008 – 2014 fest. Zum einen rügte das BAG die fehlerhafte Ermittlung des 50-Prozent-Quorums nach § 5 Abs. 1 S. 1 Nr. 1 TVG a.F. durch das BMAS wegen der Verwendung von ungeeigneten Schätzgrundlagen. Dieser Fehler lag bei allen überprüften AVEen VTV vor. Zum anderen bemängelte das BAG die unzureichende demokratische Legitimation der AVEen VTV, da sich die jeweils zuständigen Bundesminister bzw. Staatssekretäre mit der Entscheidung nicht (ausreichend) befasst hatten. Dieses Defizit lag ausschließlich bei den AVEen VTV 2008, 2010 und 2013 I vor.

112 BAG vom 21.9.2016 – 10 ABR 33/15 = NZA-Beil. 2017, 12, 38.

§ 4 Potentielle Rückforderungsansprüche gegen die SOKA-BAU

A. Wegfall der Rechtsgrundlage für die Erhebung von Sozialkassenbeiträgen

Die AVE VTV stellt für die SOKA-BAU in erster Linie die Rechtsgrundlage für die Erhebung der Sozialkassenbeiträge dar (§§ 15 ff. VTV) – jedenfalls gegenüber sog. Außenseitern, also gegenüber Arbeitgebern, die keine Mitglieder der Tarifvertragsparteien des VTV sind.[113] Nach der Feststellung der Unwirksamkeit der AVEen VTV 2008 – 2014 durch das BAG war selbst juristischen Laien schnell klar, dass hier eine Möglichkeit der Rückforderung der auf Grundlage der AVEen VTV 2008 – 2014 gezahlten Beiträge bestehen muss. Aufgrund dessen betonten Vertreter der Tarifvertragsparteien im Rahmen der öffentlichen Anhörung zum SokaSiG im Ausschuss für Arbeit und Soziales auch mehrfach, dass die SOKA-BAU aufgrund der potentiellen Rückforderungsansprüche von nicht-tarifgebundenen Unternehmen vor erheblichen finanziellen Problemen steht bzw. stehen könnte.[114] Juristisch untermauert sind diese Aussagen bisher jedoch nicht, da sich im Rahmen der Rückabwicklung eine Vielzahl von rechtlichen Problemen stellen. Auch das BAG hat in seinen Beschlüssen zu den AVEen VTV 2008 – 2014 offen gelassen, in welchem Ausmaß solche Rückforderungsansprüche tatsächlich bestehen. 62

Im Folgenden soll deshalb dargestellt werden, welche juristischen Probleme im Rahmen der Rückabwicklung tatsächlich bestehen, wie diese aufzulösen sind und in welchem Ausmaß die SOKA-BAU (ohne Existenz des SokaSiG) mit begründeten Rückforderungsansprüchen der Arbeitgeber des Baugewerbes rechnen müsste.

Die Ergebnisse dieser Prüfung sind entscheidend für die verfassungsrechtliche Prüfung des SokaSiG. Denn der Gesetzgeber beruft sich zur Rechtfertigung des Gesetzes maßgeblich auf eine Gefährdung des Fortbestands des

---

113 Für die Mitglieder der Tarifvertragsparteien existiert nach wie vor der VTV als Rechtsgrundlage für die Erhebung der Sozialkassenbeiträge. Die Unwirksamkeit der AVEen VTV 2008 – 2014 hat auf die Wirksamkeit der zugrunde liegenden Tarifverträge keine Auswirkungen.

114 Stellungnahme des ZDB, BT-Ausschussdrucksache 18(11)879; Stellungnahme der IG BAU, BT-Ausschussdrucksache 18(11)893.

Sozialkassenverfahrens, die durch die potentiellen Rückforderungsansprüche der Arbeitgeber bestehen soll (siehe zur befürchteten Insolvenz der SOKA-BAU Rn. 240 ff.). Ob der Fortbestand des Sozialkassenverfahrens durch die potentiellen Rückforderungsansprüche tatsächlich gefährdet war, ist bisher allerdings ungeklärt.

B. Prämissen der weiteren Untersuchung

I. Vor dem 16. August 2014 erlassene AVEen

63 Die nachfolgende Untersuchung von Rückforderungsansprüchen der Außenseiter steht unter der Prämisse, dass alle AVEen der übrigen Bau-Tarifverträge, zu deren Wirksamkeit bzw. Unwirksamkeit bisher keine gerichtlichen Entscheidungen ergangen sind (insb. AVE BRTV, AVE BBTV, AVE TVR und AVE TZA Bau), wirksam sind.

Zwar besteht eine relativ große Wahrscheinlichkeit, dass alle AVEen der Bau-Tarifverträge, die vor dem 16. August 2014 erlassen wurden, an den gleichen Mängeln wie die AVEen VTV 2008 – 2014 leiden (fehlende Ministerbefassung, fehlerhafte Berechnung des 50-Prozent-Quorums). Bislang wurde die Unwirksamkeit dieser AVEen aber durch die Arbeitsgerichte nicht festgestellt und grundsätzlich dürfen auch die Gerichte zunächst davon auszugehen, dass das BMAS bzw. die Obersten Arbeitsbehörden der Länder die AVE eines Tarifvertrags nur unter Beachtung der gesetzlichen Voraussetzungen erlassen (haben). Der erste Anschein spricht deshalb für deren Rechtmäßigkeit.[115]

Außerdem lässt sich die Wirksamkeit bzw. Unwirksamkeit der AVEen ohne ein Verfahren nach § 2a Abs. 1 Nr. 5 i.V.m. § 98 ArbGG nicht mit absoluter Sicherheit beurteilen. Zum einen ist das Vorliegen der Ministerbefassung für Außenstehende nur schwer oder gar nicht erkennbar. Denn nach Aussage des BAG reicht für die notwendige demokratische Legitimation der AVE bereits ein zustimmender Bearbeitungsvermerk des Ministers innerhalb der Verfahrensakten. Ob eine solche Zeichnung vorliegt, ist aber vor einer umfangreichen Beweisaufnahme überhaupt nicht ersichtlich. Und auch bezüglich der korrekten Berechnung des 50-Prozent-Quorums wäre zunächst eine umfangreiche Auswertung der durch das BMAS verwendeten Zahlen für jede einzelne AVE (wie sie auch im Falle der AVEen VTV 2008 – 2014 stattgefunden hat) erforderlich. Erst dann könnte objektiv beurteilt werden, ob das BMAS auch in diesen Fällen

---

115 Ständige Rechtsprechung des BAG, zuletzt auch BAG vom 21.9.2016 – 10 ABR 33/15 = NZA-Beilage 2017, 12, 23; a.A. *Löwisch/Rieble*, § 5 TVG Rn. 397 f.

von einer falschen Schätzgrundlage ausgegangen ist und auch keine anderen verwertbaren Daten zur Verfügung standen, die den Geltungsbereich des jeweiligen Tarifvertrags hätten zuverlässig abbilden können. Im Folgenden ist daher von der Wirksamkeit der oben genannten AVEen auszugehen.

An den Stellen dieser Arbeit, an denen die potentielle Unwirksamkeit der oben genannten AVEen erhebliche Auswirkungen auf das Ergebnis hat, wird hierauf gesondert hingewiesen.

II. Nach dem 16. August 2014 erlassene AVEen

Des Weiteren steht die folgende Untersuchung unter der Prämisse, dass alle AVEen, die nach dem 16. August 2014 ergangen sind, nicht mehr an den Unwirksamkeitsgründen der AVEen VTV 2008 – 2014 leiden und damit wirksam sind. Dies begründet sich darin, dass § 5 TVG durch das Tarifautonomiestärkungsgesetz (TASG) mit Wirkung zum 16. August 2014 geändert wurde und die AVE von Tarifverträgen seitdem kein 50-Prozent-Quorum mehr zur Voraussetzung hat. Außerdem wurde die Vorgehensweise des BMAS bezüglich dem Erlass von AVEen seit Ende 2014 geändert – sämtliche Bekanntmachungen über AVEen werden seitdem durch den zuständigen Minister bzw. die zuständige Ministerin unterzeichnet.[116] Die Wirksamkeit der AVE VTV vom 6. Juli 2015[117] (im Folgenden AVE VTV 2015) wurde daher durch das BAG am 21. März 2018 festgestellt.[118] Seit dem 1. Januar 2015 existiert damit wieder eine wirksame Rechtsgrundlage für die Erhebung von Sozialkassenbeiträgen, unabhängig von der Geltung des SokaSiG. Konsequenterweise wurde auch die Wirksamkeit der AVE VTV vom 4. Mai 2016[119] (im Folgenden AVE VTV 2016) durch das BAG am 20. November 2018 festgestellt.[120] 64

Seit dem 1. Januar 2015 gelten auch die AVE BRTV 2015 und die AVE BBTV 2015, seit dem 1. Januar 2016 außerdem die AVE TZA Bau 2015. Über die Wirksamkeit dieser AVEen hat das BAG am 21. März 2018 ebenfalls entschieden.[121]

---

116 BAG vom 21.9.2016 – 10 ABR 33/15 = NZA-Beilage 2017, 12, 34.

117 VTV vom 3. Mai 2013 in der Fassung der Änderungstarifverträge vom 3. Dezember 2013 und vom 10. Dezember 2014, AVE mit Wirkung zum 1. Januar 2015, vgl. BAnz AT 14.7.2015 B3.

118 BAG vom 21.3.2018 – 10 ABR 62/16 = BeckRS 2018, 5080.

119 VTV vom 3. Mai 2013 in der Fassung der Änderungstarifverträge vom 3. Dezember 2013, 10. Dezember 2014 und 24. November 2015, AVE mit Wirkung zum 1. Januar 2016, vgl. BAnz AT 9.5.2016 B4.

120 BAG vom 20.11.2018 – 10 ABR 12/18.

121 BAG vom 21.3.2018 – 10 ABR 62/16 = BeckRS 2018, 5080.

C. Rechtsgrundlage für etwaige Rückforderungsansprüche

65 Als Rechtsgrundlage für die Rückforderung von Sozialkassenbeiträgen dient die Leistungskondiktion nach § 812 Abs. 1 S. 1, 1. Alt. BGB, da ohne wirksame AVE VTV kein Rechtsgrund für den Einzug der Beiträge bestand. Nicht einschlägig ist hingegen die sog. condictio ob causam finitam nach § 812 Abs. 1 S. 2, 1. Alt. BGB, da der Rechtsgrund vorliegend nicht nachträglich entfallen ist, sondern von Anfang an nicht bestanden hat. Die einzelnen Verfahrenstarifverträge wurden nie wirksam für allgemeinverbindlich erklärt, so dass die AVEen VTV 2008 – 2014 auch nie den Rechtsgrund für die Erhebung von Beiträgen darstellen konnten. Der Beschluss des BAG nach § 98 Abs. 4 ArbGG hat die Unwirksamkeit der AVEen VTV 2008 – 2014 lediglich festgestellt, eine gestaltende Wirkung kommt dem Beschluss hingegen nicht zu.[122]

D. Auswirkungen der Beschlüsse des BAG auf abgeschlossene Verfahren

66 Unabhängig von einzelnen Rechtsfragen der Rückabwicklung, haben die Beschlüsse des BAG *keine* Auswirkungen auf bereits rechtskräftig abgeschlossene Verfahren. Wenn einzelne Arbeitgeber also bereits zu einem früheren Zeitpunkt zur Zahlung der Sozialkassenbeiträge auf Grundlage der unwirksamen AVEen VTV 2008 – 2014 verurteilt worden sind oder in etwaigen Klagen auf Rückforderung ihrer Beiträge unterlegen waren, scheidet eine Wiederaufnahme dieser Verfahren im Wege der Restitutionsklage nach § 580 ZPO aus. Die Feststellung der Unwirksamkeit der AVEen VTV 2008 – 2014 stellt keinen einschlägigen Wiederaufnahmegrund dar.[123]

E. Vom Rückzahlungsanspruch erfasste Sozialkassenbeiträge

I. Relevante Arbeitsverhältnisse für einen Rückforderungsanspruch

67 Als Gläubiger eines Rückzahlungsanspruchs kommen nur die Arbeitgeber in Betracht, die nicht bereits aufgrund einer mitgliedschaftlichen Tarifbindung nach §§ 3 Abs. 1, 4 Abs. 2 TVG an die Beitragspflichten aus dem VTV gebunden sind bzw. im Geltungszeitraum der AVEen VTV 2008 – 2014 gebunden waren. Denn die AVE VTV entfaltet nur für die Außenseiter Auswirkungen, d.h. für

---

122 GK-ArbGG/*Ahrendt*, Band 3, § 98 ArbGG Rn. 48.

123 Hierzu ausführlich BAG vom 21.9.2016 – 10 ABR 33/15 = NZA-Beilage 2017, 12, 19 ff; zustimmend GK-ArbGG/*Ahrendt*, Band 3, § 98 ArbGG Rn. 50a.

die Arbeitgeber, die keine Mitglieder der Arbeitgeberverbände der Bauindustrie sind. Damit hat der Wegfall der AVE VTV als Rechtsgrundlage auch nur Auswirkungen auf diese Arbeitgeber und deren gezahlte Beiträge. Die kraft Mitgliedschaft tarifgebundenen Arbeitgeber und deren Arbeitsverhältnisse zu ihren Arbeitnehmern unterfallen hingegen bereits der Beitragspflicht des VTV nach §§ 3 Abs. 1, 4 Abs. 2 TVG, so dass die Sozialkassenbeiträge zwingend zu zahlen sind bzw. waren und nicht zurückgefordert werden können. Bezüglich dieser Beiträge muss die SOKA-BAU also auch in keiner Weise mit einer Verurteilung zur Rückzahlung rechnen.[124]

Es gilt daher herauszuarbeiten, für welche Arbeitsverhältnisse die Beiträge an die SOKA-BAU lediglich auf Grundlage der AVEen VTV 2008 - 2014 gezahlt wurden und somit ggf. zurückgefordert werden können. Hierfür existieren allerdings keine aussagekräftigen Daten. Möglich ist hingegen eine Gegenüberstellung der *Gesamtzahl* aller Arbeitsverhältnisse, für die während des Geltungszeitraums der AVEen VTV 2008 - 2014 Sozialkassenbeiträge an die SOKA-BAU abgeführt wurden - aufgrund des VTV *oder* aufgrund der AVE VTV - (siehe Rn. 70) und der Zahl der Arbeitsverhältnisse, für die bereits aufgrund des VTV eine Beitragspflicht bestand (siehe Rn. 68 f.). Die Differenz zwischen diesen beiden Zahlen ergibt dann letztendlich die Zahl der Arbeitsverhältnisse, für die Beiträge an die SOKA-BAU lediglich auf Grundlage der AVEen VTV 2008 - 2014 abgeführt wurden. In diesen Fällen besteht dann auch ein potentieller Rückforderungsanspruch.

1. *Tarifgebundene Arbeitgeber und Arbeitnehmer nach §§ 3 Abs. 1, 4 Abs. 2 TVG*

a. *Ermittlung der notwendigen Zahlen*

Die Anzahl der kraft Mitgliedschaft tarifgebundenen Arbeitgeber und der bei **68**
diesen Arbeitgebern beschäftigten Arbeitnehmer ergibt sich aufgrund der durch die SOKA-BAU zur Verfügung gestellten Zahlen. Denn in den jeweiligen Anträgen zu den AVEen VTV 2008 - 2014 hat die ZVK stets die notwendigen Daten für die Ermittlung der sog. „Kleinen Zahl" i.S.d. § 5 Abs. 1 S. 1 Nr. 1 TVG a.F. vorgetragen. Diese Zahlen lassen sich in den Entscheidungen des BAG zu den AVEen VTV 2008 - 2014 auch wiederfinden. Die Kleine Zahl spiegelte die

124 Das BAG hat diesbezüglich bereits angemerkt, dass der SOKA-BAU aufgrund der nach § 3 TVG tarifgebundenen Arbeitgeber „ein erheblicher Teil der in der Vergangenheit erzielten Einnahmen" verbleibt - unabhängig von der Unwirksamkeit der AVEen VTV, BAG vom 21.9.2016 - 10 ABR 33/15 = NZA-Beil. 2017, 12, 35.

Gesamtzahl derjenigen Arbeitnehmer wider, welche bei (kraft Mitgliedschaft) tarifgebundenen Arbeitgebern beschäftigt waren. Die Große Einschränkungsklausel der AVE VTV wirkt sich auf diese Zahl nicht aus, so dass die Diskussion um die fehlerhafte Ermittlung der „Großen Zahl" an dieser Stelle auch keine Rolle spielt.[125] Zwar hat das BAG in seinen Entscheidungen offen gelassen, ob die vorgetragenen Daten der ZVK zur Berechnung der Kleinen Zahl einer gerichtlichen Kontrolle standhalten, da diese Frage aufgrund der fehlerhaften Berechnung der Großen Zahl nicht mehr entscheidungserheblich war.[126] Im Hinblick auf die Anzahl der eigenen Mitglieder und der bei diesen beschäftigten Arbeitnehmern sind die Sozialkassen selbst aber die verlässlichste Quelle. Andere aussagekräftige Datensätze zur Mitgliederzahl der Arbeitgeberverbände und zu den bei den Mitgliedern beschäftigten Arbeitnehmern sind jedenfalls nicht bekannt.

b. Beitragspflichtige Arbeitsverhältnisse der kraft Mitgliedschaft gebundenen Arbeitgeber

69 In Bezug auf die kraft Mitgliedschaft gebundenen Arbeitgeber stellt sich allerdings die Frage, ob deren Arbeitsverhältnisse zu *allen* Arbeitnehmern der tarifvertraglichen Beitragspflicht nach § 15 VTV unterliegen. Schließlich besteht die Möglichkeit, dass in einem Mitgliedsbetrieb der Arbeitgeberverbände sowohl tarifgebundene als auch nicht-tarifgebundene Arbeitnehmer tätig sind und sich die Beitragspflicht nur auf die Arbeitsverhältnisse mit den tarifgebundenen Arbeitnehmern erstreckt. Dies würde dem Grundsatz aus §§ 3 Abs. 1, 4 Abs. 1 TVG entsprechen, wonach die Tarifnormen nur zwischen den beiderseits Tarifgebundenen, d.h. zwischen den Mitgliedern der Tarifvertragsparteien gelten.

Im Falle von Tarifnormen zu gemeinsamen Einrichtungen nach § 4 Abs. 2 TVG ist umstritten, ob die Geltung dieser Tarifnormen eine beiderseitige Tarifgebundenheit der Arbeitsvertragsparteien voraussetzt[127] oder ob die einseitige Tarifbindung für die Begründung von Ansprüchen und Pflichten gegenüber der gemeinsamen Einrichtung ausreicht[128]. Im Falle der Beitragspflicht nach dem VTV führen tarifgebundene Arbeitgeber des Baugewerbes aber ohnehin

125 So auch BAG vom 21.9.2016 – 10 ABR 33/15 = NZA-Beil. 2017, 12, 38.

126 Vgl. hierzu u.a. BAG vom 21.9.2016 – 10 ABR 33/15 = NZA-Beil. 2017, 12, 39.

127 So BAG vom 5.12.1958 – 1 AZR 89/57 = NJW 1959, 595; *Bötticher*, Gemeinsame Einrichtungen, S. 61 ff; ErfK/*Franzen*, § 4 TVG Rn. 22; *Löwisch/Rieble*, § 3 TVG Rn. 236; Wiedemann/*Oetker*, § 3 TVG Rn. 159; *Strippelmann*, S. 91 f; *Zöllner*, RdA 1967, 361, 365; offen gelassen BAG vom 9.12.2009 – 4 AZR 190/08 = NZA 2010, 712 Rn. 46.

128 So zuletzt LAG Hessen vom 27.1.2017 – 10 Sa 1747/14 = BeckRS 2017, 112531 Rn. 67; Däubler/*Heuschmid*, § 1 TVG Rn. 1134; *Moraw*, Tarifkonkurrenz, Tarifpluralität und

Beiträge für *alle* bei ihnen beschäftigten Arbeitnehmer ab, da § 15 Abs. 1 VTV eine Pauschalisierung der Beitragspflicht gemessen an der Bruttolohnsumme aller im Betrieb beschäftigten gewerblichen Arbeitnehmer vorsieht.[129] § 15 Abs. 1 VTV setzt dabei auch nicht die Gewerkschaftszugehörigkeit der beschäftigten Arbeitnehmer voraus, sondern lediglich, dass diese vom persönlichen Geltungsbereich gem. § 1 Abs. 3 Nr. 1 VTV erfasst sind.[130] Die Beitragspflicht der tarifgebundenen Arbeitgeber besteht daher bezüglich aller Arbeitsverhältnisse, unabhängig von der Tarifbindung der beschäftigten Arbeitnehmer.[131] Darüber hinaus geht auch das LAG Hessen in seiner aktuellen Rechtsprechung davon aus, dass es im Falle der Tarifnormen über gemeinsame Einrichtungen nach § 4 Abs. 2 TVG „auf die Tarifunterworfenheit (nur) des Arbeitgebers ankommt"[132].

Für tarifgebundene Arbeitgeber besteht demnach eine Beitragspflicht für alle im Betrieb bestehenden Arbeitsverhältnisse, unabhängig von der Tarifbindung der Arbeitnehmer. Die Kleine Zahl ist damit als Bezugsgröße für die Anzahl der kraft Mitgliedschaft beitragspflichtigen Arbeitsverhältnisse geeignet.

Eine quantitative Darstellung der Kleinen Zahl erfolgt in der tabellarischen Gegenüberstellung unter Rn. 71.

---

der Grundsatz der Tarifeinheit, S. 105; KeZa/*Seifert*, § 4 TVG Rn. 317; *Thüsing/v. Hoff*, ZfA 2008, 77, 82 ff.

129 Diese Pauschalisierung der Beitragspflicht wird überwiegend für zulässig erachtet, vgl. *Bötticher*, Gemeinsame Einrichtungen, S. 68 f; Däubler/*Hensche/Heuschmid*, § 1 TVG Rn. 1138; Wiedemann/*Oetker*, § 1 TVG Rn. 847; *Strippelmann*, Gemeinsame Einrichtungen, S. 76 ff; kritisch hingegen im Hinblick auf den Gleichheitssatz im Falle von nicht für allgemeinverbindlich erklärten Tarifverträgen *Löwisch/Rieble*, § 4 TVG Rn. 396.

130 A.A. wohl *Löwisch/Rieble*, § 4 TVG Rn. 396, wobei hier m.E. nach die Tarifbindung mit dem Geltungsbereich des Tarifvertrags verwechselt wird.

131 Die Absicht der Tarifvertragsparteien, die Beitragspflicht vom einzelnen Arbeitsverhältnis zu isolieren, wird umso deutlicher durch den im Jahr 2015 eingeführten Mindestbeitrag für die Berufsbildung nach § 17 VTV, der sogar dann abzuführen ist, wenn im Betrieb *kein einziger* gewerblicher Arbeitnehmer beschäftigt ist. Hier wird also nicht nur von der Tarifbindung der Beschäftigten als Voraussetzung für die Beitragspflicht abgesehen, sondern auch auf das Bestehen eines Arbeitsverhältnisses an sich verzichtet.

132 LAG Hessen vom 27.1.2017 – 10 Sa 1747/14 = BeckRS 2017, 112531 Rn. 67.

2. Gesamtzahl der beitragspflichtigen Arbeitsverhältnisse

70 Die Ermittlung der *Gesamtzahl* aller Arbeitsverhältnisse, für die Beiträge an die SOKA-BAU abgeführt wurden – entweder auf Grundlage des VTV *oder* auf Grundlage der AVE VTV – gestaltet sich hingegen schwieriger.

Hier könnte man an eine Heranziehung der sog. „Großen Zahl" i.S.d. § 5 Abs. 1 S. 1 Nr. 1 TVG a.F. denken, die in den jeweiligen Anträgen zu den AVEen VTV 2008 – 2014 durch die ZVK vorgetragen wurde. Bei der Großen Zahl handelte es sich um die Gesamtzahl der Arbeitnehmer, die – unabhängig von deren Tarifbindung – räumlich, fachlich und persönlich unter den Anwendungsbereich des Tarifvertrages fallen. Die Beschlüsse des BAG zu den AVEen VTV 2008 – 2014 haben allerdings gezeigt, dass die SOKA-BAU hier fehlerhafte Zahlen verwendet hat. So wurde die Große Zahl stets unter Berücksichtigung der Großen Einschränkungsklausel zur AVE VTV ermittelt. Der Geltungsbereich des VTV und der Geltungsbereich der AVE VTV unter Anwendung der Großen Einschränkungsklausel fallen jedoch sehr verschieden aus. So kann ein Betrieb unter Umständen dem Geltungsbereich des VTV unterfallen, während der gleiche Betrieb – aufgrund der umfangreichen und komplizierten Ausnahmeregelungen der Großen Einschränkungsklausel – nicht dem Geltungsbereich der AVE VTV unterfällt.[133] Die Große Zahl spiegelt daher nicht unbedingt die Zahl *aller* beitragspflichtigen Arbeitsverhältnisse wider, sondern nur die Zahl derer, die unter den Geltungsbereich der AVE VTV unter Anwendung der Großen Einschränkungsklausel fallen.

Für die an dieser Stelle notwendige Ermittlung der Gesamtzahl aller Arbeitsverhältnisse, für die Beiträge an die SOKA-BAU abgeführt (oder zumindest gefordert) wurden, ist die falsche Ermittlung der Großen Zahl allerdings irrelevant. Denn letztlich geht es hier nicht um die korrekte Berechnung einer gesetzlichen Voraussetzung der AVE (50-Prozent-Quorum), sondern nur um die Ermittlung der *tatsächlichen* Anzahl aller Arbeitsverhältnisse, für die die SOKA-BAU Beitragszahlungen erhalten hat und damit Grundlage eines Rückforderungsanspruchs sein könnten. Und genau diese Zahl gewinnt man durch die Verwendung der Großen Zahl, denn nach eigener Aussage der ZVK handelte es sich dabei um die Gesamtzahl der gewerblichen Arbeitnehmer, die in allen am Sozialkassenverfahren teilnehmenden Betrieben beschäftigt waren.[134]

---

133 Zu dieser Problematik bereits eingehend BAG vom 21.9.2016 – 10 ABR 33/15 = NZA-Beil. 2017, 12, 38.

134 Vgl. beispielhaft für die Zahlen zum Jahr 2007 BAG vom 21.9.2016 – 10 ABR 33/15 = NZA-Beil. 2017, 12, 14.

Die (eigentlich fehlerhaft berechnete) Große Zahl ist daher für die Ermittlung der Gesamtzahl aller Arbeitsverhältnisse, für die Beiträge an die SOKA-BAU abgeführt wurden – entweder auf Grundlage des VTV *oder* auf Grundlage der AVE VTV – geeignet.

Eine quantitative Darstellung der Großen Zahl erfolgt in der tabellarischen Gegenüberstellung unter Rn. 71.

II. Rechnerische Ermittlung der relevanten Arbeitsverhältnisse

71

Jahr	**Alle Arbeitnehmer der am Sozialkassenverfahren teilnehmenden Betriebe („Große Zahl“)**	**Arbeitnehmer in Mitgliedsbetrieben der Arbeitgeberverbände („Kleine Zahl“)**	**Tarifbindung**
2007	516733	345302[135]	66,8 %
2009	514526	329238[136]	63,9 %
2011	680361	431159[137]	63,3 %
2012	660195	431332[138]	65,3 %
2013[139]	698388	438050[140]	62,7 %

Für den Zeitraum zwischen dem 30. September 2007 und dem 30. September 2013 ergibt sich eine durchschnittliche Tarifbindung von 64,4 %. Selbst wenn man diese Zahl für eine vorsichtige Schätzung auf 60 % abrundet, bestehen Rückforderungsansprüche in Bezug auf maximal 40 % aller Arbeitsverhältnisse, für die während der vermeintlichen Geltung der AVEen VTV 2008 – 2014 Sozialkassenbeiträge abgeführt wurden.

Zwar fehlen bei dieser Berechnung die Arbeitsverhältnisse, die fälschlicherweise nicht an die SOKA-BAU gemeldet wurden und für die somit – trotz Beitragspflicht – nie Sozialkassenbeiträge abgeführt wurden. Bezüglich dieser Arbeitsverhältnisse droht allerdings auch kein Rückforderungsanspruch, so dass deren Berücksichtigung an dieser Stelle unterbleiben kann.

135 BAG vom 21.9.2016 – 10 ABR 33/15 = NZA-Beil. 2017, 12, 14; hier wurde noch auf die Zahl der *gewerblichen* Arbeitnehmer abgestellt.

136 BAG vom 21.9.2016 – 10 ABR 33/15 = NZA-Beil. 2017, 12, 14; hier wurde noch auf die Zahl der *gewerblichen* Arbeitnehmer abgestellt.

137 BAG vom 25.1.2017 – 10 ABR 43/15 = NZA 2017, 731, 732.

138 BAG vom 25.1.2017 – 10 ABR 34/15 = AP TVG § 5 Nr. 37 Rn. 5 ff.

139 Die Zahlen beziehen sich stets auf den Stand zum 30. September des jeweiligen Jahres.

140 BAG vom 21.9.2016 – 10 ABR 48/15 = AP TVG § 5 Nr. 36 Rn. 5 ff.

III. Ergebnis

72 Selbst bei einer vorsichtigen Schätzung unterliegen maximal 40 % aller Arbeitsverhältnisse und die hierfür abgeführten Sozialkassenbeiträge einem potentiellen Rückforderungsanspruch der Arbeitgeber gegen die SOKA-BAU. Alle anderen Arbeitsverhältnisse unterliegen bereits der mitgliedschaftlichen Tarifbindung nach §§ 3 Abs. 1, 4 Abs. 2 TVG, weshalb die Unwirksamkeit der AVEen VTV 2008 – 2014 keine Auswirkungen auf die gezahlten Sozialkassenbeiträge hat.

F. Schuldner des Rückzahlungsanspruchs

73 Der Sozialkassenbeitrag umfasst mehrere Beitrags-Anteile, die der Finanzierung von verschiedenen Leistungen dienen (insb. Urlaubsverfahren, zusätzliche Altersversorgung, Ausbildungsverfahren). Aus diesem Grund sind die Empfänger des Sozialkassenbeitrags im Ergebnis verschiedene Sozialkassen (ULAK, ZVK, UKB, Soka-Berlin), wobei die Einzugsstelle (ULAK) zunächst den gesamten Sozialkassenbeitrag einzieht und die einzelnen Anteile intern an diejenige Sozialkasse weiterleitet, die den tariflichen Anspruch auf den Teil-Beitrag hat (siehe hierzu bereits Rn. 37).

Im Falle der Rückforderung eines Beitrags kommt nichtsdestoweniger nur die Einzugsstelle selbst als Schuldner des bereicherungsrechtlichen Rückzahlungsanspruches in Frage. Ein Anspruch gegen die übrigen Sozialkassen scheidet dagegen aus, unabhängig davon an welche Sozialkasse der einzelne Teilbeitrag letztendlich geflossen ist. Dies begründet sich aus dem Vorrang der Leistungs- gegenüber der Nichtleistungskondiktion.[141] Die Arbeitgeber leisten bei Zahlung der Beiträge ausschließlich an die Einzugsstelle, da sie nur deren Vermögen bewusst und zweckgerichtet mehren wollen. Das liegt an der Rolle der Einzugsstelle, die ihr durch die tariflichen Regelungen in § 3 Abs. 3 VTV verliehen wird. Nur der Einzugsstelle obliegt die Durchsetzung der Beitragsansprüche aller systemangehörigen Sozialkassen. Hierfür tritt sie den Arbeitgebern gegenüber wie eine Vollrechtsinhaberin auf und die Arbeitgeber können befreiend nur an die Einzugsstelle leisten. Zweckbestimmung einer jeden Beitragszahlung ist daher die befreiende Leistung an die Einzugsstelle.[142]

---

141 Vgl. zu diesem Prinzip Palandt/*Sprau*, § 812 BGB Rn. 7.

142 BAG vom 23. 4. 2008 - 10 AZR 108/07 = NZA-RR 2009, 201, 203.

Rückzahlungsschuldner ist damit stets die Einzugsstelle.[143] Bis zum 31. Dezember 2009 fungierte die ZVK als Einzugsstelle, seit dem 1. Januar 2010 ist dies die ULAK.

G. Fortgeltung der AVE VTV 2006

Einer vollständigen Rückabwicklung der Beitragszahlungen an die SOKA-BAU könnte zunächst die Fortgeltung der AVE VTV vom 24. Februar 2006[144] (nachfolgend AVE VTV 2006) entgegenstehen, dessen Wirksamkeit durch Beschluss des LAG Berlin-Brandenburg vom 4. August 2015 festgestellt wurde[145]. Zwar krankt die AVE VTV 2006 mit relativer großer Wahrscheinlichkeit an den gleichen Verfahrensmängeln wie die AVEen VTV 2008 – 2014. Aufgrund der eingetretenen Rechtskraft des Beschlusses des LAG Berlin-Brandenburg spielen diese Mängel jedoch mittlerweile keine Rolle mehr. Die AVE VTV 2006 gilt als wirksam und ist damit Rechtsgrund für den Einzug bzw. das Behaltendürfen der Sozialkassenbeiträge. 74

I. Fortgeltung einer AVE

Grundsätzlich wirkt eine AVE zeitlich unbegrenzt fort, soweit die AVE selbst keine Befristung enthält oder nicht aufgehoben wird.[146] § 5 Abs. 5 S. 3 TVG besagt jedoch auch, dass die Allgemeinverbindlichkeit mit *Ablauf* des für allgemeinverbindlich erklärten Tarifvertrags endet. Die AVE ist also an die Geltungskraft des Tarifvertrags gekoppelt und insoweit „akzessorisch" zum Tarifvertrag.[147] Mit dem Begriff „Ablauf" ist hier jede Beendigung des Tarifvertrags gemeint, unabhängig davon aus welchem Grund diese eintritt.[148] 75

Die AVE VTV 2006 gilt folglich bis zum Ablauf des für allgemeinverbindlichen erklärten VTV fort. Entscheidend ist daher, zu welchem Zeitpunkt dieser Ablauf im Sinne von § 5 Abs. 5 S. 3 TVG eingetreten ist.

---

143 Eine Ausnahme von diesem Grundsatz ergibt sich jedoch im Falle von Rückforderungsansprüchen nach § 822 BGB, siehe hierzu Rn. 156 ff.

144 AVE des Tarifvertrags über das Sozialkassenverfahren (VTV) vom 20. Dezember 1999 in der Fassung des Änderungstarifvertrages vom 15.12.2005 mit Wirkung ab 1. Januar 2006, Bundesanzeiger Nr. 71 vom 11.04.2006 S. 2729 ff.

145 LAG Berlin-Brandenburg vom 4. August 2015 – 7 BVL 5007/14, 7 BVL 5008/14, juris.

146 Vgl. *Löwisch/Rieble*, § 5 TVG Rn. 124 ff.

147 Vgl. BAG vom 8.11.2006 – 4 AZR 590/05 = NZA 2007; 576; ebenso Däubler/*Lakies*, 3. Auflage, § 5 TVG Rn. 184.

148 Moll/*Hamacher/van Laak*, § 68 Rn. 173; Wiedemann/*Wank*, § 5 TVG Rn. 109.

II. Auswirkungen der Änderungen des VTV 2005

76 Der durch die AVE VTV 2006 für allgemeinverbindlich erklärte Tarifvertrag ist der VTV vom 20. Dezember 1999 in der Fassung vom 15. Dezember 2005 (nachfolgend VTV 2005).[149] An dieser Version des VTV wurden in den darauffolgenden Tarifverhandlungen im Jahr 2007 diverse Änderungen vorgenommen, im Übrigen wurde der VTV 2005 aber inhaltlich übernommen. Es handelte sich sodann um den VTV vom 20. Dezember 1999 in der Fassung vom 20. August 2007[150] bzw. in der Fassung vom 5. Dezember 2007[151]. Zu klären ist, ob durch die Änderungen aus dem Jahr 2007 bereits ein Ablauf des VTV 2005 im Sinne von § 5 Abs. 5 S. 3 TVG eingetreten ist.

1. Wirkung der geänderten Tarifnormen

77 Für die geänderten und damit neuen Tarifnormen des VTV 2005 entfaltet die AVE VTV 2006 keine Allgemeinverbindlichkeit mehr. Diese Normen unterliegen schließlich nicht mehr der staatlichen Anordnung und Kontrolle, die im Rahmen des Verfahrens der AVE VTV 2006 nach § 5 TVG durch das BMAS ausgeübt wurde. Eine Anwendung der geänderten Tarifnormen auf die Nichtorganisierten wäre eine unzulässige Ausweitung der tariflichen Regelungsmacht der Tarifparteien des VTV.

2. Wirkung der bisherigen (abgelösten) Tarifnormen

78 Auch die bisherigen (abgelösten) Tarifnormen können für die Nichtorganisierten keine Wirkung mehr entfalten, da diese Normen tariflich nicht mehr in Kraft sind. Die tarifliche Geltung ist jedoch notwendige Voraussetzung für die Wirksamkeit der AVE.[152] Für die abgelösten Tarifnormen ist insoweit von einem „Ablauf“ des Tarifvertrags im Sinne von § 5 Abs. 5 S. 3 TVG auszugehen.

Für diese Normen tritt aber möglicherweise eine Nachwirkung in entsprechender Anwendung von § 4 Abs. 5 TVG ein. Die bisherigen Tarifnormen des VTV 2005 wirken für die Außenseiter dann solange nach, bis sie durch eine andere Abmachung ersetzt werden (siehe hierzu ausführlich Rn. 89 ff.).

---

149 Siehe Anlage 35 zum SokaSiG.

150 Siehe Anlage 34 zum SokaSiG.

151 Siehe Anlage 33 zum SokaSiG.

152 Wiedemann/*Wank*, § 5 TVG Rn. 119.

3. *Wirkung der beibehaltenen (unveränderten) Tarifnormen*

a. *Grundsatz der Fortgeltung*

Soweit die Normen des VTV 2005 unverändert beibehalten wurden, wird man zunächst von einer unmittelbaren und zwingenden Fortgeltung dieser Normen nach § 5 Abs. 4 und § 4 Abs. 1 S. 1 TVG ausgehen müssen, da diesbezüglich kein „Ablauf" im Sinne von § 5 Abs. 5 S. 3 TVG eingetreten ist. Diese Tarifnormen wurden weder aufgehoben, noch in sonstiger Weise wurde ihre tarifliche Geltung beendet. **79**

b. *Nicht geänderte Tarifnormen als sinnvoller Regelungskomplex*

Nichtsdestoweniger ist hier je nach Inhalt und Zusammenspiel der geänderten und nicht geänderten Tarifnormen zu differenzieren: Eine fortgesetzte Geltung der nicht geänderten Bestimmungen kann nur dann bejaht werden, wenn diese für sich allein betrachtet noch eine sinnvolle Regelung darstellen. Der nicht geänderte Teil des Tarifvertrages muss also noch als sinnvoller Regelungskomplex übrig bleiben.[153] Das ist insbesondere dann der Fall, wenn die geänderten Tarifnormen in keinem Zusammenhang mit den nicht geänderten Tarifnormen stehen.[154] **80**

c. *Sinnvoller Regelungskomplex nach Änderungen des VTV 2005 durch den Änderungstarifvertrag vom 20. August 2007*

Es ist also der Frage nachzugehen, ob die nicht geänderten Tarifnormen des VTV 2005 für sich allein, d.h. ohne die durch den Änderungstarifvertrag von 2007 geänderten und dadurch abgelaufenen Tarifnormen, noch einen sinnvollen Regelungskomplex darstellen. **81**

Eine derartige Differenzierung innerhalb eines Tarifvertrages, der als Gesamtwerk das Sozialkassenverfahren im Baugewerbe regeln soll, ist diffizil. Zwar enthält der VTV in jeder Fassung verschiedene Regelungsabschnitte, wie z.B. den Abschnitt zum Urlaubsverfahren und den Abschnitt zum Lohnausgleichsverfahren. Und jeder dieser Regelungsabschnitte steht zunächst einmal für sich, ohne direkten Zusammenhang zu den restlichen Regelungsabschnitten des VTV. Dennoch ist der VTV immer noch ein Gesamtwerk, das erst durch die Geltung jeder einzelnen Norm die durch die Tarifparteien gewollte Abwicklung

---

153 Vgl. hierzu Däubler/*Lakies*, 3. Auflage, § 5 TVG Rn. 197; Wiedemann/*Wank*, § 5 TVG Rn. 120; a.A. *Löwisch/Rieble*, § 5 TVG Rn. 95.

154 BAG vom 16.11.1965 – 1 AZR 160/65 = AP TVG § 4 Ausschlussfristen Nr. 30.

des Sozialkassenverfahrens garantiert. Die Änderungen des VTV 2005 durch den Änderungstarifvertrag von 2007 sind daher im Genauen zu betrachten.

aa. Änderungen des VTV 2005 durch den Änderungstarifvertrag vom 20. August 2007

82 Durch den Änderungstarifvertrag vom 20. August 2007 wurden Änderungen an dem arbeitnehmerbezogenen Meldeverfahren in § 6, an den Verfallsfristen in § 25, sowie an den Verfahrensregelungen in § 33 vorgenommen.

Das arbeitnehmerbezogene Meldeverfahren in § 6 wurde an mehreren Stellen gekürzt, so dass hier die tarifliche Geltung der alten Fassung des § 6 endete. Auch die Regelung zu den Verfallsfristen in § 25 wurde um einen gesamten Absatz im Hinblick auf die Ansprüche auf Erstattung des Lohnausgleichs gekürzt, so dass hier ebenfalls die alte Fassung des § 25 aus dem VTV 2005 ihre tarifrechtliche Geltung verlor. Im Rahmen des § 33 wurde zum einen die Überschrift der Norm von „Verfahrensvereinfachungen" auf „Durchführung der Verfahren" geändert. Zum anderen wurde die Norm um Regelungen zur Einsetzung und zu den Aufgaben einer paritätischen Kommission der SOKA-BAU ergänzt. § 33 VTV 2005 verlor daher ebenfalls seine tarifrechtliche Geltung. Bezüglich §§ 6, 25 und 33 ist der VTV 2005 also im Sinne von § 5 Abs. 5 S. 3TVG „abgelaufen" und wirkt nicht weiter fort.

bb. Auswirkungen auf die beibehaltenen Tarifnormen

83 Für die übrigen, nicht geänderten Tarifnormen des VTV 2005 muss man sich nun die Frage stellen: Verbleiben diese Regelungen auch ohne die geänderten Tarifnormen als eigener sinnvoller Regelungskomplex (siehe bereits Rn. 80. f.)?

[1] Änderung von § 33 VTV 2005

84 Der VTV 2005 bleibt auch ohne die Verfahrensregelungen des § 33 VTV 2005 als sinnvolles Regelungswerk bestehen. Unter dieser Norm wurde die SOKA-BAU nur ganz abstrakt dazu ermächtigt Bestimmungen zu treffen, falls diese die Vereinfachung des Verfahrens zur Folge haben. Ein direkter Zusammenhang zu anderen Tarifnormen besteht nicht.

[2] Änderung von § 25 VTV 2005

85 Auch die Änderung der Verfallsfristen in § 25 VTV 2005 kann keine Auswirkungen auf die Fortgeltung der restlichen Normen des VTV 2005 haben. Zwar trägt eine Ausschlussfrist immer zu einer gewissen Rechtssicherheit bei und ist daher häufiger und beliebter Bestandteil von Tarifverträgen aller Branchen.[155]

---

155 Vgl. Schaub/Koch/*Koch*, Verfallfristen.

Ein direkter Zusammenhang zu den restlichen Regelungen des VTV besteht allerdings nicht. Die umfängliche Regelung des Sozialkassenverfahrens verbleibt auch ohne Ausschlussfristen immer noch als eine sinnvolle Regelung. Denn auch ohne vertragliche Ausschlussfristen gelten immer noch die gesetzlichen Verjährungsregeln nach dem BGB.

[3] Änderung von § 6 VTV 2005

Zu einem anderen Ergebnis muss man allerdings im Falle des arbeitnehmerbezogenen Meldeverfahrens nach § 6 VTV 2005 kommen. Das Meldeverfahren stellt einen Kernbereich des VTV dar. Durch diese Regelung werden die Arbeitgeber dazu verpflichtet, notwendige Informationen über ihre Arbeitnehmer monatlich in Form eines Meldescheins sowie eines Summenbelegs an die ULAK weiterzuleiten. Bei den übermittelten Informationen handelt es sich unter anderem um die Summe aller beitragspflichtigen Bruttolöhne im Betrieb, die für die Berechnung des Sozialkassenbeitrags nach § 18 VTV 2005 unerlässlich sind. Zum anderen teilt jeder Arbeitgeber der ULAK mit, wie viele Urlaubstage den einzelnen Arbeitnehmern bereits gewährt wurden sowie die Summe aller erstattungsfähigen Urlaubsvergütungen und die Summe aller erstattungsfähigen Ausbildungsvergütungen. Nachdem die ULAK alle gemeldeten Monatswerte erfasst hat, teilt sie den Arbeitgebern die kumulierten Werte sowie die noch verfügbaren Urlaubsansprüche der Arbeitnehmer für das laufende Kalenderjahr mit, vgl. § 6 Abs. 3 VTV 2005. Ohne eine umfassende Verpflichtung aller Arbeitgeber die notwendigen Werte an die ULAK zu übermitteln, würde die Grundlage des überbetrieblichen Urlaubsverfahrens vollständig entfallen. Auch die Saldierung von Beitragsansprüchen der SOKA-BAU und Erstattungsansprüchen der Arbeitgeber im Rahmen des Spitzenausgleichsverfahrens nach § 23 wäre unmöglich, da hierfür die nach § 6 gemeldeten Urlaubs- und Ausbildungsvergütungen benötigt werden. 86

Das arbeitnehmerbezogene Meldeverfahren stellt damit einen Grundpfeiler des Sozialkassenverfahrens dar und ist für eine ordentliche Abwicklung der gegenseitigen Ansprüche von Arbeitgeber und SOKA-BAU unerlässlich. Mit seinem Ablauf nach § 5 Abs. 5 S. 3 TVG müssen auch die übrigen Regelungen des VTV 2005 ihre tarifliche Geltung verlieren, da sie ohne § 6 VTV 2005 keine sinnvolle Regelung mehr darstellen.

d. Zwischenergebnis

Durch den Änderungstarifvertrag vom 20. August 2007 fand die Fortgeltung der AVE VTV 2006 ihr Ende, da aufgrund der Änderungen in § 6 VTV ein 87 vollständiger „Ablauf" des für allgemeinverbindlich erklärten VTV 2005 gemäß § 5 Abs. 5 S. 3 TVG eingetreten ist.

III. Ergebnis

88 Die AVE VTV 2006 wirkte gegenüber den Außenseitern bis einschließlich 19. August 2007 unmittelbar nach § 5 Abs. 4 S. 1 TVG fort. Mit dem Abschluss des Änderungstarifvertrags vom 20. August 2007 wurde bezüglich des für allgemeinverbindlich erklärten VTV 2005 allerdings ein „Ablauf" i.S.v. § 5 Abs. 5 S. 3 TVG herbeigeführt, so dass auch die Fortgeltung der AVE VTV 2006 mit dem Ablauf des 19. Augusts 2007 ihr Ende fand.

Seit dem 20. August 2007 könnte die AVE VTV 2006 jedoch nachwirken gem. § 4 Abs. 5 TVG (siehe hierzu ausführlich Rn. 89 ff.).

H. Nachwirkung der AVE VTV 2006

89 § 4 Abs. 5 TVG besagt:

> Nach Ablauf des Tarifvertrages gelten seine Rechtsnormen weiter, bis sie durch eine andere Abmachung ersetzt werden.

Mit dieser gesetzlich angeordneten Nachwirkung enthält das deutsche Tarifrecht einen Mechanismus, der nach Ablauf eines Tarifvertrags die tariflose Zeit bis zum Neuabschluss überbrücken (Überbrückungsfunktion) und die Arbeitsbedingungen der Normunterworfenen vor inhaltlichen Änderungen schützen soll (Individueller Vertragsinhaltsschutz).[156] Im Falle des Sozialkassenverfahrens könnte dieser Mechanismus eine Rechtsgrundlage für etwaige Beitragsansprüche der SOKA-BAU schaffen, nachdem am 19. August 2007 ein „Ablauf" des VTV 2005 nach § 5 Abs. 5 S. 3 TVG eingetreten und damit dessen Fortgeltung entfallen ist (siehe Rn. 88).

I. Nachwirkung allgemeinverbindlicher Tarifverträge über gemeinsame Einrichtungen

90 Selbst wenn die AVE VTV 2006 aufgrund eines „Ablaufs" des VTV 2005 i.S.v. § 5 Abs. 5 S. 3 TVG nicht mehr unmittelbar nach § 5 Abs. 4 TVG gegenüber den Außenseitern wirkt, könnte diese jedoch nachwirken nach § 4 Abs. 5 TVG. Die AVE VTV 2006, beziehungsweise die Rechtsnormen des VTV 2005 würden

156 *Löwisch/Rieble*, § 4 TVG Rn. 736, 743 f.

hierdurch so lange weitergelten, bis sie durch eine „andere Abmachung" ersetzt werden.

1. *Nachwirkung allgemeinverbindlicher Tarifnormen*

Klärungsbedürftig ist zunächst, ob eine AVE bzw. die für allgemeinverbindlich erklärten Tarifnormen für die Außenseiter überhaupt nachwirken können. § 4 Abs. 5 TVG bezieht sich nur auf *Tarifverträge* und auf die Nachwirkung nach deren Ablauf. Im Gesetzesentwurf des SokaSiG heißt es daher auch, dass bislang nicht höchstrichterlich geklärt sei, „inwieweit im Falle der Unwirksamkeit einer Allgemeinverbindlicherklärung vorangehende Allgemeinverbindlicherklärungen als Rechtsgrund für den Beitragseinzug fortbestehen"[157]. 91

Diese Aussage ist jedenfalls zutreffend, soweit sie sich auf die Nachwirkung von ehemals allgemeinverbindlichen Normen eines Tarifvertrags *über gemeinsame Einrichtungen* bezieht. Die grundsätzliche Nachwirkung von allgemeinverbindlichen Tarifnormen für die Außenseiter nach § 4 Abs. 5 TVG ist hingegen sowohl in der Rechtsprechung als auch in der Literatur allgemein anerkannt.[158] Die Regelung des § 4 Abs. 5 TVG knüpft einzig an die Beendigung des Tarifvertrages an, ohne Arbeitsverhältnisse von der Nachwirkung auszunehmen, für die ein Tarifvertrag lediglich kraft staatlicher Anordnung gilt beziehungsweise gegolten hat.[159] Eine AVE ändert schließlich nichts an der Rechtsqualität des für allgemeinverbindlich erklärten Tarifvertrags, sondern ersetzt lediglich die (fehlende) privatautonome Tarifgebundenheit der Außenseiter durch die Allgemeinverbindlichkeit. Der autonome Tarifvertrag und der kraft AVE wirkende Tarifvertrag sind daher auch im Rahmen des § 4 Abs. 5 TVG gleichzustellen.[160]

Zwar lag dem BAG bisher noch kein Fall vor, indem die Nachwirkung aufgrund der Feststellung der Unwirksamkeit einer AVE zur Anwendung kam. Die Ursache für den Eintritt der Nachwirkung kann aber keine Rolle bei der Frage spielen, ob die Nachwirkung von allgemeinverbindlichen Tarifverträgen

157 BT-Drucksache 18/10631, S. 2.

158 BAG vom 19.1.1962 – 1 AZR 147/61 = AP TVG § 5 Nr. 11; BAG vom 18.6.1980 – 4 AZR 463/78 = AP TVG § 4 Ausschlußfristen Nr. 68; BAG vom 27.11.1991 – AZR 211/91 = AP TVG § 4 Nachwirkung Nr. 22; Thüsing/Braun/*Braun*, 6. Kapitel Rn. 102; *Gamillscheg*, Kollektives Arbeitsrecht Band I, 1997, S. 876; Däubler/*Lakies*, § 5 TVG Rn. 219; Wiedemann/*Wank*, § 5 TVG Rn. 125; für eine kritische Auseinandersetzung mit der Gegenmeinung siehe *Löwisch/Rieble*, § 4 TVG Rn. 774 ff.

159 Vgl. *Löwisch/Rieble*, § 4 TVG Rn. 774; Wiedemann/*Wank*, § 5 TVG Rn. 125.

160 Siehe zur Gleichstellung ohne Abstriche *Fischer*, S. 211 m.w.N.

grundsätzlich zulässig ist und damit, wie im vorliegenden Fall, als Rechtsgrundlage für tarifvertragliche Ansprüche während dem Nachwirkungszeitraum dienen kann.

2. *Nachwirkung von allgemeinverbindlichen Tarifverträgen über gemeinsame Einrichtungen*

92 Höchstrichterlich ungeklärt ist hingegen immer noch, ob die Nachwirkung auch bei allgemeinverbindlichen Tarifverträgen *über gemeinsame Einrichtungen* Anwendung findet.[161]

a. *Nachwirkung von Tarifverträgen über gemeinsame Einrichtungen*

93 Entscheidend ist hierbei zunächst, ob die Nachwirkung nach § 4 Abs. 5 TVG auf Tarifverträge über gemeinsame Einrichtungen *ohne AVE* Anwendung findet. Denn falls die Nachwirkung bereits für Tarifverträge über gemeinsame Einrichtungen *ohne AVE* ausgeschlossen wäre, würde eine Nachwirkung konsequenterweise auch für *allgemeinverbindliche* Tarifverträge über gemeinsame Einrichtungen nicht in Frage kommen.

aa. Ansicht der Rechtsprechung

94 Das BAG hat die Frage der Nachwirkung von Tarifverträgen über gemeinsame Einrichtungen bisher entweder offen gelassen[162] oder nur speziell für den Fall ausgeschlossen, dass der Betrieb des Arbeitgebers aus dem Geltungsbereich des Tarifvertrags herausgefallen ist und aus diesem Grund keine Beiträge an die gemeinsame Einrichtung mehr zu erbringen hat[163]. Bereits die Tatsache, dass das BAG die Nachwirkung im Falle von Tarifverträgen für gemeinsame Einrichtungen aber nur für diese besonderen Fälle ausgeschlossen hat, deutet bereits an, dass die Nachwirkung in allen übrigen Fällen zumindest nicht generell ausgeschlossen ist. Ein arbeitsgerichtliches Verfahren, in dessen Rahmen diese Problematik entscheidungserheblich ist oder war, steht bisher allerdings noch aus.

---

161 Nach Ansicht des LAG Hessen spricht allerdings vieles für eine solche Nachwirkung, LAG Hessen vom 27.1.2017 10 Sa 1747/14 = BeckRS 2017, 112531 Rn. 44 ff.

162 BAG vom 3.9.1986 – 5 AZR 319/85 = NZA 1987, 178; BAG vom 10.4.1996 – 10 AZR 722/95 = NZA 1996, 942; offen gelassen aber mit Tendenz zur Nachwirkung LAG Hessen vom 27.1.2017 - 10 Sa 1747/14 = BeckRS 2017, 112531.

163 BAG vom 5.10.1993 – 3 AZR 586/92 = NZA 1994, 848; BAG vom 14.6.1994 – 9 AZR 89/ = NZA 19995, 178; BAG vom 9.11.1999 – 3 AZR 690/98 = NZA 2000, 730.

bb. Meinungsstand in der Literatur

Die Fachliteratur bejaht die Nachwirkung von Normen eines Tarifvertrags über gemeinsame Einrichtungen.[164] Eine unterschiedliche Behandlung von Tarifverträgen über gemeinsame Einrichtungen gegenüber anderen Tarifverträgen sei nicht geboten und gesetzlich auch nicht vorgesehen. 95

Nur vereinzelt wird die Nachwirkung für diesen besonderen Fall abgelehnt.[165] Begründet wird dies allem voran damit, dass die Arbeitsvertragsparteien die Nachwirkung nicht durch eine „andere Abmachung" im Sinne von § 4 Abs. 5 TVG beenden könnten und damit eine zeitlich unbegrenzte Nachwirkung bestehen würde.[166] Nach der Ansicht von *Fischer* scheidet eine Nachwirkung zumindest für Rechtsnormen nach § 4 Abs. 2 TVG aus, da sich die Nachwirkung aus § 4 Abs. 5 TVG lediglich auf Inhaltsnormen bezieht.[167]

cc. Stellungnahme

Im Ergebnis ist der herrschenden Meinung in der Literatur zuzustimmen, die eine Nachwirkung von Tarifnormen über gemeinsame Einrichtungen bejaht. Die Ablehnung der Nachwirkung würde jeglicher gesetzlichen Grundlage entbehren, da § 4 Abs. 5 TVG weder nach Art des Tarifvertrags, noch nach Art der Tarifnormen differenziert. Eine Differenzierung nach der Tarifbindung gem. § 4 Abs. 1 TVG und der Tarifbindung gem. § 4 Abs. 2 TVG wie sie *Fischer* vorschlägt, würde daher zu einer Aufspaltung der nachwirkenden Tarifnormen führen, die im Gesetz so nicht angelegt ist und in der Praxis zu widersinnigen Ergebnissen führen würde. So könnte bspw. die Beitragspflicht des Arbeitgebers an die gemeinsame Einrichtungen entfallen, während gleichzeitig die 96

---

164 Däubler/*Bepler*, § 4 TVG Rn. 955; *Bötticher*, Gemeinsame Einrichtungen, S. 67 f; ErfK/*Franzen*, § 4 TVG Rn. 55; *Gamillscheg*, Kollektives Arbeitsrecht Band I, S. 875; BeckOKArbR/*Giesen*, § 4 TVG Rn. 63; *Klein*, AuR 2017, 48, 49 f; *Löwisch/Rieble*, § 4 TVG Rn. 795; Berg/Kocher/Schumann/*Schumann*, Tarifvertragsgesetz und Arbeitskampfrecht, § 4 TVG Rn. 304; KeZa/*Seifert*, § 4 TVG Rn. 308; Wiedemann/*Wank*, § 4 TVG Rn. 349; Thüsing/Braun/*Wißmann*, 4. Kapitel Rn. 140; mit der Ausnahme von allgemeinverbindlichen Tarifverträgen bejaht die Nachwirkung auch *Strippelmann*, Gemeinsame Einrichtungen, S. 152 ff.

165 *Zöllner*, Gutachten zum 48. DJT, G 81 f.; mit Beschränkung auf Inhaltsnormen *Fischer*, Nachwirkung, S. 210.

166 Lediglich ein neuer Tarifvertrag könne die Nachwirkung beenden, vgl. *Zöllner*, Gutachten zum 48. DJT, G 82.

167 *Fischer*, Nachwirkung, S. 210; so im Ergebnis wohl auch *Henrich*, Zusatzversorgungskasse des Baugewerbes, S. 94.

Lohnverwendungsvorschriften im Verhältnis zwischen Arbeitgeber und Arbeitnehmer weitergelten würden und der Arbeitgeber infolgedessen zur Einbehaltung von Teilen des Arbeitslohns berechtigt bzw. verpflichtet wäre.[168]

Auch Sinn und Zweck der Nachwirkung sprechen im Falle von Tarifverträgen über gemeinsame Einrichtungen für die Anwendung von § 4 Abs. 5 TVG. Gerade gemeinsame Einrichtungen sind auf die Überbrückungsfunktion der Nachwirkung besonders angewiesen. Bereits kurze Zeiten ohne Ansprüche auf Beitragszahlungen gegen die Arbeitgeber bringt die Funktionsfähigkeit der Einrichtungen in potentielle Gefahr, der gegebenenfalls durch die Bildung von Rückstellungen entgegengewirkt werden müsste.[169] Gemeinsame Einrichtungen sind in der Regel aber nicht auf Gewinnerzielung oder generell auf die Erzielung überschüssiger Beiträge ausgerichtet. Eingezogene Beiträge werden größtenteils zur unmittelbaren Finanzierung der laufenden Verpflichtungen der gemeinsamen Einrichtung verbraucht, so dass sich die Bildung von Rücklagen als äußerst problematisch erweisen kann.[170]

Diesem Ergebnis steht auch nicht die Annahme entgegen, dass die Beendigung der Nachwirkung im Falle eines Tarifvertrages über gemeinsame Einrichtungen in erster Linie nur durch den Abschluss eines neuen Tarifvertrags oder die Auflösung der gemeinsamen Einrichtung beendet werden kann. Zum einen ist dies schon nicht zutreffend, da auch im Falle von nachwirkenden Tarifverträgen über gemeinsame Einrichtungen verschiedene Möglichkeiten für eine ablösende Abmachung bestehen (siehe hierzu ausführlich Rn. 101 ff.).[171] Zum anderen ist es auch nicht entscheidend, wie mühsam die Herbeiführung einer „anderen Abmachung“ ist, sondern dass überhaupt die Möglichkeit dazu besteht.[172]

---

168 Zu diesem widersinnigen Ergebnis siehe *Fischer*, Nachwirkung S. 210; ablehnend *Strippelmann*, Gemeinsame Einrichtungen, S. 155.

169 So bereits zur Begründung der generellen Nachwirkung von für allgemeinverbindlichen erklärten Tarifverträgen *Löwisch/Rieble*, § 4 TVG Rn. 776.

170 So auch in der Begründung des Gesetzesentwurfs zum SokaSiG, vgl. BT-Drucksache 18/10631, S. 648.

171 Das LAG Hessen nimmt hingegen die „drohende[n] lange[n]“ Nachwirkung in Kauf, LAG Hessen vom 27.1.2017 10 Sa 1747/14 = BeckRS 2017, 112531 Rn. 50 ff.

172 *Strippelmann*, Gemeinsame Einrichtungen, S. 155.

b. *Nachwirkung von allgemeinverbindlichen Tarifverträgen über gemeinsame Einrichtungen*

aa. Transfer der gewonnenen Erkenntnisse

Findet die Nachwirkung aus § 4 Abs. 5 TVG sowohl auf allgemeinverbindliche Tarifverträge (Rn. 91), wie auch auf Tarifverträge über gemeinsame Einrichtungen (Rn. 96) Anwendung, muss die Nachwirkung konsequenterweise auch auf allgemeinverbindliche Tarifverträge über gemeinsame Einrichtungen Anwendung finden. **97**

bb. Abweichende Ansicht aus der Literatur

Eine zusätzliche Differenzierung nimmt jedoch *Strippelmann* vor. Demnach sei die Nachwirkung von Tarifverträgen über gemeinsame Einrichtungen grundsätzlich zulässig, müsse aber im Sonderfall eines *allgemeinverbindlichen* Tarifvertrags über gemeinsame Einrichtungen abgelehnt werden. Der Grund hierfür liege in der zeitlich unbegrenzten Nachwirkung des allgemeinverbindlichen Tarifvertrags, auf die die tarifvertraglich erfassten Außenseiter keinerlei Einfluss hätten und die nur durch die Tarifparteien selbst beendet werden könnte (Antrag auf AVE bzgl. eines neuen ablösenden Tarifertrags oder Auflösung der gemeinsamen Einrichtung).[173] **98**

cc. Stellungnahme

Im Ergebnis kann der Ansicht von *Strippelmann* allerdings nicht zugestimmt werden. Auch im Falle von nachwirkenden allgemeinverbindlichen Tarifnormen über gemeinsame Einrichtungen ist es für die Arbeitsvertragsparteien durchaus möglich, eine „andere Abmachung" i.S.v. § 4 Abs. 5 TVG herbeizuführen. **99**

Dazu im Einzelnen:

[1] „andere Abmachung" im Falle der Nachwirkung von allgemeinverbindlichen Tarifnormen

Bereits im Rahmen der Grundkonstellation der Nachwirkung von allgemeinverbindlichen Tarifnormen – *ohne, dass der zugrundeliegende Tarifvertrag Normen zu gemeinsamen Einrichtungen enthält* – stellt sich die Frage nach den Möglichkeiten für eine „andere Abmachung" i.S.v. § 4 Abs. 5 TVG. Die Stellungnahmen in der Literatur zu dieser Problematik sind größtenteils unbefriedigend und zudem unpräzise. **100**

173 *Strippelmann*, Gemeinsame Einrichtungen, S. 152 ff.

So formuliert *Wank* unter Verweis auf eine Entscheidung des BAG, dass eine „andere Abmachung" bei tariflichen Außenseitern nicht schon in dem In-Kraft-Treten eines neuen Tarifvertrages zu sehen sei, sondern es sich um einen für allgemeinverbindlich erklärten Tarifvertrag handeln müsse.[174]

Auch *Lakies* trifft unter Zugrundelegung der gleichen Entscheidung des BAG die Aussage, dass „nur ein allgemeinverbindlicher Tarifvertrag [...] die nachwirkenden Tarifnormen des früheren allgemeinverbindlichen Tarifvertrages ablösen" könne.[175]

Das BAG hat das Ende der Nachwirkung durch einen neuen (nicht allgemeinverbindlichen) Tarifvertrag aber zu Recht nur für den Fall abgelehnt, dass dieser Tarifvertrag die Außenseiter nicht erfasst, also für sie gar keine andere (geltende) Abmachung, oder – wie es das BAG an anderer Stelle formuliert – keine „rechtlich relevante Vereinbarung"[176] darstellen würde.[177] Dies ändert jedoch nichts an der Tatsache, dass die Außenseiter grundsätzlich frei darin sind, selbst tarifpolitisch tätig zu werden und einem Arbeitgeberverband bzw. einer Gewerkschaft beizutreten. Diese Vereinigungen können dann auch einen Tarifvertrag abschließen, der die nachwirkenden Normen durch neue Tarifnormen ablöst.[178] Voraussetzung für das Ende der Nachwirkung ist lediglich, dass beide Arbeitsvertragsparteien an den ablösenden Tarifvertrag gebunden sind – der ablösende Tarifvertrag also im Einzelarbeitsverhältnis nach § 4 Abs. 1 S. 1 TVG normativ gilt.[179] Dabei spielt es auch keine Rolle, ob der nachwirkende Tarifvertrag Teil eines größeren Tarifgefüges ist, das sich aus mehreren Tarifverträgen zusammensetzt. Ein ablösender Tarifvertrag kann den einzelnen nachwirkenden Tarifvertrag anderer Tarifparteien auch dann ablösen, wenn die übrigen Tarifverträge des Tarifgefüges weiterhin gelten und in unmittelbarem Zusammenhang mit dem ehemals nachwirkenden Tarifvertrag stehen.[180]

Ebenso verbleibt den Außenseitern die Möglichkeit durch arbeitsvertragliche Mittel (Änderungsvertrag, Änderungskündigung, Bezugnahmeklausel) eine andere ablösende Abmachung zu schaffen.[181] Falls die Tarifparteien des für

---

174 Wiedemann/*Wank*, § 5 TVG Rn. 126.

175 Däubler/*Lakies*, § 5 TVG Rn. 220; in diesem Sinne auch *Berger*, BT-Ausschussdrucksache 18(11)896 S. 48, 50.

176 BAG vom 18.3.1992 – 4 AZR 339/91 = NZA 1992, 700.

177 BAG vom 27.11.1991 – AZR 211/91 = AP TVG § 4 Nachwirkung Nr. 22.

178 Auch ein Haustarifvertrag kann eine „andere Abmachung" darstellen.

179 Siehe ausführlich zum Ablösungsverhältnis *Löwisch/Rieble*, § 4 TVG Rn. 833 ff.

180 BAG vom 20.4.2005 - 4 AZR 288/04 = NZA 2005, 1360, 1362.

181 BAG vom 17.1.2006 - 9 AZR 41/05 = NZA 2006, 923, 925; LAG Berlin vom 5.12.1994 – 9 Sa 74/94 = NZA 1995, 1174, 1175.

allgemeinverbindlich erklärten und nachwirkenden Tarifvertrags einen Nachfolgetarifvertrag abschließen, aber auf einen Antrag auf AVE verzichten, können die bisherigen Außenseiter außerdem durch Verbandsbeitritt eine ablösende Abmachung herbeiführen.[182]

Die Möglichkeiten eine „andere Abmachung" i.S.v. § 4 Abs. 5 TVG herbeizuführen gehen im Falle der Nachwirkung von allgemeinverbindlichen Tarifnormen also weit über den Erlass einer AVE des Folgetarifvertrags hinaus. Schließlich ersetzt die AVE nur die fehlende Verbandsmitgliedschaft der Arbeitsvertragsparteien, ändert aber nichts an der rechtlichen Qualität oder an den rechtlichen Eigenschaften der für allgemeinverbindlich erklärten Tarifnormen.[183] Dieser Grundsatz gilt auch für die Nachwirkungsphase.

[2] „andere Abmachung" im Falle der Nachwirkung von allgemeinverbindlichen Tarifnormen über gemeinsame Einrichtungen

Im Falle der Nachwirkung von allgemeinverbindlichen Tarifverträgen *über gemeinsame Einrichtungen* besteht nun die Besonderheit, dass die tariflichen Regelungen nicht nur die Rechtsbeziehungen zwischen den Arbeitsvertragsparteien selbst, sondern auch zwischen den Arbeitsvertragsparteien und der gemeinsamen Einrichtung regeln. Hierdurch werden die gegenseitigen tariflichen Ansprüche aus dem einzelnen Arbeitsverhältnis herausgelöst.[184] **101**

[a] „andere Abmachung" durch Vereinbarung zwischen den Arbeitsvertragsparteien

Aufgrund dieser besonderen Struktur und in Folge eines Urteils des BAG zu abweichenden Vereinbarungen zwischen Arbeitgeber und Arbeitnehmer[185] geht die herrschende Meinung in der Literatur davon aus, dass jeder Eingriff durch die Arbeitsvertragsparteien in die Rechtsbeziehungen zu der gemeinsamen Einrichtung automatisch einen Vertrag zulasten eines Dritten – der gemeinsamen Einrichtung – darstellt und damit ausgeschlossen ist.[186] Folglich wären **102**

---

182 Ebenso *Fischer*, Nachwirkung, S. 349.

183 *Fischer*, Nachwirkung, S. 211; etwas anderes gilt allenfalls für die Tarifkonkurrenz aufgrund der Verdrängungswirkung von allgemeinverbindlichen Tarifverträgen über gemeinsame Einrichtungen nach § 5 Abs. 4 S. 2 TVG.

184 Däubler/*Deinert*, § 4 TVG Rn. 554; *Löwisch/Rieble*, § 4 TVG Rn. 377.

185 BAG vom 5.12.1958 – 1 AZR 89/57 = AP Nr. 1 zu § 4 TVG Ausgleichskassen.

186 So bereits zur Unanwendbarkeit des Günstigkeitsprinzips hinsichtlich Normen über gemeinsame Einrichtungen *Bötticher*, Gemeinsame Einrichtungen, S. 76 ff; Däubler/*Deinert*, § 4 TVG Rn. 644; Wiedemann/*Wank*, § 4 TVG Rn. 417; KeZa/*Schubert/Zachert*, § 4 TVG Rn. 359; *Zöllner*, Gutachten zum 48. DJT, G 102 ff.

auch einzelvertragliche Abreden, die während der Nachwirkungsphase Einfluss auf die Rechtsbeziehungen zur gemeinsamen Einrichtung nehmen und damit eine „andere Abmachung" i.S.v. § 4 Abs. 5 TVG darstellen, ausgeschlossen.[187] Diese Ansicht verhilft den Tarifparteien allerdings zu einer übergesetzlichen Tarifmacht in Bezug auf gemeinsame Einrichtungen und verkennt zudem den (gesetzlich ausdrücklich vorgesehenen) dispositiven Charakter der Nachwirkung in § 4 Abs. 5 TVG:

Zunächst muss klargestellt werden, dass nicht jede Veränderung der Leistungsbeziehungen der gemeinsamen Einrichtung zu den Arbeitsvertragsparteien automatisch einen Eingriff in die Rechtsposition zulasten der gemeinsamen Einrichtung darstellt. Grundsätzlich ist ein Vertrag zulasten Dritter, durch den der Dritte ohne seine Mitwirkung unmittelbar vertraglich verpflichtet wird, mit der Privatautonomie nicht vereinbar und damit unzulässig.[188] Insoweit zutreffend ist daher auch, dass die Arbeitsvertragsparteien nicht willkürlich in die Höhe der gegenseitigen Leistungen zwischen den Arbeitsvertragsparteien und der gemeinsamen Einrichtung eingreifen können, d.h. unzulässig wäre jedenfalls eine Herabsetzung der Leistungen *an* die SOKA-BAU oder eine Erhöhung der Leistungen *von* der SOKA-BAU. Der gemeinsamen Einrichtung können keine Pflichten auferlegt werden, die in diesem Ausmaß durch die Tarifparteien nicht im Tarifvertrag, im Rahmen ihrer Regelungsmacht nach § 4 Abs. 2 TVG, vorgesehen waren. Änderungen hieran können nur durch die Tarifvertragsparteien selbst vorgenommen werden.

Nichtsdestoweniger können einzelne Arbeitsverhältnisse als Ganzes aus dem Geltungsbereich der gemeinsamen Einrichtung herausgenommen werden.[189] Die *grundsätzliche Bindung* an die tarifvertraglich festgelegten Beitrags- und Leistungspflichten knüpft allein an die Tarifgebundenheit der Arbeitsvertragsparteien und den Geltungsbereich des Tarifvertrags an. Für die Nichtorganisierten

---

187 So im Ergebnis *Strippelmann*, Gemeinsame Einrichtungen, S. 153; ebenso ablehnend in Bezug auf abändernde einzelvertragliche Abreden Wiedemann/*Oetker*, § 1 TVG Rn. 840; Wiedemann/*Wank*, § 4 TVG Rn. 349; wohl auch KeZa/*Seifert*, § 4 TVG Rn. 308; für eine Nachwirkung deren Wirkung „regelmäßig nur die Tarifvertragsparteien selbst beseitigen können" Däubler/*Bepler*, § 4 TVG Rn. 955.

188 Vgl. MüKoBGB/*Gottwald*, Band 2, § 328 BGB Rn. 258; Palandt/*Grüneberg*, Einf. v. § 328 BGB Rn. 10; Prütting/Wegen/Weinreich/*Stürner*, § 328 BGB Rn. 11.

189 So im Ergebnis zur Anwendung des Günstigkeitsprinzips nach § 4 Abs. 3 Var. 2 TVG bzgl. Normen über gemeinsame Einrichtungen *Löwisch/Rieble*, § 4 TVG Rn. 579 ff; zur Möglichkeit der abändernden Vereinbarung während der Nachwirkung nach § 4 Abs. 5 TVG siehe *Löwisch/Rieble*, § 4 TVG Rn. 796.

knüpft die Bindung insoweit nur an den Geltungsbereich des Tarifvertrags bzw. der AVE an. Zwischen den Arbeitsvertragsparteien und der gemeinsamen Einrichtung besteht aber kein darüber hinausgehender Vertrag, der sie – unabhängig vom Vorliegen der Tarifbindung – zum gegenseitigen Austausch von Leistungen verpflichten würde. Rechtsgrundlage sind alleine die Bestimmungen des zugrunde liegenden Tarifvertrags. Von dem Zeitpunkt an, zu dem Tarifverträge über gemeinsame Einrichtungen nur noch nachwirken, entfällt jedoch der staatliche Anwendungsbefehl für diese Tarifverträge. Von diesem Zeitpunkt an erfüllt der Tarifvertrag nach § 4 Abs. 5 TVG nur noch eine Überbrückungsfunktion – ohne gesetzlichen Anspruch oder Garantie auf Fortbestand. Die Herausnahme des Arbeitsverhältnisses aus der gemeinsamen Einrichtung greift also bereits in kein (unabdingbares) Recht der gemeinsamen Einrichtung ein.

Diesem Ergebnis kann auch nicht entgegengehalten werden, dass Beitrags- 103
pflicht und Leistungsanspruch sich in ihrer Höhe regelmäßig nicht entsprechen und somit auch die Herausnahme des Arbeitsverhältnisses als Ganzes einen Eingriff in die Leistungsbeziehungen darstelle.[190] Der gemeinsamen Einrichtung und deren Trägern kommt kein genereller Bestandsschutz ihrer Teilnehmerzahl zu – weder während der Dauer der normativen Wirkung des Tarifvertrags, noch während seiner Nachwirkung. So besteht beispielsweise auch für Betriebe, die während der Geltung einer AVE aus dem Geltungsbereich des Tarifvertrags herausgefallen sind, nach zutreffender Rechtsprechung des BAG keine Nachwirkung nach § 4 Abs. 5 TVG oder eine sonstige Fortgeltung der tariflichen Normen zur gemeinsamen Einrichtung.[191] Der Bündelungs- und Risikoausgleichseffekt der gemeinsamen Einrichtung und die damit verbundene unterschiedliche Höhe von Beitragspflicht und Leistungsanspruch ist nicht Norminhalt, sondern lediglich Begleiteffekt.[192] Veränderungen in der Teilnehmerzahl und damit in der Bilanz von Beiträgen und Leistungsansprüchen sind daher von der gemeinsamen Einrichtung hinzunehmen. Dieses Risiko erhöht sich – wie gesetzlich durch § 4 Abs. 5 TVG vorgesehen – während der Zeit der Nachwirkung durch die Dispositivität der Tarifnormen.

Darüber hinaus haben die Tarifparteien jederzeit die Möglichkeit, eine neue
AVE zu beantragen und somit dem Abschluss einer ablösenden Abmachung 104

190 So jedoch *Strippelmann*, Gemeinsame Einrichtungen, S. 153.

191 BAG vom 5.10.1993 – 3 AZR 586/92 = NZA 1994, 848; BAG vom 14.6.1994 – 9 AZR 89/93 = NZA 1995, 178; BAG vom 9.11.1999 – 3 AZR 690/98 = NZA 2000, 730.

192 *Löwisch/Rieble*, § 4 TVG Rn. 381.

rechtzeitig entgegenzuwirken. Die Untätigkeit der Tarifparteien kann nicht durch die dogmatisch fragwürdige Anordnung einer endlosen Nachwirkung – ohne Einflussmöglichkeit der Arbeitsvertragsparteien – auf die Arbeitsvertragsparteien abgewälzt werden. Eine Sondertarifmacht der Tarifparteien in Bezug auf gemeinsame Einrichtungen besteht nicht[193], lediglich die tarifnormfähigen Rechtsverhältnisse werden ausgedehnt.[194] Und auch während der Nachwirkungsphase entbehrt die Ausweitung der Tarifmacht jeder gesetzlichen Grundlage.

105 Nicht zuletzt ist auch die Schutzwürdigkeit der gemeinsamen Einrichtung, wie sie „Dritte" bei Verträgen zulasten Dritter regelmäßig aufweisen, in Frage zu stellen. Zwar ist die gemeinsame Einrichtung selbst nicht Partei einer Abmachung zwischen den Arbeitsvertragsparteien und könnte insoweit als „beeinträchtigter Dritter" angesehen werden. Nichtsdestoweniger verfolgt die gemeinsame Einrichtung innerhalb des Tarifgefüges keinen eigenen wirtschaftlichen oder ideellen Zweck, sondern nur den Zweck, den die Tarifparteien innerhalb des Tarifvertrags und innerhalb ihrer tariflichen Regelungsmacht für sie vorgesehen haben.[195] Dieser festgelegte Zweck aus dem Tarifvertrag ist insoweit auch bindend.[196] Die Rechtsfähigkeit der gemeinsamen Einrichtung ändert an dieser Situation nichts.[197] Zwar werden durch die Tarifnormen zwischen der gemeinsamen Einrichtung und den Arbeitsvertragsparteien eigenständige Rechtsbeziehungen geschaffen. Von den daraus resultierenden Ansprüchen profitieren sollen allerdings nur die Arbeitsvertragsparteien selbst, nicht die gemeinsame Einrichtung. Die gemeinsame Einrichtung fungiert dabei lediglich als ein „zusätzlicher Durchführungsweg"[198] für die Tarifnormen, für deren Anwendung (auch) die gesetzliche Vorschrift zur *dispositiven* Nachwirkung aus § 4 Abs. 5 TVG gilt. Soweit die gesetzlichen Vorschriften also, wie in § 4 Abs. 3 und Abs. 5 TVG eine Abweichung von den tariflichen Vorschriften zulassen, kann allein

---

193 ErfK/*Franzen*, § 4 TVG Rn. 22 f; *Löwisch/Rieble*, § 4 TVG Rn. 371.

194 So im Ergebnis auch Däubler/*Heuschmid*, § 1 TVG Rn. 1132.

195 Das zugeführte Beitragsaufkommen der gemeinsamen Einrichtung ist daher auch ein gebundenes Sondervermögen und darf nur tarifgemäß verwendet werden, vgl. Wiedemann/*Oetker* § 1 Rn. 797.

196 BAG vom 25.1.1989 – 5 AZR 43/88 = AP Nr. 5 zu § 1 GesamthafenbetriebsG.

197 Die eigene Rechtsfähigkeit der gemeinsamen Einrichtung ist in erster Linie deshalb notwendig, damit überhaupt Rechtsbeziehungen zwischen den Arbeitsvertragsparteien und der gemeinsamen Einrichtung entstehen können, die dann durch Regelungen nach § 4 Abs. 2 TVG mit normativer Wirkung versehen werden können, vgl. *Strippelmann*, Gemeinsame Einrichtungen, S. 19 f.

198 *Löwisch/Rieble*, § 4 TVG Rn. 371.

die Stellung der gemeinsamen Einrichtungen im Tarifgefüge diese Mechanismen nicht grenzenlos blockieren.[199]

Eine Herausnahme der Arbeitsverhältnisse aus dem Geltungsbereich der gemeinsamen Einrichtung muss in der Nachwirkungsphase daher durch die Arbeitsvertragsparteien möglich sein.[200]

[b] „andere Abmachung" durch einen ablösenden Tarifvertrag

Wie bereits unter Rn. 100 dargestellt, besteht auch die Möglichkeit der ablösen- **106**
den Abmachung in Form eines ablösenden Tarifvertrags. Hierbei kann es sich einerseits um einen Folgetarifvertrag des nachwirkenden Tarifvertrags handeln, an den die Außenseiter durch neue AVE gebunden werden. Andererseits können die Außenseiter aber auch die Nachwirkung ablösen, indem sie einer Arbeitgeber-/Arbeitnehmervereinigung beitreten und diese einen autonomen Tarifvertrag abschließen, der die Regelungen des nachwirkenden Tarifvertrags ablöst.[201] Entgegen der Ansicht *Strippelmanns* besteht also die Möglichkeit, die Nachwirkung durch den Abschluss eines autonomen Tarifvertrags abzulösen, auch im Falle der Nachwirkung eines allgemeinverbindlichen Tarifvertrages über gemeinsame Einrichtungen.

An dieser Stelle darf jedoch nicht unerwähnt bleiben, dass *Strippelmann* seine **107**
ablehnende Haltung u.a. auch darauf stützt, dass der Arbeitgeber die Bindung an einen allgemeinverbindlichen Tarifvertrag über gemeinsame Einrichtungen aufgrund dessen Vorrangwirkung nach § 5 Abs. 4 S. 2 TVG nicht durch die Bindung an einen autonomen Tarifvertrag abwenden kann. Nach § 5 Abs. 4 S. 2 TVG ist ein nach Absatz 1a für allgemeinverbindlich erklärter Tarifvertrag „vom Arbeitgeber auch dann einzuhalten, wenn er nach § 3 an einen anderen Tarifvertrag gebunden ist".

---

199 Entgegen LAG Hessen, welches die Entscheidungsgewalt über die Nachwirkung allein bei den Tarifvertragsparteien sieht und Abmachungen der Arbeitsvertragsparteien für „systemwidrig" hält, vgl. LAG Hessen vom 27.1.2017 10 Sa 1747/14 = BeckRS 2017, 112531 Rn. 49.

200 Zu einem anderen Ergebnis im Falle von allgemeinverbindlichen Tarifverträgen mag man frühestens mit dem Inkrafttreten des TASG am 16.8.2014 kommen, soweit man der neuen Vorschrift des § 5 Abs. 4 S. 2 TVG zur Verdrängungswirkung der AVE eine gesetzgeberische Grundentscheidung zu „Umverteilungszwangsgemeinschaften" entnimmt, vgl. hierzu bezüglich der Anwendung des Günstigkeitsprinzips auf Normen über gemeinsame Einrichtungen *Löwisch/Rieble*, § 4 TVG Rn. 585 f.

201 Diese Möglichkeit erkennt auch das LAG Hessen an, vgl. LAG Hessen vom 27.1.2017 – 10 Sa 1747/14 = BeckRS 2017, 112531 Rn. 65.

Während vor Einführung des § 5 Abs. 4 S. 2 TVG durch das Tarifautonomiestärkungsgesetz (TASG) für allgemeinverbindliche Tarifverträge jeder Art noch die allgemeinen Regeln der Tarifkonkurrenz bzw. der Tarifspezialität galten und die allgemeinverbindlichen Tarifverträge infolgedessen durch autonome Tarifverträge verdrängt werden konnten, genießt mittlerweile jeder allgemeinverbindliche Tarifvertrag über gemeinsame Einrichtungen i.S.v. § 5 Abs. 1a TVG Vorrang gegenüber allen anderen autonomen Tarifverträgen.[202] *Strippelmann* leitet hieraus ab, dass die Ablösung eines allgemeinverbindlichen Tarifvertrags über gemeinsame Einrichtungen durch einen autonomen Tarifvertrag als „andere Abmachung“ i.S.v. § 4 Abs. 5 TVG ausgeschlossen ist.[203]

Zum einen ist aber bereits fraglich, ob die Verdrängungswirkung des § 5 Abs. 4 S. 2 TVG während der (dispositiven) Nachwirkungsphase eines allgemeinverbindlichen Tarifvertrags überhaupt Anwendung finden kann. Grundsätzlich spielen Tarifkonkurrenz oder Tarifkollision ab Beginn der Nachwirkung keine Rolle mehr, „[…] weil die Tarifkonkurrenz nur das Verhältnis normativ geltender Tarifverträge regelt“[204]. Für eine spezielle Regelung zur Tarifkonkurrenz wie § 5 Abs. 4 S. 2 TVG liegt daher die Annahme nahe, dass auch hierdurch keine Verdrängungswirkung während der Nachwirkungsphase gewollt war, die die Dispositivität von § 4 Abs. 5 TVG aushebelt und den Tarifparteien im Falle der AVE zu einer unverhältnismäßigen Tarifmacht verhilft. Zu einem anderen Ergebnis mag man allenfalls kommen, wenn man § 5 Abs. 4 S. 2 TVG eine gesetzgeberische Grundentscheidung zu „Umverteilungszwangsgemeinschaften“ entnimmt.[205]

Da § 5 Abs. 4 S. 2 TVG jedoch erst seit dem Inkrafttreten des TASG am 16. August 2014 gilt, kann der Inhalt der Norm und eine damit möglicherweise verbundene Grundentscheidung zu „Umverteilungszwangsgemeinschaften“ für die Entscheidung zur Nachwirkung von allgemeinverbindlichen Tarifverträgen über gemeinsame Einrichtungen vor Einführung des TASG noch keine Wirkung entfalten. Vorliegend geht es schließlich um die Nachwirkung der AVE VTV 2006 im Zeitraum vom 20. August 2007 bis zur Ablösung der AVE VTV 2006 durch die AVE VTV 2015 am 1. Januar 2015. Der Großteil der Nachwirkungsphase liegt

202 Als gesetzliche „Verdrängungswirkung“ bezeichnet es Däubler/*Lakies*, § 5 Rn. 191; lediglich eine „Parallelgeltung zweier Tarifverträge“ ohne Verdrängung des autonomen Tarifvertrags sehen hingegen *Löwisch/Rieble*, § 5 TVG Rn. 327.

203 *Strippelmann*, Gemeinsame Einrichtung, S. 156 f.

204 *Löwisch/Rieble*, § 4 TVG Rn. 836 m.w.N.

205 Vgl. hierzu bzgl. der Anwendung des Günstigkeitsprinzips auf Normen über gemeinsame Einrichtungen *Löwisch/Rieble*, § 4 TVG Rn. 585 f.

also ohnehin außerhalb des Geltungsbereichs des TASG vom 16. August 2014, so dass (noch) die Grundsätze der Tarifkonkurrenz galten. Ein allgemeinverbindlicher Tarifertrag über gemeinsame Einrichtungen konnte in diesem Zeitraum also noch von einem autonomen Tarifvertrag verdrängt werden.

[c] Zwischenergebnis

Nach der hier vertretenen Ansicht findet die Nachwirkung aus § 4 Abs. 5 TVG **108** auch auf allgemeinverbindliche Tarifverträge über gemeinsame Einrichtungen Anwendung. Die Nachwirkung kann dabei sowohl durch einzelvertragliche Vereinbarungen der Arbeitsvertragsparteien im Wege der Herausnahme des Arbeitsverhältnisses aus dem Geltungsbereich der gemeinsamen Einrichtung (siehe Rn. 102 ff.), als auch durch die Geltung eines anderen Tarifvertrags (siehe Rn. 106 f.) abgelöst werden.

c. Nachwirkung der AVE VTV 2006 bzw. des VTV 2005

aa. Transfer der gewonnenen Erkenntnisse

Aufgrund der Nachwirkung allgemeinverbindlicher Tarifverträge über gemeinsame Einrichtungen, wirkt die AVE VTV 2006 bzw. wirken die Tarifnormen des **109** VTV 2005 nach und stellen damit auch über den 19. August 2007 hinaus eine Rechtsgrundlage für den Einzug und das Behaltendürfen der bereits eingezogenen Sozialkassenbeiträge dar.

bb. Beendigung der Nachwirkung durch eine „andere Abmachung“ im Falle der AVE VTV 2006

Die Nachwirkung der Tarifnormen des VTV 2005 könnte allerdings durch eine „andere Abmachung“ entfallen sein (siehe Rn. 108). Um welche Art von Abma- **110** chung es sich dabei im Falle des VTV 2005 handeln könnte, soll im Folgenden dargestellt werden.

[1] Herausnahme des Arbeitsverhältnisses aus dem Geltungsbereich der SOKA-BAU

Der Grundsatz, dass die Herausnahme des Arbeitsverhältnisses aus dem Geltungsbereich der gemeinsamen Einrichtung durch Vereinbarung der Arbeits- **111** vertragsparteien während der Nachwirkungszeit möglich ist (siehe Rn. 102 ff.), muss auch für die SOKA-BAU und die AVE VTV gelten. Im Ergebnis ist eine Vereinbarung der Arbeitsvertragsparteien zur Abbedingung des nachwirkenden VTV 2005 allerdings dennoch ausgeschlossen.

112 Dies begründet sich durch die umfangreiche Regelung der Rechtsbeziehungen zwischen den Arbeitsvertragsparteien und der SOKA-BAU durch *alle* Bau-Tarifverträge[206], die, mit Ausnahme der AVEen VTV 2008 – 2014, ohne Unterbrechung allgemeinverbindlich und damit auch für die Außenseiter unabdingbar waren.

Der nachwirkende VTV 2005 regelt nur einen Teilbereich der Rechtsbeziehungen zwischen der SOKA-BAU und den Arbeitsvertragsparteien, vornehmlich die Beitragspflichten der Arbeitgeber. Die Herausnahme eines Arbeitsverhältnisses aus dem Geltungsbereich einer gemeinsamen Einrichtung ist aber nur dann möglich, wenn das Arbeitsverhältnis *vollständig* aus den Rechtsbeziehungen zur gemeinsamen Einrichtung herausgelöst wird. Eine Abbedingung der Beitragspflichten des Arbeitgebers bei fortbestehender Bezugsberechtigung des Arbeitnehmers stellt hingegen einen unzulässigen Vertrag zulasten der gemeinsamen Einrichtung dar.[207] Die nachwirkenden und abdingbaren Tarifnormen der AVE VTV 2006 regeln zwar u.a. auch Verfahrensgrundlagen, das Meldesystem, einen Teil des Urlaubsverfahrens und die Zahlung der Sozialkassenbeiträge durch die teilnehmenden Arbeitgeber. Hinzu kommen noch allgemeine Schlussbestimmungen wie bspw. zur Verjährung, zum Erfüllungsort und Gerichtsstand, sowie zur Rückforderung von Leistungen. Kernbereich des VTV sind jedoch zweifelsohne die Anspruchsgrundlagen der SOKA-BAU gegen die tarifgebundenen Arbeitgeber für den Einzug der Sozialkassenbeiträge in § 15 und § 16 VTV. Die Ansprüche der Arbeitgeber und Arbeitnehmer *gegen die SOKA-BAU* richten sich hingegen vornehmlich nach den übrigen Tarifverträgen des Baugewerbes.[208]

So werden beispielsweise die Ansprüche der Arbeitnehmer gegen die ULAK auf Urlaubsabgeltung und auf Entschädigung bei Verfall der Urlaubs- oder Urlaubsabgeltungsansprüchen bereits in § 8 Nr. 6 und Nr. 8 BRTV begründet. Der VTV konkretisiert unter §§ 13 und 14 nur noch das Verfahren zur Geltendmachung dieser Ansprüche. Im Falle der zusätzlichen Altersversorgung begründen bereits Abschnitt II und III des TZA Bau die Leistungsansprüche der Arbeitnehmer. Lediglich die Finanzierung dieser Leistungen erfolgt wiederum nach den Vorschriften der Verfahrenstarifverträge.[209] Auch die Ansprüche der Arbeitgeber auf Erstattung von Ausbildungsvergütungen und überbetrieblichen

---

206 Insbesondere durch den BRTV, den BBTV, den TVR und den TZA-Bau.

207 Ebenso *Löwisch/Rieble,* § 4 TVG Rn. 582.

208 BRTV, BBTV, TVR und TZA Bau.

209 Für gewerbliche Arbeitnehmer erfolgt die Finanzierung als Teil des Sozialkassenbeitrags der Arbeitgeber nach § 15 VTV, für Angestellte und Auszubildende nach § 16 VTV.

Ausbildungskosten werden bereits durch Abschnitt II und III des BBTV begründet.

Die Abbedingung der Beitragspflichten des Arbeitgebers durch Herausnahme des Arbeitsverhältnisses aus der Geltung des VTV, bei fortbestehender Bezugsberechtigung des Arbeitnehmers aufgrund der andauernden Geltung der übrigen Bau-Tarifverträge würde dementsprechend einen unzulässigen Vertrag zulasten der SOKA-BAU darstellen.

[2] Ablösender Tarifvertrag

Auch eine Ablösung des VTV 2005 durch einen ablösenden Tarifvertrag ist ausgeschlossen. 113

Zum einen haben die Tarifvertragsparteien der SOKA-BAU keinen Folgetarifvertrag des VTV 2005 wirksam für allgemeinverbindlich erklärt, so dass diese Möglichkeit der Ablösung bereits ausscheidet. Aber auch die Ablösung durch einen autonomen Tarifvertrag eines Arbeitgeber-/Arbeitnehmerverbands der Außenseiter hat mit an Sicherheit grenzender Wahrscheinlichkeit nicht stattgefunden. So waren sich die Außenseiter während der Nachwirkung des VTV 2005 gar nicht darüber bewusst, dass die AVEen VTV 2008 – 2014 allesamt unwirksam waren und damit nur eine dispositive Nachwirkung des VTV 2005 bestand.

Darüber hinaus müsste ein ablösender Tarifvertrag auch tatsächlich die Regelungsbereiche des VTV 2005 ablösen, d.h. der ablösende Tarifvertrag müsste den gleichen Regelungskomplex wie der nachwirkende Tarifvertrag erfassen und eine für das einzelne Arbeitsverhältnis verbindliche Regelung darstellen.[210] Der ablösende Tarifvertrag des Arbeitgeber-/Arbeitnehmerverbands der Außenseiter müsste also entweder ein eigenes Sozialkassensystem für seine Mitglieder begründen oder zumindest ausdrücklich das bestehende Sozialkassensystem durch die Bau-Tarifverträge ausschließen. Ein derartiger Tarifvertrag ist nicht bekannt und wurde bisher auch nicht durch die Außenseiter vorgebracht.

Zum anderen stellt sich aber auch wieder – wie im Bereich der Ablösung durch Individualvereinbarung (siehe Rn. 111 f.) – das Problem, dass das Sozialkassensystem des Baugewerbes durch die Wirkung *aller* Bau-Tarifverträge begründet wird, aber lediglich der VTV 2005 dispositiv nachwirkt. Die übrigen Bau-Tarifverträge galten weiterhin per AVE und konnten nicht abbedungen werden. Ein ablösender autonomer Tarifvertrag der Außenseiter hätte also wiederum nur eine ablösende Regelung für den VTV 2005 darstellen können, indem z.B. die Beitragspflichten neu geregelt oder ganz abgeschafft würden. Zwar ist es grundsätzlich möglich, nur einzelne Normen oder Normenkomplexe eines

210 BAG vom 16.5.2012 – 4 AZR 366/10 = NZA 2013, 220, 222.

Tarifvertrages innerhalb eines Tarifgefüges durch einen ablösenden Tarifvertrag zu ersetzen.[211] Dies kann aber nicht gelten, wenn aus dem resultierenden Nebeneinander von mehreren Tarifverträgen verschiedener Tarifgefüge unlösbare Anwendungsprobleme entstehen.[212] Die Abschaffung von Beitragspflichten der Arbeitgeber durch die Ablösung des VTV 2005 bei gleichzeitigem Erhalt aller Leistungspflichten der SOKA-BAU durch die Weitergeltung der übrigen Bau-Tarifverträge würde ein solches Anwendungsproblem darstellen. Damit würde es sich letztendlich um einen unzulässigen Vertrag zulasten Dritter handeln.

[3] Zwischenergebnis

114 Eine Abbedingung der nachwirkenden Tarifnormen des VTV 2005 durch Individualvereinbarung würde im Ergebnis nur eine Teil-Herausnahme des Arbeitsverhältnisses aus der gemeinsamen Einrichtung bedeuten. Eine derartige Vereinbarung zwischen den Arbeitsvertragsparteien würde einen Vertrag zulasten der SOKA-BAU darstellen und ist damit unzulässig.[213] Gleiches gilt für einen ablösenden autonomen Tarifvertrag durch einen Arbeitgeber- bzw. Arbeitnehmerverband der Außenseiter.

3. Ergebnis

a. Ergebnis im Grundsatz

115 Aufgrund der Nachwirkung von allgemeinverbindlichen Tarifverträgen über gemeinsame Einrichtungen, wirkte die AVE VTV 2006 bzw. wirken die Tarifnormen des VTV 2005 nach und stellen damit auch über den 19. August 2007 hinaus eine Rechtsgrundlage für den Einzug und das Behaltendürfen der bereits eingezogenen Sozialkassenbeiträge dar. Ein Ende der Nachwirkung trat erst im Zeitpunkt der Geltung der wirksamen AVE VTV 2015, d.h. zum 1. Januar 2015 ein.

Eine Ablösung der nachwirkenden AVE VTV 2006 durch eine „andere Abmachung" i.S.v. § 4 Abs. 5 TVG in Form einer ablösenden Individualvereinbarung zwischen den Arbeitsvertragsparteien bzw. in Form eines ablösenden Tarifvertrags während der Nachwirkungsphase scheidet aus. Aufgrund der Tarifstruktur des Sozialkassenverfahrens würde eine derartige Ablösung einen unzulässigen Vertrag zulasten der SOKA-BAU darstellen.

---

211 BAG vom 20.4.2005 - 4 AZR 288/04 = NZA 2005, 1360, 1362.

212 So wohl auch BAG vom 20.4.2005 - 4 AZR 288/04 = NZA 2005, 1360, 1362.

213 Eine vollständige Herausnahme des Arbeitsverhältnisses wäre hingegen dann möglich, wenn die Unwirksamkeit der AVEen der übrigen Bau-Tarifverträge ebenfalls festgestellt wird.

b. Ergebnis unter Berücksichtigung der potentiellen Unwirksamkeit der AVEen der übrigen Bau-Tarifverträge

Eine Ablösung der AVE VTV 2006 wäre lediglich dann möglich gewesen, falls sich die AVEen der anderen Bau-Tarifverträge ebenfalls als unwirksam erweisen. In diesem Fall wäre eine *umfängliche* Ablösung aller AVEen des Baugewerbes und damit des gesamten Sozialkassenverfahrens durch eine entsprechend Abmachung zulässig gewesen, da die *vollständige* Herausnahme von Arbeitsverhältnissen aus dem Geltungsbereich der gemeinsamen Einrichtung keinen unzulässigen Vertrag zulasten der SOKA-BAU dargestellt hätte (siehe hierzu Rn. 102 ff.). 116

Da die Unwirksamkeit der AVEen der anderen Bau-Tarifverträge aber bisher nicht gerichtlich festgestellt wurde, verbleibt es bei dem Ergebnis wie unter Rn. 115 dargestellt. Eine Ablösung der nachwirkenden AVE VTV 2006 durch eine „andere Abmachung“ scheidet aus.

II. Reichweite der Nachwirkung

Als weiteres Problem stellt sich die Frage, welche Arbeitsverhältnisse von der Nachwirkung nach § 4 Abs. 5 TVG erfasst werden.

1. Erfassung von Alt- und/oder Neu-Arbeitsverhältnissen

Hier könnten durch den Gesetzgeber einerseits nur die Arbeitsverhältnisse gemeint sein, die bereits vor Eintritt der Nachwirkung bestanden haben (sog. Alt-Arbeitsverhältnisse) oder auch diejenigen, die erst während des Nachwirkungszeitraums begründet wurden oder erst während des Nachwirkungszeitraums in den Geltungsbereich der AVE VTV gefallen sind (sog. Neu-Arbeitsverhältnisse). 117

a. Ansicht der Rechtsprechung

Das BAG geht in ständiger Rechtsprechung davon aus, dass sich die Nachwirkung nicht auf ein erst im Nachwirkungszeitraum begründetes Arbeitsverhältnis erstreckt, sondern nur für solche Arbeitsverhältnisse besteht, die in der Laufzeit des Tarifvertrages bestanden haben und ihm unterlagen (Alt-Arbeitsverhältnisse).[214] Ausnahmen seien lediglich für den Fall denkbar, dass das Arbeitsverhältnis aus der Umwandlung von einem Ausbildungsverhältnis entsteht.[215] 118

---

214 BAG vom 6.6.1958 – 1 AZR 515/57 = NJW 1958, 1843; BAG vom 22.7.1989 – 4 AZR 403/97 = NZA 1998, 1287; BAG vom 2.3.2004 – 1 AZR 271/03 = NZA 2004, 852; BAG vom 27.9.2017 – 4 AZR 630/15 = NZA 2018, 177.

215 BAG vom 7.5.2008 – 4 AZR 288/07 = NZA 2008, 886.

Wortlaut und Systematik des § 4 Abs. 5 TVG sprächen entscheidend gegen die Nachwirkung der Inhaltsnormen von Tarifverträgen auf Neu-Arbeitsverhältnisse. Mit der „Weitergeltung" i.S. des § 4 Abs. 5 TVG könne nur die für das jeweilige Arbeitsverhältnis der Parteien gemeint sein, nicht aber ein bloßes „in Kraft bleiben" der Tarifnorm als solcher. Soll aber die Inhaltsnorm des Tarifvertrags nach Ablauf des Tarifvertrags „weiter" gelten, so setze das schon begrifflich voraus, dass sie zuvor zwischen den Parteien des Arbeitsvertrags gegolten habe. Ohne (vorhergehende) „Geltung" für dieselben Arbeitsvertragsparteien sei eine „Weitergeltung" nicht möglich.[216] Auch aus dem Sinn und Zweck des § 4 Abs. 5 TVG folgte nichts anderes. Mit dieser Bestimmung habe der Gesetzgeber einen Bestandsschutz für solche Arbeitsverhältnisse in § 4 Abs. 5 TVG geregelt, die dem Tarifvertrag vor seinem Ablauf unterlegen haben. Dagegen beabsichtige § 4 Abs. 5 TVG nicht den Schutz solcher Mitglieder von Tarifvertragsparteien, die bei Ablauf des Tarifvertrags (noch) nicht in einem Arbeitsverhältnis gestanden haben.[217]

Die Nachwirkung der AVE VTV 2006 würde demnach nur diejenigen Betriebe erfassen, die es während der (unmittelbaren) Geltung des VTV auf Grundlage der AVE VTV 2006, d.h. vor Beginn der Nachwirkung bereits gegeben hat und bereits zu dieser Zeit unter den Geltungsbereich der AVE VTV 2006 gefallen sind.

b. Meinungsstand in der Literatur

119 Die herrschende Meinung in der Literatur geht vom genauen Gegenteil aus und bejaht die Nachwirkung des Tarifvertrags auch für Neu-Arbeitsverhältnisse.[218] Aus der „Weitergeltung“ i.S.v. § 4 Abs. 5 TVG lasse sich nicht automatisch ableiten, dass in einem Arbeitsverhältnis nur etwas weiter gelten könne, was dort einmal im Sinne von § 4 Abs. 1 gegolten habe. Die „Weitergeltung“ knüpfe viel mehr an die normative – vom Arbeitsverhältnis losgelöste – Geltung des Tarifvertrags an.[219] Durch die Anordnung der Nachwirkung nach § 4 Abs. 5 TVG ändere ein Tarifvertrag nicht seine Geltung, so dass die normative Wirkung der Tarifnormen in ihrem Geltungsbereich weiterhin bestehen bleibe. Die Tarifnormen

---

216 BAG vom 22.7.1989 – 4 AZR 403/97 = NZA 1998, 1287, 1288.

217 BAG vom 22.7.1989 – 4 AZR 403/97 = NZA 1998, 1287, 1288.

218 Däubler/*Bepler*, § 4 TVG Rn. 887 ff; *Gamillscheg*, Kollektives Arbeitsrecht Band I, S. 880 m.w.N; KeZa/*Kempen*, § 4 TVG Rn. 535 ff; Wiedemann/*Wank*, § 4 TVG Rn. 330 ff; a.A. und übereinstimmend mit der Rechtsprechung des BAG *Fischer*, Nachwirkung, S. 280; ErfK/*Franzen*, § 4 TVG Rn. 53; *Löwisch/Rieble*, § 4 TVG Rn. 814 ff.

219 Däubler/*Bepler*, § 4 TVG Rn. 892; Wiedemann/*Wank*, § 4 TVG Rn. 332.

verloren lediglich die Eigenschaft der Unabdingbarkeit. Es handele sich von da an also um eine dispositive Rechtsquelle.[220]

Auch der Sinn und Zweck der Nachwirkungsregelung spreche für eine uneingeschränkte Erfassung aller Arbeitsverhältnisse, unabhängig vom Zeitpunkt ihrer Begründung. Neben dem Ziel des Bestandsschutzes für Alt-Arbeitsverhältnisse, müsse die Überbrückungsfunktion der Nachwirkung auch Arbeitgebern zu Gute kommen, die sich regelmäßig auf die auf ihrem Betrieb bezogene ordnende Gestaltungswirkung eines Tarifvertrags stützen und diese kurzfristig nicht ersetzen könnten.[221] Darüber hinaus müssten die Tarifvertragsparteien dazu in der Lage sein, ohne Zeitdruck über einen neuen Tarifvertrag verhandeln zu können, ohne dass die Kontinuität der tariflichen Ordnung entfalle.[222]

c. Stellungnahme

Der herrschenden Meinung im Schrifttum gebührt der Vorzug. Weder Wortlaut **120** noch Systematik von § 4 Abs. 5 TVG geben Aufschluss darüber, dass dem Tarifvertrag im Nachwirkungszeitraum die normative Geltung aus § 4 Abs. 1 TVG abgesprochen werden soll. Soweit sich die Gegenmeinung hierauf beruft, handelt es sich um reine Spekulation. So spricht § 4 Abs. 5 TVG selbst von abstrakten „Rechtsnormen" und nicht von Regelungen in den schon konkret bestehenden Arbeitsverhältnissen.[223] Sinn und Zweck von § 4 Abs. 5 TVG ist es die Tarifnormen während des Nachwirkungszeitraums zur Dispositivität zu stellen. Daraus kann jedoch nicht geschlussfolgert werden, dass die Tarifnormen nicht mehr unmittelbar zur Anwendung kommen, wenn die Voraussetzungen (Arbeitsverhältnis mit Tarifbindung bzw. im einschlägigen Geltungsbereich einer AVE) erstmals im Nachwirkungszeitraum vorliegen.

Auch eine Einschränkung der Überbrückungsfunktion auf vor dem Nachwirkungszeitraum begründete Arbeitsverhältnisse überzeugt nicht. Der Ordnungseffekt des Tarifvertrags geht weit über die Regelung einzelner Arbeitsverhältnisse hinaus. Das durch die Tarifparteien geschaffene Regelwerk soll vielmehr eine kontinuierliche und umfassende Ordnung im gesamten Betrieb bzw. im Unternehmen schaffen. Dieses Bedürfnis besteht auch während des Nachwirkungszeitraums, so dass sich § 4 Abs. 5 TVG auf den Tarifvertrag selbst und seine

220 So bereits *Wiedemann*, Anm. zu BAG vom 29.1.1975 – 4 AZR 218/74 = AP Nr. 8 zu § 4 TVG Nachwirkung.

221 Däubler/*Bepler*, § 4 TVG Rn. 890.

222 Däubler/*Bepler*, § 4 TVG Rn. 890.

223 So auch KeZa/*Kempen*, § 4 TVG Rn. 535.

Wirkung im Betrieb bzw. im Unternehmen bezieht.[224] Eine Aufspaltung der betrieblichen Ordnung, wie sie die Gegenmeinung in Kauf nimmt, kann durch § 4 Abs. 5 TVG nicht gewollt sein.[225]

Im Falle von Tarifverträgen *über gemeinsamen Einrichtungen* wird dieses Bedürfnis nach Kontinuität der tariflichen Ordnung besonders deutlich. Zwar können gemeinsame Einrichtungen keinen unbedingten Bestandsschutz für sich beanspruchen, weshalb abändernde Abmachungen i.S.v. § 4 Abs. 5 TVG während des Nachwirkungszeitraums möglich sein müssen. Nichtsdestoweniger besteht ein hohes Interesse daran, dass sich die überbetriebliche Organisation und Abwicklung von Leistungen im Bereich von Urlaubsansprüchen oder einer zusätzlichen Altersversorgung ohne Unterbrechung fortsetzen. Dieses Interesse besteht bei allen Beteiligten der Rechtsbeziehungen zur gemeinsamen Einrichtung: Der gemeinsamen Einrichtung selbst liegt viel an dem Erhalt ihrer Mitglieder, da das Verteilen der finanziellen Lasten auf möglichst viele Beitragsschuldner für den eigenen Erhalt oftmals essentiell ist. Als Arbeitgeber profitiert man hingegen von der Sicherheit, dass das bisher geltende tarifliche System weiterhin zur Anwendung kommt und man keine aufwendige Überbrückungslösung für die betroffenen Regelungsbereiche finden muss. Dieses Interesse ist umso größer, wenn der Abschluss eines neuen Tarifvertrags, der die bisherigen Regelungen sinnvoll weiterführt, bereits in Aussicht steht. Für die Arbeitnehmer stellen die Leistungen der gemeinsamen Einrichtungen in der Regel eine Besserstellung im Arbeitsverhältnis dar, die durch den einzelnen Arbeitgeber (ohne Hilfe einer gemeinsamen Einrichtung) nur schwer reproduziert werden kann. Gelangen die Arbeitsvertragsparteien dennoch zu der Entscheidung, dass ihr Arbeitsverhältnis zukünftig nicht mehr vom Geltungsbereich der gemeinsamen Einrichtung erfasst werden soll, steht jederzeit die Möglichkeit der abändernden Abmachung i.S.v. § 4 Abs. 5 TVG zur Verfügung. Aufgrund der Dispositivität der Nachwirkung bedeutet die Erfassung von Neu-Arbeitsverhältnissen daher auch keinen unverhältnismäßigen Eingriff in die Rechte der Arbeitsvertragsparteien.

Da es also nach § 4 Abs. 2 TVG auf die Tarifunterworfenheit (nur) des Arbeitgebers ankommt (siehe Rn. 69) wird jeder Betrieb von der Nachwirkung einer AVE erfasst, der entweder vor oder nach Beginn der Nachwirkungsphase in den Geltungsbereich der AVE gefallen ist.

---

224 Hierzu im Detail Däubler/*Bepler*, § 4 TVG Rn. 890; das „Bedürfnis einer umfassenden Ordnung" sieht auch *Gamillscheg*, Kollektives Arbeitsrecht Band I, S. 880.

225 So aber ausdrücklich *Fischer*, Nachwirkung, S. 281.

Zutreffend ist jedoch die verbreitete Auffassung, dass der im Nachwirkungszeitraum erstmals abgeschlossene Arbeitsvertrag in der Regel eine „andere Abmachung" i.S.v. § 4 Abs. 5 TVG darstellt und insoweit die Nachwirkung des Tarifvertrags bereits verhindert. Der Tarifvertrag kann dann im Rahmen der Nachwirkung nur noch als „Lückenfüller" Geltung finden – also lediglich die Bereiche regeln, die nicht bereits durch den Arbeitsvertrag abgedeckt werden.[226] **121**

2. *Reichweite der Nachwirkung im Falle des VTV 2005*

a. *Transfer der gewonnenen Erkenntnisse*

Nach der hier vertretenen Auffassung werden sowohl die Alt- wie auch die Neu- **122**
Arbeitsverhältnisse von der Nachwirkung der AVE VTV 2006 erfasst. Demnach wird also jeder Betrieb von der Nachwirkung und der Beitragspflicht der AVE VTV 2006 erfasst, der entweder vor oder nach Beginn der Nachwirkungsphase am 19. August 2007 in den Geltungsbereich der AVE VTV 2006 gefallen ist.

b. *Abweichung durch Vereinbarung zwischen den Arbeitsvertragsparteien*

Der im Nachwirkungszeitraum erstmals abgeschlossene Arbeitsvertrag stellt jedoch **123**
in der Regel eine „andere Abmachung" i.S.v. § 4 Abs. 5 TVG dar und verhindert so die Nachwirkung des Tarifvertrags. Der Tarifvertrag kann dann im Rahmen der Nachwirkung nur noch als „Lückenfüller" Geltung finden – also lediglich die Bereiche regeln, die nicht bereits durch den Arbeitsvertrag abgedeckt werden.[227]

Eine Abweichung von den nachwirkenden Tarifnormen durch eine Vereinbarung zwischen den Arbeitsvertragsparteien ist jedoch im Falle des VTV 2005 ausgeschlossen, da diese einen Vertrag zulasten Dritter (d.h. zulasten der SOKA-BAU) darstellen würde (siehe Rn. 114). Aus diesem Grund kann auch der erstmals im Nachwirkungszeitraum abgeschlossene Arbeitsvertrag keine abweichende Neuregelung von der nachwirkenden AVE VTV 2006 begründen.

Zum anderen werden die neu abgeschlossenen Arbeitsverträge ohnehin keine Abweichung von den Tarifverträgen des Baugewerbes vorgesehen haben. Dies begründet sich aus den folgenden Überlegungen: die Frage inwieweit eine Neuregelung die nachwirkenden Tarifnormen tatsächlich ablösen soll, kann

---

226 So auch *Löwisch/Rieble,* § 4 TVG Rn. 814; Im Ergebnis ebenso und zustimmend Däubler/*Bepler,* § 4 TVG Rn. 893.

227 So auch *Löwisch/Rieble,* § 4 TVG Rn. 814; Im Ergebnis ebenso und zustimmend Däubler/*Bepler,* § 4 TVG Rn. 893.

regelmäßig nur eine Auslegung der Neuregelung beantworten.[228] Regelt die neue Vereinbarung bspw. nur einen Teilbereich des nachwirkenden Tarifvertrags, gelten die übrigen Bestimmungen des nachwirkenden Tarifvertrags im Zweifel weiter.[229] Bei der Auslegung der neu abgeschlossenen Arbeitsverträge müssen nun die Besonderheiten von Tarifnormen zu einer gemeinsamen Einrichtung beachtet werden. In derartigen Tarifverträgen werden häufig Bereiche des Arbeitslebens geregelt, die in gebräuchlichen Arbeitsverträgen in dieser Form keine Erwähnung finden. So wird bspw. keiner der neu abgeschlossenen Arbeitsverträge Stellung zur Zahlung von „Sozialkassenbeiträgen" nehmen, wie es die Kernregelungen des VTV in § 15 und § 16 tun. Ebenfalls werden Arbeitsverträge des Baugewerbes keine Regelung zu einer zusätzlichen Altersvorsorge enthalten, wie es der TZA Bau tut. Die reine „Nicht-Regelung" ist aber keine ablösende Vereinbarung.

124 Im Falle der SOKA-BAU sind die tarifgebundenen Arbeitsvertragsparteien außerdem weitestgehend von der Wirksamkeit der jeweils neu abgeschlossenen Tarifverträge des Baugewerbes bzw. der jeweils neuen AVE ausgegangen, so dass (nach damaliger Auffassung) keine Notwendigkeit und keine Möglichkeit für eine abweichende Regelung im Arbeitsvertrag bestand. Man wird also bereits von keinem „Abgeschlossenheitsanspruch"[230] des Arbeitsvertrags ausgehen können, so dass die Regelungsbereiche des Tarifverträge des Baugewerbes weiterhin der Regelungskompetenz der Tarifparteien überlassen wurden und insoweit keine ablösende Vereinbarung zur Geltung kommen sollte. Ein anderes Ergebnis wird sich allenfalls in Einzelfällen und bei näherer Auslegung der neu abgeschlossenen Arbeitsverträge ergeben.

c. Zwischenergebnis

125 Nach der hier vertretenen Auffassung werden sowohl die Alt- wie auch die Neu-Arbeitsverhältnisse von der Nachwirkung der AVE VTV 2006 erfasst. Demnach wird also jeder Betrieb von der Nachwirkung und der Beitragspflicht der AVE VTV 2006 erfasst, der entweder vor oder nach Beginn der Nachwirkungsphase am 19. August 2007 in den Geltungsbereich der AVE VTV 2006 gefallen ist. Eine Abweichung von den nachwirkenden Tarifnormen durch eine Vereinbarung

228 Däubler/*Bepler*, § 4 TVG Rn. 991; *Löwisch/Rieble*, § 4 TVG Rn. 829; Wiedemann/*Wank*, § 4 TVG Rn. 355.

229 So zur Ablösung eines Tarifvertrags durch einen anderen Tarifvertrag BAG vom 20.3.2002 – 10 AZR 501/01 = AP Nr. 12 zu § 1 TVG Tarifverträge: Gebäudereinigung.

230 Vgl. zu diesem Begriff *Löwisch/Rieble*, § 4 TVG Rn. 829.

zwischen den Arbeitsvertragsparteien ist im Falle des VTV 2005 ausgeschlossen, da diese einen Vertrag zulasten Dritter (d.h. zulasten der SOKA-BAU) darstellen würde.

3. *Beweislast*

Als zusätzliche Hürde für die Durchsetzung von Rückforderungsansprüchen 126
könnte sich an dieser Stelle die Beweislast erweisen. Denn hier stellt sich die Frage, welche Partei beweisen muss, dass ein Betrieb in den betrieblichen Geltungsbereich der nachwirkenden AVE VTV 2006 gefallen bzw. nicht gefallen ist.

a. *Beweislast im Rahmen der Geltendmachung eines Beitragsanspruchs* 127

Im Rahmen der Geltendmachung eines Beitragsanspruchs durch die ULAK gelten die allgemeinen Beweislastregeln. Wenn die ULAK also einen Beitragsanspruch einklagt, trägt sie als Klägerin die Beweislast für alle anspruchsbegründenden Tatbestandsmerkmale. Dementsprechend trägt die ULAK auch die Beweislast für all diejenigen Umstände, die eine Tarifbindung kraft Nachwirkung begründen sollen.[231] Die ULAK müsste also u.a. beweisen, dass der betroffene Betrieb während der Nachwirkungsphase überhaupt in den betrieblichen Geltungsbereich der AVE VTV gefallen ist.[232]

b. *Beweislast im Rahmen der Geltendmachung eines bereicherungsrechtlichen Rückforderungsanspruchs*

aa. Grundsatz

Im Rahmen der Geltendmachung eines Rückforderungsanspruchs nach § 812 128
Abs. 1 S. 1, 1. Alt BGB trägt hingegen der Bereicherungsgläubiger die Beweislast für alle anspruchsbegründenden Tatbestandsmerkmale, d.h. auch für das Fehlen des Rechtsgrundes.[233] Der Arbeitgeber müsste demnach beweisen, dass die nachwirkende AVE VTV 2006 keine Anwendung auf seinen Betrieb gefunden hat.

---

231 So bereits zur Darlegungslast LAG Hessen vom 27.01.2017 - 10 Sa 1747/14 = BeckRS 2017, 112531 Rn. 67.

232 Diese Beweislast trifft die ULAK letztendlich bei jeder gerichtlichen Geltendmachung von Sozialkassenbeiträgen, unabhängig davon ob die Zahlungspflicht unmittelbar aus der AVE VTV oder nur aus dessen Nachwirkung folgt.

233 BGH vom 14.12.1994 - IV ZR 304/93 = NJW 1995, 662; MüKoBGB/*Schwab*, Band 6, § 812 BGB Rn. 436 m.w.N.

Damit ergibt sich eine umgekehrte Beweislast im Vergleich zu einem Beitragsprozess der ULAK (siehe Rn. 127), da der Arbeitgeber im Rahmen von § 812 BGB beweisen muss, dass sein Betrieb *nicht* in den Geltungsbereich der nachwirkenden AVE VTV 2006 gefallen ist und die Normen des VTV 2005 damit keinen Rechtsgrund für den Einzug der Sozialkassenbeiträge darstellen konnte.

bb. Korrektur bei alternativem Rechtsgrund

129 Hinsichtlich des ursprünglichen Rechtsgrundes (AVEen VTV 2008 – 2014) steht unstreitig fest, dass dieser entfallen ist. Die ULAK würde sich mit der nachwirkenden AVE VTV 2006 also auf einen alternativen Rechtsgrund berufen, von dessen Existenz bei Zahlung der Sozialkassenbeiträge weder die ULAK noch die zahlenden Arbeitgeber ausgegangen sind.

Zwar hat grundsätzlich auch hier der Bereicherungsgläubiger zu beweisen, dass der vorgebrachte Rechtsgrund nicht existiert bzw. keine Anwendung findet. Denn der BGH hält die allgemeinen Beweislastregeln selbst dann für einschlägig, wenn der Empfänger der Leistung einen anderen als den ursprünglich angegebenen Rechtsgrund vorträgt.[234] Nicht zuletzt handelt es sich beim Betriebsinhaber auch um den sachnäheren Beteiligten, wenn es um die Frage des betrieblichen Geltungsbereichs geht. Der Betriebsinhaber kann einfacher darlegen, dass die Tätigkeiten in seinem Betrieb gerade nicht den Regelungen zum Geltungsbereich des VTV bzw. der AVE VTV fallen. Dies gilt insbesondere für Zeiträume, die weiter in der Vergangenheit liegen.

Um jedoch die Schwierigkeit des Nachweises einer negativen Tatsache zu mildern, hat der Empfänger der Leistung im Rahmen des ihm Zumutbaren die Behauptung der positiven Tatsachen aufzustellen, deren Unrichtigkeit sodann der Leistende nachzuweisen hat.[235] Die ULAK müsste also zumindest die konkreten Umstände dafür vortragen, aus denen sich das Eingreifen des Geltungsbereichs der AVE VTV 2006 ergeben soll. Letztendlich sollten der ULAK die notwendigen Daten hierfür aber ohnehin vorliegen, da sie auch beim Einzug der Sozialkassenbeiträge auf Grundlage der AVEen VTV 2008 – 2014 auf das Eingreifen des betrieblichen Geltungsbereichs angewiesen war und dies regelmäßig in Gerichtsverfahren um Beitragsansprüche beweisen musste.

Dieses Ergebnis entspricht auch der Einschätzung von *Schwab*, der eine berechtigte Modifikation an den allgemeinen Beweislastregeln vornimmt: demnach

234 BGH vom 21.10.1982 - VII ZR 369/80 = NJW 1983, 626, 627; MüKoBGB/*Schwab*, Band 6, § 812 BGB Rn. 436 m.w.N.

235 BGH vom 26.7.2011 – XI ZR 197/10 = NJW 2011, 2715, 2716.

müsse der Leistende bei Rückforderung der Leistung darlegen und beweisen, welche Vorstellung er im Zeitpunkt der Leistung vom Kausalverhältnis hatte und dass eben dieses Kausalverhältnis nicht existierte. Mache der Empfänger jedoch im Anschluss daran geltend, das Erlangte aufgrund eines anderen Rechtsgrundes behalten zu dürfen, müsse er auch den Beweis für diesen Rechtsgrund führen.[236] Diese Modifikation wird den vorliegenden Risikosphären der Beteiligten gerecht, da weder Arbeitgeber noch ULAK von der Existenz bzw. der Notwendigkeit einer nachwirkenden AVE VTV 2006 ausgegangen sind. Wenn sich die ULAK nun im Nachhinein auf diesen Rechtsgrund beruft, entspricht es einer gerechten Risikoverteilung, dass die ULAK zumindest in einem ersten Schritt die anspruchsbegründeten Tatsachen für einen Beitragsanspruch vorträgt. Der Betriebsinhaber muss dann im Anschluss an den Vortrag der ULAK beweisen, dass die vorgetragenen Umstände zu Unrecht angenommen werden.

c. *Zwischenergebnis*

Im Rahmen der Geltendmachung eines Rückforderungsanspruchs nach § 812 **130**
Abs. 1 S. 1, 1. Alt BGB trägt der Bereicherungsgläubiger die Beweislast für alle anspruchsbegründenden Tatbestandsmerkmale, d.h. auch für das Fehlen des Rechtsgrundes.[237] Der Arbeitgeber müsste demnach beweisen, dass die nachwirkende AVE VTV 2006 keine Anwendung auf seinen Betrieb gefunden hat.

Um jedoch die Schwierigkeit des Nachweises einer negativen Tatsache zu mildern, hat der Empfänger der Leistung im Rahmen des ihm Zumutbaren die Behauptung der positiven Tatsachen aufzustellen, deren Unrichtigkeit sodann der Leistende nachzuweisen hat.[238] Die ULAK müsste also zumindest die konkreten Umstände dafür vortragen, aus denen sich das Eingreifen des Geltungsbereichs der AVE VTV 2006 ergeben soll. Der Betriebsinhaber muss dann im Anschluss an den Vortrag der ULAK beweisen, dass die vorgetragenen Umstände zu Unrecht angenommen werden.

4. *Zwischenergebnis*

Die Nachwirkung aus § 4 Abs. 5 TVG erfasst sowohl Alt- wie auch Neu-Arbeits- **131**
verhältnisse.

---

236 MüKoBGB/*Schwab*, Band 6, § 812 BGB Rn. 437.

237 BGH vom 14.12.1994 - IV ZR 304/93 = NJW 1995, 662; MüKoBGB/*Schwab*, Band 6, § 812 BGB Rn. 436 m.w.N.

238 BGH vom 26.7.2011 – XI ZR 197/10 = NJW 2011, 2715, 2716.

Bezüglich der Frage, ob ein Betrieb in den Geltungsbereich der nachwirkenden AVE VTV 2006 gefallen ist, trägt im Rahmen der Geltendmachung eines Rückforderungsanspruchs zwar der Betriebsinhaber die Beweislast. Die ULAK müsste aber zunächst die konkreten Umstände dafür vortragen, aus denen sich das Eingreifen des Geltungsbereichs der AVE VTV 2006 ergeben soll.

Zu beachten gilt jedoch Folgendes: Das BAG verneint in ständiger Rechtsprechung die Nachwirkung auf Neu-Arbeitsverhältnisse. Gemessen an dieser Rechtsprechung würden also nur die Arbeitsverhältnisse unter die Nachwirkung der AVE VTV 2006 fallen, die bereits vor Beginn des Nachwirkungszeitraums am 20. August 2007 begründet wurden und/oder bereits vor Beginn des Nachwirkungszeitraums in den Geltungsbereich der AVE VTV 2006 gefallen sind. Auch wenn die besseren Argumente für eine Nachwirkung auf Alt- *und* Neu-Arbeitsverhältnisse sprechen, handelt es sich bei der Rechtsprechung des BAG um eine höchstrichterliche und gefestigte Rechtsprechung, die der Gesetzgeber zur Grundlage seiner Einschätzung der Rechtslage bezüglich der Rückforderungsansprüche machen konnte. Dieser Aspekt ist also im Rahmen der Einschätzungsprärogative des Gesetzgebers zu beachten (siehe hierzu Rn. 246).

III. Beitragspflichten aus der AVE VTV 2006

132 Soweit ein Arbeitgeber unter die Geltung der fortgeltenden oder nachwirkenden AVE VTV 2006 gefallen ist, war er während der Fortgeltungs- bzw. Nachwirkungsphase zur Zahlung der im VTV 2005 festgelegten Sozialkassenbeiträge verpflichtet. Inhalt eines Rückforderungsanspruches nach § 812 BGB kann daher lediglich die Differenz zwischen den aufgrund der unwirksamen AVEen VTV 2008 – 2014 gezahlten Beiträge und den eigentlich geltenden Beitragspflichten nach dem VTV 2005 sein. Zur Zahlung von möglicherweise höheren Sozialkassenbeiträgen nach den unwirksamen AVEen VTV 2008 – 2014 waren die Außenseiter letztendlich nicht verpflichtet.

Die Beitragspflichten aus dem nachwirkenden VTV 2005 bestimmen sich nach dem VTV vom 20. Dezember 1999 in der Fassung vom 15. Dezember 2005. Diese betragen für Arbeitgeber mit Betriebssitz

- in den neuen Bundesländern 17,20 % der Summe der Bruttolöhne (§ 18 Abs. 1 VTV),
- in den alten Bundesländern 19,20 % der Summe der Bruttolöhne (§ 18 Abs. 2 VTV)
- im Westteil des Landes Berlin 25,40 % der Summe der Bruttolöhne (§ 18 Abs. 3 S. 1 VTV)

- im Ostteil des Landes Berlin 23,40 % der Summe der Bruttolöhne (§ 18 Abs. 3 S. 2 VTV).

Im Falle der Arbeitgeber mit Betriebssitz in den *neuen Bundesländern* und im *Ostteil des Landes Berlin* bietet die AVE VTV 2006 damit einen höheren bzw. mindestens gleich hohen Beitragsanspruch wie die AVEen VTV 2008 - 2014.[239] Eine Rückforderung ist bezüglich der Beiträge dieser Betriebe also ausgeschlossen.

Im Falle der Arbeitgeber mit Betriebssitz in den *alten Bundesländern* besteht zwischen dem Beitragsanspruch aus der AVE VTV 2006 und den Beitragsansprüchen aus den AVEen VTV 2008 - 2014 eine maximale Differenz in Höhe von 1,2 % der Bruttolohnsumme, so dass auch nur in dieser Höhe die Anspruchsgrundlage für die eingezogenen Beiträge entfällt. Im Falle der Arbeitgeber mit Betriebssitz im *Westteil des Landes Berlin* beträgt diese maximale Differenz 1,15 %. Gleichwohl besteht diese maximale Differenz auch nur im Vergleich mit den Beitragspflichten aus der AVE VTV 2014.[240] Für die Beitragsjahre von 2008 bis einschließlich 2013 beträgt die maximale Differenz 0,9 % im Falle der *alten Bundesländer* und 0,7 % im Falle des *Westteils des Landes Berlin*.[241]

IV. Ergebnis

Die AVE VTV 2006 bzw. die Tarifnormen des VTV 2005 wirkten gem. § 4 Abs. 5 **133**
TVG nach und stellen damit auch über den 19. August 2007 hinaus eine Rechtsgrundlage für den Einzug und das Behaltendürfen der bereits eingezogenen Sozialkassenbeiträge dar. Ein Ende der Nachwirkung trat erst im Zeitpunkt der Geltung der wirksamen AVE VTV 2015, d.h. zum 1. Januar 2015 ein.

Eine Ablösung der nachwirkenden AVE VTV 2006 durch eine „andere Abmachung" i.S.v. § 4 Abs. 5 TVG in Form einer ablösenden Individualvereinbarung

---

239 Die Beitragspflichten nach den verschiedenen Fassungen des VTV sind einsehbar in den Anlagen 28, 29, 30, 31, 32 und 33 zum SokaSiG.

240 Vgl. hierzu die Beitragspflichten nach der AVE VTV 2006 (Rn. 132) mit den Beitragspflichten aus § 15 Abs. 2 und 3 des VTV vom 3. Mai 2013, zuletzt geändert durch Tarifvertrag vom 3. Dezember 2013, Anlage 28 zum SokaSiG.

241 Vgl. hierzu die Beitragspflichten nach der AVE VTV 2006 (Rn. 132) mit den Beitragspflichten aus § 18 Abs. 2 und 3 des VTV vom 18. Dezember 2009, zuletzt geändert durch Tarifvertrag vom 21. Dezember 2011, Anlage 31 zum SokaSiG, sowie mit den Beitragspflichten aus § 18 Abs. 2 und 3 des VTV vom 18. Dezember 2009, zuletzt geändert durch Tarifvertrag vom 17. Dezember 2012, Anlage 30 zum SokaSiG.

zwischen den Arbeitsvertragsparteien bzw. in Form eines ablösenden Tarifvertrags während der Nachwirkungsphase scheidet aus.

Eine Ablösung der AVE VTV 2006 wäre allerdings möglich gewesen, falls sich die AVEen der anderen Bau-Tarifverträge ebenfalls als unwirksam erweisen. In diesem Fall wäre eine *umfängliche* Ablösung aller AVEen des Baugewerbes und damit des gesamten Sozialkassenverfahrens durch eine entsprechend Abmachung zulässig gewesen, da die *vollständige* Herausnahme von Arbeitsverhältnissen aus dem Geltungsbereich der gemeinsamen Einrichtung keinen unzulässigen Vertrag zulasten der SOKA-BAU dargestellt.

Die Nachwirkung aus § 4 Abs. 5 TVG erfasst sowohl Alt- wie auch Neu-Arbeitsverhältnisse.

Bezüglich der Frage, ob ein Betrieb in den Geltungsbereich der nachwirkenden AVE VTV 2006 gefallen ist, trägt im Rahmen der Geltendmachung eines Rückforderungsanspruchs zwar der Betriebsinhaber die Beweislast. Die ULAK müsste aber zunächst die konkreten Umstände dafür vortragen, aus denen sich das Eingreifen des Geltungsbereichs der AVE VTV 2006 ergeben soll.

Soweit ein Arbeitgeber unter die Geltung der nachwirkenden AVE VTV 2006 gefallen ist, war er während der Nachwirkungsphase zur Zahlung der im VTV 2005 festgelegten Sozialkassenbeiträge verpflichtet. Inhalt eines Rückforderungsanspruches nach § 812 BGB kann daher lediglich die Differenz zwischen den aufgrund der unwirksamen AVEen VTV 2008 – 2014 gezahlten Beiträge und den eigentlich geltenden Beitragspflichten nach dem VTV 2005 sein.

Zu beachten gilt jedoch Folgendes: Das BAG verneint in ständiger Rechtsprechung die Nachwirkung auf Neu-Arbeitsverhältnisse. Gemessen an dieser Rechtsprechung würden also nur die Arbeitsverhältnisse unter die Nachwirkung der AVE VTV 2006 fallen, die bereits vor Beginn des Nachwirkungszeitraums am 20. August 2007 begründet wurden und/oder bereits vor Beginn des Nachwirkungszeitraums in den Geltungsbereich der AVE VTV 2006 gefallen sind. Auch wenn die besseren Argumente für eine Nachwirkung auf Alt- *und* Neu-Arbeitsverhältnisse sprechen, handelt es sich bei der Rechtsprechung des BAG um eine höchstrichterliche und gefestigte Rechtsprechung, die der Gesetzgeber zur Grundlage seiner Einschätzung der Rechtslage bezüglich der Rückforderungsansprüche machen konnte. Dieser Aspekt ist also im Rahmen der Einschätzungsprärogative des Gesetzgebers zu beachten (siehe Rn. 246).

I. Einwendung der Entreicherung nach § 818 Abs. 3 BGB

134 Für Beitragszahlungen, die nicht von fortwirkenden oder nachwirkenden Tarifnormen des VTV 2005 als Rechtsgrundlage gedeckt werden, verbleibt es bei

möglichen Rückforderungsansprüchen nach § 812 Abs. 1 S. 1, 1. Alt BGB. Hier kann sich die SOKA-BAU aber möglicherweise auf die Einwendung der Entreicherung nach § 818 Abs. 3 BGB berufen.

I. Grundsatz

Nach § 818 Abs. 3 BGB ist die Verpflichtung zur Herausgabe oder zum Ersatz 135
des Wertes ausgeschlossen, soweit der Empfänger nicht mehr bereichert ist. Soweit das Erlangte also ersatzlos weggefallen ist, ist der Bereicherungsschuldner einerseits nach § 275 Abs. 1 BGB von der Pflicht zur Herausgabe des Erlangten und andererseits nach § 818 Abs. 3 BGB von der Pflicht zum Wertersatz befreit. Die Vorschrift soll hierdurch den gutgläubigen Bereicherungsschuldner schützen, den im Gegensatz zum bösgläubigen Schuldner keine Sorgfaltspflichten im Umgang mit der vermeintlich rechtsbeständig seinem eigenen Vermögen zugeordneten Sache treffen.[242]

Die Einzugsstelle könnte sich nun womöglich aufgrund des tarifgerechten Verbrauchs der Beiträge (Rn. 137 ff.), wie auch aufgrund der internen Weiterleitung der Beiträge an eine andere Sozialkasse (Rn. 152 ff.) auf eine Entreicherung berufen. Bezüglich dieser Beiträge wäre die Einzugsstelle folglich nicht zur Rückzahlung verpflichtet.

II. Keine Saldierung von gegenseitigen Ansprüchen

Zunächst ist klarzustellen, dass die Einzugsstelle etwaige Rückzahlungsansprü- 136
che der Arbeitgeber nicht mit Ansprüchen verrechnen kann, die ihr möglicherweise im Rahmen der eigenen Rückforderung von Leistungen an die Arbeitgeber zustehen würden.

Grundsätzlich kommt in bereicherungsrechtlichen Rückabwicklungsverhältnissen die Saldotheorie zum Tragen. Dabei wird durch einen Vergleich der durch den Bereicherungsvorgang hervorgerufenen Vor- und Nachteile ermittelt, für welchen Beteiligten sich ein Überschuss ergibt.[243] Dieser Beteiligte ist dann Gläubiger eines einheitlichen, von vornherein durch Abzug der ihm zugeflossenen Vorteile beschränkten Bereicherungsanspruchs.[244]

Allerdings gilt die Saldotheorie nur für die Abwicklung von beiderseitig bereits erbrachten Leistungen aus einem unwirksamen gegenseitigen Vertrag.[245]

---

242 MüKoBGB/*Schwab*, Band 6, § 818 BGB Rn. 182.
243 BAG vom 19.3.2003 – 10 AZR 597/01 = BeckRS 2009, 66276.
244 BGH vom 11.11.1994 – V ZR 116/93 = WM 1995, 159.
245 BAG vom 23. 4. 2008 – 10 AZR 108/07 = NZA-RR 2009, 201, 204 m.w.N.

Hieran fehlt es im Falle der gegenseitigen Leistungen des Sozialkassenverfahrens. Sowohl die Sozialkassenbeiträge wie auch die Erstattungsleistungen der SOKA-BAU an die Arbeitgeber werden nicht auf Grund eines gegenseitigen Vertrages geleistet, sondern weil eine tarifliche Verpflichtung dazu besteht.[246] Eine Saldierung von gegenseitigen, bereicherungsrechtlichen Ansprüchen scheidet daher aus.

Möglich bleibt hingegen die Aufrechnung unter den Voraussetzungen des § 387 BGB.

III. Entreicherung durch tarifgerechten Verbrauch

137 Die ULAK und die ZVK haben die Beiträge der Arbeitgeber in der Regel tarifgerecht verwendet und können sich daher womöglich auf einen Verbrauch berufen. Der „gutgläubig" Bereicherte kann nicht zur Herausgabe oder zum Wertersatz verpflichtet werden, wenn er das rechtsgrundlos Empfangene im Vertrauen auf das (Fort-)Bestehen des Rechtsgrundes verbraucht hat.[247] Es ist daher für jeden einzelnen Teil-Beitrag (zusätzliche Altersversorgung, Berufsbildungsverfahren und Urlaubsverfahren) zu prüfen, inwieweit sich die SOKA-BAU diesbezüglich auf eine Entreicherung berufen kann.

1. Beiträge für die zusätzliche Altersversorgung

138 Bei der bis zum 31. Dezember 2015 geltenden Rentenbeihilfe handelte es sich um eine umlagefinanzierte Altersversorgung. Die Beiträge der Arbeitgeber wurden also unmittelbar für die laufenden Verbindlichkeiten der ZVK gegenüber den Beihilfeempfängern verwendet.[248] Dieser tarifgerechte Verbrauch der Beiträge könnte demnach einen Wegfall der Bereicherung zur Folge haben.

Der Verbrauch des Erlangten führt jedoch nicht zum Wegfall der Bereicherung, wenn sich der Empfänger aufgrund des Verbrauchs anderweitige Aufwendungen erspart hat.[249] Im Falle der Verwendung von rechtsgrundlos erlangtem

---

246 BAG vom 23. 4. 2008 – 10 AZR 108/07 = NZA-RR 2009, 201, 204.

247 BAG vom 19.3.2003 – 10 AZR 597/01 = BeckRS 2009, 66276.

248 Bei sog. Kapitaldeckungsverfahren (wie z.B. im Falle der Tarifrente Bau) wird hingegen ein persönlicher Kapitalstock für jeden einzelnen Arbeitnehmer aufgebaut. Die Beiträge der Arbeitgeber werden hierfür dem Deckungskapital zugeführt und nicht zur Finanzierung der laufenden Verpflichtungen der Sozialkasse verbraucht. Eine Entreicherung der Sozialkasse liegt hier vor, sobald die Beiträge dem Deckungskapital zugeführt wurden, vgl. BAG vom 23.4.2008 – 10 AZR 108/07 = NZA-RR 2009, 201.

249 MüKoBGB/*Schwab*, Band 6, § 818 BGB Rn. 186 m.w.N.

Geld liegt diese Situation insbesondere dann vor, wenn der Empfänger ohne den Empfang des Geldes andere Ressourcen aus seinem Vermögen hätte angreifen müssen.[250] Bei einer umlagefinanzierten Altersversorgung ist es geradezu charakteristisch, dass sich die Rentenkasse durch die Verwendung der Beiträge für die laufenden Rentenzahlungen die Verwendung von anderweitig verfügbaren Finanzmitteln erspart.[251]

So liegt der Fall auch bei der Rentenbeihilfe der ZVK: Die ZVK war zu den laufenden Rentenzahlungen nicht aufgrund der Beitragszahlungen der Arbeitgeber verpflichtet, sondern davon unabhängig aufgrund ihrer fortbestehenden, tarifvertraglichen Leistungspflicht. Hätten die Arbeitgeber also keine Beiträge abgeführt, hätte die ZVK für die laufenden Rentenzahlungen auf andere Finanzmittel zurückgreifen müssen. Damit ist eine Entreicherung bezüglich der Beiträge für die zusätzliche Altersversorgung aufgrund der bloßen Verwendung der Beiträge für laufende Rentenzahlungen ausgeschlossen.

2. *Beiträge für das Berufsbildungsverfahren*

Die Beiträge für das Berufsbildungsverfahren werden für alle laufenden, tarif- **139**
vertraglichen Verpflichtungen der ULAK (insbesondere für Erstattungsansprüche der Ausbildungsbetriebe) verwendet. Die Beiträge eines einzelnen Arbeitgebers finanzieren daher nicht zwingenderweise auch die Ansprüche genau dieses Arbeitgebers gegen die ULAK, die ihm nach dem BBTV zustehen. So besteht auch die Möglichkeit, dass besagter Arbeitgeber mangels Auszubildender keine einzige Leistung der ULAK nach dem BBTV empfängt, gleichzeitig aber monatlich den Beitrag zur Berufsbildungsverfahren abführt.[252] Die Beiträge der Arbeitgeber sind dementsprechend nicht für Leistungen bezüglich bestimmter Arbeitnehmer zweckgebunden und finanzieren nicht unbedingt die eigenen Ansprüche der beitragszahlenden Arbeitgeber. Es handelt sich erneut um ein Umlageverfahren.[253] Wenn die ULAK die Beiträge der Arbeitgeber verwendet, erspart sie sich stets die Verwendung von anderweitigen Finanzmitteln. Die dargestellten Grundsätze zur Altersversorgung (siehe Rn. 138) sind daher übertragbar, so dass auch bezüglich der Beiträge für das Berufsbildungsverfahren eine Entreicherung durch die bloße Verwendung der Beiträge für Leistungen des Berufsbildungsverfahrens ausgeschlossen ist.

250 MüKoBGB/*Schwab*, Band 6, § 818 BGB Rn. 187.
251 BGH vom 7.9.2016 – IV ZR 172/15 = NZA-RR 2017, 47, 52.
252 So ergeht es bspw. den sog. Solo-Selbstständigen.
253 Vgl. *Sahl*, NZA-Beil. 2010, 8, 12.

3. *Beiträge für das Urlaubsverfahren*

a. *Entreicherung durch Auszahlung*

140 Die Beiträge für das Urlaubsverfahren sollen die Urlaubsansprüche der Arbeitnehmer absichern, indem die ULAK die Beiträge überbetrieblich sammelt und an die Arbeitnehmer oder Arbeitgeber auszahlt, sobald diese ihre Urlaubsabgeltungs- bzw. Erstattungsansprüche geltend machen. Hierfür verwaltet die ULAK das Geld treuhänderisch.[254] Die eingezogenen Beiträge sind damit von Beginn an für die Ansprüche der entsprechenden Arbeitnehmer bzw. Arbeitgeber zweckgebunden und stehen nicht für die Finanzierung anderweitiger Verpflichtungen der ULAK zur Verfügung. Die Urlaubsabgeltungs- und Entschädigungsansprüche der *Arbeitnehmer* werden nur beglichen, wenn die Ansprüche durch die vorangegangen Beitragszahlungen vorfinanziert und gedeckt sind (siehe § 8 Nr. 6.2 und Nr. 8 BRTV). Die Erstattungsansprüche der *Arbeitgeber* werden nur beglichen, wenn auf die ausbezahlte Urlaubsvergütung ein Anspruch bestand und der anspruchstellende Arbeitgeber selbst alle geschuldeten Beiträge an die ULAK erbracht hat, sein Beitragskonto bei der ULAK also ausgeglichen ist (siehe § 12 Abs. 1 VTV i.V.m § 15 Abs. 5 VTV). Die Arbeitnehmer erhalten daher regelmäßig einen sog. Arbeitnehmerkontoauszug, aus dem ersichtlich ist, ob die Urlaubsansprüche durch vollständige Beitragszahlungen gedeckt sind.[255] Fehlt es jedoch an den Beitragszahlungen, ist die ULAK auch nicht dazu verpflichtet die Ansprüche zu erfüllen. Die Zahlung der Beiträge ist damit kausal für die spätere Verwendung der Beiträge in Form der Urlaubsabgeltungs-, Entschädigungs- und Erstattungszahlungen, so dass im Augenblick der Verwendung der Beiträge eine Entreicherung der ULAK i.S.v. § 818 Abs. 3 BGB eintritt.

Nach Verwendung der Beiträge verbleibt der ULAK auch kein Vermögensvorteil. Im Gegensatz zum Umlageverfahren der Altersversorgung und der Berufsbildung erspart sich die ULAK im Falle des Urlaubsverfahrens nicht die Verwendung von anderweitigen Finanzmitteln.

b. *Erwerb von Rückforderungsansprüchen durch die ULAK*

141 Die Einwendung der Entreicherung könnte allerdings ausgeschlossen sein, falls die ULAK ihrerseits Rückforderungsansprüche gegen die Leistungsempfänger

---

254 https://de.wikipedia.org/wiki/SOKA-BAU#Urlaubsverfahren, zuletzt abgerufen am 7.1.2018.

255 https://www.soka-bau.de/arbeitnehmer/leistungen/urlaubsverfahren/kontoauszug/, zuletzt abgerufen am 7.1.2018.

erworben hat. Diese Rückforderungsansprüche würden dann eine verbleibende Bereicherung darstellen, die die ULAK herauszugeben hätte.

aa. Entfall der tariflichen Rechtsgrundlage für Erstattungsansprüche der Arbeitgeber

Wie unter Rn. 140 dargestellt, ist die ULAK grundsätzlich bezüglich aller Beitrags- 142
zahlungen entreichert, die zur Begleichung von Ansprüchen aus dem Urlaubsverfahren verbraucht wurden. Im Falle der Beiträge, die für Urlaubsabgeltungs- und Entschädigungsansprüche der *Arbeitnehmer* verwendet wurden, stehen der SOKA-BAU auch keine Rückforderungsansprüche zu. Die Anspruchsgrundlagen für diese Ansprüche befinden sich im BRTV, dessen zugehörige AVEen bisher nicht für unwirksam erklärt wurden. Die Anspruchsgrundlagen für die Ansprüche der Arbeitnehmer haben also weiterhin Bestand. Hierauf hat auch die Unwirksamkeit der AVEen VTV 2008 – 2014 keine Auswirkungen.

Im Falle der Beiträge, die für Erstattungsansprüche der *Arbeitgeber* verwendet wurden, gestaltet sich die Rechtslage jedoch anders. Denn hier kommt der Umstand hinzu, dass die (unwirksamen) AVEen VTV 2008 – 2014 nicht nur den Beitragsanspruch der SOKA-BAU regeln, sondern auch den Erstattungsanspruch der Arbeitgeber gegen die ULAK. Gemäß § 12 VTV konnte sich jeder Arbeitgeber die von ihm an die Arbeitnehmer ausgezahlte Urlaubsvergütung oder Urlaubsabgeltung von der ULAK erstatten lassen. Nach Entfall der AVE VTV als Rechtsgrundlage für diesen Anspruch, kann also die ULAK ihrerseits die geleisteten Erstattungszahlungen von den Arbeitgebern nach § 812 BGB zurückfordern.[256] Anstatt einer vollständigen Entreicherung durch die tarifgerechte Verwendung der Beiträge zum Urlaubsverfahren, stehen der ULAK damit Rückforderungsansprüche als verbleibende Bereicherung zu – jedenfalls soweit die Beiträge für die Erstattungsleistungen an die Arbeitgeber nach § 12 VTV verwendet wurden.[257]

---

256 Die Ansprüche der Arbeitnehmer gegen die Sozialkasse werden hingegen bereits unter § 8 Nr. 6 und 8 BRTV geregelt, so dass der Wegfall der AVE VTV keinen Wegfall der Rechtsgrundlage für diese Ansprüche zur Folge hat. §§ 13, 14 VTV enthalten lediglich ergänzende Regelungen für die Geltendmachung der Ansprüche. Aus diesem Grund sieht auch das LAG Hessen die Anspruchsgrundlage direkt in § 8 Nr. 6 BRTV und nicht in den Normen des VTV, vgl. LAG Hessen vom 16.8.2004 – 16 Sa 198/04 = BeckRS 2004, 30450989.

257 So auch das LAG Hessen für den Fall, dass der BRTV keine Anwendung auf die Arbeitnehmer fand und daher die nach § 8 BRTV direkt an die Arbeitnehmer ausbezahlte

Die Beiträge eines Arbeitgebers, der eine Rückforderung gegenüber der ULAK geltend macht, sind jedoch nicht zwangsläufig in Erstattungszahlungen an genau diesen Arbeitgeber geflossen, sondern können auch für Erstattungszahlungen an einen *anderen* Arbeitgeber verwendet worden sein (siehe zu den Grundsätzen des Urlaubsverfahrens Rn. 16 ff.). Für die Frage nach der verbleibenden Bereicherung der ULAK in Form von Rückforderungsansprüche gegen die Arbeitgeber kommt es daher entscheidend darauf an, ob die Erstattungszahlungen an den anspruchstellenden Arbeitgeber (siehe Rn. 143 ff.), oder an einen anderen Arbeitgeber (siehe Rn. 148) geflossen sind.

bb. Verwendung der Beiträge für Erstattungszahlungen an den anspruchstellenden Arbeitgeber

143 Soweit die Beiträge des anspruchstellenden Arbeitgebers für Erstattungszahlungen an genau diesen Arbeitgeber verwendet worden sind, stellt sich die Rechtslage wie folgt dar:

[1] Aufrechnung mit Gegenansprüchen

144 Der ULAK stehen aufgrund des Wegfalls von § 12 VTV gegen den anspruchstellenden Arbeitgeber Rückforderungsansprüche bezüglich der geleisteten Erstattungszahlungen zu (im Folgenden Gegenansprüche). Diese Gegenansprüche stellen somit eine verbleibende Bereicherung der ULAK dar, so dass die ULAK diesbezüglich Wertersatz nach § 818 Abs. 2 BGB zu leisten hat.[258] Gleichzeitig kann die ULAK aber mit dem ihr zustehenden Gegenanspruch gegen den Rückforderungsanspruch des Arbeitgebers nach § 387 BGB aufrechnen.[259] Im Ergebnis müsste die ULAK also keine Rückzahlung leisten, jedenfalls insoweit sich die Rückforderungsansprüche der Arbeitgeber und die Gegenansprüche der ULAK der Höhe nach decken.

[2] Durchsetzbarer Gegenanspruch als Voraussetzung der Aufrechnung

145 Grundsätzlich kann aber nur mit einer Forderung aufgerechnet werden, der keine *Einwendungen* entgegenstehen.[260] Dementsprechend kann die ULAK auch nur mit Gegenansprüchen gegen den anspruchstellenden Arbeitgeber

---

Urlaubsabgeltung von der SOKA-BAU zurückgefordert werden konnte, vgl. LAG Hessen vom 16.8.2004 – 16 Sa 198/04 = BeckRS 2004, 30450989.

258 Siehe zur Wertersatzpflicht bei Bereicherungsansprüchen gegen Dritte MüKoBGB/*Schwab*, Band 6, § 818 BGB Rn. 184.

259 Eine direkte Saldierung findet hingegen nicht statt, vgl. Rn. 136.

260 Prütting/Wegen/Weinreich/*Pfeiffer*, § 387 BGB Rn. 16; Erman/*Wagner*, Band I, § 387 BGB Rn. 17.

aufrechnen, soweit dieser sich nicht ebenfalls auf die Einwendung der Entreicherung aus § 818 Abs. 3 BGB berufen kann.

[a] Unbegründete Einwendung der Entreicherung seitens des Arbeitgebers

Soweit sich der anspruchstellende Arbeitgeber *nicht* auf die Einwendung der **146**
Entreicherung aus § 818 Abs. 3 BGB berufen kann, kann die ULAK mit ihren Gegenansprüchen voll aufrechnen. In Höhe der Aufrechnung besteht also auch kein Rückforderungsanspruch des Arbeitgebers gegen die ULAK.

[b] Begründete Einwendung der Entreicherung seitens des Arbeitgebers

Soweit sich der anspruchstellende Arbeitgeber auf die Einwendung der Entrei- **147**
cherung aus § 818 Abs. 3 BGB berufen kann, kann die ULAK auch nicht mit diesem Gegenanspruch aufrechnen. Im Ergebnis handelt es sich bei dem Gegenanspruch der ULAK um eine wertlose Forderung. Der Rückforderungsanspruch des Arbeitgebers gerichtet auf Wertersatz bleibt hingegen bestehen, so dass die ULAK den Rückforderungsanspruch voll erfüllen müsste.

Allerdings entfällt in diesem Fall auch die Verpflichtung der ULAK zum Wertersatz. Denn wenn die erworbenen Rückforderungsansprüche der ULAK aufgrund der Entreicherung des Arbeitgebers wertlos sind, entfällt auch die verbleibende Bereicherung bei der ULAK.[261] Es besteht somit kein Rückforderungsanspruch des Arbeitgebers.

cc. Verwendung der Beiträge für die Erstattungszahlungen an andere Arbeitgeber

Soweit die Beiträge des anspruchstellenden Arbeitgebers für Erstattungszahlun- **148**
gen an einen *anderen* als den anspruchstellenden Arbeitgeber verwendet worden sind, stellt sich die Rechtslage wie folgt dar:

Aufgrund des Wegfalls von § 12 VTV stehen der ULAK gegen den anderen Arbeitgeber Rückforderungsansprüche zu, für die sie an den anspruchstellenden Arbeitgeber Wertersatz zu leisten hat (siehe Rn. 142). Der Rückforderungsanspruch des anspruchstellenden Arbeitgebers bleibt also in voller Höhe bestehen.

Kann die ULAK hingegen Tatsachen vorbringen, die eine Durchsetzung ihrer Rückforderungsansprüche gegen den *anderen* Arbeitgeber zweifelhaft erscheinen lassen, ist sie – statt zum Wertersatz – lediglich zur Abtretung ihrer

---

261 Vgl. zu praktisch wertlosen Rückforderungsansprüchen BGH vom 10.7.1980 - III ZR 177/78 = NJW 1980, 2301.

Ansprüche an den anspruchstellenden Arbeitgeber verpflichtet.[262] Sind die Rückforderungsansprüche der ULAK gegen die Arbeitgeber hingegen als wertlos anzusehen, entfällt die Bereicherung der ULAK sogar vollständig.[263] Damit würde auch der Rückforderungsanspruch des anspruchstellenden Arbeitgebers entfallen.

c. *Einwendung der Entreicherung seitens der Arbeitgeber*

149 Entscheidend ist also, ob sich die Arbeitgeber im Rahmen der Rückforderung von erhaltenen Erstattungszahlungen durch die ULAK auf eine Entreicherung berufen können.

Eine Entreicherung des Arbeitgebers aufgrund der vorangegangen Auszahlung der Urlaubsvergütung an den Arbeitnehmer scheidet jedenfalls aus, da diese Verpflichtung aufgrund von § 8 Nr. 4 BRTV und unabhängig von dem Bestehen eines Erstattungsanspruchs nach § 13 VTV bestand. Nicht auszuschließen ist aber, dass die Arbeitgeber andere Umstände vortragen können, die eine Entreicherung nach § 818 Abs. 3 BGB begründen. So werden die Erstattungszahlungen zwar wohl in aller Regel für eigene Verpflichtungen der Arbeitgeber verwendet worden sein, so dass sie sich diesbezüglich eigene Aufwendungen und die Verwendung eigener Finanzmittel erspart haben. Die Einwendung der Entreicherung wäre den Arbeitgebern demnach verwehrt.[264]

Eine seriöse Prognose ist hier aber unmöglich und würde einem wissenschaftlichen Anspruch nicht gerecht werden. Es bleibt daher festzuhalten, dass nicht verlässlich prognostiziert werden kann, in welchem Umfang sich die Arbeitgeber bezüglich der Rückforderungsansprüche der ULAK auf Entreicherung berufen können. Es kommt stets auf den konkreten Einzelfall an. Als Konsequenz hieraus kann auch nicht prognostiziert werden, in welchem Umfang sich die ULAK bzgl. der Teil-Beiträge zum Urlaubsverfahren auf eine Entreicherung berufen und damit die Durchsetzung von Rückforderungsansprüchen seitens der Arbeitgeber verhindern kann.

---

262 Vgl. zur zweifelhaften Durchsetzbarkeit von Ansprüchen BGH vom 29.5.1978 - II ZR 166/77 = NJW 1978, 2149; LAG Hessen vom 16.8.2004 – 16 Sa 198/04 = BeckRS 2004, 30450989.

263 Vgl. zu praktisch wertlosen Rückforderungsansprüchen BGH vom 10.7.1980 - III ZR 177/78 = NJW 1980, 2301.

264 MüKoBGB/*Schwab*, Band 6, § 818 BGB Rn. 186 m.w.N; in diese Richtung auch *Bayreuther*, BT-Ausschussdrucksache 18(11)897, S. 58.

d. Zwischenergebnis

Im Falle der Beiträge für das Urlaubsverfahren kann sich die ULAK aufgrund des tarifgerechten Verbrauchs in Form der Auszahlung an Arbeitgeber und Arbeitnehmer grundsätzlich auf Entreicherung berufen. 150

Da die Rechtsgrundlage für Erstattungsansprüche der Arbeitgeber gegen die ULAK in § 12 VTV aber durch die Unwirksamkeit der AVEen VTV 2008 – 2014 ebenfalls entfallen ist, verbleiben der ULAK für geleistete Erstattungszahlungen in aller Regel Rückforderungsansprüche gegen die Arbeitgeber (Gegenansprüche). Die ULAK ist bezüglich der ausbezahlten Erstattungen also weiterhin bereichert und hat für die erworbenen Gegenansprüche Wertersatz zu leisten. Erweisen sich die Gegenansprüche der ULAK hingegen aufgrund einer Entreicherung des Arbeitgebers als wertlos, entfällt auch die Pflicht der ULAK, für diese Gegenansprüche Wertersatz zu leisten.

Um eine juristisch fundierte Einschätzung zur Entreicherung der ULAK bezüglich der Beiträge für das Urlaubsverfahren abgeben zu können, kommt es also entscheidend auf eine potentielle Entreicherung der Arbeitgeber bezüglich der erhaltenen Erstattungszahlungen an. Hierüber kann jedoch keine fundierte Einschätzung abgegeben werden.

4. Zwischenergebnis

Im Falle der Beiträge für die zusätzliche Altersversorgung und das Berufsbildungsverfahren ist eine Entreicherung der SOKA-BAU aufgrund der bloßen tarifgerechten Verwendung der Beiträge ausgeschlossen. 151

Im Falle der Teil-Beiträge für das Urlaubsverfahren kann sich die ULAK aufgrund des tarifgerechten Verbrauchs grundsätzlich auf Entreicherung berufen. Allerdings stehen der ULAK ebenfalls Rückforderungsansprüche gegen die Arbeitgeber des Baugewerbes zu. Inwieweit sich hierdurch die Rückforderungsansprüche der Arbeitgeber gegen die SOKA-BAU verringern, ist vom konkreten Einzelfall abhängig und kann nicht prognostiziert werden.

IV. Entreicherung durch interne Weiterleitung der Beiträge

Des Weiteren könnte sich die Einzugsstelle womöglich bezüglich der intern weitergeleiteten Beiträge auf Entreicherung berufen. 152

Die Einzugsstelle behält nur den Teil der Beiträge ein, der ihr selbst nach den Regelungen des Tarifvertrags zusteht. Im Falle der ZVK sind das die Beiträge zur Altersversorgung, im Falle der ULAK die Beiträge zum Urlaubs- und

Berufsbildungsverfahren. Der Rest der Beiträge wird intern an die jeweilige Sozialkasse weitergeleitet, die einen tarifvertraglichen Anspruch auf die Beiträge hat.

1. *Entreicherung bei unentgeltlicher Weitergabe an Dritte*

153 Sobald der Bereicherungsgegenstand an einen Dritten weitergegeben wurde, kann sich der Bereicherungsschuldner auf einen Wegfall der Bereicherung berufen. Wenn diese Weitergabe dann auch noch unentgeltlich erfolgt, ist der Bereicherungsschuldner nicht mehr bereichert. Einen Gegenwert erhält er aufgrund der Unentgeltlichkeit nicht.

2. *Die interne Weiterleitung der Sozialkassenbeiträge*

154 Die Einzugsstelle zieht den vollständigen Sozialkassenbeitrag bei den Arbeitgebern ein und leitet die einzelnen Teil-Beiträge an die jeweilige Sozialkasse weiter, die einen tarifvertraglichen Anspruch auf die Teil-Beiträge hat. Die Rechtsprechung sieht die gesetzliche Grundlage für diese Weiterleitung in Form einer Herausgabepflicht nach § 667 BGB.[265] Die Einzugsstelle wird also im Auftrag der restlichen Sozialkassen tätig und muss diesen gemäß § 667 BGB herausgeben, was sie zur Ausführung des Auftrags erhält. Obwohl das BAG im Rahmen seiner Rechtsprechung nicht darauf eingeht, auf welchen (tarifvertraglichen) Normen dieses Auftragsverhältnis genau fußt, wird man hierfür § 3 VTV als die entscheidende Norm ansehen müssen. Zum einen wird dort unter Abs. 1 und 2 geregelt, welche Sozialkasse einen Anspruch auf welchen Teil der Sozialkassenbeiträge hat, zum anderen findet man unter Abs. 3 die umfängliche Einzugsbefugnis der Einzugsstelle.

Durch die unentgeltliche Weiterleitung von Beiträgen an eine andere Sozialkasse ist die Einzugsstelle nach Ansicht der Rechtsprechung entreichert.[266] Ein Fortbestand der Bereicherung sei in aller Regel abzulehnen. Zum einen erhalte die Einzugsstelle aufgrund der Unentgeltlichkeit der Weiterleitung keinen Gegenwert, so dass auch kein Anspruch auf die Herausgabe eines Surrogats

---

265 BAG vom 23.4.2008 – 10 AZR 108/07 = NZA-RR 2009, 201, 204; BAG vom 23.4.2008 – 10 AZR 1057/06 = AP TVG § 1 Tarifverträge: Bau Nr. 201, Rn. 28; OLG Bamberg vom 18.2.2013 – 4 U 89/12 = BeckRS 2013, 04069.

266 BAG vom 23.4.2008 – 10 AZR 108/07 = NZA-RR 2009, 201, 204; BAG vom 23.4.2008 – 10 AZR 1057/06 = AP TVG § 1 Tarifverträge: Bau Nr. 201, Rn. 28; OLG Bamberg vom 18.2.2013 – 4 U 89/12 = BeckRS 2013, 04069.

entstehen könne.[267] Zum anderen erspare sich die Einzugsstelle auch nicht die Verwendung von anderweitig verfügbaren Finanzmitteln. Die Weiterleitungspflicht an die übrigen Sozialkassen komme nur dann zum Tragen, wenn tatsächlich Beiträge bei der Einzugsstelle eingehen.[268] Der Eingang von Beiträgen bei der Einzugsstelle ist also unmittelbar kausal für die Weiterleitung dieser Beiträge.

3. *Ausschluss der Entreicherung bei gleichzeitigem Erwerb von Rückforderungsansprüchen*

Die Entreicherung des Bereicherungsschuldners ist jedoch grundsätzlich ausgeschlossen, wenn bei diesem – trotz Verlust des Bereicherungsgegenstandes – eine anderweitige Bereicherung verbleibt. Das ist insbesondere dann der Fall, wenn dem Bereicherungsschuldner anstelle des Erlangten werthaltige Bereicherungsansprüche gegen Dritte zustehen.[269] 155

Das BAG ist der Ansicht, dass bei der Einzugsstelle nach Weiterleitung der Beiträge keine Bereicherung fortbesteht. Insbesondere habe die Einzugsstelle selbst keinen Rückzahlungsanspruch gegenüber der Sozialkasse, an die die Beiträge weitergeleitet wurden. Solche Ansprüche kommen laut BAG nur dann in Betracht, wenn besagte Sozialkasse die Beiträge nicht zur tarifgerechten Finanzierung ihrer Leistungen verwendet hat oder mit Aussicht auf Erfolg selbst Rückzahlungsansprüche auf Grund rechtsgrundlos geleisteter Erstattungen gegenüber den Arbeitgebern geltend machen kann.[270]

Diese Einschätzung des BAG muss jedoch für die vorliegende Fallkonstellation modifiziert werden. Die Unwirksamkeit der AVEen VTV 2008 – 2014 hat entscheidende Auswirkungen auf die Rechtsgrundlage für die Weiterleitungspflicht nach § 667 BGB. Denn von § 667 BGB erfasst wird lediglich, was der Auftragnehmer auf Grund eines *rechtswirksamen* Auftragsvertrags zur Auftragsausführung erhalten hat.[271] Dieses Auftragsverhältnis wird im Falle des Sozialkassenverfahrens durch die Vorschriften des VTV begründet, insbesondere durch § 3 VTV (siehe Rn. 154). Der VTV fand jedoch aufgrund der Unwirksamkeit der

---

267 BAG vom 23.4.2008 – 10 AZR 1057/06 = AP TVG § 1 Tarifverträge: Bau Nr. 201, Rn. 28.

268 Insoweit zutreffend OLG Bamberg vom 18.2.2013 – 4 U 89/12 = BeckRS 2013, 04069.

269 Entspricht ständiger Rspr. des BGH, zuletzt BGH vom 2.6.2015 – XI ZR 327/14 = NJW 2015, 2725.

270 BAG vom 23.4.2008 – 10 AZR 1057/06 = AP TVG § 1 Tarifverträge: Bau Nr. 201, Rn. 28.

271 Erman/*Berger*, Band I, § 667 BGB Rn. 3; Bamberger/Roth/*Detlev Fischer*, Band 2, § 667 BGB Rn. 2; Jauernig/*Mansel*, § 667 BGB Rn. 2.

AVE bezüglich den Außenseitern insgesamt keine Anwendung mehr. § 3 VTV konnte somit kein wirksames Auftragsverhältnis und damit auch keinen wirksamen Herausgabeanspruch nach § 667 BGB begründen.[272] Weder bestand eine Einzugsermächtigung der Einzugsstelle gegenüber den Arbeitgebern, noch ein Beitragsanspruch der Sozialkassen insgesamt und somit auch kein Anspruch auf die Weiterleitung von Teil-Beiträgen. Rechtsfolge des irrtümlich angenommenen Auftragsverhältnisses ist die bereicherungsrechtliche Rückabwicklung zwischen der Einzugsstelle und den übrigen Sozialkassen, so dass die Einzugsstelle die weitergeleiteten Beiträge nach § 812 Abs. 1 BGB zurückfordern kann. Dieser Rückforderungsanspruch stellt eine fortbestehende Bereicherung der Einzugsstelle gegenüber den Arbeitgebern dar. Sie ist insoweit zum Wertersatz nach § 818 Abs. 2 BGB verpflichtet.

In Rahmen der Rückabwicklung zwischen der Einzugsstelle und den übrigen Sozialkassen, können sich die betroffenen Sozialkassen jedoch ebenfalls auf eine Entreicherung nach § 818 Abs. 3 BGB aufgrund des tarifgerechten Verbrauchs der Beiträge berufen. Es kommen wiederum die bereits unter Rn. 137 ff. dargestellten Grundsätze zum Tragen. Es kommt dann also im Detail darauf an, ob es sich um einen Beitrag für die Altersversorgung, das Berufsbildungsverfahren oder für das Urlaubsverfahren handelt.

Falls die Durchsetzung des Rückforderungsanspruchs gegen die betroffene Sozialkasse im Ergebnis zweifelhaft erscheint, haben die Arbeitgeber gegenüber der Einzugsstelle nur noch einen Anspruch auf Abtretung des Rückforderungsanspruchs.[273] Soweit der Anspruch praktisch wertlos ist, entfällt die Bereicherung der Einzugsstelle vollständig.[274]

---

272 Ebenso scheidet ein Herausgabeanspruch aus einer Geschäftsführung ohne Auftrag nach §§ 687 Abs. 2 S. 1, 681, 667 BGB aus, da bei Tätigkeiten in Vertrauen auf eine (unwirksame) vertragliche oder öffentlich-rechtliche Verpflichtung – mangels Fremdgeschäftsführungswillens – die bereicherungsrechtliche Rückabwicklung nach §§ 812 ff. BGB Vorrang genießt, vgl. *Lorenz*, NJW 1996, 883, 885; MüKoBGB/*Schäfer*, Band 5/2, § 677 BGB Rn. 88; a.A. BGH vom 7.3.1989 - XI ZR 25/88 = NJW-RR 1989, 970; BGH vom 10.10.1996 - III ZR 205/95 = NJW 1997, 47, 48.

273 Vgl. zur zweifelhaften Durchsetzbarkeit von Ansprüchen BGH vom 29.5.1978 - II ZR 166/77 = NJW 1978, 2149.

274 Vgl. zu praktisch wertlosen Rückforderungsansprüchen BGH vom 10.7.1980 - III ZR 177/78 = NJW 1980, 2301.

4. *Direktkondiktion nach § 822 BGB bei unentgeltlicher Weitergabe*

Selbst wenn man den Erwerb von Rückforderungsansprüchen der Einzugsstelle gegenüber den anderen Sozialkassen ablehnen sollte, gehen die Arbeitgeber im Falle der weitergeleiteten Teil-Beiträge trotzdem nicht „leer" aus. Hier muss schließlich die Direktkondiktion nach § 822 BGB zum Tragen kommen.[275] **156**

a. *Voraussetzungen der Direktkondiktion nach § 822 BGB*

Wendet der Empfänger das Erlangte unentgeltlich einem Dritten zu, so ist, soweit infolgedessen die Verpflichtung des Empfängers zur Herausgabe der Bereicherung ausgeschlossen ist, der Dritte nach § 822 BGB zur Herausgabe verpflichtet, wie wenn er die Zuwendung von dem Gläubiger ohne rechtlichen Grund erhalten hätte. Als Ausnahme vom Vorrang der Leistungsbeziehungen gestattet § 822 BGB also dem Bereicherungsgläubiger den direkten Durchgriff auf einen Dritten, da der Dritte als unentgeltlicher Empfänger nicht schutzwürdig ist.[276] Infolgedessen haftet dieser Dritte gegenüber dem Bereicherungsgläubiger wie wenn er das Erlangte unmittelbar vom Bereicherungsgläubiger erhalten hätte. Der Umfang der Herausgabepflicht bestimmt sich erneut nach §§ 818 bis 820 BGB, insbesondere auch nach § 818 Abs. 3 BGB.[277] **157**

b. *Vorliegen der Voraussetzungen von § 822 BGB im Falle der internen Weiterleitung von Sozialkassenbeiträgen*

Im Falle der Weiterleitung der Teil-Beiträge durch die Einzugsstelle entfällt der bereicherungsrechtliche Rückzahlungsanspruch der Arbeitgeber gegen die Einzugsstelle als Empfänger der Beiträge lediglich aus dem Grund, dass die Einzugsstelle aufgrund der unentgeltlichen Weiterleitung entreichert ist (siehe Rn. 153 f.).[278] Gerade diesem „Schlupfloch" soll § 822 BGB aber vorbeugen, so dass sich die Arbeitgeber im Wege der Direktkondiktion unmittelbar an die Sozialkasse wenden können, an die die Teil-Beiträge letztendlich geflossen sind. **158**

---

275 Das BAG hat diesen Aspekt in seinen Entscheidungen zur Rückzahlungspflicht der Sozialkassen nie angesprochen, es handelt sich aber geradezu um ein Paradebeispiel für die Anwendung von § 822 BGB.

276 MüKoBGB/*Schwab*, Band 6, § 822 BGB Rn. 1.

277 MüKoBGB/*Schwab*, Band 6, § 822 BGB Rn. 21.

278 Es handelt sich hier auch um keinen Anwendungsfall des § 816 Abs. 1 S. 2 BGB, da die Einzugsstelle bei der Weiterleitung der Beiträge als „Berechtigte" handelte. Schließlich erfolgte die Befriedigung der (vermeintlichen) Ansprüche der einzelnen Sozialkassen mit Einwilligung der zahlenden Arbeitgeber.

Im Rahmen dieser Direktkondiktion kann sich die betroffene Sozialkasse dann ggf. wiederum auf die Entreicherung nach § 818 Abs. 3 BGB aufgrund des tarifgerechten Verbrauchs berufen, so dass die oben ausgeführten Grundsätze zum Tragen kommen (siehe Rn. 137 ff.). Im Ergebnis verhält sich die bereicherungsrechtliche Rückabwicklung also bei den intern weitergeleiteten Teil-Beiträgen wie bei den Rückforderungsansprüchen, die direkt gegen die Einzugsstelle gerichtet werden.

5. *Zwischenergebnis*

159 Im Falle der internen Weiterleitung von Beiträgen von der Einzugsstelle an eine andere Sozialkasse, kann sich die Einzugsstelle als Schuldner eines Rückforderungsanspruchs der Arbeitgeber grundsätzlich auf die Entreicherung aufgrund der unentgeltlichen Weitergabe der Beiträge berufen.

Da aber aufgrund der Unwirksamkeit der AVEen VTV 2008- 2014 auch die Rechtsgrundlage für die interne Weiterleitung der Beiträge entfallen ist, stehen der Einzugsstelle ebenfalls Rückforderungsansprüche gegen die anderen Sozialkassen zu. Sie ist insoweit zum Wertersatz nach § 818 Abs. 2 BGB verpflichtet. In Rahmen der Rückabwicklung zwischen der Einzugsstelle und den übrigen Sozialkassen kommen wiederum die bereits unter Rn. 137 ff dargestellten Grundsätze zum Tragen.

V. Beweislast

160 Im Rahmen der Beweislast zu § 818 gelten die allgemeinen Grundsätze, wonach jeder Beteiligte die für ihn günstigen Umstände zu beweisen hat.[279] Der Bereicherungsschuldner muss dementsprechend darlegen und beweisen, dass und in welchem Umfang seine Bereicherung i.S.v. § 818 Abs. 3 BGB weggefallen ist. Dabei trägt der Bereicherungsschuldner aber auch die Darlegungs- und Beweislast dafür, dass trotz des Wegfalls des ursprünglich Erlangten keine anderweitige Bereicherung in seinem Vermögen verblieben ist.[280]

Im Falle der Rückforderungsansprüche gegen die SOKA-BAU kommt eine Entreicherung überhaupt nur im Falle der tarifgerechten Verwendung der Beiträge zum Urlaubsverfahren in Betracht (siehe Rn. 150). Die Einzugsstelle hat dementsprechend zu beweisen, dass die eingezogenen Teil-Beträge zum

---

279 BAG vom 12.1.1994 - 5 AZR 597/92 = NZA 1994, 658; Bamberger/Roth/*Christiane Wendehorst*, Band 2, § 818 BGB Rn. 160 f.

280 BGH vom 2.6.2015 – XI ZR 327/14 = NJW 2015, 2725, 2726; MüKoBGB/*Schwab*, Band 6, § 818 BGB Rn. 183.

Urlaubsverfahren für die Leistungen aus dem Urlaubsverfahren verwendet wurden und der Einzugsstelle selbst wiederum keine (durchsetzbaren) Gegenansprüche gegen die Arbeitgeber zustehen. Diese umfängliche Beweislast erschwert es der SOKA-BAU zusätzlich, sich erfolgreich auf die Einwendung der Entreicherung nach § 818 Abs. 3 BGB zu berufen.

VI. Ergebnis

Im Falle der Teil-Beiträge für die zusätzliche Altersversorgung und das Berufs- 161
bildungsverfahren ist eine Entreicherung der SOKA-BAU aufgrund der bloßen tarifgerechten Verwendung der Beiträge ausgeschlossen.

Im Falle der Teil-Beiträge für das Urlaubsverfahren kann sich die SOKA-BAU aufgrund des tarifgerechten Verbrauchs grundsätzlich auf Entreicherung berufen. Allerdings stehen der SOKA-BAU ebenfalls Rückforderungsansprüche gegen die Arbeitgeber des Baugewerbes zu. Inwieweit sich hierdurch die Rückforderungsansprüche der Arbeitgeber gegen die SOKA-BAU verringern, ist vom konkreten Einzelfall abhängig und kann nicht prognostiziert werden.

Im Falle der internen Weiterleitung von Beiträgen von der Einzugsstelle an eine andere Sozialkasse, kommen im Rahmen der Rückabwicklung ebenfalls die oben dargestellten Grundsätze zum Tragen.

Damit sich die SOKA-BAU erfolgreich auf die Einwendung der Entreicherung berufen kann, müsste sie beweisen, dass die eingezogenen Teil-Beträge zum Urlaubsverfahren für die Leistungen aus dem Urlaubsverfahren verwendet wurden und der Einzugsstelle selbst wiederum keine (durchsetzbaren) Gegenansprüche gegen die Arbeitgeber zustehen.

J. Verjährung der Rückforderungsansprüche

Als weiteres Hindernis für die Rückforderungsansprüche der Arbeitgeber gegen 162
die SOKA-BAU könnte sich die Verjährung solcher Ansprüche erweisen.

I. Einschlägige Verjährungsregelung

Unklar ist bisher, welche Verjährungsregelung im vorliegenden Fall zum Tragen 163
kommt.[281] Einerseits könnte die regelmäßige Verjährung von drei Jahren nach § 195 BGB einschlägig sein. Diese Verjährungsfrist würde dann gem. § 199 Abs. 1 BGB mit Schluss des Jahres beginnen, in dem der Anspruch entstanden *und*

281 So auch *Bayreuther*, BT-Ausschussdrucksache 18(11)897, S. 57, 58; *Berndt* DStR 2017, 1166, 1167 f; *Greiner* NZA 2017, 98, 102.

der Gläubiger von den den Anspruch begründenden Umständen und der Person des Schuldners Kenntnis erlangt oder ohne grobe Fahrlässigkeit hätte erlangen müssen. Nach einer absoluten Höchstfrist von zehn Jahren verjährt jedoch auch dieser Anspruch nach § 199 Abs. 4 BGB – ohne Rücksicht auf die Kenntnis oder fahrlässige Unkenntnis des Gläubigers.

Soweit das Arbeitsverhältnis allerdings der Nachwirkung der AVE VTV 2006 unterlag, könnte bezüglich der Rückforderungsansprüche, die während des Nachwirkungszeitraums entstanden sind, aber auch die tarifliche Verjährungsfrist in § 25 VTV 2005[282] zur Anwendung kommen. Dort heißt es unter Abs. 4:

> Die regelmäßige Verjährungsfrist für Ansprüche der Kassen gegen den Arbeitgeber und Ansprüche der Arbeitgeber gegenüber den Kassen beträgt vier Jahre. Die Verjährungsfristen gelten nicht für Ansprüche aus unerlaubter Handlung.

Die Verjährungsfrist wird also von den gesetzlich vorgesehenen drei Jahren auf vier Jahre erweitert. Für den Verjährungsbeginn kommt jedoch auch hier die gesetzliche Regelung in § 199 BGB zum Tragen.[283]

II. Beginn der Verjährungsfrist nach § 199 Abs. 1 BGB

164 Die regelmäßige Verjährungsfrist beginnt mit dem Schluss des Jahres, in dem

- der Anspruch entstanden ist und
- der Gläubiger von den den Anspruch begründenden Umständen und der Person des Schuldners Kenntnis erlangt oder ohne grobe Fahrlässigkeit erlangen müsste.

1. Entstehen des Anspruchs

165 Für das Entstehen des Anspruchs gem. § 199 Abs. 1 Nr. 1 BGB ist regelmäßig die Fälligkeit des Anspruchs maßgeblich.[284] Ein Rückzahlungsanspruch aufgrund einer Überzahlung wird grundsätzlich im Zeitpunkt der Überzahlung fällig, weil

---

282 Tarifvertrag über das Sozialkassenverfahren im Baugewerbe (VTV) vom 20. Dezember 1999, zuletzt geändert durch Tarifvertrag vom 15. Dezember 2005.

283 Zwar weicht § 25 Abs. 4 VTV 2005 von der regelmäßigen Verjährung in § 195 BGB ab, hinsichtlich dem Beginn der Verjährungsfrist ist allerdings, mangels anderweitiger Regelung, trotzdem auf § 199 BGB abzustellen, vgl. BAG 25.11.2009 - 10 AZR 737/08 = NZA 2010, 518.

284 MüKoBGB/*Grothe*, Band 1, § 199 BGB Rn. 4.

von da an die zu viel gezahlte Summe zurückgefordert werden kann.[285] Im Zeitpunkt der Zahlung eines überhöhten oder nicht geschuldeten Sozialkassenbeitrags wurde also der Rückzahlungsanspruch nach § 812 BGB bezüglich des zu viel gezahlten Anteils automatisch fällig.

2. *Kenntnis der den Anspruch begründenden Umstände*

Unabhängig davon, ob die drei Jahre nach § 195 BGB oder die vier Jahre nach § 25 VTV 2005 die Grenze der Verjährung bilden, ist im Hinblick auf den Beginn der Verjährungsfrist entscheidend und gleichermaßen problematisch, wann die Kenntnis von den den Anspruch begründenden Umständen tatsächlich vorlag oder dem Arbeitgeber dahingehend zumindest Unkenntnis aufgrund grober Fahrlässigkeit vorgeworfen werden kann. **166**

a. *Verjährungsbeginn bei bereicherungsrechtlichen Ansprüchen*

Problematisch ist der Beginn der Verjährungsfrist, weil die Außenseiter bis zu den Beschlüssen des BAG im September 2016 regelmäßig von keinen Rückzahlungsansprüchen gegen die SOKA-BAU ausgegangen sind. Man könnte daher argumentieren, dass erst die Erkenntnis der Unwirksamkeit der AVEen VTV durch die Beschlüsse des BAG zur Kenntnis aller den Anspruch begründenden Umständen geführt hat. **167**

Die Feststellung der Unwirksamkeit der AVE VTV ist aber keine „Tatsache“ in Form eines tatsächlichen Zustandes, sondern nur das Ergebnis einer rechtlichen Würdigung durch das BAG. Tatsächlich waren die AVEen VTV 2008 – 2014 zu keinem Zeitpunkt wirksam. Für den Beginn der Verjährungsfrist nach § 199 Abs. 1 Nr. 1 BGB ist auch nicht entscheidend, dass der Gläubiger alle Tatumstände in tatsächlicher und rechtlicher Weise zutreffend würdigt.[286] Bei bereicherungsrechtlichen Ansprüchen, in dessen Rahmen der fehlende Rechtsgrund eine Anspruchsvoraussetzung darstellt, muss der Gläubiger daher für den Verjährungsbeginn keine Kenntnis vom Fehlen des rechtlichen Grundes selbst haben.[287] Lediglich die Tatsachen, die zur Unwirksamkeit der Rechtsgrundlage führen, müssen bekannt sein. Die Tatumstände, die zur Unwirksamkeit der AVEen VTV 2008 – 2014 geführt haben sind nicht erst im September

285 So jedenfalls zum Anspruch auf Erstattung überzahlten Arbeitsentgelts, BAG vom 19. 2. 2004 - 6 AZR 664/02 = NZA 2004, 1120.

286 MüKoBGB/*Grothe*, Band 1, § 199 BGB Rn. 29.

287 BGH vom 29.1. 2008 - XI ZR 160/07 = NJW 2008, 1729, 1732; MüKoBGB/*Grothe*, Band 1, § 199 BGB Rn. 29.

2016 entstanden und waren, zumindest im Wege einer umfangreichen Einsicht in die Akten zum jeweiligen AVE-Verfahren, öffentlich zugänglich, so dass eine korrekte rechtliche Bewertung und damit ein Erkennen der Voraussetzungen für etwaige Rückzahlungsansprüche durch die Arbeitgeber bereits bei der ersten Überzahlung möglich gewesen wäre.

Jedoch erkennt auch die Rechtsprechung an, dass bei besonders verworrenen und problematischen Rechtslage oder geänderter höchstrichterlicher Rechtsprechung ausnahmsweise ein Hinausschieben des Verjährungsbeginns möglich sein muss – bis hin zum Zeitpunkt der objektiven Klärung der Rechtslage.[288] Hierbei muss es sich jedoch um absolute Ausnahmen handeln, damit es nicht zu willkürlichen Umgehungen der Verjährungsfristen kommt. Dem Gläubiger muss daher zusätzlich auch unzumutbar sein, seine Forderung zumindest in Form einer Feststellungsklage bereits vor der Klärung der Rechtslage geltend zu machen.[289]

b. Verjährungsbeginn im Rahmen der CGZP-Rechtsprechung

168 Als Musterbeispiel, indem eine solche Ausnahmesituation zwar diskutiert aber im Ergebnis abgelehnt wurde, gilt eine umstrittene Entscheidung aus dem Jahr 2013: Nach der Feststellung der Tarifunfähigkeit der Tarifgemeinschaft Christlicher Gewerkschaften für Zeitarbeit und Personal-Service-Agenturen (CGZP) und damit auch der tarifrechtlichen Unwirksamkeit der von der CGZP abgeschlossenen Tarifverträge[290] klagte ein Leiharbeitnehmer am 14. März 2011 auf sein ausstehendes Arbeitsentgelt, das ihm bei Unwirksamkeit der CGZP-Tarifverträge und der daraus folgenden Geltung des „Equal-Pay“-Grundsatzes während des Zeitraums von 2006 bis 2008 zugestanden hätte.

Das BAG sah die Ansprüche des Klägers für die Überlassungen zwischen 2006 und 2007 jedoch als verjährt an, da dem Kläger alle anspruchsbegründenden Umstände bereits zur damaligen Zeit bekannt gewesen seien und sein Vertrauen auf die Tariffähigkeit der CGZP sowie auf die Rechtswirksamkeit derer Tarifverträge nicht geschützt sei.[291] Ihm wäre darüber hinaus auch bereits vor der Entscheidung des BAG zur mangelnden Tariffähigkeit der CGZP nicht unzumutbar

---

288 BGH vom 3.3.2005 - III ZR 353/04 = NJW-RR 2005, 1148; BGH vom 23.9.2008 - XI ZR 262/07 = NJW-RR 2009, 547; BGH vom 28.10.2014 – XI ZR 348/13 = NJW 2014, 3713, 3715; MüKoBGB/*Grothe*, Band 1, § 199 BGB Rn. 29.

289 BGH vom 28.10.2014 – XI ZR 348/13 = NJW 2014, 3713, 3716; MüKoBGB/*Grothe*, Band 1, § 199 BGB Rn. 29.

290 BAG vom 14.12.2010 – 1 ABR 19/10 = NZA 2011, 289.

291 BAG vom 13.3.2013 – 5 AZR 424/12 = NZA 2013, 785, 786 f.

gewesen, eine Zahlungsklage zu erheben.[292] Dies ergebe sich schon daraus, dass die deutschen Arbeitsgerichte seit 2003 nahezu ausnahmslos die Tariffähigkeit der CGZP anzweifelten.[293]

c. *Übertragbarkeit der CGZP-Rechtsprechung auf die Unwirksamkeit der AVE VTV*

Ob diese Entscheidung auf den Fall der Rückforderungsansprüche gegen die **169** SOKA-BAU nach den Beschlüssen zur Unwirksamkeit der AVEen VTV 2008 – 2014 übertragen werden kann, wird in der Literatur in Frage gestellt.[294] Gleich gelagert sind die beiden Fallkonstellationen zumindest in der Hinsicht, dass sowohl die Arbeitnehmer im Falle der CGZP wie auch die Arbeitgeber im Falle der AVE VTV regelmäßig von einer fehlerhaften rechtlichen Beurteilung ausgegangen sind und aus diesem Grund keine Kenntnis vom Bestehen und der Durchsetzbarkeit ihrer Ansprüche hatten.

Unterschiede bestehen aber wohl im Ausmaß des Vorwurfs, den man den Arbeitsvertragsparteien bezüglich ihrer fehlerhaften rechtlichen Beurteilung machen kann. Im Falle der CGZP führte das BAG in seiner Entscheidung explizit aus, dass die Tariffähigkeit der CGZP bereits seit 2003 durch die Arbeitsgerichte in Deutschland beinahe ausnahmslos angezweifelt wurde und verwies dabei auf eine Umfrage von Professor Dr. Peter Schüren.[295] Außerdem sei die Tariffähigkeit der CGZP auch im Schrifttum massiv angezweifelt worden.[296] Hinzukommen zwei Entscheidungen der Arbeitsgerichtsbarkeit, in dessen Rahmen bereits zu einem früheren Zeitpunkt die fehlende Tariffähigkeit der CGZP festgestellt wurde.[297] Aufgrund dieser Voraussetzungen hätte eine Zahlungsklage des Arbeitnehmers bereits vor der Entscheidung des BAG zur Tariffähigkeit der CGZP hohe Erfolgsaussichten gehabt und wäre dem Arbeitnehmer damit auch nicht unzumutbar gewesen.[298]

---

292 BAG vom 13.3.2013 – 5 AZR 424/12 = NZA 2013, 785, 787.

293 BAG vom 13.3.2013 – 5 AZR 424/12 = NZA 2013, 785, 787.

294 Eher ablehnend äußern sich *Bayreuther*, BT-Ausschussdrucksache 18(11)897, S. 57 f; *Greiner*, NZA 2017, 98, 102.

295 BAG vom 13.3.2013 – 5 AZR 424/12 = NZA 2013, 785, 787 unter Verweis auf *Schüren*, NZA 2007, 1213.

296 BAG vom 13.3.2013 – 5 AZR 424/12 = NZA 2013, 785, 787 m.w.N.

297 BAG vom 13.3.2013 – 5 AZR 424/12 = NZA 2013, 785, 787 unter Verweis auf ArbG Berlin vom 1.4.2009 - 35 BV 17008/08 = NZA 2009, 740; LAG Berlin-Brandenburg vom 7.12.2009 – 23 TaBV 1016/09 = BeckRS 2009, 74516.

298 Unproblematisch ist diese Entscheidung des BAG jedoch trotz allem nicht. So kann den Arbeitnehmern kaum vorgeworfen werden, dass sie die landesweiten Einschätzungen

Im Falle der AVE VTV gab es bisher keine einzige rechtskräftige Entscheidung, die die Unwirksamkeit einer AVE VTV festgestellt hat.[299] Die Beschlüsse des BAG im September 2016 stellten daher ein rechtliches Novum dar. Inhaltlich sind die Entscheidungen zwar gut vertretbar, vorhersehbar waren die Entscheidungen jedoch trotz allem nicht (siehe hierzu bereits Rn. 260). Auch die Möglichkeit der Außenseiter, sich bereits vor den Beschlüssen des BAG eine eigene fundierte Meinung zur Wirksamkeit der AVEen VTV zu machen, lag nur sehr eingeschränkt vor. Soweit man nicht selbst am jeweiligen AVE-Verfahren beteiligt war, konnte nur eine nachträgliche Anforderung der Akten beim BMAS Aufschluss über die ordnungsgemäße Beteiligung des Bundesministers und die korrekte Berechnung des 50-Prozent-Quorums geben. Hierfür wären dann auch Gebühren nach § 10 Abs. 1 Informationsfreiheitsgesetz (IFG) i.V.m. der Anlage zu § 1 Abs. 1 Informationsgebührenverordnung (IFGGebV) angefallen. Letztlich ergab auch erst die Entscheidung des BAG, welche Beteiligungsakte des Bundesministers noch als eine ausreichende „Befassung“ mit der AVE angesehen werden können. Soweit die AVEen VTV bereits in der Vergangenheit gerichtlich angegriffen werden, wurden vornehmlich andere Unwirksamkeitsgründe geltend gemacht, als sie jetzt zur Unwirksamkeit der AVEen VTV 2008 – 2014 geführt haben.[300]

III. Ergebnis

170 Sofern im Moment der Zahlung von Sozialkassenbeiträgen noch die AVE VTV 2006 bzw. die Tarifnormen des VTV 2005 zur Anwendung kamen (Fortgeltung und Nachwirkung), gilt für die Rückforderungsansprüche bezüglich dieser

---

der Arbeitsgerichte zur der Problematik der CGZP nicht kannten. Auch die zugrunde gelegte Umfrage ergab, dass die Verfahren, in dessen Rahmen die Tariffähigkeit der CGZP eine Rolle spielte, größtenteils verglichen wurden und das Statusverfahren nach § 97 Abs. 5 ArbGG dabei lediglich als Druckmittel der Arbeitnehmer diente, vgl. *Schüren*, NZA 2007, 1213. Eine nach außen hin erkennbare Entscheidungspraxis lag hingegen nicht vor. Auch die Entscheidung des BAG selbst ergab erst, welches Tatsachenmaterial für die Entscheidung über die fehlende Tariffähigkeit überhaupt maßgeblich ist. Eine dahingehende Erkundigungsobliegenheit für die Arbeitnehmer ist im Voraus dieser Entscheidung daher nur schwer zu bejahen, vgl. für eine umfassende Kritik an der Entscheidung des BAG *Greiner/Strippelmann*, EWiR 2013, 571, 572.

299 Auch Entscheidungen mit einer bloßen Inzidentprüfung der AVE VTV hatten dieses Ergebnis bisher nicht.

300 Wiederholt gerügt wurden Verstöße gegen die Koalitions-, Berufs- und Eigentumsfreiheit.

Beiträge die Verjährungsfrist von vier Jahren nach § 25 VTV 2005. Im Übrigen gilt die regelmäßige Verjährungsfrist von drei Jahren nach § 195 BGB.

Unabhängig von der einschlägigen Verjährungsregelung, hatten die potenziellen Gläubiger von Rückforderungsansprüchen aber erst mit den Beschlüssen des BAG vom 21. September 2016 Kenntnis von den den Anspruch begründenden Umständen i.S.v. § 199 Abs. 1 Nr. 2 BGB. Die Verjährungsfrist begann also frühestens mit dem Schluss des Jahres 2016 an zu laufen, so dass die Verjährungsfrist einer Rückforderung von Sozialkassenbeiträgen frühestens mit dem Ablauf des Jahres 2019 entgegensteht.

K. Ergebnisse zu § 4

Aufgrund des Wegfalls der AVEen VTV 2008 – 2014 als Rechtsgrundlage für die 171
Erhebung von Sozialkassenbeiträgen, stehen den Außenseitern grundsätzlich Rückforderungsansprüche bezüglich ihrer abgeführten Sozialkassenbeiträge zu.

Zusammenfassend muss aber festgestellt werden, dass nur maximal 40 % aller Arbeitsverhältnisse des Baugewerbes und die hierfür abgeführten Sozialkassenbeiträge einem potentiellen Rückforderungsanspruch der Arbeitgeber gegen die SOKA-BAU unterliegen und darüber hinaus die Fortgeltung und Nachwirkung der AVE VTV 2006 einem großen Teil dieser Rückforderungsansprüche entgegenstehen können. Der zeitliche Geltungsbereich der Nachwirkung ist dabei u.a. davon abhängig, welcher Rechtsansicht man folgt.

Auf eine Entreicherung nach § 818 Abs. 3 BGB kann sich die SOKA-BAU hingegen zu einem großen Teil nicht berufen. Bezüglich der Teil-Beiträge für die zusätzliche Altersversorge und das Berufsbildungsverfahren scheidet die Einwendung der Entreicherung bereits im Grundsatz aus. Bezüglich der Teil-Beiträge für das Urlaubsverfahren kommt es letztendlich auf den konkreten Einzelfall an, so dass keine seriöse Prognose erstellt werden kann. Hinzu kommt die Beweislast, die es der SOKA-BAU zusätzlich erschwert, sich erfolgreich auf die Einwendung der Entreicherung zu berufen.

Außerdem besteht eine nicht zu vernachlässigende Rechtsunsicherheit aufgrund der potentiellen Auswirkungen der Unwirksamkeit der AVEen *aller* Bau-Tarifverträge. Zwar wurde die Unwirksamkeit bisher nur in den Fällen der AVEen VTV 2008 – 2014 festgestellt. Aber auch alle anderen AVEen, die vor dem 16. August 2014 ergangen sind, leiden womöglich an den gleichen Mängeln.

Der genaue Umfang und die Werthaltigkeit der Rückforderungsansprüche lassen sich daher trotz umfänglicher Prüfung nicht bestimmen.

§ 5 Systematik und Regelungsgehalt des SokaSiG

Am 25. Mai 2017 ist das SokaSiG in Kraft getreten. Das Gesetz soll wieder eine Rechtsgrundlage für das Sozialkassenverfahren im Baugewerbe schaffen, nachdem die Rechtsgrundlage in Form der AVEen VTV 2008 – 2014 entfallen ist. 172

Im Folgenden werden die Systematik und der Regelungsgehalt des Gesetzes erläutert.

A. Entwurf des SokaSiG als Reaktion auf die Beschlüsse des BAG

Die Bundesregierung reagierte mit einer Geschwindigkeit auf die Beschlüsse des BAG, wie man sie sich bei anderen Gesetzgebungsverfahren nur erträumen kann. Bereits am 13. Dezember 2016 wurde der Gesetzesentwurf des SokaSiG durch die Fraktionen der CDU/CSU und SPD in den Bundestag eingebracht.[301] Am 26. Januar 2017 wurde das SokaSiG dann in dritter Lesung durch eine große Mehrheit der Bundestagsabgeordneten verabschiedet.[302] Am 24. Mai 2017 wurde das Gesetz schlussendlich im Bundesgesetzblatt verkündet[303], woraufhin es gemäß § 14 SokaSiG am Tag nach seiner Verkündung, also am 25. Mai 2017, in Kraft getreten ist. 173

Der politische Druck auf die Bundesregierung muss immens gewesen sein. Bereits nach dem Titel des Gesetzes geht es hier um nicht weniger als die Rettung des Sozialkassensystems einer ganzen Branche. Und diese Branche stellt noch immer eine Schlüsselbranche für die Bundesrepublik Deutschland dar. Im Jahr 2016 trug das Baugewerbe 4,8 % zur gesamtwirtschaftlichen Bruttowertschöpfung bei. Zudem wurden 9,9 % des Bruttoinlandsprodukts auf Bauinvestitionen verwendet. 5,6 % der gesamten Beschäftigung fand außerdem im Baugewerbe statt.[304]

---

301 BT-Drucksache 18/10631.

302 Vgl. BT-Plenarprotokoll 18/215, S. 21588A.

303 Vgl. Bundesgesetzblatt Teil I 2017 Nr. 29, 24.05.2017, S. 1210.

304 Hierzu die Informationen des Hauptverbands der Deutschen Bauindustrie e.V. unter http://www.bauindustrie.de/zahlen-fakten/bauwirtschaft-im-zahlenbild/bedeutung-der-bauwirtschaft_bwz/, zuletzt abgerufen am 30.10.2017.

Man kann sich daher vorstellen wie bereits Stunden nach der Entscheidung des BAG die Telefone der Abgeordneten des Bundestags heiß liefen. Und eine solche Reaktion der Vertreter der Bauindustrie wäre durchaus nachvollziehbar. Bereits im Beschluss des BAG vom 21. September 2016 wurde darauf hingewiesen, dass der Wegfall der AVE VTV als Rechtsgrundlage für die erhobenen Beiträge bei den betroffenen gemeinsamen Einrichtungen zu „negativen finanziellen Auswirkungen" führen könne.[305] Die Tatsache, dass das BAG auf diese finanziellen Auswirkungen nicht näher eingehen wollte und auch nicht konnte ist verständlich, da diese komplexe rechtliche Analyse den Rahmen des Beschlusses gesprengt hätte und zudem auch keine Rolle bei der Feststellung der Unwirksamkeit der AVE VTV gespielt hat.

B. In Bezug genommene Tarifverträge nach §§ 1 bis 8 SokaSiG

174 Das SokaSiG ordnet die bislang stets nach § 5 TVG für allgemeinverbindlich erklärten Tarifverträge des Baugewerbes mittels statischer Verweisung für alle Arbeitgeber des Geltungsbereichs als verbindlich an.[306] Auf diesem Wege schafft das Gesetz eine eigenständige Rechtsgrundlage für das Sozialkassenverfahren im Baugewerbe.

Inhaltlich handelt es sich beim SokaSiG um einen gesetzlichen Rundumschlag, da das SokaSiG nicht nur die Verfahrenstarifverträge des Sozialkassenverfahrens zum Gesetz macht, deren AVEen durch die Beschlüsse des BAG für unwirksam erklärt wurden, sondern auch die übrigen Tarifverträge, die das Sozialkassenverfahren des Baugewerbes inhaltlich ausgestalten (Bau-Tarifverträge). Damit wurde wohl der Gefahr entgegengewirkt, dass die AVEen dieser Tarifverträge an den gleichen Mängeln wie die AVEen VTV 2008 – 2014 kranken und lediglich zu einem späteren Zeitpunkt durch das BAG für unwirksam erklärt werden.[307] Diese Annahme wird auch durch eine Stellungnahme des BMAS gestützt, die der Autor dieser Arbeit als Antwort auf eine Anfrage per Email vom 20. Februar 2018 erhalten hat:

---

305 BAG vom 21.9.2016 – 10 ABR 33/15 = NZA-Beil. 2017, 12, Rn. 181b.

306 BT-Drucksache 18/10631, S. 3.

307 Diese Annahme äußerte bereits *Bayreuther* während des Gesetzgebungsverfahrens bzgl. sämtlicher nach der alten Fassung des § 5 TVG für allgemeinverbindlich erklärten Tarifverträgen in der Bauwirtschaft, vgl. BT-Drucksache 18(11)897, S. 37; diese Einschätzung teilt auch *Thüsing* „aufgrund der übereinstimmenden Sachlage im Zusammenhang mit den übrigen für allgemeinverbindlich erklärten Tarifverträgen ab 2006 […]", NZA-Beilage 2017, 3, 4.

> „Nach der jedenfalls bis zum Inkrafttreten des Tarifautonomiestärkungsgesetzes vom 11. August 2014 bestehenden Staats- und Verwaltungspraxis ist mit dem Erlass von Allgemeinverbindlicherklärungen die Leitung des Bundesministeriums für Arbeit und Soziales (BMAS) regelmäßig nicht befasst worden. Auch die Feststellung der Großen Zahl orientierte sich in den Verfahren zur Allgemeinverbindlicherklärung für die Tarifverträge des Baugewerbes an dem Geltungsbereich des jeweiligen Tarifvertrags unter Berücksichtigung der beantragten Einschränkungen. Das SokaSiG enthält daher auch Tarifverträge des Baugewerbes, zu deren Allgemeinverbindlicherklärung keine gerichtliche Entscheidung nach § 98 des Arbeitsgerichtsgesetzes vorliegt."[308]

Bei den in Bezug genommenen Tarifverträgen des SokaSiG handelt es sich um

- die Tarifverträge über die Berufsbildung im Baugewerbe (BBTV) nach § 1 SokaSiG (ausgenommen der Vorschriften, die ausschließlich Auszubildende betreffen und damit nicht Grundlage des Sozialkassenverfahrens sind),
- die Tarifverträge über eine zusätzliche Altersversorgung im Baugewerbe (TZA Bau) sowie deren Vorgänger – die Tarifverträge über Rentenbeihilfen im Baugewerbe (TVR) nach § 2 SokaSiG,
- die Bundesrahmentarifverträge für das Baugewerbe (BRTV) nach § 3 SokaSiG, wobei ausschließlich die Urlaubsregelungen und eine zwingende Voraussetzung für die Winterbeschäftigungsumlage in § 11 Nr. 1 BRTV (zuvor in § 12 Nr. 2 BRTV) für verbindlich erklärt werden,
- die Tarifverträge Urlaubsregelung für die gewerblichen Arbeitnehmer im Baugewerbe in Bayern nach § 4 SokaSiG,
- den Tarifvertrag über das Verfahren für die Berufsbildung im Berliner Baugewerbe (Verfahrenstarifvertrag Berufsbildung Berlin) nach § 5 SokaSiG,
- den Tarifvertrag über Sozialaufwandserstattung im Berliner Baugewerbe – gewerbliche Arbeitnehmer – nach § 6 SokaSiG,
- die Tarifverträge über das Sozialkassenverfahren im Baugewerbe (VTV) nach § 7 SokaSiG,
- und den Tarifvertrag über zusätzliche Angaben im arbeitnehmerbezogenen Meldeverfahren im Berliner Baugewerbe (TV ZABB) nach § 8 SokaSiG.

Dabei wird für jeden Zeitabschnitt seit dem 1. Januar 2006 auf die zum jeweiligen Zeitabschnitt geltende Fassung der Tarifverträge verwiesen, die dem Gesetz allesamt als Anlage beiliegen. Das Gesetz läuft damit vollständig kongruent mit den aktuellen und vergangenen allgemeinverbindlichen Tarifverträgen, so dass

308 Stellungnahme des BMAS in einer Email vom 23. Februar 2018, Hervorhebungen durch den Autor.

sich inhaltlich keinerlei Abweichungen von der Rechtslage ergeben, die bei der Wirksamkeit der jeweiligen AVE bestanden hätte.

C. Anwendung auf das Entsendeverfahren

175 Die in Bezug genommenen tarifvertraglichen Urlaubsregelungen für das Baugewerbe aus § 3 Abs. 1 – 7 SokaSiG gelten nach § 3 Abs. 8 SokaSiG auch für Arbeitsverhältnisse zwischen einem im Ausland ansässigen Arbeitgeber und seinen im Inland beschäftigten Arbeitnehmern, soweit sie Mindestentgeltsätze im Sinne des § 5 S. 1 Nr. 1 AEntG oder die in § 5 S. 1 Nr. 2 bzw. Nr. 3 AEntG genannten Urlaubsregelungen und -verfahren zum Gegenstand haben. Hierdurch wird die zwingende Wirkung des Urlaubskassenverfahrens auf nach Deutschland entsendete Arbeitnehmer und auf deren im Ausland ansässige Arbeitgeber hergestellt, die nach dem AEntG grundsätzlich nur für Regelungen aus einem Tarifvertrag besteht, der als Tarifvertrag nach § 4 Abs. 1 Nr. 1 AEntG für allgemeinverbindlich erklärt worden ist oder für den eine Rechtsverordnung nach § 7 oder § 7a vorliegt. Hierdurch wird die Rechtslage hergestellt, die bei Wirksamkeit der AVEen VTV 2008 - 2014 bestanden hätte.

Gleiches gilt für die tarifvertraglichen Regelungen zum Sozialkassenverfahren aus § 7 Abs. 1 - 10 SokaSiG, die durch § 7 Abs. 11 SokaSiG auf Arbeitsverhältnisse zwischen einem im Ausland ansässigen Arbeitgeber und seinen im Inland beschäftigten Arbeitnehmern erstreckt werden, soweit die Regelungen die Einziehung von Beiträgen und die Gewährung von Leistungen im Zusammenhang mit Urlaubsansprüchen betreffen.

D. Verhältnis des SokaSiG zur AVE

176 Im Falle der AVEen, die bisher nicht für unwirksam erklärt wurden[309], besteht ab Wirkung des SokaSiG sogar eine doppelte Regelung. Das SokaSiG tritt hier neben die bestehenden allgemeinverbindlichen Tarifverträge, wobei § 13 SokaSiG explizit klarstellt, dass die Allgemeinverbindlichkeit tarifvertraglicher Rechtsnormen vom SokaSiG unberührt bleibt und das SokaSiG in diesen Fällen lediglich als alternative Rechtsgrundlage dient.[310]

309 Dies betrifft alle AVEen der Bau-Tarifverträge ausschließlich der AVEen VTV 2008 - 2014.

310 BT-Drucksache 18/10631, S. 653.

E. Geltung der Tarifnormen

Gemäß § 11 SokaSiG gelten die durch §§ 1 – 8 SokaSiG in Bezug genommenen Tarifverträge unabhängig von ihrem wirksamen Abschluss. Der Gesetzgeber wollte damit eine möglichst unumstößliche Wirkung der tariflichen Regelungen erreichen, ohne dass bspw. Mängel der Tariffähigkeit der Tarifvertragsparteien einer Geltung des SokaSiG entgegenstehen könnten. Nicht allzu lange ist es her, dass man die umfangreichen Folgen der fehlenden Tariffähigkeit der CGZP in Form der Unwirksamkeit aller mit der CGZP abgeschlossenen Tarifverträge miterlebt hat.[311] **177**

F. Beteiligte Sozialkassen in den Ländern Bayern und Berlin

Für Betriebe mit Sitz im Freistaat Bayern erbringt die Gemeinnützige Urlaubskasse des Bayerischen Baugewerbes e.V. (UKB) mit Sitz in München anstelle der ULAK die Leistungen im Urlaubsverfahren und hat gegenüber den Betrieben Anspruch auf den zur Finanzierung des Urlaubsverfahrens festgesetzten Beitrag.[312] Nach § 4 SokaSiG war daher eine Verweisung auf die Tarifverträge Urlaubsregelung für die gewerblichen Arbeitnehmer im Baugewerbe in Bayern notwendig. **178**

Für Betriebe mit Sitz im Land Berlin erbringt die Sozialkasse des Berliner Baugewerbes (Soka-Berlin) anstelle der ULAK die Leistungen im Berufsbildungsverfahren und hat gegenüber den Betrieben Anspruch auf den zur Finanzierung des Berufsbildungsverfahrens festgesetzten Beitrag.[313] § 5 SokaSiG verweist daher auf den Tarifvertrag über das Verfahren für die Berufsbildung im Berliner Baugewerbe (Verfahrenstarifvertrag Berufsbildung Berlin).

Die Soka-Berlin erstattet dem Arbeitgeber neben ausgezahlten Urlaubsvergütungen und Lohnausgleichsbeträgen außerdem einen Zuschlag als Ausgleich für die vom Arbeitgeber zu leistenden Sozialaufwendungen. Dieser Zuschlag richtet sich nach dem in § 6 SokaSiG in Bezug genommenen Tarifvertrag über Sozialaufwandserstattung im Berliner Baugewerbe – gewerbliche Arbeitnehmer –. Im Berliner Baugewerbe haben die Arbeitgeber darüber hinaus zusätzliche Angaben im arbeitnehmerbezogenen Meldeverfahren zu machen. Hierfür wird in § 8

311 Bei der CGZP handelt es sich um die „Tarifgemeinschaft Christlicher Gewerkschaften für Zeitarbeit und Personal-Service-Agenturen“, deren fehlende Tariffähigkeit erstmals durch Beschluss des BAG vom 14. Dezember 2010 festgestellt wurde.

312 BT-Drucksache 18/10631, S. 651.

313 BT-Drucksache 18/10631, S. 651.

SokaSiG auf den Tarifvertrag über zusätzliche Angaben im arbeitnehmerbezogenen Meldeverfahren im Berliner Baugewerbe (TV ZABB) Bezug genommen.

G. Geltungsbereich

I. Betrieblicher Geltungsbereich

179 Um mit dem SokaSiG die gleichen Betriebe zu erfassen, wie es die AVEen der Tarifverträge des Baugewerbes einst taten bzw. immer noch tun, wird in § 10 Abs. 1 SokaSiG auf die sog. „Große Einschränkungsklausel“ Bezug genommen. Durch diese Klausel soll eine Überschneidung des Baugewerbes mit angrenzenden Branchen verhindert und Mitgliedsbetriebe baunaher Verbände vor der Inanspruchnahme durch die SOKA-BAU geschützt werden. Der Geltungsbereich der AVEen wird hierdurch gegenüber dem Geltungsbereich der Tarifverträge zusätzlich eingeschränkt. Die AVEen der Tarifverträge des Baugewerbes werden grundsätzlich mit der Großen Einschränkungsklausel erlassen.[314]

II. Zeitlicher Geltungsbereich

180 Das SokaSiG wirkt rückwirkend ab dem 1. Januar 2006 und verweist von diesem Zeitpunkt an statisch auf die Tarifverträge in §§ 1 – 8 SokaSiG.[315] Künftige tarifvertragliche Vereinbarungen bezieht es damit nicht ein. Die Wahl des 1. Januars 2006 findet seine Begründung vorwiegend in der zehnjährigen Höchstverjährungsfrist des § 199 Abs. 4 BGB, da hierdurch alle bereicherungsrechtlichen Ansprüche für davor liegende Zeiträume in der Regel verjährt sind und damit für diese Zeiträume keine nachträgliche Rechtsgrundlage mehr notwendig ist.[316]

Ein festes Ende der Geltung des SokaSiG ist nicht vorgesehen. Der zuletzt geltende Tarifvertrag gilt jeweils „bis zur Beendigung des Tarifvertrags“, siehe bspw. § 2 Abs. 1 SokaSiG für den Fall des TZA Bau. Die genannte „Beendigung“ wird in § 9 SokaSiG legaldefiniert und liegt demnach vor, wenn der Tarifvertrag gekündigt, aufgehoben, geändert oder durch einen anderen Tarifvertrag ganz oder teilweise ersetzt wird. Das Gesetz hat daher nur vorübergehenden

---

314 Siehe bspw. die AVE des Tarifvertrags über das Sozialkassenverfahren im Baugewerbe (VTV) vom 3. Mai 2013, BAnz AT 04.11.2013 B2.

315 Lediglich die Rechtsnormen des Tarifvertrags über zusätzliche Angaben im arbeitnehmerbezogenen Meldeverfahren im Berliner Baugewerbe gelten gem. § 8 SokaSiG erst ab dem 1. Januar 2007.

316 BT-Drucksache 18/10631, S. 649.

Charakter. In Zukunft soll das Sozialkassenverfahren des Baugewerbes wieder durch die AVEen der Tarifverträge geregelt werden.

H. Zivilrechtliche Durchsetzung

Nach § 12 SokaSiG findet auf die Verpflichtung zur Zahlung von Beiträgen zum **181**
Urlaubskassenverfahren an die ULAK der Abschnitt 5 des AEntG entsprechende Anwendung. Damit findet zum einen die verschuldensunabhängige Generalunternehmerhaftung aus § 14 AEntG Anwendung, wodurch der Auftraggeber von Dienst- und Werkleistungen für offene Beiträge zum Urlaubskassenverfahren seiner Nachunternehmen wie ein Bürge haftet. Zum anderen wird durch § 15 AEntG ein inländischer Gerichtsstand begründet, wodurch die ULAK etwaige Klagen auf Beitragszahlung zum Urlaubskassenverfahren auch für nach Deutschland entsendete Arbeitnehmer mit im Ausland ansässigen Arbeitgebern stets vor einem deutschen Gericht für Arbeitssachen erheben kann. Notwendig war dieser Verweis auf das AEntG, da der Abschnitt 5 des AEntG unmittelbar nur auf Ansprüche anwendbar ist, die sich aus einem allgemeinverbindlichen Tarifvertrag im Sinne von § 4 Abs. 1 Nr. 1, § 5 Nr. 3 und § 6 Abs. 2 AEntG ergeben. Die zivilrechtliche Durchsetzung des SokaSiG wird damit der zivilrechtlichen Durchsetzung von allgemeinverbindlichen Tarifverträgen gleichgestellt.[317]

317 *Klein*, BT-Ausschussdrucksache 18(11)895, S. 43, 47.

§ 6 Verfassungsmäßigkeit des SokaSiG

Das SokaSiG wirft eine Vielzahl an verfassungsrechtlichen Fragen auf. Diese Fragen waren daher auch bereits das Thema zahlreicher juristischer Fachbeiträge.[318] Bezüglich der verschiedenen verfassungsrechtlichen Fragen kann eine grobe Unterteilung in die folgenden Bereiche erfolgen: 182

- potentielle Verstöße gegen verfassungsrechtliche Grundsätze (Rn. 188 ff.)
- potentielle Verstöße gegen das Rückwirkungsverbot (Rn. 212 ff.),
- potentielle Verstöße gegen die Koalitionsfreiheit der Außenseiter aufgrund der „Zwangsteilnahme" am Sozialkassenverfahren (Rn. 299 ff.),
- potentielle Verstöße gegen die kollektive Koalitionsfreiheit der Tarifvertragsparteien aufgrund eines Eingriffs in deren Tarifautonomie (Rn. 320 ff.),
- potentielle Grundrechtsverstöße aufgrund der Ausbildungsumlage für Solo-Selbstständige (Rn. 330 ff.).

A. Verfassungsrechtlicher Prüfungsmaßstab

Klärungsbedürftig ist zunächst, welcher Prüfungsmaßstab bei der verfassungsrechtlichen Kontrolle des SokaSiG zur Anwendung kommt. Denn ein nicht unbeachtlicher Teil der verfassungsrechtlichen Problemfelder des SokaSiG bestand in ähnlichem Maße bereits im Falle des VTV und der AVE VTV und war dadurch bereits Inhalt zahlreicher Gerichtsentscheidungen des BAG und des BVerfG (so bspw. die „Zwangsteilnahme" am Sozialkassenverfahren, siehe Rn. 299 ff). Ob die Ergebnisse dieser Entscheidungen in verfassungsrechtlichen Fragen aber auf das SokaSiG übertragen werden können, hängt zunächst davon ab, ob bei der Prüfung von VTV, AVE VTV und SokaSiG der gleiche verfassungsrechtliche Prüfungsmaßstab zur Anwendung kommt. 183

Indem das SokaSiG eine Vielzahl von Tarifverträgen zum Gesetz geklärt, handelt es sich um ein Novum im Bereich der Gesetzgebung. Im Regelfall kommen Tarifverträge entweder aufgrund der beiderseitigen Tarifgebundenheit von Arbeitgeber und Arbeitnehmer oder kraft Allgemeinverbindlichkeit nach § 5 Abs. 4 TVG bzw. kraft Rechtsverordnung nach dem AEntG zur Anwendung. Eine Anwendung kraft Bundesgesetzes ist durch den Gesetzgeber hingegen

---

318 *Berndt*, DStR 2017, 1166; *Biedermann*, BB 2017, 1333; *Engels*, NZA 2017, 680; *Klein*, AuR 2017, 48; *Thüsing*, NZA-Beil. 2017, 3.

nicht ausdrücklich vorgesehen. Nun ist die Wirkung der Grundrechte auf Tarifverträge bereits in den gesetzlich vorgesehenen Fällen der Tarifanwendung ein weit diskutiertes Feld in der juristischen Fachliteratur. Inwieweit die dort diskutierten Grundsätze auf die Bewertung grundrechtlicher Probleme innerhalb des SokaSiG übertragen werden können, soll hier zunächst dargestellt werden.

I. Vergleich mit der Grundrechtsbindung von Tarifverträgen und AVEen

1. Grundrechtsbindung von Tarifnormen

184 Die Tarifparteien bewegen sich bei der Tarifnormsetzung innerhalb ihrer nach Art. 9 Abs. 3 GG gewährleisteten Koalitionsfreiheit. Gleichzeitig greifen Tarifverträge aber (zwangsläufig) in die Grundrechte der Tarifunterworfenen ein, insbesondere in die Freiheit der Berufsausübung nach Art. 12 Abs. 1 GG. Das Verhältnis dieser beiden Grundrechtspositionen zueinander ist bereits lange umstritten und im Vordergrund steht immer wieder die Frage, inwieweit die Tarifparteien bei der Tarifnormsetzung an die Grundrechte gebunden sind.

In seiner früheren Rechtsprechung ist das BAG noch von einer *unmittelbaren* Grundrechtsbindung der Tarifparteien ausgegangen, da die Tarifnormsetzung als Teil der „Gesetzgebung" im Sinne von Art. 1 Abs. 3 GG betrachtet wurde.[319] Im Ergebnis bedeutete dies eine strikte Anwendung des Grundsatzes der Verhältnismäßigkeit, so dass jede Maßnahme der Tarifparteien, die in Grundrechte der Tarifunterworfenen eingegriffen hat, einen legitimen Zweck verfolgen, geeignet, erforderlich und angemessen sein musste. Es herrschte das sog. „Übermaßverbot".[320] Dieser Ansatz zur unmittelbaren Grundrechtsbindung über Art. 1 Abs. 3 GG wird in der Literatur zu Recht abgelehnt, da es sich bei den Tarifparteien um keinen staatsvertretenden Gesetzgeber handelt.[321] Die Tarifparteien üben keine delegierte Hoheitsgewalt, sondern ihre grundrechtlich gewährleistete Tarifautonomie aus.

Auch das BAG hat seine frühere Rechtsprechung inzwischen aufgegeben und geht jetzt in einem Großteil der Entscheidungen von einer Grundrechtsbindung

319 Das BAG vertritt hier die sog. „Delegationstheorie", wonach es sich bei der Tarifnormsetzung um abgeleitete Staatsgewalt handeln soll, vgl. BAG vom 15.1.1955 - 1 AZR 305/54 = NJW 1955, 684.

320 *Gornik*, NZA 2012, 1399, 1400.

321 KeZa/*Kempen*, Grundlagen Rn. 265 f; *Löwisch/Rieble*, § 1 TVG Rn. 663; Däubler/*Ulber*, Einleitung Rn. 244; Wiedemann/*Wiedemann*, Einleitung Rn. 184.

aus, die *mittelbar* auf der Schutzfunktion der Grundrechte beruht.[322] Aufgrund der Schutzpflichtfunktion der Grundrechte ist der Staat dazu verpflichtet, den einzelnen Grundrechtsträger vor einer unverhältnismäßigen Beschränkung seiner Freiheitsrechte und einer gleichheitswidrigen Regelbildung durch die privatautonom legitimierte Normsetzung der Tarifparteien zu bewahren. Es herrscht das sog. „Untermaßverbot", d.h. ein gewisses Schutzminium darf nicht unterschritten werden.[323] Dabei können den Tarifvertragsparteien aber „wegen der fehlenden unmittelbaren Grundrechtsbindung Regelungen erlaubt sein, die dem Gesetzgeber verwehrt sind"[324].

Insgesamt ist die Rechtsprechung der verschiedenen Senate des BAG allerdings uneinheitlich.[325] Der Prüfungsmaßstab für Grundrechtsverstöße schwankt je nach konkreter Fallkonstellation und nach betroffenem Grundrecht. Und auch Spuren der *unmittelbaren* Grundrechtsbindung lassen sich noch finden. So muss laut dem 6. Senat zumindest im Rahmen von Art. 3 Abs. 1 GG ein einheitlicher Prüfungsmaßstab gelten – unabhängig davon, ob die Ungleichbehandlung auf einer tarifvertraglichen Regelbildung oder auf einem staatlichen Handeln beruht.[326] Teilweise hat das BAG auch einfach offen gelassen, welche Grundrechtsbindung für die Tarifparteien allgemein gilt, da jedenfalls bezüglich des Prüfungsmaßstabs im Rahmen von Art. 3 Abs. 1 GG ohnehin kein Unterschied bestehe.[327] Das BVerfG hat es bisher ebenfalls offengelassen, welche Form der Grundrechtsbindung für Tarifparteien gilt.[328] **185**

Auf eine einheitliche Linie aus Erfurt und Karlsruhe wartet man demnach bis heute. Festzuhalten bleibt an dieser Stelle aber, dass die Senate des BAG bei der Prüfung von Tarifnormen unterschiedliche Prüfungsmaßstäbe in Bezug auf Grundrechtsverstöße anwenden und dabei oftmals auch Regelungen für zulässig erachten, die der Gesetzgeber aufgrund seiner unmittelbaren Grundrechtsbindung nicht erlassen dürfte.

---

322 BAG vom 27.5.2004 - 6 AZR 129/03 = NZA 2004, 1399.

323 *Gornik*, NZA 2012, 1399, 1400.

324 BAG vom 7.6.2006 - 4 AZR 316/05 = NZA 2007, 343, 345.

325 Vgl. hierzu Däubler/*Ulber*, Einleitung Rn. 211 ff.

326 BAG vom 27.5.2004 - 6 AZR 129/03 = NZA 2004, 1399; BAG vom 18.3.2010 - 6 AZR 156/09 = NZA 2010, 824, 830; ablehnend wiederum der 4. Senat, der für die Tarifparteien lediglich eine „Willkürgrenze" sieht, BAG vom 30.8.2000 - 4 AZR 563/99 = NZA 2001, 613.

327 BAG vom 12.10.2004 - 3 AZR 571/03 = NZA 2005, 1127, 1129.

328 BVerfG vom 30.05.1990 - 1 BvL 2/83 = BVerfGE 82, 126; BVerfG vom 22.2.1994 - 1 BvL 21/85, 1 BvL 4/92 = BVerfGE 90, 46.

2. *Grundrechtsbindung von allgemeinverbindlichen Tarifnormen*

186 Im Falle von allgemeinverbindlichen Tarifnormen gestaltet sich die Antwort auf die Frage der Grundrechtsbindung wesentlich unkomplizierter. Bei der AVE handelt es sich gemäß der ständigen Rechtsprechung des BVerfG um einen Rechtssetzungsakt eigener Art zwischen autonomer Regelung und staatlicher Rechtssetzung, der seine eigenständige Grundlage in Art. 9 Abs. 3 GG findet.[329]

Unabhängig davon, dass es sich bei Tarifnormen stets um privatrechtliche Normen handelt, stellt die AVE damit eine vom Staat bestimmte Rechtssetzung der Exekutive dar, d.h. der Geltungsbefehl bzgl. den Tarifnormen geht vom Staat aus.[330] Es handelt sich somit um Gesetzgebung im materiellen Sinn, die der *unmittelbaren* Bindung an die Grundrechte nach Art. 1 Abs. 3 GG unterliegt.[331] Es gilt das Übermaßverbot (siehe hierzu bereits Rn. 184). Die Diskussion um die Grundrechtsbindung der Tarifparteien spielt hier keine Rolle.

Es gelten demnach unterschiedliche Prüfungsmaßstäbe für einen Tarifvertrag – abhängig davon ob die Tarifnormen kraft Mitgliedschaft nach §§ 3 Abs. 1, 4 Abs. 1 TVG oder kraft AVE nach § 5 Abs. 4 TVG zur Anwendung kommen. Im Ergebnis kann dies u.U. bedeuten, dass ein allgemeinverbindlicher Tarifvertrag einer gerichtlichen Überprüfung auf Grundrechtsverstöße *in Bezug auf die Außenseiter* aufgrund eines Verstoßes gegen das Übermaßverbot nicht standhält und die AVE für unwirksam erklärt werden muss, während der gleiche Tarifvertrag für die kraft Mitgliedschaft gebundenen Arbeitsvertragsparteien weiterhin gilt.[332] Hingegen hat ein grundrechtswidriger Tarifvertrag zwangsläufig auch eine grundrechtswidrige AVE zur Folge.

II. Sonderfall: Gesetz mit dem Inhalt eines Tarifvertrages und der Wirkung einer AVE

187 Als Gesetzgebungsakt i.S.v. Art. 1 Abs. 3 GG unterliegt das SokaSiG der *unmittelbaren* Grundrechtsbindung. Es gilt demnach das sog. Übermaßverbot, d.h. jede Regelung des Gesetzes, die in Grundrechte der Normadressaten eingreift, muss einen legitimen Zweck verfolgen, geeignet, erforderlich und angemessen sein. Damit herrscht im Grundsatz der gleiche Prüfungsmaßstab wie bereits

329 BVerfG vom 24.5.1977 – 2 BvL 11/74 = BVerfGE 44, 322, 340; BVerfG vom 15.7.1980 – 1 BvR 24/74 und 439/79 = BVerfGE 55, 7, 20.

330 BVerfG vom 24.5.1977 – 2 BvL 11/74 = BVerfGE 44, 322, 343 ff;

331 BVerfG vom 15.7.1980 – 1 BvR 24/74 und 439/79 = BVerfGE 55, 7, 21.

332 Vgl. zu dieser „Spaltung“ in der Geltung eines allgemeinverbindlichen Tarifvertrags auch Däubler/*Lakies*, § 5 TVG Rn. 53; Däubler/*Ulber*, Einleitung Rn. 312 f.

für eine AVE. Soweit also in der Vergangenheit bereits höchstrichterlich festgestellt wurde, dass die AVE VTV gegen Grundrechte verstößt bzw. nicht verstößt, dürfte sich dieses Ergebnis auch bei einer Überprüfung des SokaSiG nicht ändern.[333]

Unterschiede bestehen jedoch in Bereichen, an denen das SokaSiG eine andere Wirkung als die AVE VTV entfaltet und damit nicht mehr mit der AVE VTV vergleichbar ist (so bspw. im Fall der Verdrängungswirkung, siehe Rn. 276). Auch die Koalitionsfreiheit nach Art. 9 Abs. 3 GG kommt als Rechtfertigungsgrund für etwaige Grundrechtseingriffe durch Tarifnormen nicht mehr in Betracht, da sich der Staat (im Gegensatz zu den Tarifparteien) nicht auf die Koalitionsfreiheit berufen kann.[334]

Unterschiede im Prüfungsmaßstab bestehen außerdem im Vergleich zur Grundrechtsbindung von Tarifverträgen, da den Tarifparteien hier mehr Gestaltungsfreiheit zugestanden wird und auch Regelungen für zulässig erachtet werden können, die der Gesetzgeber in einem Gesetz wie dem SokaSiG nicht erlassen dürfte. Gerichtliche Entscheidungen über Grundrechtseingriffe durch den VTV sind daher nur beschränkt auf das SokaSiG übertragbar.

B. Verfassungsrechtliche Grundsätze

Der Erlass des SokaSiG führt zu Reibungspunkten mit gleich mehreren ver- **188**
fassungsrechtlichen Grundsätzen. Die Grundsätze der deutschen Verfassung sind in Art. 20 GG niedergelegt und enthalten Grundwertentscheidungen, die durch die Ewigkeitsklausel in Art. 79 Abs. 3 GG vor gesetzlichen Änderungen geschützt sind. Es handelt sich dabei um eine konzentrierte Zusammenfassung wesentlicher Aussagen über die Strukturprinzipien der Verfassung.[335] Im Einzelnen sind das die Wesensmerkmale von Republik, Demokratie, Sozial-, Bundes- und Rechtsstaatlichkeit.

I. Verbot des Einzelfallgesetzes nach Art. 19 Abs. 1 S. 1 GG

Das SokaSiG könnte zunächst gegen das Verbot des Einzelfallgesetzes nach Art. **189**
19 Abs. 1. S. 1 GG verstoßen.

---

333 Man mag hier im Ergebnis auch *Thüsing* zustimmen, nach dessen Ansicht die Grundrechtskontrolle in Bereichen in denen der Staat „alleine handelt“ (formelles Gesetz) noch dichter sein muss, als in den Bereichen, in denen der Staat lediglich „mitwirkt“ (AVE), vgl. NZA-Beil. 2017, 3, 9.

334 So auch *Thüsing* zum geänderten Prüfungsmaßstab, vgl. NZA-Beil. 2017, 3, 9.

335 Dreier/*Dreier*, Band II, Art. 20 GG (Einführung) Rn. 1.

1. *Zielsetzung des Einzelfallgesetzverbots*

190 Nach Art. 19 Abs. 1 S. 1 GG muss ein grundrechtseinschränkendes Gesetz allgemein und nicht nur für den Einzelfall gelten. Es handelt sich hierbei um eine Konkretisierung des allgemeinen Gleichheitssatzes, wonach es dem Gesetzgeber verboten ist, „aus einer Reihe gleichartiger Sachverhalte willkürlich einen Fall herauszugreifen und zum Gegenstand einer Ausnahmeregelung zu machen“[336]. Neben solchen *Einzelfallgesetzen* soll Art. 19 Abs. 1 S. 1 GG insbesondere auch das *Einzelpersonengesetz* verhindern, d.h. ein Gesetz, das den oder die Adressaten auf Grund der Textfassung des Gesetzes bestimmt oder bestimmbar macht.[337]

2. *Regelung eines Einzelfalls durch das SokaSiG*

191 Das SokaSiG regelt das Sozialkassenverfahren für eine ganz bestimmte Gruppe an Bürgern – die Arbeitgeber und Arbeitnehmer der Baubranche. Andere Arbeitnehmergruppen der Bevölkerung kommen hingegen nicht in den Genuss der tariflichen Leistungen und andere Arbeitgebergruppen unterstehen gleichermaßen nicht der Pflicht zur Beitragszahlung an die SOKA-BAU. Unabhängig davon, ob man die Zwangsteilnahme am Sozialkassenverfahren positiv oder negativ bewertet, wird hier gezielt das Arbeitsverhältnis in der *Baubranche* durch den Gesetzgeber geregelt und damit auch ein bestimmbarer Personenkreis adressiert.

3. *Stellungnahme*

a. *Einzelfallgesetz*

192 Auf den ersten Blick regelt das SokaSiG einen einzelnen Fall – das Sozialkassenverfahren des Baugewerbes. Wenngleich man das Sozialkassenverfahren des Baugewerbes tatsächlich als einen *einzelnen Fall* ansehen kann, stecken hinter diesem einzelnen Fall aber zahlreiche, unterschiedliche Sachverhalte.

Durch das Gesetz werden die Rechtsbeziehungen zwischen mehreren gemeinsamen Einrichtungen und allen Arbeitsvertragsparteien, die unter den Geltungsbereich der Tarifverträge fallen, geregelt.[338] Es handelt sich damit um eine abstrakt-generelle Regelung mit einer Vielzahl von Anwendungsfällen,

---

336 BVerfG vom 7.5.1969 – 2 BvL 15/67 = BVerfGE 25, 371, 399.

337 *Stern*, Staatsrecht, Band III/2, S. 738 f. m.w.N.

338 Hinzu kommen außerdem noch die Rechtsbeziehungen zu den anspruchsberechtigten Rentnerinnen und Rentnern, sowie zu deren Hinterbliebenen und zu den Ausbildungszentren des Baugewerbes.

deren tatsächliches Ausmaß sich nicht genau übersehen lässt. Aufgrund der andauernden Wirkung des SokaSiG werden außerdem auch zukünftige Sachverhalte erfasst.[339] Ein genereller Rechtssatz, der nicht nur einen einmaligen Eintritt der vorgesehenen Rechtsfolge ermöglicht, stellt jedoch kein Einzelfallgesetz dar.[340] Dabei ist auch unerheblich, dass das SokaSiG in Folge der Beschlüsse des BAG und damit als Konsequenz einer bestimmten historischen Problemlage ergangen ist (sog. „Maßnahmengesetz"[341]). Maßnahmengesetze sind als solche nicht unzulässig und damit verfassungsrechtlich irrelevant.[342]

Des Weiteren ist auch die Regelung eines Einzelfalls zulässig, „wenn der Sachverhalt so beschaffen ist, dass es nur einen Fall dieser Art gibt und die Regelung dieses singulären Sachverhalts von sachlichen Gründen getragen wird"[343]. Im Falle des SokaSiG gaben die Beschlüsse des BAG vom September 2016 konkreten Anlass und einen sachlichen Grund dazu, das Sozialkassenverfahren des Baugewerbes gesetzlich zu regeln. Da die Beschlüsse des BAG auch nur bezüglich der für allgemeinverbindlich erklärten Tarifverträge des Baugewerbes ergingen, war – zumindest vorerst – auch nur das Baugewerbe von der Rechtsprechung des BAG betroffen und die Sonderbehandlung dieser einzelnen Wirtschaftsbranche damit ebenfalls aus sachlichen Gründen gerechtfertigt.[344]

b. *Einzelpersonengesetz*

Hinsichtlich seines Adressatenkreises richtet sich das SokaSiG ausschließlich an die Arbeitgeber und Arbeitnehmer des Baugewerbes, der Personenkreis ist also durch das Gesetz bestimmt oder zumindest anhand des Gesetzestextes bestimmbar. Dennoch handelt es sich dabei nicht um einen *abschließend* bestimmten Adressatenkreis. Bereits im Hinblick auf die Vergangenheit ist keinesfalls abschließend feststellbar, welche Betriebe tatsächlich vom Geltungsbereich der Tarifverträge und damit vom Geltungsbereich des SokaSiG erfasst werden. Dieser Umstand ist allem voran der komplizierten (und nicht unumstrittenen) Großen Einschränkungsklausel zu verdanken, die immer wieder 193

339 Die aktuellen Bau-Tarifverträge gelten gemäß der gesetzlichen Anordnung des SokaSiG bis zu ihrer Beendigung i.S.v. § 9 SokaSiG fort.

340 BVerfG vom 29.11.1961 – 1 BvR 148/57 = BVerfGE 13, 225, 229; BVerfG vom 7.5.1969 – 2 BvL 15/67 = BVerfGE 25, 371, 396.

341 Sachs/*Sachs*, Art. 19 GG Rn. 22.

342 BVerfG vom 29.11.1961 – 1 BvR 148/57 = BVerfGE 13, 225, 229; BVerfG vom 7.5.1969 – 2 BvL 15/67 = BVerfGE 25, 371, 396.

343 BVerfG vom 11.7.2013 – 2 BvR 2302/11, 1279/12 = BVerfGE 134, 33, 88.

344 So auch LAG Hessen vom 2.6.2017 – 10 Sa 907/16 = NZA-RR 2017, 485, 495.

Einzelfallprüfungen erforderlich macht. Aber auch sofern die Anwendungsfälle zumindest für einen bestimmten Zeitraum absehbar sind, entfällt hierdurch nicht der allgemeine Charakter einer unbefristeten Norm.[345]

Im Hinblick auf die Zukunft ist die Zahl der Anwendungsfälle völlig offen, da es aufgrund der ständigen Schließungen und Neugründungen von Baubetrieben einen ständig wechselnden Adressatenkreis zum SokaSiG gibt, der anhand der Regelungen zum Geltungsbereich der Tarifverträge und der Großen Einschränkungsklausel abstrakt-generell bestimmt wird. Zwar besteht hier stets ein konkreter Bezug zur Position der Adressaten als Arbeitgeber oder Arbeitnehmer des Baugewerbes. Bei einem konkreten Bezug muss ein Gesetz aber trotzdem noch als *allgemein* angesehen werden, wenn die gesetzliche (Zwangs-)Regelung eine dauerhafte, in die Zukunft offene und vor allem funktional-sachbezogene Pflichtenstellung begründet.[346] Im Falle der Adressaten des SokaSiG begründet das Gesetz für diese eine Pflichtenstellung als Gläubiger und Schuldner gegenüber der SOKA-BAU, die dauerhaft besteht[347] und für die Zukunft offen ist. Für diese Pflichtenstellung besteht auch ein funktional-sachbezogener Zusammenhang zur Stellung als Arbeitgeber bzw. Arbeitnehmer des Baugewerbes, da die Regelungen des Sozialkassenverfahrens an die strukturellen Besonderheiten der Baubranche anknüpfen. Dabei ist dann auch zu vernachlässigen, wenn sich das Gesetz vorerst nur an einige bestimmte Adressaten richtet.[348]

c. Erlass des SokaSiG2

194 Die gesamte Problematik des Einzelfallgesetzes hat sich zusätzlich entschärft, nachdem am 1. September 2017 das SokaSiG2 erlassen wurde. Durch dieses Gesetz wurden auch die Tarifverträge zum Sozialkassenverfahren in zahlreichen anderen Handwerks- und Wirtschaftszweigen[349], die bisher per Allgemeinverbindlichkeit zur Anwendung kamen, zum Gesetz erklärt. Man befürchtete auch hier die umfängliche Unwirksamkeit aller AVEen, die auf Grundlage des § 5

---

345 BVerfG vom 2.3.1999 – 1 BvL 2/91 = BVerfGE 99, 367, 401.

346 BeckOK GG/*Enders*, Art. 19 GG Rn. 9.

347 Zumindest bis zur Beendigung der aktuellen Tarifverträge, vgl. § 9 SokaSiG.

348 BVerfG vom 29.7.1959 – BvR 394/58 = BVerfGE 10, 89, 107 f.

349 Maler- und Lackiererhandwerk, Dachdeckerhandwerk, Gerüstbauer-Handwerk, Steinmetz- und Steinbildhauerhandwerk, Betonsteingewerbe Nordwestdeutschland, Steine- und Erden-Industrie, Betonsteinhandwerk und Ziegelindustrie in Bayern, Bäckerhandwerk, Brot- und Backwarenindustrie, Tageszeitungen, Garten-, Landschafts- und Sportplatzbau, Land- und Forstwirtschaft.

TVG a.F. ergangen sind und somit noch das Erreichen des 50-Prozent-Quorums zur Voraussetzung hatten.[350]

Zweifelsohne ergeben sich dabei vergleichbare verfassungsrechtliche Probleme wie beim SokaSiG, da die beiden Gesetze den gleichen Inhalt und die gleiche Zielsetzung haben – lediglich in Bezug auf unterschiedliche Tarifverträge. Die Sonderstellung des Baugewerbes, die zuvor noch durch das SokaSiG bestanden hatte, ist durch das SokaSiG2 aber zu einem großen Teil entfallen.[351]

4. Ergebnis

Das SokaSiG stellt weder ein Einzelfall- noch ein Einzelpersonengesetz i.S.v. Art. 19 Abs. 1 S. 1 GG dar. Es handelt sich um eine abstrakt-generelle Regelung mit einer Vielzahl von Anwendungsfällen, deren tatsächliches Ausmaß sich nicht genau übersehen lässt. Seit Erlass des SokaSiG2 liegt außerdem keine Einzelfallregelung für das Baugewerbe mehr vor. **195**

Jedenfalls wäre die Regelung eines Einzelfalls im Falle des Sozialkassenverfahrens des Baugewerbes aus sachlichen Gründen gerechtfertigt und damit verfassungsrechtlich zulässig.

II. Grundsatz der Gewaltenteilung aus Art. 20 Abs. 2 S. 2 GG

Weiterhin könnte der Erlass des SokaSiG als Verstoß gegen den Grundsatz der Gewaltenteilung aus Art. 20 Abs. 2 S. 2 GG angesehen werden. **196**

1. Auswirkungen des Grundsatzes der Gewaltenteilung

Nach Art. 20 Abs. 2 S. 2 GG wird die Staatsgewalt durch die Gesetzgebung, die vollziehende Gewalt und die Rechtsprechung ausgeübt. Beim Grundsatz der Gewaltenteilung handelt es sich um ein tragendes Organisationsprinzip des Grundgesetzes, das infolge einer politischen Machtverteilung die Mäßigung der Staatsherrschaft garantieren soll.[352] Allerdings existiert durch den Verfassungsaufbau der Bundesrepublik Deutschland keine strikte Trennung der Gewalten, da durch zahlreiche Gewaltenverschränkungen und -balancierungen eine gegenseitige Kontrolle stattfindet.[353] **197**

---

350 SokaSiG2-E, BT-Drucksache 18/12510, S. 866 f.

351 Dieses Argument wurde auch durch das LAG Hessen bereits vor dem Erlass des SokaSiG2 angedeutet, vgl. LAG Hessen vom 2.6.2017 – 10 Sa 907/16 = NZA-RR 2017, 485, 495.

352 BVerfG vom 18.12.1953 – BvL 106/53 = BVerfGE 3, 225, 247.

353 BVerfG vom 28.11.1957 – 2 BvL 11/56 = BVerfGE 7, 183, 188.

Auch im Übrigen entfaltet der Grundsatz der Gewaltenteilung kaum eigenständige Bedeutung, da die Gewaltenteilung durch zahlreiche Normen des GG ausgestaltet wird. Soweit also eine gegenseitige Kontrolle, Hemmung und Mäßigung der Gewalten gewollt ist, wird dies durch die einschlägigen Normen des GG festgelegt.[354] Die Eigenständigkeit der Rechtsprechung wird bspw. durch die organisatorische Selbstständigkeit der Gerichte, durch den Richtervorbehalt aus Art. 92 GG, sowie durch die sachliche und personelle Unabhängigkeit der Richter gem. Art. 97 GG gewährleistet.[355] Nur falls derartige Regelungen fehlen, muss auf den Grundsatz der Gewaltenteilung zurückgegriffen werden. Hierdurch soll dann der Kernbereich der verschiedenen Gewalten geschützt werden, d.h. keine Gewalt darf der für die Erfüllung ihrer verfassungsmäßigen Aufgaben erforderlichen Zuständigkeiten beraubt werden.[356] Der Kernbereich der *Judikative* ist gegen Einwirkungen durch die anderen Gewalten abgeschirmt, indem Entscheidungen der Rechtsprechung nicht durch die anderen Gewalten aufgehoben werden können.[357]

2. Erlass des SokaSiG als Eingriff in die Zuständigkeit der Judikative

198 Das BAG hat die AVEen VTV 2008 – 2014 mit Wirkung gegenüber jedermann („erga omnes“) für unwirksam erklärt. Damit steht fest, dass die AVEen zu keinem Zeitpunkt wirksam waren und damit auch zu keinem Zeitpunkt als Rechtsgrundlage dienen konnten.[358]

Das SokaSiG stellt nun wiederum eine Rechtslage her, die bei Wirksamkeit der AVEen VTV 2008 – 2014 bestanden hätte. Wenngleich hierdurch nicht die Beschlüsse des BAG selbst aufgehoben werden, werden zumindest deren Auswirkungen ungeschehen gemacht – für die Sozialkassenbeiträge besteht wieder eine Rechtsgrundlage und die zeitaufwendigen Gerichtsverfahren der Außenseiter nach § 2a Abs. 1 Nr. 5 i.V.m. § 98 ArbGG erweisen sich nachträglich als bedeutungslos, trotz Obsiegens.

---

354 Jarass/Pieroth/*Jarass*, Art. 20 GG Rn. 32 f.

355 Jarass/Pieroth/*Jarass*, Art. 20 GG Rn. 36.

356 BVerfG vom 10.10.1972 – 2 BvL 51/69 = BVerfGE 34, 52, 59; BVerfG vom 17.7.1996 – 2 BvF 2/93 = BVerfGE 95, 1, 15.

357 BVerfG vom 28.11.1957 – 2 BvL 11/56 = BVerfGE 7, 183, 188.

358 Der Beschluss des BAG nach § 98 Abs. 4 ArbGG hat die Unwirksamkeit der AVEen VTV lediglich festgestellt, eine gestaltende Wirkung kommt dem Beschluss hingegen nicht zu, vgl. GK-ArbGG/*Ahrendt*, Band 3, § 98 ArbGG Rn. 48.

Der Gesetzgeber könnte durch diese „Aushebelung" einer höchstrichterlichen Entscheidung gegen den Grundsatz der Gewaltenteilung verstoßen haben. Auch wenn keine tatsächliche Aufhebung der Beschlüsse des BAG stattgefunden hat, die zweifelsohne gegen den Grundsatz der Gewaltenteilung verstoßen würde, kommt das SokaSiG zumindest seiner Wirkung nach einer Aufhebung der Beschlüsse des BAG sehr nahe. Inhaltlich wird außerdem eine für unwirksam erklärte Rechtsnorm einfach wiederholt. **199**

Der Grundsatz der Gewaltenteilung aus Art. 20 Abs. 2 S. 2 GG verbietet aber nur einen Eingriff in den *Kernbereich* der verschiedenen Gewalten (siehe Rn. 197). Soweit keine Ausgestaltung des Grundsatzes der Gewaltenteilung in einer gesonderten Norm des GG stattgefunden hat, die auf den konkreten Fall Anwendung findet, ist der Rückgriff auf Art. 20 Abs. 2 S. 2 GG zwar möglich. Dessen Anwendungsbereich muss sich dann aber auch im Schutz des Kernbereichs der jeweiligen Gewalt erschöpfen. Im Falle der Judikative bedeutet dieser Schutz des Kernbereichs, dass Entscheidungen der Rechtsprechung durch die anderen Gewalten nicht aufgehoben werden können. Genau das geschieht durch den Erlass des SokaSiG jedoch gerade nicht. Die Entscheidungen des BAG bleiben unangetastet und führen auch weiterhin dazu, dass die AVEen VTV 2008 – 2014 nicht zur Anwendung kommen. Auch in sonstiger Weise findet kein Eingriff in die verfassungsrechtlichen Zuständigkeiten der Rechtsprechung statt. Die Legislative übte lediglich ihre eigenen verfassungsrechtlichen Kompetenzen aus, indem sie ein Gesetz für den Bereich des Arbeitsrechts erlassen hat. Die Entscheidung darüber, ob dieses Gesetz gegen die Verfassung verstößt, obliegt wiederum der Judikative in Gestalt des BVerfG. Dieser Zuständigkeit bleibt die Rechtsprechung auch unbenommen.

3. *Ergebnis*

Ein Verstoß gegen den Grundsatz der Gewaltenteilung liegt nicht vor. Der Gesetzgeber hat mit dem Erlass des SokaSiG nicht in den Kernbereich der Judikative eingegriffen – die Beschlüsse des BAG haben weiterhin Bestand. Soweit das SokaSiG verfassungsrechtliche Fragen aufwirft, obliegt die Entscheidung hierüber wiederum der Judikative in Gestalt des BVerfG. **200**

III. Bindung der Gesetzgebung an die verfassungsmäßige Ordnung, Art. 20 Abs. 3 GG

Als weitere Hürde könnte Art. 20 Abs. 3 GG der Verfassungsmäßigkeit des SokaSiG entgegenstehen. Nach dieser Vorschrift ist die Gesetzgebung an die „verfassungsmäßige Ordnung" gebunden.

1. Normwiederholungsverbot als Element der verfassungsmäßigen Ordnung

201 Für den Fall, dass das BVerfG ein Gesetz aufgrund seiner Verfassungswidrigkeit verwirft, wird auf Grundlage von Art. 20 Abs. 3 GG immer wieder diskutiert, ob die Entscheidung des BVerfG auch ein sog. „Normwiederholungsverbot" zur Folge hat. Ein solches Normwiederholungsverbot würde bedeuten, dass der Gesetzgeber keine inhaltsgleiche Regelung mehr erlassen kann. Im Falle des BVerfG wird diese Bindung der Legislative insbesondere aus § 31 Abs. 2 BVerfGG abgeleitet, der die Entscheidungen des BVerfG über Normen mit „Gesetzeskraft" ausstattet.

Dieser Grundsatz ließe sich auf die Entscheidungen des BAG zur Unwirksamkeit der AVEen VTV übertragen, da auch diese gemäß § 98 Abs. 4 S. 1 ArbGG – ähnlich wie im Falle von § 31 Abs. 2 BVerfGG – für und gegen jedermann, also allgemeinverbindlich gelten. Die inhaltsgleiche Wiederholung der für unwirksam erklärten AVEen VTV in Form des SokaSiG könnte damit einen Verstoß gegen Art. 20 Abs. 3 GG i.V.m. § 98 Abs. 4 S. 1 ArbGG darstellen.

202 Unabhängig vom tatsächlichen Bestehen eines Normwiederholungsverbots (hierzu Rn. 203 ff.), ist jedoch bereits umstritten, ob sich es sich dabei um ein Element der verfassungsmäßigen Ordnung handelt, an das sich der Gesetzgeber nach Art. 20 Abs. 3 GG zu halten hat. So handelt es sich sowohl bei § 31 BVerfGG wie auch bei § 98 ArbGG nur um einfachgesetzliche Normen – nicht um Verfassungsrecht. Die *verfassungsmäßige Ordnung* meint im Kontext von Art. 20 Abs. 3 GG aber (lediglich) „die Gesamtheit der gültigen Bestimmungen des GG und (für Gesetzgebung der Länder) der Landesverfassungen"[359]. Zwar wird in der Literatur nicht ausgeschlossen, dass § 31 BVerfGG eine „verfassungsrechtliche Fundierung aufweist" und somit ein Verstoß gegen § 31 BVerfGG zumindest mittelbar auch zu einem Verstoß gegen Art. 20 Abs. 3 GG führen könnte.[360] Schließlich lassen sich verfassungsrechtliche Grundsätze oft in Gestalt von konkretisierenden, einfachgesetzlichen Normen wiederfinden.

Diesem Gedanken hat das BVerfG aber eine klare Absage erteilt, als es sich in einer Entscheidung aus dem Jahr 1987 gegen ein *verfassungsmäßiges* Normwiederholungsverbot aus Art. 20 Abs. 3 GG i.V.m. § 31 BVerfGG ausgesprochen hat. Da die gesetzgebende Gewalt in Art. 20 Abs. 3 GG nur an die verfassungsmäßige Ordnung, nicht auch an die einfachgesetzliche Ordnung gebunden ist, verwehre es § 31 BVerfGG dem Gesetzgeber nicht, „seiner Gestaltungsfreiheit und

---

359 Sachs/*Sachs*, Art. 20 GG Rn. 101.

360 Vgl. Burkiczak/Dollinger/Schorkopf/*Heusch*, § 31 BVerfGG Rn. 61.

Gestaltungsverantwortung durch Verabschiedung einer inhaltsgleichen Neuregelungen nachzukommen, wenn er sie für erforderlich hält“[361]. Nach Ansicht des BVerfG kam es also überhaupt nicht darauf an, ob man § 31 BVerfGG auch ein Normwiederholungsverbot entnehmen kann. Ein *verfassungsrechtliches* Verbot der Normwiederholung könne die Norm jedenfalls nicht begründen.

2. Normwiederholungsverbot aus § 98 Abs. 4 S. 1 ArbGG

Sofern man einfachgesetzliche Normwiederholungsverbote dennoch als Elemente der verfassungsmäßigen Ordnung i.S.v. Art. 20 Abs. 3 GG betrachtet, müsste § 98 Abs. 4 S. 1 GG aber auch ein solches Normwiederholungsverbot enthalten. Hierzu gibt es bisher weder Entscheidungen aus der Rechtsprechung, noch Meinungen aus der Literatur. **203**

Ein *ausdrückliches* Normwiederholungsverbot enthält § 98 Abs. 4 S. 1 ArbGG jedenfalls nicht, lediglich die Anordnung der Wirkung der Entscheidung über die Wirksamkeit einer AVE für und gegen jedermann. Ein Normwiederholungsverbot könnte sich also nur in Folge einer dahingehenden Auslegung des § 98 ArbGG ergeben. Hierfür empfiehlt sich ein Blick auf vergleichbare Vorschriften zu Normenkontrollverfahren in anderen Gesetzen.

a. Normwiederholungsverbote in anderen Gesetzen

Auch die Entscheidungen in Normenkontrollverfahren nach anderen Gesetzen entfalten eine Wirkung für und gegen jedermann („erga omnes“). **204**

aa. § 47 Abs. 5 S. 2 VwGO

So ordnet § 47 Abs. 5 S. 2 VwGO an, dass eine Entscheidung des Oberverwaltungsgerichts zur Unwirksamkeit einer Rechtsvorschrift „allgemein verbindlich“ ist.[362] Eine für unwirksam erklärte Norm ist damit für keinen Bürger, kein Staatsorgan, keine Behörde und kein Gericht des Bundes und der Länder mehr existent.[363] Strittig ist auch hier, ob der Normgeber, der die für unwirksam erklärte Rechtsvorschrift erlassen hat, trotz Allgemeinverbindlichkeit der Entscheidung eine gleichartige Regelung treffen darf.[364] Allerdings halten selbst die Stimmen, **205**

---

361 BVerfG vom 6.10.1987 – 1 BvR 1086, 1468, 1623/82 = BVerfGE 77, 84, 104.

362 Eine vergleichbare Vorschrift enthält auch das SGG unter § 55a Abs. 5 S. 2 SGG.

363 Sodan/Ziekow/*Ziekow*, § 47 VwGO Rn. 364.

364 Für ein Normwiederholungsverbot BeckOK VwGO/*Giesberts*, § 47 VwGO Rn. 84; Kopp/Schenke/*W.R.Schenke*, § 47 VwGO Rn. 143; Sodan/Ziekow/*Ziekow*, § 47 VwGO Rn. 365; gegen ein Normwiederholungsverbot VGH Kassel vom 8.12.1992 - 11 N 2041/91 = NVwZ-RR 1993, 294, 296.

die ein Normwiederholungsverbot im Grundsatz befürworten, ein solches nicht für einschlägig, wenn es um den Erlass einer inhaltsgleichen Vorschrift in einem fehlerfreien Verfahren geht, sofern eine frühere gleichlautende Vorschrift lediglich aufgrund von Verfahrensfehlern für unwirksam erklärt wurde[365] bzw. wenn sich die Sach- und Rechtslage geändert hat[366]. Auch eine Normwiederholung durch einen *anderen*, nicht am Normkontrollverfahren beteiligten Normgeber wird überwiegend für zulässig erachtet.[367]

So sind die Meinungen aus Rechtsprechung und Literatur zu einem Normwiederholungsverbot aus § 47 Abs. 5 S. 2 VwGO zwar nicht vollkommen einheitlich, jedoch wird zumindest die Korrektur von Verfahrensfehlern und/oder die Normwiederholung durch einen anderen, nicht am Normkontrollverfahren beteiligten Normgeber allgemein für zulässig erachtet.

bb. § 31 Abs. 2 BVerfGG

206 Im BVerfGG findet man die Bindungswirkung von Entscheidungen im Normkontrollverfahren unter § 31 Abs. 2 BVerfGG. Hiervon betroffen sind u.a. die Verfahren der abstrakten und konkreten Normkontrolle, sowie die Verfahren der Normenverifikation und der Normenqualifikation. Die Entscheidungen des BVerfG in diesen Verfahren haben stets „Gesetzeskraft". Die Nichtigkeit einer Norm steht mit dem Ausspruch des BVerfG für alle staatlichen Stellen wie Privatpersonen endgültig fest.[368]

Umstritten ist wiederum, ob aufgrund von § 31 Abs. 1 und 2 BVerfGG auch ein Normwiederholungsverbot besteht. Neben verschiedenen Ansichten aus der Literatur[369], änderte auch das BVerfG seinen Standpunkt im Laufe seiner Rechtsprechung. Während anfangs noch ein Normwiederholungsverbot aus § 31 BVerfGG bejaht wurde[370], hat man zumindest ein *verfassungsrechtliches*

---

365 BeckOK VwGO/*Giesberts*, § 47 VwGO Rn. 84; Kopp/Schenke/*W.R.Schenke*, § 47 VwGO Rn. 143; in diese Richtung auch BVerwG vom 25. 11. 1999 - 4 CN 17/98 = NVwZ 2000, 813, 814.

366 Sodan/Ziekow/*Ziekow*, § 47 VwGO Rn. 365.

367 Kopp/Schenke/*W.R.Schenke*, § 47 VwGO Rn. 143; Sodan/Ziekow/*Ziekow*, § 47 VwGO Rn. 366; wohl auch BeckOK VwGO/*Giesberts*, § 47 VwGO Rn. 84.

368 Burkiczak/Dollinger/Schorkopf/*Heusch*, § 31 BVerfGG Rn. 80.

369 Für ein Normwiederholungsverbot im Grundsatz Maunz/Dürig/*Dederer*, Band VI, Art. 100 GG Rn. 253; gegen ein absolutes Normwiederholungsverbot M/S/K/B/*Bethge*, Band 1, § 31 BVerfGG Rn. 195 ff; Burkiczak/Dollinger/Schorkopf/*Heusch*, § 31 BVerfGG Rn. 61; Jarass/Pieroth/*Jarass*, Art. 20 GG Rn. 45; *Lenz/Hansel*, § 31 BVerfGG Rn. 37; Dreier/*Helmuth Schulze-Fielitz*, Band II, Art. 20 GG (Rechtsstaat) Rn. 85.

370 BVerfG vom 23.10.1951 – 2 BvG 1/51 = BVerfGE 1, 14, 37.

Normwiederholungsverbot später verneint, da § 31 BVerfGG bereits kein Element der verfassungsrechtlichen Ordnung i.S.v. Art. 20 Abs. 3 GG darstelle.[371] Diese Rechtsprechung wurde in einem späteren Beschluss des BVerfG bestätigt, jedoch um den Zusatz ergänzt, dass das BVerfG im Falle der Überprüfung einer neuen, inhaltsgleichen Norm nicht gehalten sei, die bereits entschiedenen verfassungsrechtlichen Fragen erneut zu erörtern.[372] Die inhaltsgleiche Norm verstößt also erneut gegen Verfassungsrecht, ohne dass eine nähere Prüfung durch das BVerfG nötig wäre. Der Gesetzgeber könne die vom BVerfG festgestellten Gründe der Verfassungswidrigkeit des ersten Gesetzes nicht einfach übergehen. Anders sei der Fall nur dann gelagert, wenn für die inhaltsgleiche Normwiederholung besondere Gründe vorliegen, „die sich vor allem aus einer wesentlichen Änderung der für die verfassungsrechtliche Beurteilung maßgeblichen tatsächlichen oder rechtlichen Verhältnisse oder der ihr zugrunde liegenden Anschauungen ergeben können“[373].

Eine eindeutige Aussage des BVerfG zu einem Normwiederholungsverbot aus § 31 BVerfGG lässt sich den Entscheidungen zwar nicht entnehmen, da vorrangig ein *verfassungsrechtliches* Normwiederholungsverbot aus Art. 20 Abs. 3 GG abgelehnt wurde – ohne isolierten Blick auf § 31 BVerfGG. Erkennbar ist aber, dass das BVerfG eine Normwiederholung jedenfalls dann für unproblematisch hält, wenn die festgestellten Gründe der Verfassungswidrigkeit des ersten Gesetzes bei der Normwiederholung nicht einfach übergangen werden und/oder wenn besondere Gründe für die Normwiederholung vorliegen.

b. Transfer der gewonnenen Erkenntnisse auf § 98 Abs. 4 S. 1 ArbGG

aa. § 98 Abs. 4 S. 1 ArbGG als potentielles Normwiederholungsverbot

Ein Normwiederholungsverbot aus § 98 Abs. 4 S. 1 ArbGG ließe sich mit Blick **207** auf die vergleichbaren Normen aus der VwGO und dem BVerfGG durchaus bejahen. Zwar handelt es sich bei der AVE um einen Rechtssetzungsakt sui generis, dessen zugehöriges Normenkontrollverfahren aus § 98 ArbGG mit den Normenkontrollverfahren zu formellen und materiellen Gesetzen nicht vollständig vergleichbar ist. Die Funktion der Entscheidungen in diesen Verfahren ist aber identisch: eine rechtswidrige Norm soll durch niemandem mehr angewandt werden. Wenn diese Wirkung im Falle von § 47 VwGO und § 31 BVerfGG auch

371 BVerfG vom 6.10.1987 – 1 BvR 1086, 1468, 1623/82 = BVerfGE 77, 84, 103 f.

372 BVerfG vom 15.7.1997 – 1 BvL 20/94, 6/96 = BVerfGE 96, 260, 263.

373 BVerfG vom 15.7.1997 – 1 BvL 20/94, 6/96 = BVerfGE 96, 260, 263.

zur Folge hat, dass der Normgeber im Nachhinein keine inhaltsgleiche Norm erlassen kann, muss das auch für § 98 ArbGG gelten.

Wenn man aber die Maßstäbe für eine (nach jeder vertretenen Ansicht) *zulässige* Normwiederholung (siehe Rn. 205 f.) auf § 98 ArbGG überträgt, stellt der Erlass des SokaSiG bereits keinen Verstoß gegen ein potentielles Normwiederholungsverbot dar.

bb. Zulässige Normwiederholung am Maßstab von § 47 VwGO

208 So wird i.R.v. § 47 VwGO der Erlass einer Norm in einem fehlerfreien Verfahren für zulässig erachtet, sofern eine frühere gleichlautende Vorschrift lediglich aufgrund von Verfahrensfehlern für unwirksam erklärt wurde. Bei den festgestellten Unwirksamkeitsgründen der AVEen VTV 2008 – 2014 handelte es sich ausschließlich um Fehler im Verfahren zur AVE. Diese Verfahrensfehler konnten im Gesetzgebungsverfahren zum SokaSiG nach Art. 76 ff. GG aber überhaupt nicht wiederholt werden, da es sich um spezifische Elemente des Verfahrens zur AVE nach § 5 TVG handelte, die nur durch den damaligen Normgeber (BMAS) beachtet werden mussten. Der Rechtsformwechsel hat die Verfahrensvorschriften zur AVE obsolet gemacht.[374]

Aber auch die Normwiederholung durch einen anderen, nicht am Normenkontrollverfahren beteiligten Normgeber, wird i.R.v. § 47 VwGO für zulässig erachtet. Im Falle des SokaSiG liegt ein solcher *anderer* Normgeber vor, da die ursprünglichen AVEen VTV durch das BMAS (in Zusammenarbeit mit den Tarifparteien) erlassen wurden, das SokaSiG jedoch durch den (Bundes-) Gesetzgeber.

cc. Zulässige Normwiederholung am Maßstab von § 31 BVerfGG

209 Den Anforderungen einer zulässigen Normwiederholung i.R.v. § 31 BVerfGG wird das SokaSiG ebenfalls gerecht. Die festgestellten Gründe der Unwirksamkeit der ursprünglichen Norm werden bei der Normwiederholung nicht einfach übergangen, da sich die Verfahrensfehler der AVEen VTV 2008 – 2014 im SokaSiG als Bundesgesetz (zwangsläufig) nicht wiederfinden lassen. Der Gesetzgeber setzt sich also nicht über die Entscheidungsgründe des BAG hinweg, sondern vermeidet die begangenen Fehler des BMAS.

---

374 Im Hinblick auf das (strenge) Verbot der echten Rückwirkung ist die Umgehung des 50-Prozent-Quorums durch Rechtsformwechsel jedoch kritisch zu betrachten, siehe Rn. 229.

Und auch soweit das BVerfG eine Normwiederholung aufgrund von „besonderen Gründen" zulässt, die sich vor allem aus einer wesentlichen Änderung der für die verfassungsrechtliche Beurteilung maßgeblichen tatsächlichen oder rechtlichen Verhältnisse oder der ihr zugrunde liegenden Anschauungen ergeben können, wird das SokaSiG diesen Ansprüchen gerecht. Die Normwiederholung beruht vorliegend auf vorrangigen Belangen des Gemeinwohls (siehe hierzu ausführlich Rn. 237 ff.).

3. *Grundsatz der Verfassungsorgantreue als Grenze der Gesetzgebung*

Neben der Frage nach einem gesetzlichen Normwiederholungsverbot, wird **210**
im Rahmen von § 31 BVerfGG der ungeschriebene Grundsatz der Verfassungsorgantreue zusätzlich als Grenze der Normwiederholung gesehen, da der Gesetzgeber die Entscheidungen der anderen Verfassungsorgane zu respektieren hat.[375] Da es sich beim BAG aber um kein Verfassungsorgan handelt, kann dieser Aspekt im Falle des SokaSiG auch keine Rolle spielen.

4. *Ergebnis*

Nach Art. 20 Abs. 3 GG ist der Gesetzgeber an die verfassungsmäßige Ordnung **211**
gebunden. Art. 20 Abs. 3 GG statuiert allerdings kein Normwiederholungsverbot.

Soweit man § 98 Abs. 4 S. 1 ArbGG ein Normwiederholungsverbot entnehmen wollte, handelt es sich dabei jedenfalls um kein Element der verfassungsmäßigen Ordnung, so dass der Gesetzgeber auch nicht nach Art. 20 Abs. 3 GG daran gebunden wäre.

Im Rahmen von § 47 Abs. 5 S. 2 VwGO und § 31 Abs. 2 BVerfGG wird ein Normwiederholungsverbot zwar teilweise bejaht. Wenn man aber die dort aufgestellten Maßstäbe für eine (nach jeder vertretenen Ansicht) *zulässige* Normwiederholung auf § 98 ArbGG überträgt, stellt der Erlass des SokaSiG bereits keinen Verstoß gegen ein potentielles Normwiederholungsverbot dar. Auch ein Verstoß gegen den Grundsatz der Verfassungsorgantreue scheidet aus, da es sich beim BAG um kein Verfassungsorgan handelt.

---

375 M/S/K/B/*Bethge*, § 31 BVerfGG Rn. 199; Burkiczak/Dollinger/Schorkopf/*Heusch*, § 31 BVerfGG Rn. 62; *Lechner/Zuck*, § 31 BVerfGG Rn. 35; *Lenz/Hansel*, § 31 BVerfGG Rn. 37.

C. Verbot der Rückwirkung aus Art. 20 Abs. 3 GG

212 Größter verfassungsrechtlicher Schauplatz im Rahmen des SokaSiG ist der potentielle Verstoß gegen das Rückwirkungsverbot aus Art. 20 Abs. 3 GG.

I. Rückwirkungsverbot als Ausdruck des Rechtsstaatsprinzips

213 Aus dem Rechtsstaatsprinzip in Art. 20 Abs. 3 GG wird der Grundsatz der Rechtssicherheit und damit auch der Grundsatz des Vertrauensschutzes abgeleitet. Rechtssicherheit und Vertrauensschutz bedeuten für den Bürger, dass er in die Kontinuität von Recht vertrauen kann und seine Dispositionen vor Entwertung durch Rechtsänderungen geschützt bleiben. Damit ist auch das Vertrauen geschützt, dass die mit abgeschlossenen Tatbeständen verknüpften gesetzlichen Rechtsfolgen anerkannt bleiben.[376] Soweit der Gesetzgeber dennoch rückwirkend auf Sachverhalte aus der Vergangenheit Bezug nimmt und dadurch eine belastende Wirkung gegenüber dem Bürger erzeugt, ist diese Rückwirkung nur unter besonderen Voraussetzungen mit dem Rechtsstaatsprinzip vereinbar und erfordert eine rechtsstaatliche Rücksichtnahme des Gesetzgebers gegenüber dem Bürger.[377]

II. Echte und unechte Rückwirkung

214 Bezüglich der Wirkung von rückwirkenden Rechtsnormen unterscheidet die Rechtsprechung zwischen einer echten und einer unechten Rückwirkung:

- Eine echte Rückwirkung liegt nur dann vor, wenn das Gesetz nachträglich ändernd in *abgewickelte, der Vergangenheit angehörende Tatbestände* eingreift.[378] Dies ist insbesondere der Fall, wenn die Rechtsfolge des Gesetzes mit belastender Wirkung schon vor dem Zeitpunkt ihrer Verkündung für bereits abgeschlossene Tatbestände gelten soll.[379] Gesetze mit echter Rückwirkung sind grundsätzlich verfassungswidrig. Ausnahmen hiervon gelten nur in engen Grenzen.[380]

---

376 Dreier/*Schulze-Fielitz*, Band II, Art. 20 GG (Rechtsstaat) Rn. 147; ein ausdrückliches Verbot der Rückwirkung wird hingegen nur in Art. 103 Abs. 2 GG für Strafgesetze ausgesprochen.

377 Dreier/*Schulze-Fielitz*, Band II, Art. 20 GG (Rechtsstaat) Rn. 152.

378 BVerfG vom 31.5.1960 – 2 BvL 4/59 = BVerfGE 11, 139 = NJW 1960, 1563; BVerfG vom 17.12.2013 – 1 BvL 5/08 = BVerfGE 135, 1 = NVwZ 2014, 577, 578 m.w.N.

379 BVerfG vom 17.12.2013 – 1 BvL 5/08 = BVerfGE 135, 1 = NVwZ 2014, 577, 578 m.w.N.

380 BVerfG vom 17.12.2013 – 1 BvL 5/08 = BVerfGE 135, 1 = NVwZ 2014, 577, 581 m.w.N.

- Unechte Rückwirkung entfaltet eine Rechtsnorm hingegen dann, wenn sie auf gegenwärtige, *noch nicht abgeschlossene Sachverhalte und Rechtsbeziehungen* für die Zukunft einwirkt und damit zugleich die betroffene Rechtsposition entwertet, so wenn belastende Rechtsfolgen einer Norm erst nach ihrer Verkündung eintreten, tatbestandlich aber von einem bereits ins Werk gesetzten Sachverhalt ausgelöst werden.[381] Die unechte Rückwirkung ist grundsätzlich zulässig. Grenzen der Zulässigkeit können sich jedoch aus dem Grundsatz des Vertrauensschutzes und dem Verhältnismäßigkeitsprinzip ergeben.[382]

III. Einordnung des SokaSiG

Das SokaSiG entfaltet echte Rückwirkung. Die Regelungen des Gesetzes in §§ 1 **215** bis 8 ordnen abgeschlossene Sachverhalte und Zeitperioden aus der Vergangenheit dem Anwendungsbereich von (größtenteils bereits überholten) Tarifverträgen zu. Da hierdurch zahlreiche Leistungsansprüche zwischen der SOKA-BAU und den Außenseitern entstehen, entfaltet das Gesetz auch belastende Wirkung gegenüber den Bürgern. Dabei ist auch unerheblich, dass die beteiligten Parteien früher von einer AVE als (identische) Rechtsgrundlage ausgegangen sind, denn diese Rechtsgrundlage gilt durch die Beschlüsse des BAG als von Anfang an unwirksam. Die Bundesregierung hat mit dem SokaSiG also für die Zeit vom 1. Januar 2006 an eine Rechtsgrundlage für Ansprüche geschaffen, die zuvor nicht bestanden hat und regelt einen abgeschlossenen Sachverhalt damit völlig neu.

IV. Ausnahmen vom Verbot der „echten" Rückwirkung

Die „echte" Rückwirkung von Gesetzen stellt einen erheblich Eingriff in das **216** Vertrauen der betroffenen Bürger dar. Die Rechtsprechung geht deshalb grundsätzlich von deren Verfassungswidrigkeit aus.[383] Nichtsdestoweniger sind auch Ausnahmen von diesem Grundsatz anerkannt, soweit das beeinträchtigte Vertrauen des Bürgers nicht schutzwürdig ist oder ein solches schutzwürdiges Vertrauen gar nicht erst entstehen konnte. Denn das Rückwirkungsverbot findet im Grundsatz des Vertrauensschutzes nicht nur seinen Grund, sondern auch

381 BVerfG vom 23.3.1971 – 2 BvL 17/69 = BVerfGE 30, 392 = NJW 1971, 1211; BVerfG vom 10.10.2012 – 1 BvL 6/07 = BVerfGE 132, 302 = NJW 2013, 145, 146 m.w.N.
382 BVerfG vom 10.10.2012 – 1 BvL 6/07 = BVerfGE 132, 302 = NJW 2013, 145, 146 m.w.N.
383 BVerfG vom 17.12.2013 – 1 BvL 5/08 = BVerfGE 135, 1 = NVwZ 2014, 577, 581 m.w.N.

seine Grenze.[384] Im Laufe der Jahre sind hierfür folgende (jedoch nicht abschließende[385]) Fallgruppen von der Rechtsprechung herausgebildet worden:

1. *Bagatellvorbehalt*

217 Das Bundesverfassungsgericht sieht keine unzulässige Beeinträchtigung der Interessen der Bürger, wenn durch die Rückwirkung nur ein ganz unerheblicher Schaden verursacht wird.[386] Dieser sog. „Bagatellvorbehalt" soll verhindern, dass jede noch so unerhebliche Beeinträchtigung des Bürgers ein – im Übrigen notwendiges und rechtmäßiges – Gesetzesvorhaben verhindern kann.

2. *Unklare und verworrene Rechtslage*

218 Der Vertrauensschutz des Bürgers muss auch dann zurücktreten, wenn die bisherige Rechtslage dermaßen unklar und verworren war, dass mit einer Klärung durch den Gesetzgeber gerechnet werden musste.[387] In einer derartigen Situation kann sich ein schutzwürdiges Vertrauen der Bürger gar nicht erst entwickeln und der Bürger kann sich dementsprechend auch nicht auf den durch eine ungültige Rechtsnorm erzeugten Rechtsschein verlassen.[388] Eine ähnliche Situation besteht, wenn das bisherige Recht in einem Maße systemwidrig und unbillig war, dass ernsthafte Zweifel an seiner Verfassungsmäßigkeit bestanden.[389]

3. *Kein begründetes Vertrauen in Fortbestand der früheren Regelung*

219 Des Weiteren entfällt nach Ansicht des BVerfG ein begründetes Vertrauen des Bürgers in den Fortbestand der bisherigen Regelung von dem Zeitpunkt an, indem der Gesetzgeber deutlich macht, dass die Altregelung zeitnah durch eine Neuregelung ersetzt werden würde.[390] Dies ist jedenfalls ab dem Moment der

---

384 BVerfG vom 17.12.2013 – 1 BvL 5/08 = BVerfGE 135, 1, 21 m.w.N.

385 Das BVerfG sieht „unter anderem folgende Fälle" in denen der Vertrauensschutz entfallen kann, BVerfG 19.12.1961 - 2 BvL 6/59 = BVerfGE 13, 261.

386 BVerfG vom 15.10.1996 - 1 BvL 44/92 = BVerfGE 95, 64 = NJW 1997, 722, 723 m.w.N.

387 BVerfG vom 19.12.1961 – 2 BvL 6/59 = BVerfGE 13, 261, 272; BVerfG vom 17.12.2013 – 1 BvL 5/08 = BVerfGE 135, 1, 22 m.w.N; BVerwG vom 4.5.2006 – 9 C 3.05 = BVerwGE 126, 14 Rn. 16.

388 Dreier/*Schulze-Fielitz*, Band II, Art. 20 GG (Rechtsstaat) Rn. 161.

389 BVerfG vom 23.3.1971 – 2 BvL 17/69 = BVerfGE 30, 367, 388; BVerfG vom 17.12.2013 – 1 BvL 5/08 = BVerfGE 135, 1, 22 m.w.N; Dreier/*Schulze-Fielitz*, Band II, Art. 20 GG (Rechtsstaat) Rn. 161.

390 BVerfG vom 17.12.2013 – 1 BvL 5/08 = BVerfGE 135, 1, 22 m.w.N.

Fall, in dem der Bundestag ein rückwirkendes Gesetz beschlossen hat. Entsprechendes gilt, wenn ein Gesetz den späteren Erlass eines rückwirkenden Gesetzes fordert oder voraussetzt.[391]

4. *Ersetzen einer ungültigen Rechtsnorm*

Ein schutzwürdiges Vertrauen soll auch dann zu verneinen sein, wenn sich eine Rechtsnorm im Nachhinein als ungültig erweist und diese durch eine rechtlich nicht zu beanstandende Norm ersetzt wird.[392] 220

5. *Vorrangige Belange des Gemeinwohls*

Schlussendlich können auch zwingende Belange des Gemeinwohls eine Durchbrechung des Verbots der „echten" Rückwirkung gestatten.[393] Diese Belange des Gemeinwohls müssen allerdings so gewichtig sein, dass sie die dem Gebot der Rechtssicherheit übergeordnet werden können bzw. müssen.[394] Hierbei handelt es sich zweifelsohne um die Fallgruppe, die juristisch am schwersten „greifbar" ist und entsprechenden Argumentationsspielraum bietet. 221

V. Anwendung auf das SokaSiG

Im Folgenden soll geprüft werden, ob eine der in der Rechtsprechung anerkannten Ausnahmesituationen im Falle des SokaSiG einschlägig ist und damit die „echte" Rückwirkung des Gesetzes rechtfertigen kann. 222

Im Rahmen dieser Prüfung wird an mehreren Stellen auf eine Entscheidung des LAG Hessen vom 2. Juni 2017 Bezug genommen.[395] In diesem Beschlussverfahren hatte das LAG Hessen über den Beitragseinzug der SOKA-BAU bei einem Einzelunternehmer für den Zeitraum Dezember 2010 bis Dezember 2013 zu entscheiden. Aufgrund der Beschlüsse des BAG von September 2016 kam für diese Beitragsansprüche nur das SokaSiG als Anspruchsgrundlage in Frage, so dass sich das LAG Hessen in diesem Rahmen ausführlich mit dessen Verfassungsmäßigkeit auseinandergesetzt und dabei insbesondere Ausführungen zur Zulässigkeit der Rückwirkung gemacht hat. Im Ergebnis kam das LAG Hessen

---

391 BVerfG vom 19.12.1961 - 2 BvL 6/59 = BVerfGE 13, 261 = NJW 1962, 291.

392 BVerfG vom 19.12.1961 - 2 BvL 6/59 = BVerfGE 13, 261 = NJW 1962, 291.

393 BVerfG vom 2.5.2012 – 2 BvL 5/10 = BVerfGE 131, 20 = NVwZ 2012, 876, 877 m.w.N.

394 BVerfG vom 19.12.1961 - 2 BvL 6/59 = BVerfGE 13, 261 = NJW 1962, 291.

395 LAG Hessen vom 2.6.2017 – 10 Sa 907/16 = NZA-RR 2017, 485.

zu der Entscheidung, dass das SokaSiG mit dem Grundgesetz vereinbar ist und daher auch eine Vorlage an das BVerfG nach Art. 100 GG nicht geboten sei.

1. *Bagatellvorbehalt*

223 Die Geltung des Bagatellvorbehalts kann man im Falle des SokaSiG unproblematisch ausschließen. Diese Fallgruppe wurde anhand von Konstellationen entwickelt, in denen die Belastung des Bürgers durch das rückwirkende Gesetz geradezu verschwindend gering war. So wurde durch das BVerfG bspw. entschieden, dass eine rückwirkende Hundesteuer i.H.v. 16 DM für das Rechnungsjahr 1950/51 durch den Kläger u.a. deshalb hinzunehmen sei, da „die in Frage stehenden Summen für den einzelnen Betroffenen weder absolut noch im Hinblick auf die mit einer Hundehaltung im Übrigen verbundenen Kosten relativ ins Gewicht fielen“[396].

Bereits in einer Entscheidung des LAG Hessen vom 2. Juni 2017 ging es aber um einen geltend gemachten Beitragsanspruch der SOKA-BAU i.H.v. 231.590 Euro, der seine rechtliche Begründung ausschließlich im SokaSiG finden konnte.[397] Von einer Bagatelle kann hier kaum die Rede sein. Auch weitere Klagen der SOKA-BAU auf Beitragszahlung auf Grundlage des SokaSiG werden sich um hohe Geldbeträge drehen, wenn die betroffenen Arbeitgeber bisher noch keine Beiträge geleistet haben. Schließlich betrug der geschuldete Sozialkassenbeitrag nach § 15 Abs. 1 VTV zuletzt 17,2 % der Bruttoarbeitslöhne aller gewerblichen Arbeitnehmer im Betrieb.

Das BVerfG stellte im Rahmen seiner Entscheidungen zur Bagatellgrenze zusätzlich darauf ab, ob das Vertrauen in die frühere Rechtslage dazu geeignet war, Entscheidungen und Dispositionen herbeizuführen oder zu beeinflussen, die sich bei Änderung der Rechtslage als nachteilig erweisen.[398] Im Falle des SokaSiG müsste also das Vertrauen der Arbeitgeber in die Unwirksamkeit der AVE VTV dazu geeignet gewesen sein, bestimmte Dispositionen oder Investitionen zu tätigen, die sich bei rückwirkender Geltung des SokaSiG als nachteilig erweisen.[399]

396 BVerfG vom 24.7.1957 - 1 BvL 23/52 = BVerfGE 7, 89 = BeckRS 1957, 30700627.

397 LAG Hessen vom 2.6.2017 – 10 Sa 907/16 = NZA-RR 2017, 485, 485.

398 BVerfG vom 23.3.1971 – 2 BvL 17/69 = BVerfGE 30, 367, 389.

399 Unerheblich ist an dieser Stelle noch, ob dieses Vertrauen begründet und im Übrigen schützenswert ist. Es dreht sich hier lediglich um eine grundsätzliche Eignung dieses Vertrauens, erhebliche Schäden bei den Normadressaten herbeizuführen.

Auch hier darf es sich wiederum nicht um völlig vernachlässigbare Summen handeln, da der verfassungsrechtliche Vertrauensschutz den Staatsbürger nicht vor jeglicher Enttäuschung bewahren muss.[400] Das LAG Hessen kam in seiner Entscheidung relativ schnell zu dem Ergebnis, dass Dispositionen und Investitionen der Arbeitgeber im Vertrauen auf die Unwirksamkeit der AVE VTV „(völlig) fernliegend"[401] sind.

Eine nähere Auseinandersetzung mit der Problematik erfolgte nicht und lässt den Blick auf die Realität der betroffenen Unternehmer vermissen. Denn soweit ein Arbeitgeber tatsächlich auf die Unwirksamkeit der AVE VTV und damit auf die nicht bestehende Beitragspflicht zum Sozialkassenverfahren vertraute, kann dieses Vertrauen und die nachträgliche Heranziehung zum Sozialkassenverfahren auf Grundlage des SokaSiG durchaus erhebliche finanzielle Nachteile verursachen. Geht man beispielsweise von der Fallkonstellation aus der Entscheidung des LAG Hessen vom 2. Juni 2017 aus, wird man ohne weiteres davon ausgehen müssen, dass der Arbeitgeber die nicht gezahlten Beiträge i.H.v. 231.590 Euro im Zeitraum von Dezember 2010 bis Dezember 2013 für Investitionen in sein Unternehmen oder anderweitige Dispositionen verwendet hat. „(Völlig) fernliegend" wäre allenfalls die Annahme, dass die Arbeitgeber die nicht gezahlten Beiträge lediglich aufbewahrt und für eine spätere Beitragsforderung auf Grundlage eines rückwirkenden Gesetzes bereitgehalten hätten. Die nachträgliche Beitragszahlung für mehrere Jahre auf Grundlage des SokaSiG wird die Arbeitgeber, die bisher von der Unwirksamkeit der AVE VTV ausgegangen sind und daher keine Beiträge entrichtet haben, jetzt aber in aller Regel zur Aufnahme von Krediten zwingen – oder schlimmstenfalls in die Insolvenz drängen. Es wäre realitätsfern solche Konsequenzen auszuschließen oder – wie es das LAG Hessen tat – gar nicht erst in Erwägung zu ziehen.

An dieser Stelle kann auch noch dahinstehen, ob ein Vertrauen der Arbeitgeber in die Unwirksamkeit der AVE VTV tatsächlich vorlag und ob dieses Vertrauen auch tatsächlich schutzwürdig war. Es geht hier zunächst nur um die Frage, ob ein solches Vertrauen und die rückwirkende Geltung des SokaSiG im Grundsatz dazu geeignet sind, hohe oder zumindest nicht nur unerhebliche Schäden bei den Normadressaten zu verursachen. Diese Bagatellgrenze ist bei möglichen Beitragsforderungen für mehrere Jahre und bezüglich einer Vielzahl von Arbeitnehmern definitiv überschritten. Bereits die Entscheidung des LAG

400 BVerfG vom 11.10.1962 – 1 BvL 22/57 = BVerfGE 14, 288, 299.

401 LAG Hessen vom 2.6.2017 – 10 Sa 907/16 = NZA-RR 2017, 485, 488.

Hessen vom 2. Juni 2017, in dessen Rahmen sich zum ersten Mal ein Gericht mit der Anwendung des SokaSiG auseinandersetzen musste, hat dies gezeigt.[402]

2. Ersetzen einer ungültigen Rechtsnorm

224 Jedoch könnte die Fallgruppe, wonach die „echte" Rückwirkung ausnahmsweise zulässig ist, wenn eine ungültige Rechtsnorm durch eine einwandfreie Regelung ersetzt wird, einschlägig sein. Das SokaSiG stellt nur die Rechtslage her, die bei Geltung der unwirksamen AVEen VTV bestanden hätte.

a. Anwendungsfälle aus der Rechtsprechung

225 Die Grundlage für diese anerkannte Ausnahme vom Verbot der Rückwirkung hat das BVerfG bereits im Jahre 1957 geschaffen, als es in den Entscheidungsgründen eines Beschlusses zur Rückwirkung eines Hundesteuergesetzes erklärte, dass der Gesetzgeber dazu befugt sein kann rückwirkende Regelungen zu erlassen, wenn sich eine Rechtsnorm nachträglich als ungültig erweist und hierdurch ein regelungsfreier Zustand entsteht.[403] Im Jahre 1961 konkretisierte das BVerfG diese Aussage noch einmal und erläuterte, dass Staatsbürger „[…] sich nicht immer auf den durch eine ungültige Norm erzeugten Rechtsschein verlassen"[404] können. Der Gesetzgeber könne „[…] daher unter Umständen eine nichtige Bestimmung rückwirkend durch eine rechtlich nicht zu beanstandende Norm ersetzen"[405]. Hauptanwendungsfall dieses Ausnahmetatbestands ist zweifelsohne die Rückwirkung von Steuergesetzen. In einer jüngeren Entscheidung hat das BVerfG darüber hinaus entschieden, dass dem Inhalt einer Verordnung auch rückwirkend Gesetzeskraft durch ein formelles Gesetz verliehen werden kann (sog. Rechtsformwechsel).[406]

Im Ergebnis wurde hier also eine Verordnung, dessen formelle Wirksamkeit angezweifelt wurde, durch ein rückwirkendes Gesetz ersetzt. Die formelle Wirksamkeit der Verordnung wurde zuvor zwar vereinzelt angezweifelt, eine höchstrichterliche Entscheidung dazu erging aber nicht. Ein etwaiges Vertrauen in die Unwirksamkeit der Verordnung konnte der Rückwirkung daher nach Ansicht des BVerfG nicht entgegenstehen.

---

402 LAG Hessen vom 2.6.2017 – 10 Sa 907/16 = NZA-RR 2017, 485.
403 BVerfG vom 24.7.1957 – 1 BvL 23/52 = BVerfGE 7, 89, 94.
404 BVerfG 19.12.1961 - 2 BvL 6/59 = BVerfGE 13, 261, 271.
405 BVerfG 19.12.1961 - 2 BvL 6/59 = BVerfGE 13, 261, 271.
406 BVerfG 27.2.2007 - 1 BvR 3140/06 = NVwZ-RR 2007, 433.

Auch das BVerwG hatte sich bereits mehrfach mit der Rückwirkung von Rechtsnormen auseinanderzusetzen. In Berufung auf die Grundsätze des BVerfG geht das BVerwG in ständiger Rechtsprechung davon aus, dass der rückwirkenden Heilung von fehlerhaften Satzungen keine verfassungsrechtlichen Bedenken entgegenstehen, wenn hierdurch lediglich formeller Fehler behoben werden, der Inhalt der Norm aber im Übrigen sachgerecht ist und übernommen wird.[407]

b. Ersetzen einer AVE durch ein formelles Gesetz

aa. SokaSiG als schlichte „Kopie" der AVEen VTV 2008 – 2014

Das SokaSiG ersetzt inhaltlich – unter anderem – die für unwirksam erklärten AVEen VTV 2008 – 2014. Das Gesetz wiederholt also nur das, was bei der Wirksamkeit dieser AVEen ohnehin gegolten hätte. Die Fallkonstellation ist damit auf den ersten Blick mit der Fallgruppe vergleichbar, die das BVerfG für das rückwirkende Ersetzen einer nichtigen Norm entwickelt hat. Letztendlich hat es sich bei den Gründen, die zur Unwirksamkeit der AVE geführt haben, auch um Verfahrensfehler gehandelt: zum einen wurde nicht der zuständige Bundesminister beim Erlass der AVE beteiligt, zum anderen ist das BMAS von einer ungeeigneten Schätzgrundlage zur Berechnung des Quorums für § 5 Abs. 1 Nr. 1 TVG a.F. ausgegangen. Unzulässige Inhalte der Tarifverträge selbst wurden hingegen nicht festgestellt. Das SokaSiG „heilt" damit also lediglich formelle Fehler des Verfahrens zum Erlass einer AVE, im Zuge dessen der Inhalt der AVEen und der Tarifverträge aber nicht verändert, sondern durch Bezugnahme der zugrundeliegenden Tarifverträge des Baugewerbes in §§ 1 – 8 SokaSiG einfach nur „kopiert" wird. Auch das LAG Hessen kam daher zu dem Ergebnis, dass bereits aus diesem Grund die „echte" Rückwirkung des SokaSiG ausnahmsweise zulässig sein müsse.[408] 226

bb. Umwandlung von einer AVE zu einem formellen Gesetz als zulässiger Rechtsformwechsel

Fraglich ist allerdings, ob das Ersetzen einer unwirksamen AVE durch ein formelles Gesetz überhaupt mit Fällen vergleichbar ist, in dessen Rahmen ein 227

407 BVerwG vom 18.8.1982 – 4 N 1.81 = BVerwGE 66, 116, 122; BVerwG vom 5.12.1986 – 4 C 31.85 = BVerwGE 75, 262, 267 f; diese Heilung kann auch durch Änderung der fehlerhaften Satzung durch die Gemeinde selbst erfolgen, vgl. hierzu BVerwG vom 28.11.1975 – IV C 45.74 = BVerwGE 50, 2, 7 f.

408 LAG Hessen vom 2.6.2017 – 10 Sa 907/16 = NZA-RR 2017, 485, 488.

staatlicher Rechtsetzungsakt durch einen anderen staatlichen Rechtsetzungsakt ersetzt wird.

So erscheint es grundsätzlich einleuchtend, dass der Gesetzgeber die formellen Fehler seiner selbst erlassenen Rechtsnormen durch eine eigene heilende Rechtsnorm korrigieren kann. Selbst wenn der Gesetzgeber eine Verordnung, also einen Rechtsetzungsakt der Exekutive, nachträglich durch ein formelles Gesetz heilt, verbleibt es bei der Korrektur einer Rechtsnorm durch den Erlass einer neuen Rechtsnorm, die beide von einem staatlichen Anwendungsbefehl und Gesetzgebungswillen getragen werden. Dem Gesetzgeber ist schließlich nicht verwehrt, „eine zunächst dem Verordnungsgeber überlassene Regelungsbefugnis wieder für sich in Anspruch zu nehmen und eine bereits vorliegende Rechtsverordnung durch Bezugnahme auf ihren Inhalt nunmehr als Gesetz zu erlassen“[409]. Das LAG Hessen führt insoweit auch folgerichtig aus, dass kein allgemeines Prinzip existiert, nachdem ein unwirksamer Rechtsakt nur durch einen Rechtsakt auf der gleichen Normhierarchieebene „geheilt“ werden kann.[410] Soweit dem Gesetzgeber also die notwendige Gesetzgebungskompetenz zusteht, bleibt er auch stets dazu befugt ein formelles Gesetz zur Korrektur der formellen Fehler einer Verordnung zu verwenden.

Geradezu aus diesem Grundsatz ergibt sich aber auch die Konsequenz, dass die Normunterworfenen einer Verordnung stets damit rechnen müssen, dass der Gesetzgeber selbst korrigierend tätig wird und trotz Vorliegen einer Verordnung mit dem Erlass eines formelles Gesetzes reagiert.[411] Ein Vertrauen der Bürger auf die Zurückhaltung des Gesetzgebers im Regelungsbereich einer Verordnung besteht daher grundsätzlich nicht. Abgesehen von unterschiedlichen Rechtsschutzmöglichkeiten macht es für den einzelnen Bürger auch keinen schwerwiegenden Unterschied, ob sein Handeln der Geltung einer Verordnung oder eines Gesetzes unterliegt.

Im Unterschied hierzu konnten die Normunterworfenen der AVE VTV aber kaum damit rechnen, dass die unwirksamen AVEen VTV durch ein formelles Gesetz ersetzt werden. Ein direkter Vergleich der AVE mit einer Verordnung geht im Ergebnis fehl. So weist *Thüsing* treffend darauf hin, dass es sich bei der AVE um einen Rechtssetzungsakt eigener Art zwischen autonomer Regelung

---

409 BVerfG vom 15.11.1967 – 2 BvL 7, 20, 22/64 = BVerfGE 22, 330, 346.

410 LAG Hessen vom 2.6.2017 – 10 Sa 907/16 = NZA-RR 2017, 485, 491.

411 So auch *Thüsing*, der es als „bloße rechtstechnische Zufälligkeit“ betrachtet, ob eine belastende Regelung durch den Gesetzgeber oder den Verordnungsgeber erfolgt, vgl. NZA-Beilage 2017, 3, 7.

und staatlicher Rechtsetzung handelt, der nicht notwendigerweise dem Willen staatlicher Regelungsakteure entspringt.[412] Zwar wird die AVE letztendlich durch das BMAS ausgesprochen, wobei das BMAS u.a. das Vorliegen der Voraussetzungen nach § 5 Abs. 1 TVG zu prüfen hat. Eingeleitet werden konnte das Verfahren zum Erlass einer AVE aber gem. § 5 Abs. 1 S. 1 TVG a.F. ausschließlich durch den Antrag einer Tarifvertragspartei.[413] Das BMAS konnte also nicht von sich aus eine AVE erlassen, sondern war und ist bis heute stets auf die Initiative und den entsprechenden Willen der Tarifvertragsparteien angewiesen.[414] Bezugsobjekt der AVE können außerdem immer nur die Tarifverträge der antragstellenden Tarifvertragsparteien sein, Antrag und Tarifvertrag müssen sich dementsprechend decken.[415] Das BMAS kann dem Antrag hingegen keine eigenen Regelungen hinzufügen und anschließend deren Allgemeinverbindlichkeit herbeiführen. Im Ergebnis handelt es sich also um einen Rechtssetzungsakt eigener Art, der zwar von einem staatlichen Anwendungsbefehl getragen wird, dennoch aber auf Grundlage einer tarifvertraglichen Regelung erfolgt und damit seinen Ursprung in der Ausübung der Koalitionsfreiheit nach Art. 9 Abs. 3 GG findet.[416] Ein direkter Vergleich mit einer Verordnung, die ausschließlich aufgrund des Normsetzungswillens der Exekutive erlassen wird, geht fehl.

Aufgrund dieser begrenzten Vergleichbarkeit der AVE mit einer (rein) staatlichen Rechtsnorm, wird die Auffassung vertreten, dass eine rückwirkende Korrektur hier als Ausnahmetatbestand vom Verbot der Rückwirkung ausscheiden müsse.[417] Der grundrechtsgeschützte Bereich der Koalitionsfreiheit stehe vorrangig den Tarifvertragsparteien zu und der Gesetzgeber habe sich in der Vergangenheit daher (zurecht) darin zurückgehalten, sich tarifvertragliche Inhalte zu eigen zu machen und sie auf Nichttarifgebundene zu erstrecken.[418] Ein derartiger Eingriff in die Rechte der Nichttarifgebunden sei aufgrund von § 5 TVG und unter Beachtung der dort festgelegten Voraussetzungen den Tarifvertragsparteien vorbehalten.[419]

---

412 *Thüsing*, NZA-Beilage 2017, 3, 8.

413 Nach § 5 Abs. 1 S. 1 TVG n.F. ist mittlerweile ein gemeinsamer Antrag der Tarifvertragsparteien notwendig.

414 Däubler/*Lakies*, § 5 TVG Rn. 82.

415 Däubler/*Lakies*, § 5 TVG Rn. 86.

416 So im Ergebnis auch *Thüsing*, NZA-Beilage 2017, 3, 8.

417 So im Ergebnis wohl *Thüsing*, dessen Ansicht nach ein derartiger Rechtsformwechsel „[…] der die Voraussetzungen der gesetzlichen Grundlage des § 5 TVG umgeht, nicht ohne Weiteres in Betracht […]“ komme, NZA-Beilage 2017, 3, 8.

418 *Thüsing*, NZA-Beilage 2017, 3, 8.

419 *Thüsing*, NZA-Beilage 2017, 3, 8.

Diese Auffassung ist insoweit zutreffend, dass sich der Gesetzgeber bisher tatsächlich in Zurückhaltung geübt und keine Tarifverträge per Gesetz auf Nichttarifgebundene erstreckt hat. In § 5 TVG wurde bewusst festgelegt, unter welchen besonderen Voraussetzungen eine Normerstreckung auf Außenseiter stattfinden soll und darf. Dabei nimmt das BMAS zwar eine entscheidende Rolle im Rechtssetzungsverfahren ein, der Wille zur Normsetzung entspringt aber den Tarifvertragsparteien. Mangels eines vergleichbaren Gesetzes in der Vergangenheit konnten die Arbeitgeber der Baubranche auch nicht mit einem derartigen Rechtsformwechsel rechnen.

228 Nichtsdestoweniger kann der unterschiedliche Normcharakter von AVE und Gesetz nicht automatisch dazu führen, dass eine „Heilung" der AVE durch ein formelles Gesetz ausscheiden muss. Der Gesetzgeber hat sich zwar bisher darin zurückgehalten, sich den Inhalt von Tarifverträgen zu eigen zu machen, daraus kann aber nicht gefolgert werden, dass der Bürger sich grundsätzlich darauf verlassen kann, dass der Gesetzgeber keine Rechtsnormen erlässt, die ihren Ursprung in einem Tarifvertrag finden. Ein Prinzip, nachdem eine AVE nur durch eine AVE „geheilt" werden kann existiert – wie auch für den Fall der Heilung einer VO durch ein formelles Gesetz – nicht. Es existieren daher auch keine Schranken für den Gesetzgeber, die über die formelle und materielle Rechtmäßigkeit des ersetzenden Gesetzes hinausgehen. Insbesondere verliert der Gesetzgeber durch § 5 TVG nicht seine Gesetzgebungskompetenz für das Arbeitsrecht, die ihm grundsätzlich nach Artikel 74 Abs. 1 Nr. 12 GG zusteht. Auch im tarifvertraglichen Tätigkeitsbereich der Koalitionen besteht keine Normsetzungsprärogative im Sinne eines Vorrechts zur Rechtsnormsetzung zugunsten der Tarifvertragsparteien.[420] Der Staat bleibt daher jederzeit dazu befugt, seine Normsetzungsbefugnis im Bereich des Arbeitsrechts wieder wahrzunehmen, wenn er dies für notwendig hält.[421]

Der Normcharakter einer AVE ist auch nicht dermaßen weit von dem einer Verordnung oder eines formellen Gesetzes entfernt, dass eine völlig unterschiedliche Behandlung gerechtfertigt wäre. Zwar sind am Rechtsetzungsverfahren der AVE ausnahmsweise Dritte in Form der Tarifvertragsparteien beteiligt, indem diese das Verfahren erst anstoßen. Die AVE stellt daher einen Rechtsetzungsakt zwischen autonomer Regelung und staatlicher Rechtsetzung dar. Maßgeblich für den Ausspruch einer AVE bleibt aber trotzdem staatliches Handeln. Erst durch

420 *Bartlog*, Gesetz und Tarifvertrag, S. 192.

421 *Bartlog*, Gesetz und Tarifvertrag, S. 193; sog. „Kompetenzdualismus", Däubler/*Lakies*, § 5 TVG Rn. 40.

die notwendige Abwägung und positive Entscheidung des BMAS übernimmt das BMAS die Normverantwortung und verleiht der AVE damit die notwendige staatlich-demokratische Legitimation.[422] Letztendlich ist das Ergebnis der Abwägung auch stets ergebnisoffen, so dass nie eine „Pflicht“ zur AVE seitens des BMAS besteht.[423] Wenn der Gesetzgeber also einen Rechtsformwechsel von einer AVE zu einem formellen Gesetz vornimmt, handelt es sich um keinen Wechsel von einer privatautonomen zu einer staatlichen Regelung. Es handelt sich in beiden Fällen um Rechtsetzungsakte, die von einem staatlichen Handeln ausgehen.[424]

Soweit das BVerfG also in seiner Rechtsprechung anerkennt, dass das Ersetzen einer ungültigen Norm auch bei Rechtsformwechsel einen Ausnahmetatbestand vom Verbot der Rückwirkung darstellen kann, muss das im Grundsatz auch für das rückwirkende Ersetzen einer AVE durch ein formelles Gesetz gelten.[425]

cc. Fehlerhafte Ermittlung des Quorums als „formeller“ Fehler

Problematisch ist jedoch der Umstand, dass das BVerfG das rückwirkende **229**
Ersetzen einer ungültigen Norm in erster Linie dann zugelassen hat, wenn die fehlerhafte Norm lediglich an formellen und nicht an materiellen Mängeln gelitten hat.[426] Besonders in dieser Konstellation mangelt es den Bürgern an einem schutzwürdigen Vertrauen in die Unwirksamkeit der Norm, da der Inhalt der Norm von Anfang an nicht zu beanstanden war und dieser in der ersetzenden Norm unverändert übernommen wird.

Zweifelsohne stellt die mangelnde Ministerbefassung einen formellen Fehler des Verfahrens der AVE dar, der sich für die Heilung durch ein rückwirkendes Gesetz eignet und insoweit die Voraussetzungen des BVerfG für eine zulässige Rückwirkung erfüllt.[427] Und auch die ordnungsgemäße Ermittlung der Zahlen für das 50-Prozent-Quorum nach § 5 Abs. 1 S. 1 Nr. 1 TVG a.F. erscheint zunächst als bloßer Verfahrensschritt innerhalb der AVE: Gemäß § 5 Abs. 1 S. 1 Nr. 1 TVG a.F. musste zunächst positiv festgestellt werden, dass die tarifgebundenen Arbeitgeber eine Mindestzahl an Arbeitnehmern beschäftigen, die dem Geltungsbereich des Tarifvertrags unterfallen, bevor eine Abwägung durch das

---

422 *Löwisch/Rieble,* § 5 TVG Rn. 130.

423 *Löwisch/Rieble,* § 5 TVG Rn. 130.

424 So auch *Bayreuther,* BT-Ausschussdrucksache 18(11)897, S. 60.

425 So im Ergebnis und übereinstimmend mit den Ausführungen des LAG Hessen auch *Ulber,* NZA 2017, 1104, 1107.

426 Zuletzt BVerfG vom 27 2.2007 - 1 BvR 3140/06 = NVwZ-RR 2007, 433.

427 Ebenso *Ulber,* NZA 2017, 1104, 1106.

BMAS nach § 5 Abs. 1 S. 1 Nr. 2 TVG a.F. und eine inhaltliche Prüfung des Tarifvertrags überhaupt in Frage kam. Im Falle der AVE VTV ging das BMAS nach Einschätzung des BAG von falschen Zahlen und damit von einer ungeeigneten Schätzgrundlage aus. Für das LAG Hessen heilte das SokaSiG daher auch in diesem Fall ausschließlich einen formellen Mangel der AVE.[428]

Dabei wird aber unterschlagen, welche Bedeutung das 50-Prozent-Quorum für die AVE tatsächlich hat bzw. hatte. Zweifelsohne wird man die Ermittlung von geeigneten Daten und deren Auswertung als einen bloßen Teil des Verfahrens der AVE sehen müssen. Letztlich findet hier noch keine rechtliche Bewertung statt, sondern lediglich eine Auswertung von statistischem Material.[429] Das Ergebnis dieser Auswertung stellt allerdings das Fundament einer materiellen Voraussetzung der AVE dar, auf Grundlage derer die Rechtsnormerstreckung erst zulässig war. Bezüglich Sinn und Zweck des Quorums bestehen in der Literatur zwar unterschiedliche Auffassungen. Teilweise wird zur Begründung des 50-Prozent-Quorums darauf verwiesen, dass eine Minderheit der Arbeitgeber die Mehrheit der Arbeitgeber nicht „majorisieren" können dürfe.[430] Auch die Sicherstellung der Repräsentativität des zu erstreckenden Tarifvertrags wird zur Begründung des Quorums vermehrt angeführt.[431] Nach einer weiteren Meinung trägt das 50-Prozent-Quorum gar dem verfassungsrechtlichen Verhältnismäßigkeitsgrundsatz Rechnung.[432] Nur durch das Erreichen des Quorums sei sichergestellt, dass der Tarifvertrag in seinem Geltungsbereich am Arbeitsmarkt ausreichend Akzeptanz erreicht hat und die vorgegebenen Arbeitsbedingungen des Tarifvertrags auch den Außenseitern zugemutet werden können. Ohne Erreichen des Quorums stelle die AVE hingegen einen unverhältnismäßigen Eingriff

428 LAG Hessen vom 2.6.2017 – 10 Sa 907/16 = NZA-RR 2017, 485, 488; skeptisch hingegen *Ulber*, NZA 2017, 1106 f.

429 Größtenteils bleibt dem BMAS nichts anderes übrig, als anhand des verfügbaren Erkenntnismaterials zu schätzen, wie viele Arbeitnehmer die organisierten Arbeitgeber im Zeitpunkt der AVE beschäftigen, vgl. *Löwisch/Rieble*, 3. Auflage, § 5 TVG Rn. 131.

430 *Ansey/Koberski*, AuR 1987, 230, 232; Däubler/*Lakies*, § 5 TVG Rn. 99; KeZa/*Seifert*, § 5 TVG Rn. 46; *Sodan/Zimmermann*, ZfA 2008, 526, 569; *Wonneberger*, Die Funktionen der AVE, S. 68.

431 BVerwG vom 28.1.2010 - 8 C 19/09 = NZA 2010, 718, 724; *Büdenbender*, RdA 2000, 193, 196; *Gamillscheg*, Kollektives Arbeitsrecht Band I, S. 892; ErfK/*Franzen*, § 5 TVG Rn. 11; KeZa/*Seifert*, § 5 TVG Rn. 46.

432 *Hohenstatt/Schramm*, NZA 2008, 433, 434; *Jacobs*, FS Walz, S. 304; *Löwisch/Rieble*, 3. Auflage, § 5 TVG Rn. 120; *Rieble/Klebeck*, ZIP 2006, 829, 833.

in die Berufsausübungs- und Vertragsfreiheit der Außenseiter dar.[433] Das BAG hat sich in seinen Beschlüssen von September 2016 dahingehend positioniert, dass das 50-Prozen-Quorum mehreren Zwecken diene, wobei schwerpunktmäßig erreicht werden solle, dass nur repräsentative Tarifverträge auf Außenseiter erstreckt werden und diese Außenseiter durch eine Minderheit nicht majorisiert werden.[434]

Aber auch völlig unabhängig von der (durch den Gesetzgeber tatsächlich gewollten) Funktion, stellte das 50-Prozent-Quorum eine gesetzlich vorgeschriebene Voraussetzung für die AVE nach dem TVG a.F. dar. Die Rechtswidrigkeit dieser gesetzlichen Voraussetzung wurde nie gerichtlich festgestellt. Während der Geltung des § 5 Abs. 1 S. 1 Nr. 1 TVG a.F. war das 50-Prozent-Quorum also für jede AVE positiv festzustellen, unabhängig davon welchen Zweck man dem Quorum nachsagt. Auch wenn das SokaSiG selbst keine AVE, sondern ein formelles Gesetz darstellt und damit nicht unmittelbar an die materiellen Voraussetzungen aus § 5 TVG a.F. wie n.F. gebunden ist, können deren Voraussetzungen aber jedenfalls dann nicht ignoriert werden, wenn man sich für die Rechtfertigung der Rückwirkung auf den Ausnahmetatbestand des „Ersetzens einer ungültigen Rechtsnorm“ stützen will.[435] Dieser Ausnahmetatbestand begründet sich geradezu damit, dass die Normunterworfenen nicht schutzwürdig sind, wenn die Rechtsnorm lediglich an formellen Fehler litt. So sind die Normunterworfenen des SokaSiG bspw. nicht schutzwürdig, wenn die – im Übrigen wirksame – AVE VTV durch das SokaSiG ersetzt wird, um den Verfahrensfehler der fehlenden Ministerbefassung zu überwinden. Schutzwürdig sind die Normunterworfenen hingegen dann, wenn man sich über die materiellen Voraussetzungen der zu ersetzenden Rechtsnorm hinwegsetzt.

Auch der Hinweis des LAG Hessen, dass das Erfüllen eines bestimmten Quorums für die Zulässigkeit einer AVE verfassungsrechtlich „nicht geboten“ ist und daher auch für die verfassungsrechtliche Zulässigkeit des SokaSiG keine Rolle spielt, führt zu keinem anderen Ergebnis.[436] Es lassen sich zwar gute Gründe

---

433 *Löwisch/Rieble*, 3. Auflage, § 5 TVG Rn. 120; a.A. *Strippelmann*, Gemeinsame Einrichtungen, S. 172.

434 BAG vom 21.9.2016 – 10 ABR 33/15 = NZA-Beil. 2017, 12, 36.

435 In diese Richtung auch Arbeitsgericht Wiesbaden vom 15.8.2017 – 12 Ca 992/16.

436 Das LAG Hessen führt dies nicht in direktem Bezug zum Ausnahmetatbestand „Ersetzen einer ungültigen Rechtsnorm“ auf, sondern in Bezug darauf, dass die fehlende Feststellung des Quorums einer Rückwirkung des SokaSiG generell nicht entgegengehalten werden könne, LAG Hessen vom 2.6.2017 – 10 Sa 907/16 = NZA-RR 2017, 485, 491 f.

dafür anführen, dass das 50-Prozent-Quorum verfassungsrechtlich zumindest nicht geboten und daher der Verzicht auf diese Voraussetzung im Rahmen der Gesetzesänderung durch das TASG zulässig war.[437] Insbesondere hat das BVerfG in seinen Entscheidungen, in dessen Rahmen die Verfassungsmäßigkeit der AVE bestätigt wurde, nie auf das Quorum als entscheidenden Faktor für die verfassungsrechtliche Zulässigkeit der Normerstreckung auf nicht-tarifgebundene Arbeitgeber abgestellt.[438] „Nicht geboten" heißt jedoch keinesfalls „rechtswidrig". Der Gesetzgeber bewegte sich mit dem 50-Prozent-Quorum in § 5 TVG a.F. innerhalb seines verfassungsrechtlichen Gestaltungsspielraums zur Ausgestaltung der Tarifautonomie.[439] Soweit der Gesetzgeber mit einem rückwirkenden Gesetz in einen Zeitraum eingreift, in dem dieser Gestaltungsspielraum in Form des 50-Prozent-Qurorums ausgeübt wurde und gesetzlich vorgeschrieben war, kommt es auf dessen „Gebotenheit" nicht an. Es handelte sich um geltendes, zwingendes Recht. Auch der (zulässige) Rechtsformwechsel kann nicht grenzenlos von der Einhaltung der materiellen Voraussetzungen der zu ersetzenden Rechtsnorm befreien. Dies würde einen Missbrauch der Rechtsetzungsbefugnis des Gesetzgebers darstellen und unangemessen in das Vertrauen der Normunterworfenen eingreifen. Dies muss zumindest gelten, soweit man sich zur Rechtfertigung der Rückwirkung auf den Ausnahmetatbestand „Ersetzen einer ungültigen Rechtsnorm" beruft.

Zwar hat sich der Gesetzgeber im Rahmen des „Tarifautonomiestärkungsgesetzes" vom 11. August 2014 (nachfolgend TASG) dazu entschieden, dass diese Voraussetzung verfassungsrechtlich nicht mehr geboten ist und die AVE eines Tarifvertrags auch ohne das Erreichen des 50-Prozent-Quorums ausreichend gerechtfertigt sein kann. Das hat aber nicht zur Folge, dass die frühere Rechtslage ihre Legitimation oder ihre Geltung verliert. Die Aufgabe des Quorums i.R.d. TASG wurde letztendlich auch nur damit begründet, dass das „[…] starre 50-Prozent-Quorum […] in Zeiten sinkender Tarifbindung die Nutzung des Instruments der Allgemeinverbindlicherklärung gehemmt"[440] hat. Die Gesetzesänderung war also das Ergebnis einer tarifpolitischen Entwicklung und keine

437 Insoweit wohl herrschende Meinung, siehe hierzu ausführlich *Preis/Povedano Peramato,* Das neue Recht der Allgemeinverbindlicherklärung, S. 26 ff.; *Strippelmann*, Gemeinsame Einrichtungen, S. 169 ff.

438 BVerfG vom 24.5.1977 – 2 BvL 11/74 = BVerfGE 44, 322; BVerfG vom 15.7.1980 – 1 BvR 439/79 = BVerfGE 55, 7.

439 Auch bezeichnet als „Gestaltungskorridor zwischen Unter- und Übermaßverbot", *Greiner/Hanau/Preis,* SR Sonderausgabe April 2014, 2, 24.

440 BT-Drucksache 18/1558, S. 48.

Aussage über die Rechtmäßigkeit oder Rechtswidrigkeit des § 5 Abs. 1 S. 1 Nr. 1 TVG a.F.

Die Ermittlung der geeigneten Zahlen i.R.v. § 5 Abs. 1 Nr. 1 TVG a.F. stellte also eine verfahrenstechnische Vorfrage und im Anschluss daran aber die Grundlage für eine weitaus wichtigere und nicht nur formelle Frage dar. Im Falle der AVE VTV hatte die fehlerhafte Ermittlung der Zahlen zur Folge, dass das Erreichen des Quorums nie positiv festgestellt werden konnte und nach Ansicht des BAG auch heute nicht mehr positiv festgestellt werden kann.[441] Das SokaSiG heilt damit also nicht nur den Fehler im Verfahren der AVE VTV, sondern der Gesetzgeber setzt sich über ein materielles Rechtmäßigkeitserfordernis der AVE selbst hinweg.[442] Zu Recht wird in der Literatur darauf hingewiesen, dass bereits aufgrund des nicht feststellbaren 50-Prozent-Quorums eine rückwirkende AVE überhaupt nicht möglich gewesen wäre.[443] Wenn die Wirkung des SokaSiG aber über eine Heilung von formellen Fehlern hinausgeht und zusätzlich materielle Schranken der AVE außer Kraft setzt bzw. ignoriert, kann auch nicht der anerkannte Ausnahmetatbestand des BVerfG zur Heilung von (formell) ungültigen Normen einschlägig sein. Die schutzwürdigen Normadressaten musste nicht damit rechnen, dass ein materielles Rechtmäßigkeitserfordernis der AVE durch ein Gesetz umgangen wird.

c. Zwischenergebnis

Der Ausnahmetatbestand vom Verbot der echten Rückwirkung in Form des Ersetzens einer ungültigen Norm ist im Falle des SokaSiG nicht einschlägig. Zwar ist es grundsätzlich zulässig, dass sich der Gesetzgeber eines Rechtsformwechsels bedient und eine AVE durch ein formelles Gesetz ersetzt. Der Gesetzgeber heilt vorliegend jedoch nicht nur Verfahrensfehler eines Normsetzungsverfahrens, sondern setzt sich in Bezug auf das 50-Prozent-Quorum aus § 5 Abs. 1 Nr. 1 TVG a.F. über ein materielles Rechtmäßigkeitserfordernis der AVE hinweg. **230**

3. Unklare und verworrene bzw. systemwidrige und unbillige Rechtslage

Auch der anerkannte Ausnahmetatbestand des BVerfG, nach dem der Gesetzgeber auf eine unklare und verworrene Rechtslage mit einem rückwirkenden Gesetz reagieren darf, ist im Falle des SokaSiG nicht einschlägig. **231**

441 BAG vom 21.9.2016 – 10 ABR 33/15 = NZA-Beil. 2017, 12, 38 f.
442 So im Ansatz ähnlich, aber im Ergebnis inkonsequent *Ulber*, NZA 2017, 1104, 1107.
443 *Thüsing*, NZA-Beilage 2017, 3, 7.

a. *Unklare oder verworrene Rechtslage*

232 Man könnte zwar zu der Auffassung gelangen, dass die wiederholten juristischen Angriffe der Außenseiter gegen die Zwangsteilnahme am Sozialkassenverfahren eine „unklare und verworrene“ Rechtslage geschaffen hätten. Die Anforderungen des BVerfG an diesen Ausnahmentatbestand sind jedoch extrem hoch: So fordert das BVerfG im Falle einer unklaren Rechtslage [...] zusätzliche qualifizierende Umstände, die das geltende Recht so verworren erscheinen lassen, dass es keine Grundlage für einen verfassungsrechtlich gesicherten Vertrauensschutz mehr bilden kann“[444]. Diese Umstände lägen insbesondere dann vor, „[...] wenn auch unter Berücksichtigung von Wortlaut, Systematik und Normzweck völlig unverständlich ist, welche Bedeutung die fragliche Normen haben soll“[445]. So begründe selbst eine uneinheitliche Rechtsprechung zu einer Rechtsnorm für sich noch keine verworrene Rechtslage, soweit die Norm ihrem Regelungsgehalt nach nicht fragwürdig oder unverständlich war.[446]

Die AVE VTV war ihrem Wortlaut nach klar und in der praktischen Anwendung eindeutig. Die Beschlüsse des BAG vom September 2016 haben daher auch keine inhaltlichen Mängel an der AVE oder den zugrundeliegenden Tarifverträgen festgestellt. Die Gründe für die Unwirksamkeit der AVE VTV ergaben sich ausschließlich aus Verfahrensfehlern der AVE. Um diese Verfahrensfehler gab es vor den Beschlüssen des BAG auch keine ausgeprägte juristische Diskussion, so dass von einer „verworrenen“ Rechtslage gesprochen werden könnte. Letztendlich ergab sich die Entscheidung des BAG aus einer bestimmten Auslegung von § 5 TVG a.F.: Bezüglich der korrekten Ministerbefassung handelt es sich um eine grundlegende Auslegung des § 5 TVG im Lichte des Demokratieprinzips aus Art. 20 GG, bezüglich der korrekten Berechnung der Großen Zahl für das 50-Prozent-Quorum handelt es sich um eine Auslegung von § 5 Abs. 1 S. 1 Nr. 1 TVG a.F.

Fragen der Auslegung einer Rechtsnorm begründen jedoch noch keine verworrene Rechtslage.[447] Das muss erst recht gelten, wenn zu der Rechtsnorm keine vorangegangene Rechtsprechung besteht, die eine eindeutige Aussage zur Auslegung trifft. Letztendlich wurde die Ministerbefassung vor den Beschlüssen des BAG von September 2016 nie wirklich thematisiert. Und auch zur korrekten Berechnung der Großen Zahl herrschte keine erwähnenswerte

444 BVerfG vom 17.12.2013 – 1 BvL 5/08 = BVerfGE 135, 1, 24.
445 BVerfG vom 17.12.2013 – 1 BvL 5/08 = BVerfGE 135, 1, 24.
446 BVerfG vom 17.12.2013 – 1 BvL 5/08 = BVerfGE 135, 1, 24 f.
447 BVerfG vom 17.12.2013 – 1 BvL 5/08 = BVerfGE 135, 1, 24 f.

Diskussionskultur. Selbst wenn die Rechtslage in der Rechtsprechung der unteren Gerichte teilweise verkannt worden wäre, stelle dies noch keine unklare und verworrene Rechtslage dar.[448]

b. Systemwidrige oder unbillige Rechtslage

Während der Geltung der für unwirksam erklärten AVEen VTV bestand auch **233** keine Rechtslage, die in einem Maße „systemwidrig und unbillig“ war, dass ernstliche Zweifel an deren Verfassungsmäßigkeit bestanden. Denn auch an dieser Stelle muss wieder darauf hingewiesen werden, dass sich die Gründe für die Unwirksamkeit der AVE VTV ausschließlich aus dem Verfahren der AVE ergaben. Die inhaltliche Rechtmäßigkeit der AVE VTV wurde durch das BAG hingegen nicht in Frage gestellt.

Da es sich bei den Gründen der Unwirksamkeit der AVE VTV nicht um den Inhalt einer Norm der AVE VTV oder des VTV dreht, ist außerdem der Begriff der „Systemwidrigkeit“ bereits deplatziert. Nicht jeder Rechtsverstoß führt automatisch zu einer Systemwidrigkeit, sondern erst die Unvereinbarkeit der Rechtsnorm mit der grundlegenden Systematik des betroffenen Rechtsgebiets. Es scheint daher bereits abwegig, diesen Begriff in Verbindung mit einem Verfahrensfehler zu gebrauchen. Andernfalls würde man den Wortlaut in einer Art und Weise ausdehnen, der nicht mehr dem Sinn und Zweck dieses Ausnahmetatbestands entspräche. In der Rechtsprechung des BVerfG wurde eine Systemwidrigkeit ausnahmsweise für den Fall bejaht, dass eine Steuervorschrift erheblich dem Prinzip der Steuergerechtigkeit widerspricht und daher eine Neuregelung im Interesse des Gemeinwohls unerlässlich ist.[449] Abgesehen von dieser Entscheidung wird mit dem Ausnahmetatbestand der „Systemwidrigkeit“ allerdings äußerst restriktiv umgegangen und dessen Anwendbarkeit größtenteils überhaupt nicht in Betracht gezogen. Andernfalls käme die „echte“ Rückwirkung bei der festgestellten Unwirksamkeit von Rechtsnormen regelmäßig zur Anwendung und würde auf diese Weise das Regel-Ausnahme-Verhältnis innerhalb des Verbots der Rückwirkung umkehren.

Die Feststellung der Verfahrensfehler im Falle der AVE VTV finden ihren Ursprung schließlich nur in einer bestimmten Auslegung des § 5 TVG durch das BAG. Die Vorschrift selbst wird (weder in ihrer früheren, noch in ihrer heutigen Fassung) in keiner Weise als systemwidrig betrachtet und verstößt auch nicht gegen die Systematik des TVG.

---

448 BVerfG vom 31.3.1965 – 2 BvL 17/63 = BVerfGE 18, 429, 439.

449 BVerfG vom 14.11.1961 – 2 BvR 345/60 = BVerfGE 13, 215, 224.

c. Zwischenergebnis

234 Der Ausnahmetatbestand vom Verbot der echten Rückwirkung aufgrund einer „unklaren und verworrenen Rechtslage“ ist im Falle des SokaSiG nicht einschlägig. Vor den Beschlüssen des BAG bestand keine unklare oder verworrene Rechtslage im Hinblick auf die Unwirksamkeitsgründe der AVEen VTV 2008 – 2014. Die Unwirksamkeitsgründe ergaben sich letztendlich aus einer Auslegung von § 5 TVG durch das BAG, zu der bis dahin kein nennenswerter Diskussionsstand vorherrschte.

4. Vorrangige Belange des Gemeinwohls

235 Die Rückwirkung des SokaSiG könnte aber aufgrund vorrangiger Belange des Gemeinwohls ausnahmsweise zulässig sein. Selbst ein begründetes Vertrauen der Normadressaten müsste in diesem Fall zurücktreten.

a. Vorliegen von vorrangigen Belangen des Allgemeinwohls

aa. Voraussetzungen nach Rechtsprechung und Literatur

Zunächst muss auf den absoluten Ausnahmecharakter dieser Fallgruppe hin-
236 gewiesen werden. Zwar führt das BVerfG in seinen Entscheidungen zur „echten“ Rückwirkung immer wieder exemplarisch auf, dass vorrangige Belange des Gemeinwohls eine „echte“ Rückwirkung ausnahmsweise rechtfertigen können. In aller Regel verbleibt es aber bei einer kurzen Erläuterung, ohne dass das Vorliegen solcher Belange im konkreten Fall überhaupt diskutiert wird.[450] Kommt es tatsächlich zu einer inhaltlichen Auseinandersetzung mit dieser Fallgruppe, wird ihr Vorliegen in aller Regel abgelehnt.[451] Im Rahmen einer solchen Entscheidung hat das BVerfG u.a. auch darauf hingewiesen, dass im Falle der „echten“ Rückwirkung wesentlich strengere Voraussetzungen für das Vorliegen von vorrangigen, zwingenden Gründen gelten, als im Falle der „unechten“ Rückwirkung, wo lediglich die Anforderungen des Gemeinwohls mit dem Ausmaß des Vertrauensschadens abzuwägen sind.[452]

---

450 BVerfG vom 31.3.1965 – 2 BvL 17/63 = BVerfGE 18, 429, 439; BVerfG vom 25.5.1993 – 1 BvR 1509, 1648/91 = BVerfGE 88, 384, 404; BVerfG vom 18.2.2009 – 1 BvR 3076/08 = BVerfGE 122, 374, 394 f; BVerfG vom 17.12.2013 – 1 BvL 5/08 = BVerfGE 135, 1, 22 f; BVerfG vom 16.12.2015 – 2 BvR 1958/13 = BVerfGE 141, 56.

451 BVerfG vom 1.7.1953 – 1 BvL 23/51 = BVerfGE 2, 380, 405; BVerfG 19.12.1961 - 2 BvL 6/59 = BVerfGE 13, 261, 273.

452 BVerfG 19.12.1961 - 2 BvL 6/59 = BVerfGE 13, 261, 273.

Ausnahmsweise bejaht wurden zwingende Gründe des gemeinen Wohls im Falle eines Gesetzes mit „echter“ Rückwirkung, das der Wiedergutmachung nationalsozialistischen Unrechts bzw. dem Restitutionsinteresse von Opfern schwerer Menschenrechtsverletzungen durch die sowjetische Besatzungsmacht oder von Gerichten und Behörden der DDR diente.[453] Außerdem ging das BVerfG davon aus, dass die rückwirkende Beseitigung von Steuersubventionen aus zwingenden Gründen des gemeinen Wohls gerechtfertigt ist, wenn die Steuerpflichtigen – trotz Kenntnis einer Änderungsabsicht des Gesetzgebers – die Rechtslage bis kurz vor der Gesetzesänderung missbrauchen, um die Neuregelung zu unterlaufen. Hier liegt laut BVerfG die Abwehr offensichtlicher Gefahren und Missstände vor.[454] Diese beiden Ausnahmeentscheidungen zeigen aber bereits, in welchen Sphären sich das BVerfG bei der Verwendung des Begriffs „Gemeinwohl“ bewegt. Erst der bewusste Missbrauch von Rechtsnormen sowie die Wiedergutmachung von Unrecht aus der Zeit des Nationalsozialismus bzw. der sowjetischen Besetzung konnten das BVerfG dazu bewegen, eine Rückwirkung trotz begründetem Vertrauen in die bisherige Rechtslage ausnahmsweise zuzulassen. Die Voraussetzungen sind dementsprechend hoch.

Die Literatur setzt die Messlatte unter Verweis auf die Rechtsprechung des BVerfG entsprechend hoch an, wobei hier jedoch auch Unterschiede zu finden sind: Nach *Sachs* ist bspw. jeweils nach dem Gewicht des Eingriffs in das Vertrauen der Bürger zu differenzieren, wonach entgegenstehende Belange des Gemeinwohls u.U. nur „bei schwersten Gefahren für höchste Verfassungsgüter“ vorrangig sein können.[455] *Schulze-Fielitz* geht so weit zu sagen, dass die überragenden/zwingenden Belange des Gemeinwohls grundsätzlich dem Schutze „höchster Verfassungsgüter“ dienen müssen.[456] Andere Stimmen stellen hingegen nur generell auf „zwingende Gründe des Gemeinwohls“[457] oder „ zwingende Belange des Gemeinwohls“[458] ab.

bb. Vorrangige Belange des Gemeinwohls im Falle des SokaSiG

Bereits im Rahmen des Gesetzgebungsverfahrens zum SokaSiG wurde in einer 237
öffentlichen Anhörung bezüglich der betroffenen Belange des Gemeinwohls

453 BVerfG vom 23.11.1999 – 1 BvF 1/94 = BVerfGE 101, 239, 268.

454 BVerfG vom 3.12.1997 – 2 BvR 882/97 = BVerfGE 97, 67, 81 f.

455 Sachs/*Sachs*, Art. 20 GG Rn. 135.

456 Dreier/*Schulze-Fielitz*, Band II, Art. 20 GG (Rechtsstaat) Rn. 163.

457 M/K/S/*K.-P. Sommermann*, Band 2, Art. 20 GG Rn. 295.

458 Jarass/Pieroth/*Jarass*, Art. 20 GG Rn. 103a.

auf die Abwendung der Gefahr des Zusammenbruchs der SOKA-BAU und auf die damit verbundenen Nachteile für die Gesellschaft hingewiesen.[459] Demnach seien die Fortführung der überbetrieblichen Ausbildungszentren und der Berufsbildung der Auszubildenden, der Erhalt des Betriebsrentensystems, die Sicherstellung des überbetrieblichen Urlaubsverfahrens, sowie die Überwachungstätigkeit der SOKA-BAU im Zusammenhang mit Schwarzarbeit und der Einhaltung gleicher Wettbewerbsbedingungen wichtige Gemeinwohlinteressen, die eine Rückwirkung ausnahmsweise rechtfertigen würden.[460] Abgesehen von den unmittelbaren Konsequenzen für die SOKA-BAU, würde ein Zusammenbruch der SOKA-BAU außerdem einen erheblichen Vertrauensverlust der Bürger in die Exekutive und in die Tarifvertragsparteien mit sich bringen, der nicht einfach in Kauf genommen werden könne.[461]

Auf ähnlicher Linie argumentiert auch das LAG Hessen in seiner Entscheidung und bejaht das Vorliegen vorrangiger Belange des Gemeinwohls. Dabei wird auf die „sozialstaatsnahen" Zwecke des Sozialkassenverfahrens hingewiesen, in deren Rahmen die SOKA-BAU wichtige Elemente des Arbeitnehmerschutzes verwirkliche.[462] Der Bestand der SOKA-BAU und damit auch die Verwirklichung des Arbeitnehmerschutzes seien aber aufgrund von ungewissen Rückforderungsansprüchen gefährdet gewesen. Sogar die Gefahr der Insolvenz der SOKA-BAU habe bestanden.[463] Zur Untermauerung der Argumentation weist das LAG Hessen außerdem darauf hin, dass die Sicherung der Funktionsfähigkeit der gemeinsamen Einrichtung durch das BAG stets als ein öffentliches Interesse i.S.d. § 5 Abs. 1 Nr. 2 TVG a.F. anerkannt und dies auch durch die Beschlüsse des BAG von September 2016 bestätigt wurde.[464] Letztendlich seien gemeinsame Einrichtungen auch geradezu auf eine AVE ausgelegt und angewiesen.[465]

---

459 *Berger*, BT-Ausschussdrucksache 18(11)896, S. 48, 54; Zentralverband Deutsches Baugewerbe (ZDB), BT-Ausschussdrucksache 18(11)879, S. 4, 10 f.

460 *Berger*, BT-Ausschussdrucksache 18(11)896, S. 48, 54; so im Ergebnis wohl auch *Thüsing*, NZA-Beilage 2017, 3, 8.

461 So jedenfalls *Berger*, BT-Ausschussdrucksache 18(11)896, S. 48, 54.

462 LAG Hessen vom 2.6.2017 – 10 Sa 907/16 = NZA-RR 2017, 485, 489.

463 LAG Hessen vom 2.6.2017 – 10 Sa 907/16 = NZA-RR 2017, 485, 489.

464 LAG Hessen vom 2.6.2017 – 10 Sa 907/16 = NZA-RR 2017, 485, 489 m.w.N.

465 LAG Hessen vom 2.6.2017 – 10 Sa 907/16 = NZA-RR 2017, 485, 489 m.w.N.

cc. Stellungnahme

Die Rechtsprechung hat mit den „vorrangigen Belangen des Gemeinwohls" eine Fallgruppe geschaffen, die juristisch nur schwer zu fassen ist. Man wird den unter Rn. 237 ausgeführten Einschätzungen aber dahingehend zustimmen können, dass die Tätigkeit der SOKA-BAU und damit auch ihr Erhalt ein Belang des Gemeinwohls im Sinne der Rechtsprechung des BVerfG darstellt. **238**

Dies gilt auch unabhängig davon, ob man die Belange der SOKA-BAU als Belange der Bevölkerung im Ganzen oder nur der Gemeinschaft der Arbeitnehmer des Baugewerbes ansieht. Geht man vom unmittelbaren Wortlaut des Ausnahmetatbestands aus, könnte man zwar zu der Auffassung, dass mit vorrangigen Belangen des „Gemeinwohls" nur Belange der *Allgemeinheit* – also der Bevölkerung als Ganzes – gemeint sind. Mit dieser engen Interpretation wird man der Bedeutung des Begriffes allerdings nicht gerecht. Bereits nach der Definition des Dudens muss unter dem Gemeinwohl „das Wohl[ergehen] aller Mitglieder einer Gemeinschaft"[466] bzw. das „das Wohl[ergehen] eines jeden Einzelnen innerhalb einer Gemeinschaft"[467] verstanden werden. Es genügt demnach also bereits, wenn Belange einer „Gemeinschaft" betroffen sind, ohne dass diese Gemeinschaft die Allgemeinheit widerspiegeln muss. Auch das BVerfG hat den Begriff der „Gemeinschaft" nie dahingehend eingeschränkt. Hingegen hat das BVerfG in Rahmen der verfassungsrechtlichen Prüfung einer Berufsausübungsregelung ausgeführt, dass die Sicherung eines geordneten Arbeitsmarkts im Bereich des Baugewerbes ein hervorragend wichtiges Gemeinschaftsgut darstellt.[468]

Wie *Berger* richtig anmerkt, muss es sich bei der Gemeinschaft zwar um einen nicht unerheblichen Teil der Bevölkerung handeln.[469] Nur auf diese Art und Weise bleiben der Ausnahmetatbestand und damit auch die Rückwirkung des Gesetzes ausreichend gerechtfertigt. Diese Rechtfertigung ist im Falle der Gemeinschaft der Erwerbstätigen des Baugewerbes jedoch gegeben. Noch im Jahr 2015 fanden 5,6 % der gesamten Beschäftigung in Deutschland im Baugewerbe statt.[470]

---

466 http://www.duden.de/rechtschreibung/Gemeinwohl, zuletzt abgerufen am 12.10.2017.

467 Duden, Bedeutungswörterbuch, S. 411.

468 BVerfG vom 6.10.1987 – 1 BvR 1086, 1468, 1623/82 = BVerfGE 77, 84, 107.

469 *Berger*, BT-Ausschussdrucksache 18(11)896, S. 48, 54.

470 Hierzu die Informationen des Hauptverbands der Deutschen Bauindustrie e.V., abrufbar unter http://www.bauindustrie.de/zahlen-fakten/bauwirtschaft-im-zahlenbild/bedeutung-der-bauwirtschaft/, zuletzt abgerufen am 14.6.2017.

b. Tatsächliche Gefährdung der vorrangigen Belange des Allgemeinwohls

239 Ungeklärt bleibt aber weitgehend, ob der Fortbestand des Sozialkassenverfahrens ohne Geltung des SokaSiG auch *tatsächlich* gefährdet gewesen wäre.[471]

aa. Allgemeine Meinung zur finanziellen Situation der SOKA-BAU

240 Bezüglich den Rückforderungsansprüchen und der Möglichkeit einer Insolvenz der SOKA-BAU stützt man sich weitgehend auf die gleichen inhaltlich wagen Quellen, ohne stichhaltige Prognosen liefern zu können. In der Begründung des Gesetzesentwurfs zum SokaSiG wurde bspw. aufgeführt, dass es fraglich sei in welchem Umfang Rückzahlungsansprüche tatsächlich bestehen und realisierbar sind.[472]

Das LAG Hessen stützt sich für seine Einschätzung zur drohenden Insolvenzgefahr der SOKA-BAU hingegen auf mehrere Stellungnahmen aus der juristischen Fachliteratur, die allesamt kurz nach dem Bekanntwerden des SokaSiG veröffentlicht wurden.[473] Auch dort werden die möglichen Rückforderungsansprüche ihrem Bestehen und ihrem Umfang nach als nicht absehbar bezeichnet, da sich mehrere komplexe Rechtsfragen im Rahmen der Rückabwicklung stellten.[474] Diese einzelnen Rechtsfragen werden dann in aller Regel nur stichpunktartig abgehandelt, ohne tiefere juristische Auseinandersetzung. Bezüglich des Insolvenzrisikos beruft sich die Literatur außerdem teilweise selbst auf die (verständlicherweise) tendenziös pessimistischen Aussagen aus der Bauwirtschaft.[475] Die Tarifvertragsparteien der Bauwirtschaft haben sich diesbezüglich in einem Schreiben zum Hintergrund des SokaSiG positioniert. Dort heißt es:

> „Wenn nur 2.800 Betriebe (das sind 4 % aller Baubetriebe) mit durchschnittlich 10 Arbeitnehmern für 10 Jahre Rückforderungsansprüche in Höhe der Differenz zwischen den Beiträgen und den Erstattungen geltend machen (20 % der gezahlten Beiträge = 1.200 Euro je Arbeitnehmer und Kalenderjahr), ist das Eigenkapital bereits aufgebraucht und die ULAK überschuldet."[476]

---

471 Skeptisch *Thüsing*, NZA-Beil. 2017, 3, 6; Zentralverband der Deutschen Elektro- und Informationstechnischen Handwerke, BT-Ausschussdrucksache 18(11)894, S. 39 ff.

472 BT-Drucksache 18/10631, S. 648.

473 LAG Hessen vom 2.6.2017 – 10 Sa 907/16 = NZA-RR 2017, 485, 489.

474 *Berndt*, DStR 2017, 1166, 1168; *Düwell*, jurisPR ArbR 2/2017; *Klein*, AuR 2017, 48, 49 f.

475 So bspw. im Rahmen der Einschätzung des Insolvenzrisikos der SOKA-BAU nach *Biedermann*, BB 2017, 1333, 1336; *Düwell*, jurisPR ArbR 2/2017.

476 Stellungnahme zum SokaSiG durch die Tarifvertragsparteien der Bauwirtschaft, abrufbar unter https://www.bauindustrie.de/media/documents/Hintergrund_SokaSiG.pdf, zuletzt abgerufen am 25.9.2018.

Allerdings wird auch im Rahmen einiger Stellungnahmen aus der Literatur bereits darauf hingewiesen, dass die Rückforderung aufgrund der Nachwirkung der früheren Fassung des VTV für einen großen Teil der Außenseiter entfallen müsse.[477] Auch auf den Einwand der Entreicherung nach § 818 Abs. 3 BGB, den die SOKA-BAU aufgrund der bestimmungsgemäßen Verwendung der Beiträge möglicherweise geltend machen könnte, wird wiederholt hingewiesen.[478]

bb. Potentielle Insolvenz der SOKA-BAU

Man befürchtet also verbreitet das Bevorstehen der Insolvenz der SOKA-BAU. **241** Als Begründung für die potentielle Insolvenz wird immer wieder darauf verwiesen, dass die ULAK und die ZVK nicht dazu im Stande seien, die notwendigen Rückstellungen für die zu erwartenden Beitragsrückforderungen aufzubringen.[479]

[1] Pflicht zur Bildung von Rückstellungen

Sowohl für die ZVK als Aktiengesellschaft als auch für die ULAK als wirtschaftlicher Verein mit eigener Rechtspersönlichkeit besteht Buchführungs- und Bilanzierungspflicht. **242** Die Aktiengesellschaft gilt gem. § 3 Abs. 1 AktG als Handelsgesellschaft, so dass nach § 6 Abs. 1 HGB auch die kaufmännischen Vorschriften zur Bilanzierung gem. §§ 242 ff. HGB verpflichtend sind, wobei außerdem die besonderen Vorschriften für den Jahresabschluss von Kapitalgesellschaften nach den §§ 264 ff. HGB sowie die ergänzenden Vorschriften für Versicherungsunternehmen und Pensionsfonds nach 341 ff. HGB beachtet werden müssen. Juristische Personen des Privatrechts wie Vereine, die keine Handelsgesellschaften sind, sind ebenfalls nach §§ 242 ff. HGB bilanzierungspflichtig, wenn sie unter die Voraussetzungen des § 1 HGB fallen.[480] Dies trifft auf wirtschaftliche Vereine nach § 22 BGB wie die ULAK zu, deren Zweck auf einen wirtschaftlichen Geschäftsbetrieb gerichtet ist.[481]

Nach § 249 Abs. 1 S. 1 1. Alt HGB sind in der Handelsbilanz Rückstellungen für ungewisse Verbindlichkeiten zu bilden. Sowohl die ULAK wie auch die ZVK

---

477 *Biedermann*, BB 2017, 1333, 1336; *Düwell*, jurisPR ArbR 2/2017; *Emmert*, DB 2016, 2669; *Klein*, AuR 2017, 48, 49 f.

478 *Berndt*, DStR 2017, 1166, 1168; *Biedermann*, BB 2017, 1333, 1336; *Klein*, AuR 2017, 48, 50.

479 *Bayreuther*, BT-Ausschussdrucksache 18(11)897, S. 57, 59; *Berndt*, DStR 2017, 1166, 1168; *Biedermann*, BB 2017, 1333, 1336.

480 MüKoHGB/*Ballwieser*, Band 4, § 238 HGB Rn. 12.

481 Beck Bil-Komm/*Henckel*/*Winkeljohann*, § 238 HGB Rn. 48.

sind also dazu verpflichtet, die möglichen Beitragsrückforderungen durch die Außenseiter in ihrer Bilanz bzw. ihrem Jahresabschluss in Form einer Rückstellung auf der Passivseite der Bilanz einzustellen.

Die ZVK hat als regulierte Pensionskasse gem. § 233 VAG außerdem die Solvabilitätsvorschriften des Versicherungsaufsichtsgesetzes (VAG) zu beachten. Unter anderem sind gemäß § 234 i.V.m. § 213 VAG die Solvabilitätskapitalanforderung und die Mindestkapitalanforderung nach der Kapitalausstattungs-Verordnung (KapAusstV) einzuhalten.[482] Ist die Mindestkapitalanforderung nicht mehr erfüllt, drohen aufsichtsrechtliche Maßnahme durch die BaFin, bis hin zum Widerruf der Erlaubnis zum Geschäftsbetrieb nach § 304 Abs. 1 S. 1 Nr. 2 VAG.[483] Um den Widerruf der Erlaubnis abzuwenden, müsste die ZVK einen geeigneten Finanzierungsplan vorlegen.

[2] Pflicht zur Eröffnung des Insolvenzverfahrens

243 Aus der Pflicht zur Bildung von Rückstellungen kann sich gegebenenfalls eine bilanzielle Überschuldung ergeben, wenn das Vermögen der beiden gemeinsamen Einrichtungen die bestehenden Verbindlichkeiten nicht mehr deckt. Tritt darüber hinaus auch eine Überschuldung im insolvenzrechtlichen Sinne nach § 19 InsO und/oder die Zahlungsunfähigkeit nach § 17 InsO ein, ist die ZVK als Aktiengesellschaft nach § 15a InsO und die ULAK als Verein nach § 42 Abs. 2 BGB dazu verpflichtet, das Insolvenzverfahren einzuleiten.[484]

Die Insolvenz der ULAK und/oder der ZVK hätte zweifelsohne das Ende des Sozialkassenverfahrens des Baugewerbes zur Folge. Bei Eröffnung des Insolvenzverfahrens über die ZVK wäre außerdem die Erlaubnis zum Geschäftsbetrieb durch die BaFin zu entziehen, § 304 Abs. 1 S. 1 Nr. 4 VAG.

---

482 Nach § 234 Abs. 3 S. 1 Nr. 8 VAG müssen Pensionskassen stets über Eigenmittel mindestens in Höhe der durch Rechtsverordnung nach § 235 Abs. 1 Nr. 1 VAG festgelegten Solvabilitätskapitalanforderung verfügen. Ein Drittel der Solvabilitätskapitalanforderung gilt als Mindestkapitalanforderung.

483 Dies hat der Sachverständige *Keller* von der BaFin bereits in Aussicht gestellt, da er keine Möglichkeit sehe, wie die ZVK an die notwendigen Eigenmittel für die Erfüllung der Rückforderungsansprüche gelangen soll, vgl. Wortprotokoll der 102. Sitzung des Ausschusses für Arbeit und Soziales vom 23.1.2017, S. 1689.

484 Eine positive Fortführungsprognose schließt die insolvenzrechtliche Überschuldung hingegen aus. Diese liegt vor, wenn die Fortführung des Unternehmens nach den Umständen überwiegend wahrscheinlich ist, § 19 Abs. 2 S. 1 InsO.

[3] Rückstellungspflichtige Verbindlichkeiten

Auch nach § 249 Abs. 1 S. 1 1. Alt HGB muss jedoch nicht für jede „ungewisse“ Verbindlichkeit eine entsprechende Rückstellung gebildet werden. Das Bestehen oder Entstehen der Verbindlichkeit und die Inanspruchnahme müssen objektiv wahrscheinlich sein.[485] Nach Auffassung des BFH ist das *Bestehen* einer ungewissen Verbindlichkeit als wahrscheinlich anzusehen, „[...] wenn nach den am Bilanzstichtag objektiv gegebenen und bis zur Aufstellung der Bilanz subjektiv erkennbaren Verhältnissen mehr Gründe dafür als dagegen sprechen“[486]. Die Ungewissheit kann sich hierbei entweder auf den Grund und/oder die Höhe der Verbindlichkeit beziehen, unabhängig davon ob tatsächlicher oder rechtlicher Art.[487] Liegen die Voraussetzungen des § 249 Abs. 1 HGB hingegen nicht vor, dürfen gem. § 249 Abs. 2 HGB auch keine Rückstellungen gebildet werden. **244**

Die *Inanspruchnahme* aus der Verbindlichkeit ist hingegen dann wahrscheinlich, „[...] wenn der Steuerpflichtige ernstlich damit rechnen musste, aus der Verpflichtung in Anspruch genommen zu werden“[488]. Für die Inanspruchnahme müssen also ebenfalls mehr Gründe dafür als dagegen sprechen, wobei der Schuldner im Hinblick auf seine Inanspruchnahme nicht die pessimistischste Alternative wählen darf.[489]

Das Bestehen und die Höhe der Verbindlichkeit sind auch von etwaigen Einwendungsmöglichkeiten des Schuldners abhängig. Steht dem Schuldner also eine Verteidigungsmöglichkeit bezüglich einem Teil der Forderung offen, ist die Rückstellung nur für den darüber hinausgehenden Betrag zu bilden.[490] Dies muss bspw. auch für die rechtsvernichtende Einwendung der Entreicherung nach § 818 Abs. 3 BGB gelten.

Zwar kann der Schuldner bei bereits gegen ihn gerichtlich geltend gemachten Ansprüchen in seiner Prognoseentscheidung zum Bilanzstichtag grundsätzlich von einer überwiegenden Wahrscheinlichkeit des Bestehens der Verbindlichkeit ausgehen.[491] Demnach könnte sich die SOKA-BAU also auf bereits rechtshängige Klagen der Außenseiter auf Beitragsrückforderung stützen und hierfür Rückstellungen bilden. Soweit aber gewichtige objektive Gründe gegen das Unterliegen

485 BFH vom 19. 10. 2005 - XI R 64/04 = NJW-RR 2006, 1039.

486 BFH vom 19. 10. 2005 - XI R 64/04 = NJW-RR 2006, 1039.

487 MükoBilanzR/*Hennrichs*, Band 2, § 249 HGB Rn. 35, 36.

488 BFH vom 19. 10. 2005 - XI R 64/04 = NJW-RR 2006, 1039.

489 BFH vom 19. 10. 2005 - XI R 64/04 = NJW-RR 2006, 1039.

490 So jedenfalls zu Rückstellungen bei drohender Inanspruchnahme aus einer Bürgschaft, Beck Bil-Komm/*Schubert*, § 249 HGB Rn. 100.

491 BFH vom 16.12.2014 – VIII R 45/12 = DStR 2015, 1358, 1360.

im Prozess sprechen, müssen diese in der Prognoseentscheidung berücksichtigt werden und können so wiederum gegen die Wahrscheinlichkeit des Bestehens der Verbindlichkeit sprechen.[492] Für eine objektive Bewertung der Wahrscheinlichkeit kann es keinen Unterschied machen, ob ein an sich unbegründeter Anspruch bereits geltend gemacht wurde oder nicht.

Die eben dargestellten Grundsätze betreffen die Bewertung von Rückstellungen nach den Vorschriften des HGB im Rahmen der Erstellung einer Bilanz, wie sie für den Jahresabschluss notwendig ist. Wenn das Vermögen der beiden gemeinsamen Einrichtungen die bestehenden Verbindlichkeiten nicht mehr deckt, kann sich gegebenenfalls eine bilanzielle Überschuldung ergeben. Eine Überschuldung im insolvenzrechtlichen Sinne nach § 19 Abs. 2 InsO wird hingegen regelmäßig durch das Erstellen einer Überschuldungsbilanz festgestellt, in dessen Rahmen die allgemeinen Bewertungsregeln für den Jahresabschluss nicht mehr zu beachten sind.[493] Somit sind die Prinzipien zur Rückstellungsbildung nach den HGB-Grundsätzen nicht zwangsläufig zu übertragen. Die Handelsbilanz ist grundsätzlich nach dem Prinzip kaufmännischer Vorsicht nach Buchwerten zu erstellen, während es für die Überschuldungsbilanz nach Liquidationswerten auf die hinreichende Wahrscheinlichkeit des Bestehens der Verbindlichkeit ankommt.[494] Nichtsdestoweniger muss auch bei Rückstellungen für streitige oder ungewisse Verbindlichkeiten eine hinreichende Wahrscheinlichkeit für das Bestehen der Verbindlichkeit vorhanden und mit einer Inanspruchnahme ernsthaft zu rechnen sein.[495] Im Ergebnis sind also auch im Rahmen einer Überschuldungsbilanz in Bezug auf § 19 Abs. 2 InsO die Prinzipien zur Rückstellungsbildung aus § 249 HGB anzuwenden.

Die SOKA-BAU muss und darf also nur für solche Verbindlichkeiten Rückstellungen bilden, dessen *Bestehen* objektiv wahrscheinlich ist. Und auch die *Inanspruchnahme* aus der Verbindlichkeit muss diesem Kriterium gerecht werden.

---

492 So bspw. bei Vorliegen eines Gutachtens von fachkundiger dritter Seite, welches das Unterliegen im Verfahren als nicht überwiegend wahrscheinlich bewertet, vgl. BFH vom 16.12.2014 – VIII R 45/12 = DStR 2015, 1358, 1360 f.

493 Nerlich/Römermann/*Mönning*, § 19 InsO Rn. 32.

494 OLG Brandenburg vom 13.1.2015 - 6 U 195/12 = BeckRS 2015, 01192.

495 OLG Naumburg vom 24.11.2006 - 10 U 50/06 = BeckRS 2007, 5635; OLG Brandenburg vom 13.1.2015 - 6 U 195/12 = BeckRS 2015, 01192.

[4] Rückstellungspflichtige Verbindlichkeiten im Falle der potentiellen Rückforderungsansprüche gegen die SOKA-BAU

Wie unter Rn. 171 dargestellt, unterliegen nur maximal 40 % aller Arbeitsverhältnisse des Baugewerbes und die hierfür abgeführten Sozialkassenbeiträge einem potentiellen Rückforderungsanspruch der Arbeitgeber gegen die SOKA-BAU. Darüber hinaus stehen die Fortgeltung und Nachwirkung der AVE VTV 2006 einem Großteil dieser Rückforderungsansprüche entgegen. 245

Gleichzeitig ist der Umfang und die Werthaltigkeit der Rückforderungsansprüche aber von einer Vielzahl von unsicheren Faktoren abhängig: Zum einen ist der zeitliche Geltungsbereich der Nachwirkung u.a. davon abhängig welcher Rechtsansicht man folgt. Hier stehen sich die herrschende Meinung in der Literatur und die ständige Rechtsprechung des BAG kontradiktorisch gegenüber. Zum anderen kommt es stets auf den konkreten Einzelfall an, ob sich die SOKA-BAU bezüglich der Teil-Beiträge zum Urlaubsverfahren auf die Einwendung der Entreicherung aus § 818 Abs. 3 BGB berufen kann. Hinzu kommt die Beweislast, die es der SOKA-BAU zusätzlich erschwert, sich erfolgreich auf diese Einwendung zu berufen. Nicht zuletzt ist bisher unbekannt, ob auch die AVEen der anderen Bau-Tarifverträge, die vor dem Erlass des TASG ergangen sind, unwirksam sind.

Der Umfang und die Werthaltigkeit der Rückforderungsansprüche sind also – trotz umfänglicher Prüfung – ungewiss. Aus diesem Grund ist auch ungewiss, in welchem Umfang die SOKA-BAU gegebenenfalls Rückstellungen hätten bilden müssen und hierdurch in die Insolvenz gezwungen worden wäre.

[5] Einschätzungsprärogative des Gesetzgebers

Letztendlich greift hier die Einschätzungsprärogative des Gesetzgebers ein. So gestattet die Verfassung dem Gesetzgeber einen Beurteilungsspielraum bei der Prognose und Einschätzung gewisser der Allgemeinheit drohenden Gefahren, zu deren Verhütung der Gesetzgeber glaubt tätig zu werden und in die Freiheitsbereiche der Einzelnen eingreifen zu müssen. Diesen überschreitet er nur dann, wenn seine Erwägungen so offensichtlich fehlsam sind, dass sie vernünftigerweise keine Grundlage für gesetzgeberisches Handeln abgeben können.[496] Auf dem Gebiet der Arbeitsmarkt-, Sozial- und Wirtschaftsordnung gebührt dem Gesetzgeber laut BVerfG sogar ein besonders weitgehender Einschätzungs- und Prognosevorrang.[497] 246

Eine drohende Insolvenz der SOKA-BAU war jedenfalls nicht auszuschließen und die Annahme dahingehend auch nicht offensichtlich fehlsam. Dem

496 BVerfG vom 16.3.1971 – 1 BvR 52, 665, 667, 754/66 = BVerfGE 30, 292, 317.

497 BVerfG vom 27.1.2011 – 1 BvR 3222/09 = NJW 2011, 1578, 1580.

Gesetzgeber kann es nicht verwehrt sein, auch zukünftigen, nicht auszuschließenden Gefahrenlagen rechtzeitig vorzubeugen. Dies gilt insbesondere dann, wenn es u.U. nicht möglich ist, Gegenvorkehrungen erst nach Eintritt einer akuten Gefahr einzuleiten.[498] Der Gesetzgeber konnte also bereits vor der tatsächlichen Geltendmachung von Rückforderungsansprüchen gegen die SOKA-BAU tätig werden, da eine nachträgliche Gesetzesinitiative die befürchtete Insolvenz der SOKA-BAU nicht mehr verhindern hätte können. Die Gerichte können dann letztendlich nur prüfen, ob die mit dem Gesetz verbundenen Grundrechtsbeschränkungen noch in einem angemessenen Verhältnis zur Größe der Gefahr und zu der Wahrscheinlichkeit ihres Eintritts stehen (vgl. zur Verhältnismäßigkeit Rn. 264 ff.)[499]

Zwar kann sich im Rahmen einer gerichtlichen Überprüfung eines Gesetzes auch herausstellen, dass die befürchtete und als Gesetzesbegründung aufgeführte Gefährdung nicht bestand und etwaige Grundrechtseingriffe aufgrund des Gesetzes daher nicht gerechtfertigt sind.[500] Dies gilt insbesondere, wenn sich keine objektiven Kriterien für die angebliche Gefährdung finden lassen.[501] Der Gesetzgeber darf seine Einschätzungsprärogative also nicht missbrauchen und sie lediglich zur Rechtfertigung von Grundrechteingriffen vorschieben.

Im Falle des SokaSiG lassen sich für einen solchen Missbrauch aber keine Anhaltspunkte finden. Die Gefährdung des Sozialkassenverfahrens war nicht auszuschließen, da der Umfang und die Werthaltigkeit der Rückforderungsansprüche nicht mit Sicherheit prognostiziert werden kann.

Zwar wäre eine gründlichere Prüfung der drohenden Rückforderungsansprüche wünschenswert gewesen. Der Gesetzgeber stand jedoch unter extremen Zeitdruck, da eine insolvenzrechtliche Überschuldung der SOKA-BAU bereits mit dem Schluss des Jahres 2016 drohte. Schließlich müssen (begründete) Rückforderungsansprüche in Form von Rückstellungen bilanziert. So führte der Sachverständige *Asshoff* in einer Sitzung des Ausschusses für Arbeit und Soziales vom 23. Januar 2017 zur Existenz von Rückforderungsansprüchen u.a. aus:

---

498 BVerfG vom 18.12.1968 – 1 BvL 5, 14/64 und 5, 11, 12/65 = BVerfGE 25, 1, 17.

499 BVerfG vom 18.12.1968 – 1 BvL 5, 14/64 und 5, 11, 12/65 = BVerfGE 25, 1, 17.

500 So bspw. das BVerfG zur angeblichen Gefährdung der Existenz der Krankenkassen, vgl. BVerfG vom 23.3.1960 – 1 BvR 216/51 = BVerfGE 11, 30, 45 ff.

501 So bspw. das BVerfG zur angeblichen Schädigung der Volksgesundheit durch ein drohendes Überangebot an Arzneimitteln, vgl. BVerfG vom 11.6.1958 – 1 BvR 596/56 = BVerfGE 7, 377, 415 ff; für eine ausführliche Darstellung der Einschätzungsprärogative des Gesetzgebers vgl. *Bickenbach*, Einschätzungsprärogative.

> „Wir können nicht auf die Gerichtsentscheidung warten, sondern wir haben das Problem, dass wir jetzt einschätzen müssen, ob wir solchen Verbindlichkeiten bzw. solchen Ansprüchen ausgesetzt sind. Dann sind wir jetzt überschuldet und nicht erst in eineinhalb Jahren, wenn die Gerichte entschieden haben.“[502]

Dieses dargestellte Szenario war jedenfalls nicht auszuschließen, so dass der Gesetzgeber von einer potentiellen Insolvenz der SOKA-BAU ausgehen durfte.

c. *Zwischenergebnis*

Der Gesetzgeber kann sich zur Rechtfertigung der Rückwirkung des SokaSiG **247**
auf das Vorliegen von vorrangigen Belangen des Gemeinwohls berufen.

Der Erhalt des Sozialkassensystems des Baugewerbes stellt nach den Maßstäben des BVerfG ein vorrangiges Gemeinwohl dar. Dieses Gemeinwohl war auch potentiell gefährdet.

5. *Kein begründetes Vertrauen in die Unwirksamkeit der AVEen VTV 2008 - 2014*

Als Hauptargument für die Zulässigkeit der Rückwirkung des SokaSiG gilt die **248**
Fragwürdigkeit eines begründeten Vertrauens der Außenseiter in die Unwirksamkeit der AVEen VTV 2008 - 2014. Bis hin zu den Beschlüssen des BAG im September 2016 gab es schließlich keine einzige Entscheidung eines Gerichts, in dessen Rahmen die Unwirksamkeit einer AVE VTV festgestellt wurde. Soweit aber bereits kein Vertrauen in die Unwirksamkeit der AVE VTV bestanden hat, kann ein rückwirkendes Gesetz, das lediglich die Rechtslage wieder herstellt, von der ohnehin alle Normadressaten ausgegangen sind, auch kein begründetes Vertrauen zerstören oder anderweitig beeinträchtigen.

Hier existieren zwei unterschiedliche Zeiträume, die einer individuellen Bewertung bedürfen:

- Der Zeitraum bis hin zu den Beschlüssen des BAG vom 21. September 2016 und
- der Zeitraum zwischen den Beschlüssen des BAG und der Verkündung des SokaSiG im Bundesgesetzblatt am 24. Mai 2017.

---

502 *Asshoff*, Wortprotokoll der 102. Sitzung des Ausschusses für Arbeit und Soziales vom 23.1.2017, S. 1691.

a. Zeitraum bis hin zu den Beschlüssen des BAG vom 21. September 2016

249 Zunächst ist zu klären, ob bereits vor den Beschlüssen des BAG am 21. September 2016 ein begründetes Vertrauen in die Unwirksamkeit der AVEen VTV 2008 – 2014 entstehen konnte. Entscheidend ist also, ob es sich bei den Ausführungen des 10. Senats um juristisch zutreffende Ergebnisse handelt und der Ausgang der Beschlussverfahren zu erwarten war. Diese Frage war bereits das Thema von zahlreichen juristischen Fachbeiträgen.[503]

Die Untersuchung muss hierbei jeweils gesondert im Hinblick auf die Rüge zur unzureichenden demokratischen Legitimation der AVEen einerseits (siehe Rn. 250 ff.) und im Hinblick auf die Rüge zur fehlerhaften Berechnung des 50-Prozent-Quorums andererseits (siehe Rn. 256 ff.) erfolgen.

aa. Rüge der unzureichenden demokratischen Legitimation

[1] Verhältnis zur bisherigen Rechtsprechung

250 Bereits das BAG räumte in seiner Entscheidung vom September 2016 ein, dass es sich in der Vergangenheit noch nie mit der zustimmenden Befassung des Ministers bei Erlass einer AVE befasst hatte und nie eine Veranlassung dazu gesehen hatte.[504] Und auch durch andere Gerichte wurde noch keine AVE wegen einer fehlenden zustimmenden Befassung des Ministers für unwirksam erklärt.

Lediglich eine Entscheidung des BVerfG aus dem Jahr 1977 geht (kurz) auf die Zuständigkeit des Bundesministers für eine AVE nach § 5 Abs. 1 TVG ein.[505] In dem damaligen konkreten Normkontrollverfahren sollte geklärt werden, ob die AVE von Tarifverträgen mit dem Grundgesetz vereinbar ist. Das BVerfG hat dies bejaht und in diesem Rahmen ausgeführt, dass der Bundesminister für Arbeit und Sozialordnung für die AVE zuständig ist und in eigener Verantwortung die Voraussetzungen der AVE zu prüfen hat.[506] Sofern der Bundesminister sich dann für die beantragte AVE entscheidet, hat er die von den Koalitionen geschaffene Rechtsordnung in seinen Willen aufgenommen und der Geltungsbefehl der tariflichen Normen geht sodann von ihm aus.[507] Grundlage dieser Entscheidung war der damals geltende § 5 Abs. 1 TVG i.d.F. vom 25. August 1969 (BGBl. I, 1323),

503 Vgl. bspw. *Biedermann*, BB 2017, 1333; *Engels*, NZA 2017, 680; *Klein*, AuR 2017, 48.

504 BAG vom 21.9.2016 – 10 ABR 33/15 = NZA-Beil. 2017, 12, 35; bestätigt durch LAG Hessen vom 2.6.2017 – 10 Sa 907/16 = NZA-RR 2017, 485, 494.

505 BVerfG vom 24.5.1977 – 2 BvL 11/74 = AP TVG § 5 Nr. 15.

506 BVerfG vom 24.5.1977 – 2 BvL 11/74 = AP TVG § 5 Nr. 15 [B. II. 1. b) cc) (2)].

507 BVerfG vom 24.5.1977 – 2 BvL 11/74 = AP TVG § 5 Nr. 15 [B. II. 2. b)].

dessen Wortlaut nach der „Bundesminister für Arbeit und Sozialordnung" einen Tarifvertrag für allgemeinverbindlich erklären konnte.

Der Wortlaut des Gesetzes war zu diesem Zeitpunkt also noch ergiebiger und wies die Zuständigkeit direkt dem Minister zu – im Gegensatz zum Wortlaut der heute geltenden Fassung des § 5 Abs. 1 TVG, der lediglich auf das „Bundesministerium für Arbeit und Soziales" abstellt. Die Erläuterungen des BVerfG zur direkten Zuständigkeit des Ministers überraschen daher wenig und auch deren Aussagekraft für die heutige Fassung des § 5 Abs. 1 TVG ist begrenzt. Zum einen setzte sich das BVerfG in keiner Weise mit der Frage auseinander, ob die Zuständigkeit des Ministers lediglich aus dem Wortlaut des § 5 Abs. 1 TVG i.d.F. vom 25. August 1969 folgt oder bereits aus dem Demokratieprinzip selbst[508]. Zum anderen führte das BVerfG auch nicht aus, ob sich aus dieser Zuständigkeit ein materielles Befassungserfordernis ergibt, wie es das BAG mittlerweile fordert.[509] Auch die Frage, ob diese Zuständigkeit oder Befassung innerhalb des Geschäftsbereichs des Ministeriums (zumindest an einen Staatssekretär) delegiert werden kann, bleibt durch die Entscheidung des BVerfG unbeantwortet, da derartige Fragen überhaupt nicht zur Diskussion standen.

[2] Bisheriger Meinungsstand in der Literatur

Da sich die Rechtsprechung mit der Ministerbefassung bisher nicht auseinan- **251**
dergesetzt hatte, handelte es sich bis zum September 2016 um eine eher akademische Frage, die selbst in der einschlägigen Literatur nicht groß behandelt wurde. Hier ist und war man sich aber bereits vor den Beschlüssen des BAG (mit teils unterschiedlicher Begründung) im Ergebnis einig, dass die Verantwortlichkeit letztlich beim zuständigen Minister oder zumindest bei seinem Staatssekretär liegen muss:

So sehen *Löwisch/Rieble* die persönliche Entscheidungsverantwortung unabhängig vom Wortlaut des § 5 Abs. 1 TVG beim zuständigen Bundesminister.[510] Zur Begründung wird die Verordnung zur Durchführung des Tarifvertragsgesetzes (TVGDV) herangezogen, die zwischen Ministerbefugnissen und den

508 So aber das BAG, wonach der Wortlaut des § 5 Abs. 1 TVG unerheblich ist und die Zuständigkeit des Ministers bereits den Grundsätzen des Demokratieprinzips entspringt, vgl. BAG vom 21.9.2016 – 10 ABR 33/15 = NZA-Beil. 2017, 12, 30.

509 Das BAG weist explizit daraufhin, dass es sich bei der Zuständigkeit für eine AVE einerseits und dem materiellen Befassungserfordernis innerhalb dieser Zuständigkeit andererseits um zwei verschiedene Fragen handelt, vgl. BAG vom 21.9.2016 – 10 ABR 33/15 = NZA-Beil. 2017, 12, 30.

510 *Löwisch/Rieble*, 3. Auflage, § 5 TVG Rn. 165; *Löwisch/Rieble*, § 5 TVG Rn. 287.

Befugnissen des „Beauftragten" des Bundesministeriums klar unterscheidet.[511] In aktueller Auflage stützen sich die Autoren außerdem auf Art. 80 GG, der die Übertragung von Rechtsetzungsverantwortung lediglich an parlamentarisch unmittelbar verantwortliche Minister und nicht an untergeordnete Beamte zulässt.[512] Zwar sei Art. 80 GG nicht unmittelbar auf die AVE anwendbar, die Verfassungsnorm konkretisiere aber lediglich die „Anforderungen des Demokratie und Rechtsstaatsprinzips an die Delegation von Rechtssetzungsmacht an die Exekutive"[513]. Die Entscheidungsverantwortung des Ministers für die AVE kann nach Ansicht von *Löwisch/Rieble* dann auch auf den Staatssekretär als Vertreter des Bundesministers übertragen werden.[514]

Auch laut *Forst* folgt bereits aus Art. 80 Abs. 1 S. 1 GG, dass die Vertretung des BMAS im Rahmen der Entscheidung zur AVE nur durch den Minister selbst erfolgen kann. Die Vertretung durch einen Staatssekretär lehnt *Forst* hingegen ab. Eine Delegation der Ermächtigung auf einen Dritten wie bspw. einen Staatssekretär bedürfe nach Art. 80 Abs. 1 S. 4 GG einer gesetzlichen Grundlage und einer Rechtsverordnung, die diese Delegation regelt. Beide Voraussetzungen lägen im Falle der AVE jedoch nicht vor.[515]

Lakies sieht die alleinige politische und parlamentarische Verantwortung ebenfalls beim zuständigen Minister, der das Vorliegen der Voraussetzungen für die AVE eigenverantwortlich zu prüfen hat.[516] Eine nähere Begründung erfolgt jedoch nicht, lediglich der Verweis auf die hier bereits angesprochene Entscheidung des BVerfG von 1977[517]. Eine Aussage zu einer persönlichen, zustimmenden Befassung des Ministers mit der AVE lässt sich aus dieser Entscheidung aber nicht eindeutig herauslesen (siehe hierzu bereits Rn. 250).

Wank weist die Zuständigkeit für die AVE ebenfalls dem Bundesminister für Arbeit und Soziales zu und stützt sich dabei auf § 5 Abs. 1 TVG.[518] Inwieweit damit jedoch eine Aussage zu einem materiellen Befassungserfordernis getroffen werden sollte ist abermals fragwürdig, da § 5 Abs. 1 TVG gerade nicht vom „Bundesminister" sondern vom „Bundesministerium" spricht. Ein Verweis auf

---

511 Die Befugnisse des „Beauftragten" findet man in §§ 2 Abs. 1 Satz 1, 3 Abs. 1 Satz 2 TVGDV, die Befugnisse des Ministers hingegen in §§ 4 ff. TVGDV.

512 *Löwisch/Rieble*, § 5 TVG Rn. 287.

513 *Löwisch/Rieble*, § 5 TVG Rn. 132.

514 *Löwisch/Rieble*, 3. Auflage, § 5 TVG Rn. 165; *Löwisch/Rieble*, § 5 TVG Rn. 287.

515 Boecken/Düwell/Diller/Hanau/*Forst*, Band 3, § 5 TVG Rn. 58.

516 Däubler/*Lakies*, § 5 TVG Rn. 163.

517 BVerfG vom 24.5.1977 – 2 BvL 11/74 = AP TVG § 5 Nr. 15.

518 Wiedemann/*Wank*, § 5 TVG Rn. 82.

die Vorschrift zur Begründung geht also insoweit fehl. Der Autor wollte wohl in erster Linie darauf aufmerksam machen, dass die Zuständigkeit für die AVE aufgrund eines Organisationserlasses der Bundeskanzlerin im Jahr 2005[519] vom Bundesministerium für Wirtschaft und Arbeit zum Bundesministerium für Arbeit und Soziales übergegangen ist.

Franzen sieht die alleinige Verantwortung für die Entscheidung über den Erlass einer AVE hingegen beim BMAS als Ganzem – jedenfalls nach außen hin.[520] Wie die Verantwortung *nach innen hin* aussehen müsse, wird dabei jedoch nicht erläutert. Erst in aktueller Auflage wurde unter Hinweis auf die Beschlüsse des BAG ergänzt, dass sich der zuständige Minister oder Staatssekretär mit dem Erlass der AVE befasst haben müsse.[521] Die Auffassung des BAG wurde anscheinend akzeptiert.

[3] Resonanz in der Literatur auf die Entscheidungen des BAG

Im Nachgang der Entscheidungen des BAG wurden innerhalb kurzer Zeit mehrere Aufsätze und Anmerkungen veröffentlicht, die sich allesamt mit dem Inhalt der Entscheidungen und dessen praktischen Konsequenzen für die Baubranche auseinandersetzen. Soweit die Autoren dabei auf die Unwirksamkeitsgründe der AVEen VTV 2008 – 2014 eingehen, stehen sie den neuen Anforderungen des BAG an die Ministerbefassung größtenteils kritisch gegenüber:[522] **252**

Vor allem das durch das BAG definierte Ende der demokratischen Legitimationskette beim zuständigen Minister bzw. Staatssekretär wird als willkürlich angesehen. So stelle sich die Frage, warum eine Befassung mit der AVE durch einen Ministerialbeamten automatisch dem Demokratieprinzip widerspreche.[523] Schließlich lasse sich eine Legitimationskette vom Volke hin zur Staatsgewalt auch über den Bundesminister bzw. Staatssekretär hinaus weiter fortführen.[524]

---

519 Organisationserlass der Bundeskanzlerin vom 22.11.2005, BGBl. I Nr. 71 vom 25.11.2005, S. 3197.

520 ErfK/*Franzen*, 14. Auflage, § 5 TVG Rn. 23.

521 ErfK/*Franzen*, § 5 TVG Rn. 23.

522 *Biedermann*, BB 2017, 1333, 1334 f; *Engels*, NZA 2017, 680, 681; *Greiner*, NZA 2017, 98, 100 f; *Preis*, BT-Ausschussdrucksache 18(11)880, S. 14 f; zumindest überrascht zeigen sich *Düwell*, jurisPR-ArbR 2/2017 Anm. 1 und *Thüsing*, NZA-Beil. 2017, 3, 4; als möglicherweise „schlüssig" wird die Argumentation des BAG bezeichnet von *Klein*, AuR 2017, 48; als „jedenfalls gut vertretbar" beurteilt die Rechtsprechung *Berger*, BT-Ausschussdrucksache 18(11)896, S. 49; „durchaus nahvollziehbar" nennt sie *Franzen*, SR Sonderausgabe Mai 2017, 14, 19.

523 *Engels*, NZA 2017, 680, 681.

524 *Biedermann*, BB 2017, 1333, 1334; *Engels*, NZA 2017, 680, 681; *Greiner*, NZA 2017, 98, 100 f.

Bereits die Legitimation des Bundesministers sei nur mittelbar vorhanden.[525] Der Wortlaut des § 5 Abs. 1 TVG halte es mit der Formulierung „Bundesministerium" außerdem geradezu offen, wem die Verantwortung innerhalb der Ministerialverwaltung letztendlich übertragen wird.[526] Auch der Wortlaut des Art. 80 Abs. 1 S. 4 GG gäbe Grund zu der Annahme, dass die Verantwortungsgrenze nicht zwingend beim zuständigen Minister oder Staatssekretär enden müsse.[527] Denn nach dieser Vorschrift ist eine weitere „Übertragung der Ermächtigung" durchaus möglich, soweit dies durch ein Gesetz vorgesehen ist.

Zumindest im Ergebnis inkonsequent sei die Entscheidung des BAG dahingehend, dass – neben dem Bundesminister – auch dem Staatssekretär die demokratische Legitimation noch zugesprochen werde.[528] Schließlich orientiere sich das BAG im Rahmen seiner Argumentation teilweise an Normen für den Verordnungserlass wie Art. 80 Abs. 1 S. 1 GG[529], der die Übertragung der Rechtssetzungsbefugnis ausschließlich auf den Bundesminister selbst gestattet. Im Verlauf der Argumentation des BAG werde dann aber (nicht widerspruchsfrei) auf die mangelnde Übertragbarkeit der Normen zu Rechtsverordnungen auf AVEen hingewiesen, so dass das Legitimationsniveau im Falle der AVE ausnahmsweise auch bei Befassung durch einen Staatssekretär noch als ausreichend angesehen werden könne.[530] Mit diesem Ergebnis sei das BAG schlichtweg rechtsschöpferisch tätig geworden.[531]

Problematisch stellt man sich auch die gerichtliche Überprüfung der Ministerbefassung vor. So verlangt das BAG zwar keine förmliche Zeichnung der AVE, sondern lediglich eine zustimmende, aktenkundig dokumentierte Befassung des Ministers mit der AVE.[532] Es sei aber gerichtlich kaum nachprüfbar, ob eine solche gedankliche Auseinandersetzung und Abwägung je stattgefunden hat.[533] Auch im Rahmen der Entscheidungen zu den AVEen VTV 2008 – 2014 habe das BAG schließlich nur auf formale Befassungsakte abgestellt, die keinerlei

525 *Greiner*, NZA 2017, 98, 100.

526 *Greiner*, NZA 2017, 98, 101.

527 *Engels*, NZA 2017, 680, 681.

528 *Biedermann*, BB 2017, 1333, 1334; *Preis*, BT-Ausschussdrucksache 18(11)880, S. 14.

529 So könne laut BAG „[…] das Erfordernis der Befassung des Ministers bei beiden Rechtsetzungsakten nicht grundlegend unterschiedlich beurteilt werden", BAG vom 21.9.2016 – 10 ABR 33/15 = NZA-Beil. 2017, 12, 32.

530 *Greiner*, NZA 2017, 98, 101.

531 *Greiner*, NZA 2017, 98, 101; *Preis*, BT-Ausschussdrucksache 18(11)880, S. 14.

532 BAG vom 21.9.2016 – 10 ABR 33/15 = NZA-Beil. 2017, 12, 33.

533 *Greiner*, NZA 2017, 98, 101; *Preis*, BT-Ausschussdrucksache 18(11)880, S. 14.

Aufschluss über den tatsächlichen Entscheidungsprozess geben. Die Ministerbefassung sei damit eine reine Formalie ohne legitimatorischen Mehrwert.[534]

Nicht zuletzt wird die radikale Rechtsfolge dieses Verfahrensfehlers in Form der Unwirksamkeit der AVE in der Literatur keineswegs als zwingend angesehen. Vielmehr habe es hier „weniger einschneidende Lösungswege"[535] gegeben, wie bspw. die ausschließliche Anwendung der neu definierten Verfahrensanforderungen auf künftige AVEen.[536]

[4] Stellungnahme

Die neu definierten Anforderungen des BAG an eine Ministerbefassung waren unvorhersehbar, sodass – jedenfalls insoweit – vor den Beschlüssen des BAG kein begründetes Vertrauen in die Unwirksamkeit der betroffenen AVEen VTV entstehen konnte. **253**

Vor den Beschlüssen des BAG lag keine Rechtsprechung vor, die Aufschluss darüber geben konnte, wie genau das Verfahren innerhalb des BMAS bei Erlass einer AVE aussehen muss. In der Entscheidung des BVerfG von 1977 wird die Zuständigkeit und Verantwortung für die Entscheidung über den Erlass einer AVE zwar dem zuständigen Minister zugeschrieben, aber die Aussagekraft dieser Entscheidung ist sehr begrenzt. Aufgrund des damaligen Wortlauts des § 5 Abs. 1 TVG handelt es sich dem Grunde nach nur um eine Wiedergabe der einschlägigen Vorschrift. Dabei ist es unklar, ob mit „Zuständigkeit" auch eine persönliche und zustimmende Befassung des Ministers gemeint war, wie es das BAG mittlerweile fordert.

Selbst wenn man dies dem BVerfG unterstellen wollte, wird jedenfalls an keiner Stelle auf ein dahinterstehendes Demokratieprinzip oder die Option bzw. ein Verbot der Delegation der Ministerbefassung eingegangen. Darüber hinaus wurde der Wortlaut des § 5 Abs. 1 TVG nach der Entscheidung des BVerfG geändert, so dass die Fortgeltung der damaligen Rechtsprechung bereits fraglich erscheint.

Nicht zuletzt ist die höchstrichterliche Rechtsprechung als Anknüpfungspunkt für schutzwürdiges Vertrauen nur eingeschränkt geeignet.[537] Da es sich

---

534 Vgl. *Greiner*, NZA 2017, 98, 101.

535 *Biedermann*, BB 2017, 1333, 1334.

536 Jeweils unter Verweis auf einen ähnlich gelagerten Fall des BVerfG (BVerfG vom 11.10.1994 – 1 BvR 337/92 = BVerfGE 91, 148), in dessen Rahmen ein Verfahrensfehler nicht zur Nichtigkeit der Rechtsverordnung geführt hat, vgl. *Biedermann*, BB 2017, 1333, 1334; *Preis*, BT-Ausschussdrucksache 18(11)880, S. 14 f.

537 BVerfG vom 21.7.2010 – 1 BvR 2530/05, 1 BvL 11, 12, 13/06 = BVerfGE 126, 369, 395.

bei höchstrichterlicher Rechtsprechung nicht um Gesetzesrecht handelt, mangelt es ihr auch an einer vergleichbaren Rechtsbindung.[538] Damit also überhaupt ein schutzwürdiges Vertrauen in eine bestimmte Rechtslage aufgrund höchstrichterlicher Rechtsprechung entstehen kann, bedarf es zumindest einer gefestigten, langjährigen Rechtsprechung.[539] Von solch einer gefestigten, langjährigen Rechtsprechung kann bei der alleinstehenden Entscheidung des BVerfG von 1977 keine Rede sein.

In der Literatur war und ist man sich zwar weitestgehend einig, dass die Entscheidungsverantwortlichkeit beim zuständigen Minister liegen muss (wobei hier je nach Fundstelle eine uneinheitliche Verwendung der Begriffe „Verantwortlichkeit" und „Zuständigkeit" erfolgt). Wie genau sich diese Verantwortlichkeit aber im Verfahren niederschlagen muss, wird an keiner Stelle näher erläutert. So weist auch das BAG daraufhin, dass die Zuweisung der Zuständigkeit grundsätzlich noch keine Aussage über ein materielles Befassungserfordernis trifft.[540] Erst die Beschlüsse des BAG von September 2016 haben hier Licht ins Dunkel gebracht und die Voraussetzungen erstmals (etwas) näher definiert. Auch der Einbezug der Staatssekretäre in die Entscheidungsverantwortlichkeit wurde vor den Beschlüssen des BAG lediglich von *Löwisch/Rieble* vertreten, so dass dahingehend von keiner vorherrschenden Meinung in der Literatur gesprochen werden kann.

254 Davon abgesehen vermag es eine „herrschende Meinung" in der Literatur ohnehin nicht, ein schutzwürdiges Vertrauen in eine bestimmte Rechtslage herzustellen. Bereits höchstrichterliche Rechtsprechung kann ein begründetes Vertrauen erst nach langjährigem Bestehen der Rechtsprechung begründen (siehe Rn. 253). Für Literaturmeinungen können keine großzügigeren Maßstäbe gelten. So kann die bloße Erwartung das BAG werde eine von ihm noch nicht geklärte Rechtsfrage in einem bestimmten Sinne, etwa entsprechend dem im Schrifttum geäußerter Auffassungen entscheiden, einen Vertrauenstatbestand nicht begründen.[541]

Zudem begegnet die Entscheidung des BAG begründeter Kritik. Das Argument des BAG, dass eine AVE gerade keine Verordnung sei und daher die strikte

---

538 BVerfG vom 26.6.1991 – 1 BvR 779/85 = BVerfGE 84, 212, 227; BVerfG vom 15.1.2009 – 2 BvR 2044/07 = BVerfGE 122, 248, 277; BVerfG vom 21.7.2010 – 1 BvR 2530/05, 1 BvL 11, 12, 13/06 = BVerfGE 126, 369, 395.

539 BVerfG vom 15.1.2009 – 2 BvR 2044/07 = BVerfGE 122, 248, 277; BVerfG vom 21.7.2010 – 1 BvR 2530/05, 1 BvL 11, 12, 13/06 = BVerfGE 126, 369, 395.

540 BAG vom 21.9.2016 – 10 ABR 33/15 = NZA-Beil. 2017, 12, 30.

541 BAG vom 13.3.2013 – 5 AZR 424/12 = NZA 2013, 785, 786.

Begrenzung der Gesetzgebungsermächtigung auf Bundesminister aus Art. 80 Abs. 1 S. 1 GG nicht eingehalten werden müsse, ließe sich nicht nur für eine Ausweitung der Verantwortungsgrenze auf Staatssekretäre heranziehen, sondern auch für eine Ausweitung auf weitere Ebenen der Verwaltung. Zwar begründet das BAG die Grenze der Verantwortlichkeit beim Staatssekretär damit, dass dieser den Minister aufgrund von § 14 Abs. 3 GOBReg, § 6 Abs. 1 S. 2 GGO vertritt und damit unmittelbar vom Vertrauen des Ministers abhängig ist. Unabhängig von einer gesetzlichen Regelung kann man dieses Prinzip der vertrauensbasierten Zusammenarbeit aber auf alle Mitarbeiter des Ministeriums anwenden (insbesondere dann, wenn diesen Mitarbeitern so gewichtige Aufgaben wie die Zuständigkeit für eine AVE übertragen werden). Damit erscheint das Ende der Legitimationskette beim Minister allenfalls plausibel, aber keinesfalls zwingend.[542]

Der in § 5 Abs. 1 TVG verwendete Wortlaut ist mit dem Begriff „Bundesministerium" offen gehalten. Nach Art. 65 S. 2 GG leitet jeder Bundesminister seinen Geschäftsbereich selbständig und unter eigener Verantwortung. Hierfür stehen den Bundesministern auch organisations- und personalrechtliche Entscheidungsbefugnisse innerhalb der Ministerien zu.[543] Eine Organisationsbefugnis ergibt aber nur Sinn, wenn der Bundesminister hierdurch auch Aufgaben delegieren kann, die seinem „Bundesministerium" als Ganzes zugewiesen sind.

Zu Recht wird darauf hingewiesen, dass weder das Grundgesetz noch das Geschäftsordnungsrecht der Aufgabendelegation innerhalb des Ministeriums eines Bundesministers erkennbare Grenzen setzen.[544] Zwar handeln die Bundesminister innerhalb der Kanzlerrichtlinien und Vorgaben der Bundesregierung und setzen diese in ihren eigenen Ressorts politisch und rechtlich um. Innerhalb dieses vorgegebenen Rahmens verbleibt die politische Tätigkeit des Ministers jedoch eigenverantwortlich.[545]

Man mag der Auffassung des BAG im Ergebnis zustimmen und das notwendig hohe Legitimationsniveau für eine AVE ausschließlich beim Minister oder dessen Staatssekretär sehen. Um eine zwingende Auslegung von § 5 Abs. 1 TVG handelt es sich dabei aber nicht, sondern lediglich um eine eigenständige

542 So bereits *Biedermann*, BB 2017, 1333, 1334; *Engels*, NZA 2017, 680, 681; *Greiner*, NZA 2017, 98, 100 f.

543 *Isensee/Kirchhof*, § 66 Rn. 28.

544 *Greiner*, NZA 2017, 98, 101.

545 *Isensee/Kirchhof*, § 66 Rn. 29.

Interpretation des Demokratieprinzips durch das BAG. Dementsprechend wenig vorhersehbar war auch die Entscheidung des BAG.

255 Erschwerend kommt hinzu, dass es sich hier um einen Verfahrensfehler handelt, dessen Vorliegen für einen Außenstehenden nahezu unerkennbar ist. Für eine zustimmende Befassung des Ministers kommt es laut BAG gerade nicht (nur) auf die förmliche Zeichnung der AVE an, sondern auf eine materielle Zurechenbarkeit der AVE in Bezug auf den Minister.[546] Diese Zurechenbarkeit kann sich in zahlreichen internen Vorgängen des BMAS niederschlagen, die für Außenstehende vollkommen unzugänglich sind. Auch die Beschlüsse des BAG ergingen auf Grundlage aller verfügbaren Akten, Vermerke und sogar E-Mails aus der Zeit des Erlasses der AVEen.[547] Die zustimmende Befassung kann dann nach Aussage des BAG bspw. in Form einer zustimmenden Kenntnisnahme des Bearbeitungsvermerks eines Ministerialbeamten[548] oder aber – wie im Falle der AVE VTV 2012 – in Form der Befassung eines Staatsekretärs mit dem Widerspruch des Freistaats Sachsen gegen die beabsichtigte AVE[549] vorliegen. Sicherlich könnte man bei fehlender Zeichnung der AVE durch einen Minister oder Staatssekretär pauschal die fehlende Zurechenbarkeit rügen.[550] Ob diese Zurechenbarkeit aber tatsächlich fehlt, wird sich letztendlich erst in einem umfangreichen Verfahren unter Hinzuziehung aller relevanten Dokumente herausstellen. Selbst wenn man also von einer herrschenden Meinung bezüglich der Ministerbefassung ausgehen sollte, auf die die Außenseiter bereits vor den Beschlüssen des BAG vertrauen konnten, ist ein berechtigtes Vertrauen in die Unwirksamkeit einer bestimmten AVE vor Sichtung *aller* relevanten Unterlagen bzw. vor Abschluss eines Gerichtsverfahrens einschließlich umfangreicher Beweisaufnahme trotzdem auszuschließen.

Grundsätzlich ausscheiden muss ein Vertrauen in die fehlende Ministerbefassung als Unwirksamkeitsgrund außerdem für alle AVEen, die seit Ende 2014 erlassen wurden.[551] Denn von diesem Zeitpunkt an hat das BMAS seine

546 BAG vom 21.9.2016 – 10 ABR 33/15 = NZA-Beil. 2017, 12, 33.

547 So bspw. im Falle der AVE VTV 2012, BAG vom 25.1.2017 – 10 ABR 43/15 = NZA 2017, 731.

548 BAG vom 21.9.2016 – 10 ABR 33/15 = NZA-Beil. 2017, 12, 33.

549 BAG vom 25.1.2017 – 10 ABR 43/15 = NZA 2017, 731, 735.

550 So auch die Antragsteller im Falle der AVEen VTV 2008 – 2014, vgl. BAG vom 21.9.2016 – 10 ABR 33/15 = NZA-Beil. 2017, 12, 15; BAG vom 21.9.2016 10 ABR 48/15 = AP TVG § 5 Nr. 36 Rn. 18; BAG vom 25.1.2017 – 10 ABR 43/15 = NZA 2017, 731, 732; BAG vom 25.1.2017 – 10 ABR 34/15 = AP TVG § 5 Nr. 37 Rn. 27.

551 Ebenso Arbeitsgericht Wiesbaden vom 15.8.2017 – 12 Ca 992/16.

Vorgehensweise geändert und sämtliche Bekanntmachungen über AVEen durch den zuständigen Minister bzw. die zuständige Ministerin unterzeichnen lassen. Seit dieser Änderung konnte dementsprechend auch die Wirksamkeit der AVEen der Bau-Tarifverträge nicht mehr an der fehlenden Ministerbefassung scheitern. Dieser Umstand war den Beschlüssen des BAG vom September 2016 problemlos zu entnehmen.[552]

bb. Rüge der fehlerhaften Berechnung des 50-Prozent-Quorums

[1] Verhältnis zur bisherigen Rechtsprechung

Aus der Rechtsprechung zum 50-Prozent-Quorum ist allem voran ein Urteil des LAG Hessen aus dem Jahr 2014 zu nennen.[553] Zwar hat das LAG Hessen im Rahmen dieser Entscheidung (wie auch das BAG) ausgeführt, dass Einschränkungen des Geltungsbereichs durch Regelungen *innerhalb des Tarifvertrags* bei der Bestimmung der Großen Zahl berücksichtigt werden müssten. Letztendlich würden diese Regelungen erst den maßgeblichen Geltungsbereich des Tarifvertrags festlegen.[554] Arbeitnehmer in Betrieben, die bspw. durch § 1 Abs. 2 Abschn. VII VTV von der Anwendung des VTV ausgenommen wurden, durften demnach nicht zur Großen Zahl hinzugerechnet werden.[555] 256

Die gleiche Auffassung vertritt das LAG Hessen allerdings – abweichend vom BAG – auch bezüglich Einschränkungen des Geltungsbereichs, die erst durch einen *einschränkenden Antrag zur AVE* erfolgen.[556] Begründet wird dies damit, dass Beschränkungen des Geltungsbereichs eines Tarifvertrags durch Ausnahmen innerhalb des Tarifwerks oder durch Ausnahmen von seiner AVE auf Antrag im Ergebnis gleichwertig seien. In beiden Fällen käme es zu einer autonomen Festlegung des Geltungsbereichs durch die Tarifvertragsparteien, die hierdurch die Tauglichkeit eines Tarifvertrages für eine AVE „optimieren" könnten.[557]

In einer weiteren Entscheidung von 2007 hat das LAG Hessen außerdem bei der Überprüfung der Voraussetzungen der AVE VTV vom 20. Dezember 1999 einfach vorausgesetzt, dass bestimmte Betriebe bei der Berechnung des 50-Prozent-Quorums herausgenommen werden müssten, „[...] weil sich auf solche die

552 BAG vom 21.9.2016 – 10 ABR 33/15 = NZA-Beilage 2017, 12, 34.
553 LAG Hessen vom 2.7.2014 – 18 Sa 619/13 = BeckRS 2015, 67839.
554 LAG Hessen vom 2.7.2014 – 18 Sa 619/13 = BeckRS 2015, 67839 Rn. 73.
555 LAG Hessen vom 2.7.2014 – 18 Sa 619/13 = BeckRS 2015, 67839 Rn. 74 ff.
556 LAG Hessen vom 2.7.2014 – 18 Sa 619/13 = BeckRS 2015, 67839 Rn. 73.
557 LAG Hessen vom 2.7.2014 – 18 Sa 619/13 = BeckRS 2015, 67839 Rn. 81.

AVE grundsätzlich nicht erstrecken sollte (Einschränkung III 5 der AVE) […]“[558]. Eine Begründung oder Auseinandersetzung mit der Problematik erfolgte an dieser Stelle jedoch nicht, sodass man die Aussagekraft dieses Nebensatzes auf den ersten Blick durchaus überlesen mag.

[2] Bisheriger Meinungsstand in der Literatur

257 Bisher gab es nur wenige Stimmen in der Kommentarliteratur, die sich mit der Berechnung des 50-Prozent-Quorums bei Beschränkungen des Geltungsbereichs auseinandergesetzt hatten.

Am deutlichsten spricht sich *Henssler* für die Berücksichtigung von Einschränkungsklauseln bei der Zahlenermittlung für das Quorum aus. Demnach müssten diejenigen Arbeitnehmer herausgerechnet werden, die in Betrieben beschäftigt sind, die nicht Mitglied einer der arbeitgeberseitigen Tarifvertragsparteien sind und darüber hinaus aufgrund der Einschränkungsklausel zur AVE nicht erfasst werden. Begründet wird diese Ansicht mit der Gefahr, dass das 50-Prozent-Quorum andernfalls unterlaufen werden könnte. So würde laut *Henssler* die Möglichkeit bestehen, dass die Tarifvertragsparteien nach dem Erreichen des 50-Prozent-Quorums für den gesamten Geltungsbereich des TV, bestimmte Teilbereiche mit hoher Tarifbindung wieder aus dem Geltungsbereich der AVE herausnehmen würden.[559]

Auch *Krebber* verlangt, dass eine Einschränkungsklausel im Rahmen des Antrags zur AVE bei der Berechnung des Quorums berücksichtigt wird.[560] Eine Begründung erfolgt jedoch nicht, lediglich ein Verweis auf *Wank*.[561] Woraus sich aus diesem Verweis die vertretene Auffassung zur Berechnung des Quorums ableiten lassen soll, erschließt sich jedoch nicht. So spricht sich *Wank* im Rahmen dieser Fundstelle lediglich für die grundsätzliche Zulässigkeit von Einschränkungsklauseln zur AVE aus.[562] Mit keinem Wort wird erläutert wie sich solche Einschränkungsklauseln bei der Berechnung des 50-Prozent-Quorums auswirken sollen. Letztendlich erfolgen diese Ausführungen von *Wank* auch nicht im Rahmen des Kapitels zum 50-Prozent-Quorum. An dortiger Stelle werden Einschränkungsklauseln überhaupt nicht erwähnt und es verbleibt beim Zitat des Wortlauts von § 5 Abs. 1 TVG a.F. („Geltungsbereich des Tarifvertrages“).[563]

558 LAG Hessen vom 4.6.2007 - 16 Sa 1444/05 = BeckRS 2007, 47807.
559 H/W/K/*Henssler*, § 5 TVG Rn. 12.
560 Dornbusch/Fischermeier/Löwisch/*Krebber*, § 5 TVG Rn. 17.
561 *Krebber* verweist hier auf Wiedemann/*Wank*, § 5 TVG Rn. 62.
562 Wiedemann/*Wank*, § 5 TVG Rn. 62.
563 Wiedemann/*Wank*, § 5 TVG Rn. 64.

Löwisch/Rieble hatten sich in älterer Auflage lediglich zu Einschränkungen des Geltungsbereichs durch den Tarifvertrag selbst geäußert. Demnach hätten es die Tarifparteien aufgrund ihrer Tarifautonomie selbst in Hand, ihren Tarifvertrag durch Festlegung des Geltungsbereichs für die „Allgemeinverbindlichkeitstauglichkeit" zu optimieren.[564] Beschränkungen des Geltungsbereichs durch den Tarifvertrag seien also bei der Bestimmung des relevanten Geltungsbereichs für das 50-Prozent-Qurorum zu berücksichtigen.

Eine eindeutige Schlussfolgerung für Einschränkungsklauseln zur AVE konnte aus dieser Aussage jedoch bisher nicht getroffen werden, soweit man den Autoren keine bestimmte Meinung unterstellen wollte. Erst in aktueller Auflage wird unmissverständlich klar, dass sich *Löwisch/Rieble* – wie auch das BAG – streng am Wortlaut von § 5 Abs. 1 TVG a.F. orientieren („Geltungsbereich des Tarifvertrages") und damit eine Berücksichtigung von Einschränkungsklauseln zur AVE bei der Berechnung des 50-Prozent-Quorums ablehnen.[565] Aus diesem Grund werden von den Autoren auch die Entscheidungen des LAG Berlin-Brandenburg angegriffen, die später durch das BAG korrigiert wurden und zur Unwirksamkeit der AVEen VTV 2008 – 2014 geführt haben.[566] Das LAG Berlin-Brandenburg hatte in diesen Entscheidungen noch die „Große Einschränkungsklausel" der AVEen VTV bei der Berechnung des 50-Prozent-Qurorums berücksichtigt und damit das Erreichen des Quorums bejaht.[567]

Auffällig ist, dass man auch im Gesetzgebungsverfahren zum TASG von der gegenteiligen Auffassung des BAG ausgegangen ist. In der Begründung des Gesetzesentwurfs heißt es zum neu gefassten § 5 Abs. 1 TVG und dem dort eingefügten Regelbeispiel für ein öffentliches Interesse in Form der „überwiegenden Bedeutung" eines Tarifertrages in seinem Geltungsbereich:

> „Dabei ist – wie schon bereits bei der Ermittlung des 50-Prozent-Quorums – zu berücksichtigen, wenn der besondere Geltungsbefehl der Allgemeinverbindlicherklärung nur für einen Teil des Geltungsbereichs erfolgt."[568]

---

564 *Löwisch/Rieble*, 3. Auflage, § 5 TVG Rn. 127; ebenfalls in aktueller Auflage zum Regelbeispiel „überwiegende Bedeutung" *Löwisch/Rieble*, § 5 TVG Rn. 186.

565 *Löwisch/Rieble*, § 5 TVG Rn. 186.

566 So heißt es zu den Ausführungen des LAG Berlin-Brandenburg: „Das war damals falsch und ist es für § 5 n.F. erst recht. Es geht um die Tarifakzeptanz in Geltungsbereich des Tarifvertrages und nicht im Geltungsbereich der Allgemeinverbindlicherklärung.", *Löwisch/Rieble*, § 5 TVG Rn. 186.

567 LAG Berlin-Brandenburg vom 8.7.2015 – 4 BVL 5004/14 – juris, Rn. 64; LAG Berlin-Brandenburg vom 9.7.2015 – 3 BVL 5003/14 – juris, Rn. 74; LAG Berlin-Brandenburg vom 21.8.2015 – 6 BVL 5006/14 – juris, Rn. 77.

568 BT-Drucksache 18/1558, S. 48.

Auch das BAG hat diesen Nebensatz vernommen und die daraus hervorgehende Auffassung bzgl. § 5 Abs. 1 TVG in seinen Beschlüssen vom September 2016 ausdrücklich abgelehnt.[569]

[3] Resonanz in der Literatur auf die Entscheidungen des BAG

258 Die Reaktionen auf die Entscheidung des BAG zum 50-Prozent-Quorum reichen von „mindestens gut vertretbar“[570] bis hin zu dem Befund, dass die Argumentation des BAG nicht überzeuge[571]. Für die Ansicht des BAG streite aber – auch laut Kritikern – zumindest der Wortlaut des § 5 Abs. 1 S. 1 Nr. 1 TVG a.F.[572]

Besonders kritisiert wird die Aussage des BAG, dass Sinn und Zweck des Quorums (Repräsentativität des TV und Schutz der nicht tarifgebundenen Arbeitgeber vor einer „Majorisierung“) für die Auffassung des BAG sprächen.

Nach *Greiner* ist genau das Gegenteil der Fall: Eine Majorisierung von Arbeitgebern könne nur in den Bereichen stattfinden, die auch tatsächlich von der AVE erfasst werden. Diese Gefahr würde also für die aus dem Geltungsbereich herausgenommenen Arbeitgebern nie bestehen, so dass auch die mehrheitliche Legitimation des Tarifvertrags bei diesen Arbeitgebern irrelevant sei. Auch die Repräsentativität sei nur in dem Geltungsbereich relevant, auf den sich die AVE erstrecken soll. Die (möglicherweise schwache) Legitimation in anderen, nicht erfassten Bereichen dürfe hingegen keine Rolle spielen.[573] Darüber hinaus stelle es einen ungerechtfertigten Eingriff in die Tarifautonomie dar, wenn man die Festlegung der Tarifzuständigkeit und damit auch die Festlegung des Geltungsbereichs mit unausweichlich nachteiligen Konsequenzen im Verfahren zur AVE verbinden würde. Nach *Greiner* müssten die Sozialpartner daher den tariflichen Geltungsbereich und den Anwendungsbereich der AVE stets selbst und individuell festlegen können, ohne dass das eine das andere negativ beeinträchtigt.[574]

Auch der Wortlaut von § 5 Abs. 1 S. 1 Nr. 1 TVG a.F. ist für *Klein* unergiebig und könne das Ergebnis des BAG nicht stützen. Der Gesetzgeber beziehe sich an dieser Stelle lediglich auf den Grundfall der AVE bezüglich eines gesamten TV, in dessen Rahmen der Geltungsbereich des TV und der AVE kongruent sind. Der Sonderfall einer AVE mit eingeschränkten Geltungsbereich sei in dieser

569 BAG vom 21.9.2016 – 10 ABR 33/15 = NZA-Beil. 2017, 12, 36.

570 *Berger*, BT-Ausschussdrucksache 18(11)896, S. 48 f.

571 *Klein*, AuR 2017, 48, 49.

572 *Bader*, jurisPR-ArbR 10/2017 Anm. 1; *Greiner*, NZA 2017, 98, 100.

573 *Greiner*, NZA 2017, 98, 100; in diesem Sinne auch *Biedermann*, BB 2017, 1333, 1335; *Klein*, AuR 2017, 48, 49.

574 *Greiner*, NZA 2017, 98, 100.

Norm aber durch den Gesetzgeber gar nicht bedacht worden, so dass man sich hierfür auch nicht streng am Wortlaut orientieren könne. Vielmehr seien die Wertungen des § 5 Abs. 1 S. 1 Nr. 1 TVG a.F. auf diesen gesetzlich nicht geregelten Fall zu übertragen.[575]

Auch die Auswirkungen der Entscheidung des BAG auf die aktuelle Fassung des TVG wird im Hinblick auf das „öffentliche Interesse" in § 5 Abs. 1 S. 2 TVG bereits diskutiert. Nach § 5 Abs. 1 S. 2 Nr. 1 TVG liegt ein solches öffentliches Interesse regelmäßig vor, wenn „der Tarifvertrag in seinem Geltungsbereich für die Gestaltung der Arbeitsbedingungen überwiegende Bedeutung erlangt hat". Es kommt also abermals auf den relevanten Geltungsbereich des Tarifvertrages an. Nach *Preis/Peramato* überzeugt jedoch die Argumentation des BAG nicht, so dass Einschränkungsklauseln zur AVE auch für die Frage der „überwiegenden Bedeutung" in § 5 Abs. 1 S. 2 Nr. 1 TVG berücksichtigt werden müssten. Die Bedeutung des Tarifvertrages und die spätere Wirkungsweise der AVE seien miteinander verworren und müssten daher als Einheit betrachtet werden. Die Auffassung des BAG würde hingegen zu einem „widersinnige[n] Formalismus" im AVE-Verfahren führen.[576] Nicht zuletzt entspreche die Berücksichtigung von Einschränkungsklauseln bei der Berechnung des Quorums auch dem gesetzgeberischen Willen.[577]

[4] Stellungnahme

Die Entscheidung des BAG zur Berücksichtigung von Einschränkungsklauseln **259**
bei der Feststellung des 50-Prozent-Quorums konnte in dieser Form nicht prognostiziert werden, da bis zum Zeitpunkt der Entscheidung weder eine gefestigte Rechtsprechung, noch eine herrschende Meinung in der Literatur zu dieser Problematik existierte. Vor den Beschlüssen des BAG konnte damit auch kein schutzwürdiges Vertrauen in die Unwirksamkeit der AVEen VTV bestehen.

Die (höchstrichterliche) Rechtsprechung ist bisher nie auf die Problematik der Einschränkungsklauseln eingegangen. Zwar zitiert das BAG in seinen Beschlüssen diverse Entscheidungen des BAG aus der Vergangenheit, die belegen sollen, dass die eigene Auffassung lediglich ein allgemein anerkanntes Verständnis von § 5 Abs. 1 S. 1 Nr. 1 TVG a.F. widerspiegelt.[578] Dabei handelt es sich aber lediglich

575 *Klein*, AuR 2017, 48, 49.

576 *Preis/Povedano Peramato*, Das neue Recht der Allgemeinverbindlicherklärung im Tarifautonomiestärkungsgesetz, S. 39 f.

577 Unter Verweis auf BT-Drucks. 18/1558, S. 48 sagen dies *Preis/Povedano Peramato*, Das neue Recht der Allgemeinverbindlicherklärung, S. 39 f.

578 BAG vom 21.9.2016 – 10 ABR 33/15 = NZA-Beil. 2017, 12, 36 m.w.N.

um Entscheidungen, die den Wortlaut der Norm widergeben („Geltungsbereich des Tarifvertrages“). Das Erreichen des Quorums stand in diesen Verfahren gar nicht zur Debatte, so dass auch keine Auseinandersetzung mit der Problematik notwendig war.[579] Das Urteil des LAG Hessen vom 2. Juli 2014 ist insoweit die einzig nennenswerte Entscheidung. Hier erfolgte erstmals eine genaue Benennung und Auseinandersetzung mit der Thematik. Das Ergebnis dieser Auseinandersetzung war jedoch das genaue Gegenteil der Auffassung des BAG (siehe Rn. 256).

In der Literatur hat man sich bisher ebenfalls zurückgehalten. Eine (begründete) Haltung fand sich vor den Beschlüssen des BAG allein bei *Henssler* und *Löwisch/Rieble*. Abgesehen davon, dass eine im Schrifttum geäußerte Auffassung aber ohnehin keinen Vertrauenstatbestand begründen kann (siehe schon Rn. 254), verhalten sich die beiden Ansichten auch kontradiktorisch zueinander. Eine herrschende Meinung bestand also keinesfalls.

Auch inhaltlich ist die Entscheidung des BAG angreifbar. Eine teleologische Auslegung von § 5 Abs. 1 S. 1 Nr. 1 TVG a.F. spricht maßgeblich dafür die Einschränkungsklausel einer AVE bei der Berechnung des Quorums zu berücksichtigen. Das Ziel des 50-Prozent-Quorums – der Schutz der nicht tarifgebundenen Arbeitgeber vor einer „Majorisierung“ – spielt nur für die Arbeitgeber eine Rolle, die auch von der AVE erfasst werden. Auch die Repräsentativität eines TV sollte nur in dem Bereich maßgeblich sein, auf den sich der Anwendungsbereich der AVE bezieht. Andernfalls würde man das AVE-Verfahren widersinnig aufspalten und für das Quorum einen Richtwert benutzen, der durch die Tarifvertragsparteien gerade nicht gewollt war und auch für die zukünftige Anwendung der AVE keine Rolle mehr spielt. Ein Beharren auf dem Wortlaut des § 5 Abs. 1 S. 1 Nr. 1 TVG a.F. lässt dabei völlig außer Betracht, dass die (in der Rechtsprechung und Literatur anerkannten) Einschränkungsklauseln zur AVE bei Erlass des TVG mit großer Wahrscheinlichkeit nicht bedacht wurden.

Für das BAG spricht zwar der Wortlaut des § 5 Abs. 1 S. 1 Nr. 1 TVG a.F. Die Auffassung des BAG stellt daher auch ein vertretbares Ergebnis zum relevanten Geltungsbereich im Rahmen von § 5 Abs. 1 TVG dar. Juristisch zwingend war die Entscheidung des BAG jedoch nicht. Rechtssicherheit und die Grundlage

579 Vgl. BAG vom 28.3.1990 - 4 AZR 536/89 = NZA 1990, 781; BAG vom 22.9.1993 - 10 AZR 371/92 = NZA 1994, 323; BAG vom 25.6.2002 - 9 AZR 405/00 = NZA 2003, 275.

eines begründeten Vertrauenstatbestands könnten hier aber erst durch eine gefestigte, langjährige Rechtsprechung entstehen.[580]

Grundsätzlich ausscheiden muss ein Vertrauen in die fehlerhafte Berechnung des 50-Prozent-Quorums als Unwirksamkeitsgrund außerdem für alle AVEen, die nach Inkrafttreten des TASG am 16. August 2014 ergangen sind.[581] Denn im Rahmen des TASG wurde das 50-Prozent-Quorum aus § 5 Abs. 1 S. 1 Nr. 1 TVG a.F. abgeschafft, so dass das Quorum von diesem Zeitpunkt an der Wirksamkeit von AVEen auch nicht mehr entgegenstehen konnte. Dieser Umstand war für jeden erkennbar und ergab sich bereits aus dem Gesetz.

cc. Ergebnis

Die Entscheidungen des BAG zur Unwirksamkeit der AVEen VTV 2008 – 2014 **260** konnten in dieser Form nicht prognostiziert werden. Weder zur Problematik der notwendigen Ministerbefassung i.R.v. § 5 Abs. 1 S. 1 TVG, noch zur Berücksichtigung von Einschränkungsklauseln bei der Feststellung des 50-Prozent-Quorums i.R.v. § 5 Abs. 1 S. 1 Nr. 1 TVG a.F. existierte eine gefestigte Rechtsprechung oder eine herrschende Meinung in der Literatur. Vor den Beschlüssen des BAG konnte damit auch kein schutzwürdiges Vertrauen in die Unwirksamkeit der AVEen VTV 2008 - 2014 aufgrund der genannten Unwirksamkeitsgründe bestehen.[582] Erst recht scheidet ein solches Vertrauen seit Ende 2014 aus, da seitdem stets der zuständige Minister bzw. die zuständige Ministerin die Bekanntmachung der AVE unterzeichnet und aufgrund einer Gesetzesänderung des TVG durch das TASG auch das Erfüllen des 50-Prozent-Quorums nicht mehr für den Erlass einer AVE erforderlich ist.

b. Zeitraum zwischen den Beschlüssen des BAG und der Verkündung des SokaSiG

Ein schutzwürdiges Vertrauen in die Rechtsprechung des BAG und damit in die **261** Unwirksamkeit der AVEen VTV 2008 - 2014 könnte aber im Zeitraum zwischen der Entscheidung des BAG am 21. September 2016 und der Verkündung des SokaSiG im Bundesgesetzblatt am 24. Mai 2017 bestanden haben. Zu dieser

---

580 Hierfür wäre es zwar bzgl. des 50-Prozent-Quorums nach § 5 Abs. 1 S. 1 Nr. 1 TVG a.F. zu spät, die Thematik des relevanten *Geltungsbereichs* spielt aber auch im Rahmen von § 5 Abs. 1 S. 2 Nr. 1 TVG wieder eine Rolle.

581 Ebenso Arbeitsgericht Wiesbaden vom 15.8.2017 – 12 Ca 992/16.

582 Zu diesem Ergebnis ist auch das BAG gekommen, vgl. BAG vom 20.11.2018 – 10 AZR 121/18 Rn. 76 ff.

Zeit mussten die Arbeitgeber des Baugewerbes letztendlich von der höchstrichterlich festgestellten Unwirksamkeit der AVEen VTV 2008 – 2014 und damit von einem *endgültigen* Wegfall der Rechtsgrundlage für die Beitragsansprüche der SOKA-BAU ausgehen. Für die AVEen VTV 2008, 2010 und 2014 würde das jedenfalls ab dem 21. September 2016 gelten, für die AVEen VTV 2012, 2013 I und II spätestens ab dem 25. Januar 2017.

Da es sich bei höchstrichterlicher Rechtsprechung jedoch nicht um Gesetzesrecht handelt, mangelt es ihr an einer vergleichbaren Rechtsbindung.[583] Judikative Akte sind als Anknüpfungspunkt für schutzwürdiges Vertrauen nur sehr eingeschränkt geeignet. Allenfalls bei gefestigter, langjähriger Rechtsprechung kann ein begründetes Vertrauen in eine bestimmte Rechtslage überhaupt entstehen.[584] Die Beschlüsse des BAG stellten aber *erstmals* die Unwirksamkeit einer AVE VTV fest und bewegten sich mit den beiden Unwirksamkeitsgründen auch inhaltlich in einem juristischen Bereich, der in diesem Maße zuvor (gerichtlich) nicht behandelt wurde.

Selbst wenn man aber die Beschlüsse des BAG vom 21. September 2016 zur Begründung eines schutzwürdigen Vertrauens heranzieht, wäre dieses Vertrauen spätestens ab dem Tag der Verabschiedung des SokaSiG durch den Bundestag am 26. Januar 2017 wieder entfallen.

Des Weiteren kann auch bereits die Einbringung eines Gesetzentwurfs in den Deutschen Bundestag das Vertrauen der Betroffenen auf den Fortbestand der bisherigen Rechtslage zerstören.[585] Nachdem der Gesetzesentwurf zum SokaSiG am 13. Dezember 2016 in den Bundestag eingebracht wurde, mussten die Außenseiter also von diesem Zeitpunkt an damit rechnen, dass eine gesetzliche Korrektur der Rechtslage erfolgt und der Entfall der Rechtsgrundlage für den Einzug der Sozialkassenbeiträge nicht von Dauer ist.[586] In der Fachpresse wurde über das Gesetzesvorhaben der Bundesregierung bereits kurz nach Einbringung des Gesetzesentwurfs in den Bundestag berichtet.[587]

---

583 BVerfG vom 26.6.1991 – 1 BvR 779/85 = BVerfGE 84, 212, 227; BVerfG vom 15.1.2009 – 2 BvR 2044/07 = BVerfGE 122, 248, 277; BVerfG vom 21.7.2010 – 1 BvR 2530/05, 1 BvL 11, 12, 13/06 = BVerfGE 126, 369, 395.

584 BVerfG vom 21.7.2010 – 1 BvR 2530/05, 1 BvL 11, 12, 13/06 = BVerfGE 126, 369, 395.

585 BVerfG vom 10.4.2018 – 1 BvR 1236/11 = NJW 2018, 1379, 1385 m.w.N.

586 Vgl. hierzu auch BAG vom 20.11.2018 – 10 AZR 121/18 Rn. 90.

587 Vgl. bspw. den Artikel auf handwerksblatt.de vom 15.12.2016 mit dem Titel „Die Soka-Bau soll per Gesetz gerettet werden", https://www.handwerksblatt.de/themen-specials/5002128-die-soka-bau-soll-per-gesetz-gerettet-werden.html, zuletzt abgerufen am 20.2.2018.

c. *Zwischenergebnis*

Zur Rechtfertigung der Rückwirkung des SokaSiG kann sich der Gesetzgeber zu Recht darauf berufen, dass zu keinem Zeitpunkt ein begründetes Vertrauen der Außenseiter in die Unwirksamkeit der AVEen VTV 2008 – 2014 bestanden hat. 262

6. *Zwischenergebnis*

Zur Rechtfertigung der Rückwirkung des SokaSiG kann sich der Gesetzgeber darauf berufen, 263

- dass vorrangige Belange des Gemeinwohls vorliegen und
- dass zu keinem Zeitpunkt ein begründetes Vertrauen der Außenseiter in die Unwirksamkeit der AVEen VTV 2008 – 2014 bestanden hat.

Auf die übrigen Ausnahmetatbestände, die das BVerfG zur Rechtfertigung der echten Rückwirkung geschaffen hat, kann sich der Gesetzgeber hingegen nicht berufen.

VI. Grundsatz der Verhältnismäßigkeit

Als verfassungsrechtliche Grenze einer rückwirkenden Regelung gilt nicht zuletzt auch der Grundsatz der Verhältnismäßigkeit (sog. „Übermaßverbot"). Hierbei handelt es sich um eine zentrale rechtsstaatliche Maxime, die garantieren soll, dass der einzelne Bürger durch den Staat nur insoweit in seiner Freiheitsphäre beschränkt wird, wie es für das gemeine Interesse erforderlich ist.[588]

1. *Anwendung des Verhältnismäßigkeitsgrundsatzes auf eine rückwirkende Regelung*

Grundsätzlich ist der Verhältnismäßigkeitsgrundsatz immer dann anwendbar, wenn eine der drei staatlichen Gewalten konkrete subjektive Rechtspositionen der Bürger beeinträchtigt.[589] Dass sich diese Anwendbarkeit auch auf die verfassungsrechtliche Prüfung der Zulässigkeit einer *unechten* Rückwirkung erstreckt, entspricht der ständigen Rechtsprechung des BVerfG. Die Anordnung einer unechten Rückwirkung ist demnach unzulässig, wenn sie zur Erreichung des Gesetzeszwecks nicht geeignet oder erforderlich ist oder wenn die 264

588 Dreier/*Schulze-Fielitz*, Band II, Art. 20 GG (Rechtsstaat) Rn. 179 m.w.N.

589 Jarass/Pieroth/*Jarass*, Art. 20 GG Rn. 113; Dreier/*Schulze-Fielitz*, Band II, Art. 20 GG (Rechtsstaat) Rn. 187.

Bestandsinteressen der Betroffenen die Veränderungsgründe des Gesetzgebers überwiegen.[590] Aber auch bezüglich der grundsätzlichen Entscheidung darüber, ob ein rückwirkender und andauernder Eingriff in Rechtspositionen zulässig ist, formuliert das BVerfG treffenderweise:

> „Der Gesetzgeber ist [...] bei der Aufhebung oder Modifikation geschützter Rechtspositionen, auch wenn der Eingriff an sich verfassungsrechtlich zulässig ist, aufgrund des rechtsstaatlichen Grundsatzes der Verhältnismäßigkeit verpflichtet, eine angemessene Übergangsregelung zu treffen“[591].

Ein Eingriff in Rechtspositionen unterliegt also stets dem Verhältnismäßigkeitsgrundsatz – unabhängig davon, ob er im Übrigen verfassungsrechtlich zulässig ist. Da es sich bei der *echten* Rückwirkung außerdem um einen wesentlich stärkeren Eingriff in die Rechtspositionen der Normadressaten handelt, als im Falle der *unechten* Rückwirkung, in dessen Rahmen eine Verhältnismäßigkeitsprüfung anerkannt ist, muss der Verhältnismäßigkeitsgrundsatz bei der echten Rückwirkung erst recht gelten.

Das SokaSiG entzieht den Rückforderungsansprüchen der Außenseiter die Rechtsgrundlage, indem es einen Rechtsgrund für das Behaltendürfen der Sozialkassenbeiträge für die SOKA-BAU schafft und damit die Anwendung von § 812 Abs. 1 BGB ausschließt. In Bezug auf Außenseiter, die bisher keine Beiträge abgeführt haben, schafft das SokaSiG außerdem erstmals eine Anspruchsgrundlage für die SOKA-BAU. Es handelt sich damit um einen Eingriff in die Rechtspositionen der betroffenen Arbeitgeber. Die Rückwirkung des SokaSiG ist folglich am Verhältnismäßigkeitsgrundsatz zu messen.

2. *Vierstufige Prüfung*

Für die konkrete Prüfung der Verhältnismäßigkeit, hat sich in der Verfassungsrechtsprechung eine vierstufige Prüfung etabliert. Die staatliche Maßnahme muss demnach einen legitimen Zweck verfolgen, sowie für die Zweckerreichung geeignet, erforderlich und angemessen sein.[592]

---

590 BVerfG vom 15.10.1996 – 1 BvL 44, 48/92 = BVerfGE 95, 64, 86; BVerfG vom 14.10.1997 – 1 BvL 5/93 = BVerfGE 96, 330, 340; BVerfG vom 23.11.1999 – 1 BvF 1/94 = BVerfGE 101, 239, 263; BVerfG vom 13.6.2006 – 1 BvL 9, 11, 12/00, 5/01, 10/04 = BVerfGE 116, 96, 132.

591 BVerfG vom 10.4.1984 – 2 BvL 19/82 = BVerfGE 67, 1, 15; inhaltlich identisch auch BVerfG vom 8.2.1977 – 1 BvR 79, 278, 282/70 = BVerfGE 43, 242, 288.

592 Vgl. bspw. BVerfG vom 6.6.1989 – 1 BvR 921/85 = BVerfGE 80, 137, 159 ff.

a. *Legitimer Zweck*

Das SokaSiG und dessen Rückwirkung müssten zunächst einem legitimen Zweck dienen.

aa. Voraussetzungen

Der legitime Zweck muss genau bestimmt sein, da nur auf diese Weise angemessen beurteilt werden kann, ob die staatliche Maßnahme für die Zweckerreichung geeignet und erforderlich ist.[593] Relevant sind dabei lediglich die Zwecke, die sich im Wege der Gesetzesauslegung feststellen lassen. Außer Acht bleiben hingegen fernliegende Zwecke.[594] (Verfassungsrechtlich) „Legitim" ist ein Regelungszweck immer dann, wenn er einem verfassungsrechtlich legitimierten Gemeinwohlbelang dient.[595] 265

bb. Zweck des SokaSiG

Im SokaSiG selbst werden keine Angaben zu den Gesetzeszwecken gemacht. Es verbleibt nur der Rückgriff auf die Begründung des Gesetzesentwurfs. Demnach zielte das Gesetzesvorhaben darauf ab, „den Fortbestand der Sozialkassenverfahren des Baugewerbes zu sichern"[596]. Zu diesem Zweck sollen die Sozialkassen vor potentiellen Rückforderungsansprüchen der Außenseiter geschützt werden, die sich hierfür auf die Unwirksamkeit der AVEen VTV 2008 - 2014 berufen. Auf diesem Wege soll das Gesetz allgemeine Rechtssicherheit und Rechtsklarheit für die unterschiedlichen Leistungsbeziehungen zwischen der SOKA-BAU und den übrigen Teilnehmern des Sozialkassenverfahrens herstellen.[597] Außerdem soll auch der fortlaufende Einzug von Sozialkassenbeiträgen gesichert werden, deren Anspruchsgrundlage sich in den AVEen VTV befindet, die erst nach Inkrafttreten der Reform der Allgemeinverbindlicherklärung durch das TASG erlassen wurden.[598] 266

---

593 Vgl. BVerfG vom 3.3.2004 - 1 BvF 3/92 = BVerfGE 110, 33, 55; Dreier/*Schulze-Fielitz*, Band II, Art. 20 GG (Rechtsstaat) Rn. 181 m.w.N.

594 Jarass/Pieroth/*Jarass*, Art. 20 GG Rn. 116 m.w.N.

595 BVerfG vom 6.6.1989 - 1 BvR 921/85 = BVerfGE 80, 137, 159; BVerfG vom 3.4.2001 - 1 BvL 32/97 = BVerfGE 103, 293, 306.

596 BT-Drucksache 18/10631, S. 647.

597 BT-Drucksache 18/10631, S. 649.

598 BT-Drucksache 18/10631, S. 648.

cc. Legitimität der Zwecke des SokaSiG

[1] Sicherung des Fortbestands des Sozialkassensystems des Baugewerbes

267 Von einem der genannten Gesetzesziele kann die Legitimität unproblematisch bejaht werden. So ist die Gewährleistung der finanziellen Stabilität eines Systems der sozialen Sicherung vom BVerfG als ein Gemeinwohlbelang von hoher Bedeutung anerkannt.[599] Zwar handelte es sich in den Entscheidungen des BVerfG zu dieser Thematik stets um einen Teil der *gesetzlichen* Sozialversicherung und deren Träger. Der dahinterstehende Gedanke lässt sich aber ohne Weiteres auf das Sozialkassenverfahren des Baugewerbes übertragen, da es aufgrund seines langjährigen Bestands und der umfassenden Geltung durch die entsprechenden AVEen eine entscheidende (Neben-)Rolle für die Sozialversicherung im Baugewerbe eingenommen hat.

[2] Schutz des fairen Wettbewerbs in der Baubranche

268 Soweit aber bspw. auch der Schutz des fairen Wettbewerbs in der Baubranche in der Begründung des Gesetzesentwurfs zur Sprache kommt[600], handelt es sich dabei lediglich um einen Zweck des Sozialkassenverfahrens an sich – nicht um einen Zweck des SokaSiG. Dieses soll schlechtweg das Sozialkassenverfahren sichern, Zwecke des Sozialkassenverfahrens selbst sind dabei allenfalls mittelbar relevant. Derartige Zwecke können zwar zur weiteren Rechtfertigung des Gesetzes unterstützend herangezogen werden, stellen aber nicht das „Kernziel" des Gesetzes dar.

[3] Sicherstellung des fortlaufenden Einzugs von Sozialkassenbeiträgen

269 Auch soweit das SokaSiG den fortlaufenden Einzug von Sozialkassenbeiträgen sicherstellen soll, deren Anspruchsgrundlage sich in den AVEen VTV befindet, die erst nach Inkrafttreten der Reform der Allgemeinverbindlicherklärung durch das TASG erlassen wurden, muss dem SokaSiG die Legitimität dieses Gesetzeszwecks abgesprochen werden. Denn auf diese Problematik hat der Gesetzgeber bereits mit der Einführung des § 98 Abs. 6 S. 2 ArbGG angemessen und ausreichend reagiert. Grundsätzlich wird ein Verfahren, dessen Entscheidung von der Wirksamkeit einer AVE abhängt, nach § 98 Abs. 6 S. 1 ArbGG bis zur Erledigung des Beschlussverfahrens nach § 2a Abs. 1 Nr. 5 ausgesetzt. Bevor über die Wirksamkeit der AVE entschieden wurde, erfolgt also bspw. auch keine Verurteilung

599 BVerfG vom 6.10.1987 – 1 BvR 1086, 1468, 1623/82 = BVerfGE 77, 84, 107; BVerfG vom 3.4.2001 – 1 BvL 32/97 = BVerfGE 103, 293, 306.

600 BT-Drucksache 18/10631, S. 648.

zur Leistung von Beiträgen auf Grundlage einer angefochtenen AVE VTV. Der neu eingefügte § 98 Abs. 6 S. 2 ArbGG besagt jedoch:

> Setzt ein Gericht für Arbeitssachen nach Satz 1 einen Rechtsstreit über den Leistungsanspruch einer gemeinsamen Einrichtung aus, hat das Gericht auf deren Antrag den Beklagten zur vorläufigen Leistung zu verpflichten.

Nach § 98 Abs. 6 S. 2 ArbGG kann das Gericht den Beklagte in einem Rechtsstreits über den Leistungsanspruch einer gemeinsamen Einrichtung also zur vorläufigen Leistung verpflichtet werden, ohne dass die Entscheidung über die Wirksamkeit der zugrundeliegenden AVE abgewartet werden muss. Hierdurch wird der fortlaufende Beitragseinzug der Sozialkassen auch während des Zeitraums der Überprüfung der Rechtmäßigkeit einer AVE gesichert.[601]

Dem kann zwar entgegengehalten werden, dass § 98 Abs. 6 S. 2 ArbGG zur Zeit des Gesetzgebungsverfahrens zum SokaSiG noch nicht existierte. Aber letztendlich war der fortlaufende Einzug von Sozialkassenbeiträgen auch bereits durch die *wirksame* AVE VTV 2015 und deren Nachfolger gesichert. Denn im Falle dieser AVEen bestand kein Grund von einer Unwirksamkeit auszugehen. Die Tatsache, dass die Rechtsprechung des BAG zur Ministerbefassung und zum 50-Prozent-Quorum nur für die AVEen eine Rolle spielen, die vor dem 11. August 2014 erlassen wurden, war bereits vor der positiven Entscheidung des BAG zur AVE VTV 2015 ersichtlich. Der Umstand, dass die in Anspruch genommenen Arbeitgeber die Zahlung der Sozialkassenbeiträge womöglich zunächst verweigern und das Risiko einer gerichtlichen Verurteilung eingehen, kann hingegen nicht zur Rechtfertigung eines Gesetzes herangezogen werden. Denn hierbei handelt es sich schlichtweg um ein rechtsstaatliches Verfahren, womit die SOKA-BAU ohne und auch mit Geltung des SokaSiG rechnen muss. Dies mag für den Anspruchsinhaber ärgerlich sein, aber keinesfalls verfassungsrechtlich relevant.

Es ist auch nicht Aufgabe des Gesetzgebers die SOKA-BAU vor jeglicher Art von finanziellen Einbußen zu schützen, wenn derartige Einbußen nicht tatsächlich auch den Fortbestand der Sozialkassen gefährden und aus diesem Grund eine gesetzliche Intervention gerechtfertigt ist. Bereits das BAG stellte zur Unwirksamkeit der AVE VTV und den hieraus entstehenden Rückforderungsansprüchen der Außenseiter in seinen Beschlüssen von September 2016 fest:

> „Diese unter Umständen auftretenden Nachteile für die gemeinsamen Einrichtungen können für sich genommen aber nicht die Verpflichtung von Arbeitgebern rechtfertigen,

---

601 BT-Drucksache 18/12510, S. 876.

> ohne wirksame Rechtsgrundlage einen Eingriff in ihre Handlungsfreiheit hinzunehmen und Beiträge leisten zu müssen."[602]

Dem entsprechend können vereinzelte finanzielle Nachteile für die SOKA-BAU auch kein verfassungsrechtlich nicht erforderliches Gesetz rechtfertigen, das den Sozialkassen – über die Sicherung ihres Fortbestands hinaus – jeden nachträglichen Einzug von bisher nicht erhobenen Beiträgen gewährleistet.

Die Sicherstellung des fortlaufenden Beitragseinzugs stellt damit keinen legitimen Zweck im verfassungsrechtlichen Sinne dar.

b. Geeignetheit

270 Als weitere Voraussetzung müssen das SokaSiG und dessen Rückwirkung dazu geeignet sein, den erstrebten Zweck zu erreichen. Dazu muss das Gesetz lediglich den gewünschten Erfolg fördern.[603]

Das Vorliegen dieser Voraussetzung kann ohne weitere Diskussion bejaht werden. Durch die Schaffung einer Rechtsgrundlage für die Ansprüche auf den Sozialkassenbeitrag dient das SokaSiG dem Zweck, den Fortbestand der Sozialkassen zu sichern.

c. Erforderlichkeit

271 Des Weiteren müsste das SokaSiG zur Erreichung des angestrebten Zweckes erforderlich sein. Dies ist dann nicht der Fall, wenn ein milderes, den Adressaten weniger belastendes Mittel zur Verfügung steht, das zur Zweckerreichung mindestens im gleichen Maße wirksam ist.[604]

aa. Ausschluss von Rückforderungsansprüchen als potentiell milderes Mittel

272 Bereits kurz nachdem das Gesetzesvorhaben der Bundesregierung bekannt wurde, stellte *Thüsing* die Verhältnismäßigkeit der Rückwirkung des SokaSiG in Frage. Demnach stelle der bloße Ausschluss von Rückforderungsansprüchen gegen die SOKA-BAU ein weitaus milderes Mittel dar, das die Funktionsfähigkeit der SOKA-BAU in gleichem Maße wie das SokaSiG schützen würde.[605] So könnte gesetzlich geregelt werden, dass eine Rückforderung von Sozialkassenbeiträgen ausgeschlossen ist, soweit hierauf ein Anspruch der SOKA-BAU

---

602 BAG vom 21.9.2016 – 10 ABR 33/15 = NZA-Beil. 2017, 12, 35.

603 M/K/S/*K.-P. Sommermann*, Band 2, Art. 20 GG Rn. 314.

604 M/K/S/*K.-P. Sommermann*, Band 2, Art. 20 GG Rn. 314.

605 *Thüsing*, NZA-Beil. 2017, 3, 8 f.

bei (hypothetischer) Wirksamkeit und Geltung der AVEen VTV 2008 – 2014 bestanden hätte. Auch das LAG Hessen vernahm diesen verfassungsrechtlichen Einwand, bewertete den Ausschluss von Rückforderungsansprüchen aber zur Zweckerreichung als ungeeignet.[606]

Im Folgenden soll nun geprüft werden, ob der Ausschluss von Rückforderungsansprüchen tatsächlich ein milderes Mittel gegenüber dem SokaSiG darstellt und dabei auch zur Zweckerreichung im gleichen Maße geeignet ist. Hierfür wird zunächst auf die belastende Wirkung des SokaSiG gegenüber den Außenseitern eingegangen, die durch eine andere, mildere Maßnahme wie durch den bloßen Ausschluss von Rückforderungsansprüchen gegebenenfalls verhindert werden könnte.

bb. Zwingende Geltung des SokaSiG als vermeidbare Belastung der Normadressaten

Es bestehen Bedenken, dass das SokaSiG aufgrund seiner Rechtsnatur eine stärkere Geltung gegenüber autonomen Tarifverträgen entfaltet, als Tarifverträge auf Grundlage einer AVE.[607] Im Folgenden soll geprüft werden, ob dies zutrifft. Hierfür erfolgt ein Vergleich zwischen der Wirkung von allgemeinverbindlichen Tarifverträgen gegenüber autonomen Tarifverträgen und der Wirkung des SokaSiG gegenüber autonomen Tarifverträgen. 273

[1] Verhältnis von allgemeinverbindlichen Tarifverträgen zu autonomen Tarifverträgen

[a] Verdrängungswirkung seit Geltung des TASG

Nach § 5 Abs. 4 S. 2 TVG ist ein allgemeinverbindlich erklärter Tarifvertrag *über gemeinsame Einrichtungen* i.S.v. § 5 Abs. 1a TVG vom Arbeitgeber auch dann einzuhalten, wenn er nach § 3 TVG an einen anderen Tarifvertrag gebunden ist. Die allgemeinverbindlichen Tarifverträge i.S.v. § 5 Abs. 1a TVG entfalten demnach eine Verdrängungswirkung[608], so dass die Konkurrenz von allgemeinverbindlichen Tarifverträgen nach § 5 Abs. 1a TVG mit autonomen Tarifverträgen nach § 3 TVG keiner besonderen Auflösung bedarf – der Vorrang des 274

---

606 LAG Hessen vom 2.6.2017 – 10 Sa 907/16 = NZA-RR 2017, 485, 493.

607 LAG Hessen vom 2.6.2017 – 10 Sa 907/16 = NZA-RR 2017, 485, 496.

608 Däubler/*Lakies*, § 5 TVG Rn. 191; keine Verdrängungswirkung, sondern lediglich die Parallelwirkung zweier Tarifverträge besteht hingegen nach der Ansicht von *Löwisch/Rieble*, § 5 TVG Rn. 327.

allgemeinverbindlichen Tarifvertrags ergibt sich bereits aus dem Gesetz. Die Regelung aus § 5 Abs. 4 S. 2 TVG ist dabei § 8 Abs. 2 AEntG nachempfunden.

[b] Grundsatz der Tarifkonkurrenz bzw. Tarifspezialität vor Geltung des TASG

275 Besagte Vorschrift existiert allerdings erst seit der Neuregelung des § 5 TVG durch das TASG vom 11. August 2014. Vor dieser Neuregelung galten für allgemeinverbindliche Tarifverträge über gemeinsame Einrichtungen – wie jetzt auch noch für alle allgemeinverbindlichen Tarifverträge, die nicht unter § 5 Abs. 1a TVG fallen[609] – die allgemeinen Grundsätze der Tarifkonkurrenz bzw. Tarifspezialität.[610] Dabei geht der speziellere Tarifvertrag dem weniger speziellen Tarifvertrag in der Regel vor. Besonders relevant sind hier Haustarifverträge, die in der Regel einen stärkeren Bezug zu den Arbeitsverhältnissen und dem betrieblichen Rechtsverhältnis aufweisen und damit jedem allgemeinverbindlichen Tarifvertrag vorgehen.[611]

Vor Geltung des TASG konnte ein allgemeinverbindlicher Tarifvertrag des Baugewerbes also durch einen spezielleren, autonomen Tarifvertrag verdrängt werden – jedenfalls soweit es sich um keine Regelung handelte, die bereits aufgrund von §§ 4 Abs. 1 Nr. 1, 5 S. 1, 8 Abs. 2 AEntG vorrangig zur Anwendung kam (dabei handelt es sich allem voran um das Urlaubsverfahren und um die korrelierenden Beiträge an die SOKA-BAU gem. § 5 S. 1 Nr. 2 und 3 AEntG). Beispielhaft ist hier eine Entscheidung des BAG aus dem Jahr 2008 zu nennen, in dessen Rahmen entschieden wurde, dass ein speziellerer Firmentarifvertrag dem allgemeinverbindlichen BRTV Bau vorgeht.[612]

---

609 Däubler/*Lakies*, § 5 TVG Rn. 191; a.A. *Löwisch/Rieble*, die sich sogar für einen grundsätzlichen Vorrang des autonomen vor dem allgemeinverbindlichen Tarifvertrag aussprechen, vgl. *Löwisch/Rieble*, § 4a TVG Rn. 358.

610 BAG vom 25.07.2001 - 10 AZR 599/00 = NZA 2002, 1406; BAG vom 8. 10. 2008 - 5 AZR 8/08 = NZA 2009, 98; Däubler/*Lakies*, 3. Auflage, § 5 TVG Rn. 166; Wiedemann/*Wank*, § 5 TVG Rn. 146; a.A. *Löwisch/Rieble*, die sich sogar für einen grundsätzlichen Vorrang des autonomen vor dem allgemeinverbindlichen Tarifvertrag aussprechen, vgl. *Löwisch/Rieble*, 3. Auflage, § 4 TVG Rn. 288; für eine ausführliche Darstellung zum damaligen Meinungsstand siehe *Giesen*, ZfA 2008, 355, 358 ff.

611 *Löwisch/Rieble*, § 5 TVG Rn. 324, § 4a TVG Rn. 340.

612 BAG vom 8. 10. 2008 - 5 AZR 8/08 = NZA 2009, 98.

[2] Verhältnis des SokaSiG zu autonomen Tarifverträgen

[a] Vorrang von Gesetz gegenüber Tarifvertrag

Das SokaSiG stellt hingegen geltendes Gesetzesrecht dar und steht damit in der Normenhierarchie über Tarifnormen, d.h. das SokaSiG hat grundsätzlich Vorrang gegenüber Tarifverträgen.[613] Das SokaSiG stellt keinen Anwendungsfall der gesetzlich vorgesehenen Tarifnormerstreckung nach § 5 Abs. 4 S. 1 TVG dar, so dass hier auch nicht das Prinzip der Tarifkonkurrenz zur Anwendung kommt, wie es zwischen autonomen und allgemeinverbindlichen Tarifverträgen der Fall ist. Schließlich ersetzt das SokaSiG, im Gegensatz zu § 5 Abs. 4 S. 1 TVG, nicht nur die fehlende Tarifbindung und ermöglicht hierdurch die Tarifnormerstreckung auf die Außenseiter, sondern erklärt den Inhalt der Bau-Tarifverträge, unabhängig von jeglichen tarifrechtlichen Voraussetzungen zum Gesetz. Lediglich der Anwendungsbereich des Gesetzes wird durch den Geltungsbereich der Tarifverträge und der AVE bestimmt. 276

[b] Vergleich mit dem Verhältnis von Rechtsverordnungen nach §§ 7, 7a AEntG zu Tarifverträgen

Die Wirkung des SokaSiG ist insoweit mit der Wirkung einer Rechtsverordnung nach §§ 7, 7a AEntG vergleichbar, weil es sich dabei ebenfalls nicht um Tarifrecht und damit nicht um eine Tarifnormerstreckung im engeren Sinn handelt, sondern um unmittelbar staatlich geltendes Recht (mit dem Inhalt eines Tarifvertrags).[614] Auch §§ 7, 7a und 8 AEntG führen nicht zu einer entsprechenden Anwendung von § 4 Abs. 1 S. 1 TVG.[615] Soweit also eine Rechtsverordnung nach §§ 7, 7a AEntG und ein nach §§ 3 Abs. 1, 4 Abs. 1 TVG geltender Tarifvertrag aufeinandertreffen, besteht ebenfalls keine „Tarifkonkurrenz". Hier trifft ein Tarifvertrag auf höherrangiges Recht in Form einer Rechtsverordnung, so dass die Rechtsverordnung grundsätzlich Vorrang genießt. Die Auflösung dieser vermeintlichen Tarifkonkurrenz ergibt sich damit bereits aus der Rechtsnatur der betroffenen Normenkomplexe.[616] Ein Rückgriff auf die (klarstellende) Regelung zur Tarifkonkurrenz in § 8 Abs. 2 AEntG ist dabei überflüssig. 277

Zu fragen bleibt lediglich, ob die Rechtsverordnung tarifdispositives Recht enthält und somit zumindest auf diesem Wege bestimme Normen des

---

613 *Löwisch/Rieble*, § 1 TVG Rn. 588; Däubler/*Ulber*, Einleitung Rn. 452.
614 BAG vom 20.4.2011 – 4 AZR 467/09 = NZA 2011, 1105, 1107.
615 Thüsing/*Bayreuther*, § 8 AEntG Rn. 1.
616 *Giesen*, ZfA 2008, 355, 364 f.

„konkurrierenden" Tarifvertrags zur Anwendung kommen können.[617] Eine solche Abweichungsmöglichkeit muss sich dann aber auch „in irgendeiner Weise aus der Rechtsverordnung oder dem von ihr verbindlich gestellten Tarifvertrag ergeben"[618]. Andernfalls ist schlichtweg vom Vorrang der Rechtsverordnung auszugehen. Dieses Vorgehen entspricht weitgehend auch dem Vorgehen bei der generellen Lösung von Konflikten zwischen Tarifvertrag und Gesetz. Auch in diesen Fällen erfordert es eine Auslegung der in Frage stehenden Gesetzesnorm, um herauszuarbeiten ob der Gesetzgeber zwingendes oder tarifdispositives Gesetzesrecht vorgesehen hat.[619] Für Rechtsverordnungen nach §§ 7, 7a AEntG hat der Gesetzgeber durch die Einführung von § 8 Abs. 2 AEntG mittlerweile klargestellt, dass eine solche Dispositivität der durch Rechtsordnung erstreckten Tarifnormen nicht gewollt ist.[620]

[3] Auslegung des SokaSiG

278 Für den Zeitraum bis hin zur Geltung des TASG ab dem 16. August 2014 unterscheidet sich also die *zwingende* Rechtswirkung des SokaSiG von der *(stellenweise) tarifdispositiven* Rechtswirkung der Bau-Tarifverträge auf Grundlage einer AVE. In einem nächsten Schritt ist daher das SokaSiG im Sinne der Ausführungen aus Rn. 277 auszulegen und der Frage nachzugehen, ob vom Gesetzgeber eine Ausnahme vom Vorrang des Gesetzes in Form einer Tarif-Dispositivität gewollt war – jedenfalls insoweit, wie eine solche Dispositivität auch im Falle der Bau-Tarifverträge auf Grundlage einer AVE bestanden hat.

Dem Wortlaut des SokaSiG lässt sich eine solche Auslegung jedenfalls nicht entnehmen. Die unter §§ 1 – 8 SokaSiG in Bezug genommenen Tarifverträge sollen in deren jeweiligen Geltungsbereichen „für alle Arbeitgeber und Arbeitnehmer" zur Anwendung kommen.[621] Eine Ausnahme von Normadressaten, die gleichzeitig einem konkurrierenden, autonomen und spezielleren Tarifvertrag unterliegen, existiert nicht. Auch in den Tarifverträgen selbst existiert eine solche Regelung nicht, da sich derartige Rechtsfolgen während der Geltung der

617 So zutreffend Thüsing/*Bayreuther*, § 8 AEntG Rn. 34; *Giesen*, ZfA 2008, 355, 363; *Klebeck/Weninger*, SAE 2009, 159, 163.

618 *Giesen*, ZfA 2008, 355, 365.

619 Siehe hierzu ausführlich Wiedemann/*Wiedemann*, Einleitung Rn. 351 ff; beispielhaft für eine solche Auslegung einer Gesetzesnorm vgl. BAG vom 26.09.1984 - 4 AZR 343/83 = AP TVG § 1 Nr. 21.

620 Lediglich die Möglichkeit der Vereinbarung von *günstigeren* Arbeitsbedingungen bleibt bestehen, Thüsing/*Bayreuther*, § 8 AEntG Rn. 2; Däubler/*Lakies*, § 8 AEntG Rn. 13.

621 Siehe hierzu beispielhaft § 1 Abs. 1 SokaSiG.

Bau-Tarifverträge per AVE bereits aus den Grundsätzen der Tarifkonkurrenz ergeben haben.

Verhindert wird eine Konkurrenzsituation *bzgl. des Sozialkassenverfahrens* weitestgehend durch die Regelungen der Großen Einschränkungsklausel, die aufgrund von § 10 Abs. 1 SokaSiG i.V.m Anlage 37 zum SokaSiG zum Tragen kommen. Hierdurch werden Betriebe von der Anwendung der Bau-Tarifverträge ausgenommen, die bereits anderen Sozialkassentarifverträgen wie bspw. denen des Maler und Lackiererhandwerks unterfallen. Gänzlich ausgeschlossen werden kann eine Konkurrenzsituation hierdurch trotz allem nicht. Dabei ist klarzustellen, dass es nicht nur um die zwingende Wirkung des VTV auf Grundlage des SokaSiG geht, sondern um *alle* Bau-Tarifverträge nach §§ 1 – 8 SokaSiG. Zwar sind die AVEen zu den übrigen Tarifverträgen des Baugewerbes bisher nicht für unwirksam erklärt worden. Da das SokaSiG aber auch diesbezüglich eine – zumindest alternative – Rechtsgrundlage schafft (§ 13 SokaSiG), erlangen auch diese Tarifverträge des Baugewerbes die zwingende Wirkung eines Bundesgesetzes. Durch §§ 1 – 8 SokaSiG kommen letztendlich 8 verschiedenen Arten von Tarifverträgen *zwingend* zur Anwendung, die nicht allesamt nur Regelungen enthalten, die – bei Geltung durch AVE – ohnehin der *zwingenden* Wirkung nach § 8 Abs. 2 AEntG unterfallen würden oder in deren Wirkungsbereich konkurrierende Regelungen aus autonomen Tarifverträgen grundsätzlich undenkbar sind.[622] Es darf an dieser Stelle auch wieder an die Entscheidung des BAG erinnert werden, in dessen Rahmen ein Firmentarifvertrag den allgemeinverbindlichen BRTV verdrängt hat, da der Firmentarifvertrag spezieller war und der BRTV keine Materien i.S.d. § 1 Abs. 1 S. 1 AEntG (in der Fassung vom 19. 12. 1998) enthielt, die nach § 1 Abs. 1 S. 3 AEntG *zwingend* zur Anwendung kamen.[623]

Diese Problematik kann aber bereits durch eine Auslegung des SokaSiG 279
anhand des Sinn und Zwecks des Gesetzes gelöst werden. Gemäß der Begründung des Gesetzesentwurfs zielt das SokaSiG darauf ab, „den Fortbestand der Sozialkassenverfahren des Baugewerbes zu sichern“[624]. Eine Sicherung des Sozialkassenverfahrens bedarf jedoch keiner vollumfänglichen Erfassung von Betrieben, die bereits nach der früheren Gesetzeslage (stellenweise) nicht von den Bau-Tarifverträgen erfasst wurden. Soweit während der (vermeintlichen)

622 In diese Richtung aber LAG Hessen vom 2.6.2017 – 10 Sa 907/16 = NZA-RR 2017, 485, 496.

623 BAG vom 8. 10. 2008 - 5 AZR 8/08 = NZA 2009, 98.

624 BT-Drucksache 18/10631, S. 647.

Wirkung der Bau-Tarifverträge per AVE eine Konkurrenzlage mit autonomen Tarifverträgen bestanden hat, wird es sich dabei ohnehin vorrangig um tarifliche Regelungen gehandelt haben, die keinen Einfluss auf den Einzug des Sozialkassenbeitrags nehmen, da diesbezüglich schon die Bereichsausnahme aus der Großen Einschränkungsklausel greift. Eine Verdrängung anderweitiger Regelungen der Bau-Tarifverträge, steht einer Sicherung des Sozialkassenverfahrens jedoch nicht entgegen. Des Weiteren soll das SokaSiG „Rechtssicherheit und Rechtsklarheit für die unterschiedlichen Leistungsbeziehungen zwischen den Sozialkassen des Baugewerbes, den Betrieben, überbetrieblichen Ausbildungsstätten, Arbeitnehmerinnen und Arbeitnehmern, Auszubildenden sowie Rentnerinnen und Rentnern“[625] herstellen. Eine vorrangige Wirkung der Bau-Tarifverträge durch das SokaSiG, die nicht der Wirkung der Bau-Tarifverträge auf Grundlage der AVEen 2008 – 2014 entspricht, schafft jedoch keine Rechtssicherheit, sondern lässt zusätzliche Rechts*un*sicherheit entstehen. Dies kann durch den Gesetzgeber, der lediglich die Arbeitgeber erfassen will, „die auch bei Anwendung der für allgemeinverbindlich erklärten Tarifverträge an den Sozialkassenverfahren des Baugewerbes teilnehmen mussten“[626], schlichtweg nicht gewollt sein.[627]

280 Dieses Ergebnis entspricht auch dem Gebot der verfassungskonformen Auslegung. Eine Auslegung des SokaSiG, die einen Vorrang von spezielleren, autonomen Tarifverträgen ausschließt und dem SokaSiG damit eine stärkere Rechtswirkung zugesteht als sie die AVEen der Bau-Tarifverträge je innehatten, würde zu einem nicht erforderlichen und damit unverhältnismäßigen Eingriff in die Rechtspositionen der Normadressaten führen. Eine solche Wirkung würde bereits dem (an sich) legitimen Zweck des Gesetzes widersprechen. Die Rückwirkung des SokaSiG wäre damit verfassungswidrig und das Gesetz müsste durch das BVerfG für nichtig erklärt werden. Nach dem Gebot der verfassungskonformen Auslegung soll ein Gesetz aber nicht für nichtig erklärt werden, wenn der Verfassungsverstoß durch eine verfassungskonforme Auslegung des Gesetzes vermieden werden kann – jedenfalls soweit der Gesetzeszweck eine

---

625 BT-Drucksache 18/10631, S. 649.

626 BT-Drucksache 18/10631, S. 649.

627 Auch das LAG Hessen legt das SokaSiG bzgl. der Verjährung von Beitragsansprüchen dahingehend aus, dass der Gesetzgeber keine vom Tarifvertrag abweichende Regelung von Ausschluss oder Verjährungsfristen regeln, sondern eine möglichst deckungsgleiche Rechtslage schaffen wollte, vgl. LAG Hessen vom 2.6.2017 – 10 Sa 907/16 = NZA-RR 2017, 485, 493.

solche Auslegung noch deckt.[628] Nach den Ausführungen unter Rn. 279 deckt der Gesetzeszweck des SokaSiG eine solche verfassungskonforme Auslegung nicht nur, er verlangt sogar danach. Auch die Wortlautgrenze wird durch eine solche Auslegung nicht überschritten, da das SokaSiG keine entgegenstehende Regelung enthält.

Ein milderes Mittel in Form des bloßen Ausschlusses von Rückforderungsansprüchen ist bzgl. der Rechtswirkung des SokaSiG gegenüber autonomen Tarifverträgen also nicht notwendig, da das SokaSiG hier keine zusätzliche belastende Wirkung entfaltet, sondern lediglich die Rechtslage herstellt, wie sie bei Geltung der AVEen VTV 2008 – 2014 bestanden hätte.

cc. Verpflichtung von bisher Unbeteiligten durch das SokaSiG als vermeidbare Belastung der Normadressaten

Als weiterer Angriffspunkt des SokaSiG gilt der Umstand, dass durch das Gesetz erstmals auch Außenseiter zur Zahlung des Sozialkassenbeitrags herangezogen werden können, die bspw. in der Vergangenheit auf die Unwirksamkeit der AVE VTV vertraut und daher keine Beiträge an die SOKA-BAU abgeführt hatten.[629] Durch das SokaSiG werden also nicht nur die vorhandenen finanzielle Mittel der SOKA-BAU geschützt, sondern auch der Einzug von zusätzlichen Beiträgen, auf die wegen der Unwirksamkeit der AVEen VTV 2008 – 2014 kein Anspruch bestand, wird gewährleistet.[630] **281**

[1] Zweckerreichung durch die Verpflichtung bisher Unbeteiligter

Hier ist bereits fraglich, ob die Schaffung neuer Beitragsschuldner überhaupt noch dem Gesetzeszweck des SokaSiG entspricht. Schließlich will man mithilfe des Gesetzes allein den Fortbestand der Sozialkassen sichern, nicht mehr und nicht weniger. Die Begründung des Gesetzesentwurfs zum SokaSiG macht dabei unmissverständlich klar, dass der Fortbestand der Sozialkassen allem voran **282**

628 BVerfG vom 7.5.1953 – 1 BvL 104/52 = BVerfGE 2, 266, 282; Maunz/Dürig/*Walter*, Band VI, Art. 93 GG Rn. 112.

629 *Thüsing*, NZA-Beil. 2017, 3, 8 f.

630 Hinzu kommt die bisher ungeklärte Frage, ob Ansprüche auf Grundlage des SokaSiG einen neuen Streitgegenstand darstellen und damit möglicherweise eine neue dreijährige Verjährungsfrist nach §§ 195, 199 Abs. 1 BGB in Gang setzen. Hierdurch könnte das SokaSiG sogar eine Rechtsgrundlage für Ansprüche schaffen, die bei Wirksamkeit der AVEen VTV 2008 – 2014 bereits verjährt wären. Zumindest das LAG Hessen lehnt dies infolge einer zutreffenden Auslegung des SokaSiG ab, vgl. LAG Hessen vom 2.6.2017 – 10 Sa 907/16 = NZA-RR 2017, 485, 493 f.

aufgrund von potentiellen *Rückforderungsansprüchen* bedroht ist[631], nicht aufgrund von in der Vergangenheit nicht eingezogenen und damit fehlenden Beiträgen in der Kasse. Schließlich ergeben auch die Geschäftsberichte der ULAK und der ZVK, dass die SOKA-BAU finanziell gut aufgestellt ist und keine Verschuldung aufgrund von fehlenden Beiträgen besteht oder irgendeiner Form einzutreten droht.[632]

Zwar sei laut Begründung des Gesetzesentwurfs zum SokaSiG auch die „tatsächliche Akzeptanz des Sozialkassenwesens im Baugewerbe insgesamt in Mitleidenschaft gezogen" und hierdurch der Einzug „noch ausstehender Beiträge"[633] insgesamt erschwert. Ein Entgegenwirken gegen diese Entwicklung durch das SokaSiG stellt aber bereits keinen legitimen Zweck im verfassungsrechtlichen Sinne dar (siehe hierzu bereits Rn. 269). Dieser Gesetzeszweck kann daher auch keine Rolle mehr im Rahmen der Erforderlichkeitsprüfung spielen.

Die Schaffung neuer Beitragsschuldner entspricht nicht mehr dem (legitimen) Gesetzeszweck des SokaSiG, den Fortbestand des Sozialkassenverfahrens zu sichern.

[2] Ausschluss von Rückforderungsansprüchen als milderes Mittel

283 Aber auch wenn man die Schaffung neuer Beitragsschuldner noch als durch den legitimen Gesetzeszweck des SokaSiG gedeckt betrachten möchte, stellt der Ausschluss von Rückforderungsansprüchen jedenfalls ein milderes Mittel zur Zweckerreichung dar. Bisher Unbeteiligte werden hierdurch außen vor gelassen, während der Vermögensstand der SOKA-BAU von Rückforderungsansprüchen verschont bleibt. Die Zweckerreichung ist also gegeben, während gleichzeitig weniger Arbeitgeber des Baugewerbes in ihren Rechten beeinträchtigt werden.

dd. Gleiche Wirksamkeit des milderen Mittels

284 Ein verfassungsrechtlich milderes Mittel muss jedoch nicht nur weniger belastend, sondern auch gleich wirksam sein.

[1] Drohender Verlust von Leistungsansprüchen bei endgültigem Entfall von Beitragszahlungen

Im Falle des Ausschlusses von Rückforderungsansprüchen bestehen diverse Bedenken, ob hierdurch der Fortbestand des Sozialkassensystems in gleichem Maße gewährleistet wird, wie es bei Geltung des SokaSiG der Fall wäre. Die

---

631 BT-Drucksache 18/10631, S. 648.

632 Vgl. Geschäftsberichte der SOKA-BAU, der ULAK und der ZVK von 2016.

633 BT-Drucksache 18/10631, S. 648.

Leistungsansprüche der Arbeitnehmer und Arbeitgeber gegen die SOKA-BAU auf Grundlage der Bau-Tarifverträge sind oftmals abhängig von der tatsächlichen Zahlung der Sozialkassenbeiträge durch die Arbeitgeber. Infolgedessen wird angeführt, dass der bloße Ausschluss von Rückforderungsansprüchen ein Ausbleiben von Beitragszahlungen und damit einen Verlust von tarifvertraglichen Rechten der Arbeitnehmer zur Folge haben könnte.[634] Zu untersuchen sind daher die Auswirkungen eines bloßen Ausschlusses von Rückforderungsansprüchen auf die Beitragspflicht der Arbeitgeber und die korrespondierenden Leistungsansprüche der verschiedenen Anspruchsberechtigten gegenüber der SOKA-BAU.

[2] Auswirkungen auf den fortlaufenden Beitragseinzug und die korrespondierenden Leistungsansprüche

Das LAG Hessen erweckt in seinen Ausführungen zur Verfassungsmäßigkeit des SokaSiG zunächst den Eindruck, dass der *weitere* Beitragseinzug ohne das SokaSiG nicht gesichert sei.[635] Und auch in der Begründung des Gesetzesentwurfs zum SokaSiG wird ausgeführt, dass der Einzug noch ausstehender Beiträge durch die Entscheidungen des BAG erschwert sein würde und dies auch dann, wenn die Beitragsansprüche auf AVEen gründen, die nach Inkrafttreten des TASG erlassen wurden.[636] **285**

Hierbei muss aber erneut klargestellt werden, dass der *weitere* Beitragseinzug auch ohne Geltung des SokaSiG sichergestellt ist. Dies begründet sich zum einen aus der Geltung von § 98 Abs. 6 S. 2 ArbGG, wie auch aus der höchstrichterlich festgestellten (und in diesem Sinne auch vorhersehbaren) Wirksamkeit der AVE VTV 2015 (siehe hierzu bereits Rn. 269) Die Vermutung der Wirksamkeit muss auch für alle Nachfolger der AVE VTV 2015 gelten, da die Entscheidungsgründe des BAG zur AVE VTV 2015 übertragbar sind. Einer fortlaufenden außergerichtlichen und gerichtlichen Durchsetzung von (begründeten) Beitragsansprüchen steht damit nichts entgegen. Dementsprechend bestehen auch keine Auswirkungen auf die korrespondierenden Leistungsansprüche, die mithilfe des laufenden Beitragseinzugs finanziert werden.

---

634 LAG Hessen vom 2.6.2017 – 10 Sa 907/16 = NZA-RR 2017, 485, 493.

635 LAG Hessen vom 2.6.2017 – 10 Sa 907/16 = NZA-RR 2017, 485, 493.

636 BT-Drucksache 18/10631, S. 3.

[3] Auswirkungen auf noch nicht eingezogene Beitragszahlungen und die korrespondierenden Leistungsansprüche

286 Ein Ausbleiben von Beitragszahlungen ist also lediglich im Hinblick auf die Beiträge zu befürchten, die ihre Rechtsgrundlage ursprünglich in den unwirksamen AVEen VTV 2008 – 2014 fanden und bisher nicht erfolgreich eingezogen wurden. Hier gilt es herauszuarbeiten, welche potentiellen Auswirkungen das Ausbleiben dieser Beitragszahlungen auf die Leistungen des Urlaubsverfahrens, des Berufsbildungsverfahrens und der zusätzlichen Altersversorgung gegenüber den Leistungsempfängern hätte.

[a] Auswirkungen auf die Leistungen des Urlaubsverfahrens

287 Gem. § 8 Nr. 6.2 BRTV ist der Anspruch der Arbeitnehmer auf Urlaubsabgeltung nur zu erfüllen, soweit Beiträge für die Urlaubsansprüche des jeweiligen Urlaubsjahres *bereits geleistet* worden sind oder *bis zum Ablauf des Kalenderjahres nachentrichtet* werden.[637] Der Anspruch der Arbeitnehmer auf Entschädigung nach dem Verfall von Urlaubsansprüchen oder Urlaubsabgeltungsansprüchen besteht gem. § 8 Nr. 8 BRTV nur soweit Beiträge für die Urlaubsansprüche des jeweiligen Urlaubsjahres *bereits geleistet* worden sind oder die Beiträge *bis zum Ablauf von vier Kalenderjahren nach dem Verfall nachentrichtet* werden.[638]

Die Beitragszahlung durch die Arbeitgeber ist demnach Anspruchsvoraussetzung für die Ansprüche der Arbeitnehmer im Urlaubsverfahren. Wenn also ein Arbeitgeber, der während der vermeintlichen Geltung der AVEen VTV 2008 – 2014 zur Beitragszahlung verpflichtet gewesen wäre, bisher keine Beiträge abgeführt hat und ohne das SokaSiG auch nicht mehr nachträglich zur Beitragszahlung herangezogen werden kann, könnten die Arbeitnehmer dieses Arbeitgebers ihre Ansprüche auf Urlaubsabgeltung bzw. auf Entschädigung endgültig verlieren.

An diesem Ergebnis ändern auch die zeitlichen Voraussetzungen der verschiedenen Ansprüche des Urlaubsverfahrens nichts: Zwar hat sich die Situation bzgl. der Ansprüche auf Urlaubsabgeltung bereits durch Zeitablauf erledigt, da diese Ansprüche gem. § 8 Nr. 6.2 BRTV nur zu erfüllen waren, wenn die Beiträge für die Urlaubsansprüche des jeweiligen Urlaubsjahres bereits geleistet worden sind oder spätestens bis zum Ablauf des Kalenderjahres nachentrichtet wurden. Für Urlaubsansprüche aus dem Jahr 2014 haben sich die Ansprüche

637 Entsprechende Regelungen lassen sich in allen Versionen des BRTV finden, die auf Grundlage des SokaSiG zur Anwendung kommen, vgl. Anlagen 12 – 18 zum SokaSiG.

638 Entsprechende Regelungen lassen sich in allen Versionen des BRTV finden, die auf Grundlage des SokaSiG zur Anwendung kommen, vgl. Anlagen 12 – 18 zum SokaSiG.

auf Urlaubsabgeltung demnach durch Zeitablauf erledigt, wenn der jeweilige Arbeitgeber die Beiträge nicht bis zum 31. Dezember 2014 nachentrichtet hat. Die Feststellung der Unwirksamkeit der AVEen VTV 2008 – 2014 am 21. September 2016 konnte hierauf keine Auswirkungen mehr haben.

Bezüglich der Ansprüche auf Entschädigung ist ein solcher Zeitablauf allerdings noch nicht eingetreten. Denn diese Ansprüche sind gem. § 8 Nr. 8 BTRV auch dann noch zu erfüllen, wenn die Beiträge bis zum Ablauf von vier Kalenderjahren nach dem Verfall der Urlaubs- und Urlaubsabgeltungsansprüche nachentrichtet wurden. Die Urlaubs- und Urlaubsabgeltungsansprüche verfallen gem. § 8 Nr. 7 BRTV mit Ablauf des Kalenderjahres, das auf das Jahr der Entstehung der Urlaubsansprüche folgt. Für Entschädigungsansprüche in Bezug auf das Jahr 2014 bedeutet dies, dass diese Entschädigungsansprüche auch dann noch zu erfüllen wären, wenn die Beiträge bis zum 31. Dezember 2019 nachentrichtet werden.

Bei einem bloßen Ausschluss von Rückforderungsansprüchen wären demnach Entschädigungsansprüche der Arbeitnehmer aus den Jahren 2011, 2012, 2013 und 2014 bedroht, für die bisher noch keine Beitrage entrichtet wurden und für die die Beiträge ohne Geltung des SokaSiG auch nicht nachgefordert werden könnten.[639]

Hierbei darf allerdings nicht vergessen werden, dass es sich bei der Geltendmachung von Entschädigungsansprüchen um die Ausnahme innerhalb des Urlaubsverfahrens handelt. Grundsätzlich fordern die Arbeitnehmer ihren Urlaubsanspruch beim jeweiligen Arbeitgeber ein, der im Anschluss daran seinen Erstattungsanspruch an die SOKA-BAU richtet. Nur in den Ausnahmesituationen nach § 8 Nr. 6.1 BRTV macht der Arbeitnehmer statt seines Urlaubsanspruchs einen Urlaubsabgeltungsanspruch geltend (bspw. wenn das letzte Arbeitsverhältnis in einem Baubetrieb länger als drei Monate zurückliegt). Und erst wenn diese beiden Ansprüche (Urlaubs- oder Urlaubsabgeltungsanspruch) verfallen sind, kommt der Entschädigungsanspruch als letzte Option des Arbeitnehmers zum Tragen. Die Anzahl von Entschädigungsansprüchen, die bei einem bloßen Ausschluss von Rückforderungsansprüchen entfallen würden, wäre also extrem begrenzt und damit auch die Anzahl von betroffenen Arbeitnehmern.

---

639 Alle Ansprüche der Arbeitgeber und Arbeitnehmer seit dem Jahr 2015 sind hingegen bereits aufgrund der wirksamen AVE VTV 2015, AVE BRTV 2015, AVE TZA Bau 2015 und AVE BBTV 2015 gesichert, vgl. BAG vom 21.3.2018 – 10 ABR 62/16 = NZA-Beilage 2018, 8.

[b] Auswirkungen auf die Leistungen des Berufsbildungsverfahrens

288 Auf die Ansprüche der Auszubildenden im Berufsbildungsverfahren hat die ordnungsgemäße Beitragszahlung der Arbeitgeber hingegen keine Auswirkungen. Die Ansprüche der Auszubildenden richten sich stets gegen den Ausbildungsbetrieb selbst. Von der Tätigkeit der SOKA-BAU (Organisation der Ausbildungszentren) profitieren die Auszubildenden lediglich mittelbar. Direkte Ansprüche gegen die SOKA-BAU bestehen hingegen nicht, so dass solche Ansprüche auch nicht durch das Ausbleiben von Beitragszahlungen entfallen könnten.

Zwar bestehen die Erstattungsansprüche der *Arbeitgeber* gem. § 31 Abs. 2 BBTV nur insoweit das Beitragskonto des fordernden Arbeitgebers bei der Einzugsstelle ausgeglichen ist.[640] Die Leistung der geschuldeten Beiträge ist also Anspruchsvoraussetzung für die Ansprüche der Arbeitgeber im Berufsbildungsverfahren. Die Weigerung zur Beitragszahlung würde demnach aber lediglich die Erstattungsansprüche des *Arbeitgebers* beeinflussen und somit lediglich dem Arbeitgeber selbst schaden. Soweit der Arbeitgeber ohnehin keinen Anspruch auf Erstattungszahlungen hat, würde eine Weigerung zur Beitragszahlung lediglich dem Beitragsaufkommen der SOKA-BAU insgesamt schaden, nicht aber die Ansprüche von Arbeitnehmern oder Auszubildenden beeinflussen.

[c] Auswirkungen auf die Leistungen der Altersversorgung

289 Die Rentenansprüche der Arbeitnehmer nach dem TVR bzw. dem TZA Bau sind gemäß dem Wortlaut der Tarifnormen nicht direkt von der Beitragszahlung durch die Arbeitgeber abhängig, sondern von dem Erfüllen bestimmter Voraussetzungen. Die entscheidende Voraussetzung um einen Anspruch auf Rentenleistungen zu erhalten, ist jedoch das Erfüllen der allgemeinen Wartezeit. Nach § 12 Abs. 2 S. 1 TZA Bau beträgt die allgemeine Wartezeit für einen Anspruch auf Rentenbeihilfe 220 Monate. Als allgemeine Wartezeit gelten gem. § 12 Abs. 2 S. 1 lit. a TZA Bau u.a. die Zeiten einer Tätigkeit als gewerblicher Arbeitnehmer oder als Angestellter in einem Betrieb, der unter den betrieblichen Geltungsbereich des VTV fällt. Hierzu besagt § 12 Abs. 2 S. 3 TZA Bau außerdem:

> Soweit eine tarifvertragliche Beitragspflicht gegenüber der ZVK-Bau besteht, gelten Tätigkeitszeiten nur dann als Wartezeiten, wenn der Arbeitgeber die entsprechenden Beiträge entrichtet.

640 Entsprechende Regelungen lassen sich in allen Versionen des BBTV finden, die auf Grundlage des SokaSiG zur Anwendung kommen, vgl. Anlagen 1 – 7 zum SokaSiG.

Diese Regelung gilt gem. § 13 Abs. 2 S. 1 TZA Bau auch bzgl. der Wartezeit für die Anwartschaften auf den unverfallbaren Teil der Beihilfen.[641]

Der Anspruch auf Rentenleistungen ist also durch die Regelung zu den Wartezeiten in § 12 Abs. 2 S. 3 TZA Bau mit der Beitragszahlung durch die Arbeitgeber verknüpft und macht die Beitragszahlung damit zu einer Anspruchsvoraussetzung. Bei Beitragszeiten unter 220 Monaten entfällt der Anspruch vollständig. Wenn also ein Arbeitgeber, der während der vermeintlichen Geltung der AVEen VTV 2008 – 2014 zur Beitragszahlung verpflichtet gewesen wäre, keine Beiträge abgeführt hat und ohne das SokaSiG auch nicht mehr nachträglich zur Beitragszahlung herangezogen werden kann, könnten die Arbeitnehmer dieses Arbeitgebers ihre Ansprüche auf Rentenleistungen aufgrund der Aberkennung ihrer Wartezeit vollständig verlieren.[642]

Bei genauerer Betrachtung besagt § 12 Abs. 2 S. 3 TZA Bau allerdings, dass die Beitragszahlung nur insoweit als Voraussetzung für die Anerkennung von Tätigkeitszeiten als Wartezeiten gilt, wie *eine tarifvertragliche Beitragspflicht gegenüber der ZVK-Bau besteht*. Im Umkehrschluss hat die Regelung damit zur Folge, dass Tätigkeitszeiten auch *ohne* der Entrichtung von Beiträgen an die ZVK als Wartezeiten gelten, *soweit während dieser Tätigkeitszeiten keine tarifvertragliche Beitragspflicht für den Arbeitgeber bestand.*

Aufgrund der Unwirksamkeit der AVEen VTV 2008 – 2014 bestand für die Außenseiter keine tarifvertragliche Beitragspflicht. Nichtsdestoweniger gelten Zeiten einer Tätigkeit als gewerblicher Arbeitnehmer oder als Angestellter in einem Betrieb, der unter den betrieblichen Geltungsbereich des VTV fällt, als Wartezeiten i.S.v. § 12 Abs. 2 S. 2 lit. a TZA Bau. Die Ausnahmeregelung aus § 12 Abs. 2 S. 3 TZA Bau für Wartezeiten mit tarifvertraglicher Beitragspflicht des Arbeitgebers greift hingegen nicht. Somit entfällt selbst bei endgültigem Ausfall der Beitragszahlung eines Außenseiters keine Anspruchsvoraussetzung für die Ansprüche der Arbeitnehmer auf Rentenbeihilfe nach dem TZA Bau bzw. dem TVR. Auch für zukünftige Ansprüche auf Rentenbeihilfe ergeben sich für die Arbeitnehmer keine Nachteile, da die Tätigkeitszeiten bei den Außenseitern weiterhin als Wartezeiten gelten – selbst bei endgültigem Ausfall der Beitragszahlungen.

---

641 Entsprechende Regelungen lassen sich in allen Versionen des TZA Bau bzw. des TVR finden, die auf Grundlage des SokaSiG zur Anwendung kommen, vgl. Anlagen 8 – 11 zum SokaSiG.

642 In diesem Sinne auch Arbeitsgericht Wiesbaden vom 15.8.2017 – 12 Ca 892/16.

[d] Zwischenergebnis

290 Der bloße Ausschluss von Rückforderungsansprüchen hätte zur Folge, dass Beiträge, die ihre Rechtsgrundlage ursprünglich in den unwirksamen AVEen VTV 2008 – 2014 fanden und bisher nicht erfolgreich eingezogen wurden, endgültig verloren gehen würden und durch die SOKA-BAU auch nachträglich nicht mehr eingezogen werden könnten.

Die Auswirkungen auf die korrespondieren Ansprüche der Leistungsempfänger des Sozialkassensystems wären jedoch begrenzt. Es wären lediglich potentielle Entschädigungsansprüche der Arbeitnehmer nach § 8 Nr. 8 BRTV aus den Jahren 2011, 2012, 2013 und 2014 bedroht, soweit für diese Ansprüche bisher noch keine Beitrage durch die Arbeitgeber entrichtet wurden. Bei den Entschädigungsansprüchen handelt es sich allerdings um den Ausnahmefall innerhalb des Urlaubsverfahrens.

[4] Potentielle Unwirksamkeit der AVEen der anderen Bau-Tarifverträge

291 Auch an diesem Punkt der Prüfung muss wieder in Betracht gezogen werden, dass alle anderen AVEen der Bau-Tarifverträge, die vor dem 16. August 2014 erlassen wurden, ebenfalls unwirksam sind. Wie bereits unter Rn. 63 dargestellt ist die Unwirksamkeit dieser AVEen, aus den gleichen Gründen wie im Falle der AVEen VTV 2008 – 2014, nicht unwahrscheinlich.

[a] Entfall der Anspruchsgrundlage für bereits erfüllte Leistungen

292 Die Unwirksamkeit der AVEen BRTV, AVEen BBTV und AVEen TVR hätte u.a. zur Folge, dass alle Leistungsansprüche der Begünstigten des Sozialkassensystems entfallen würden. Die SOKA-BAU könnte die Leistungen also von den Empfängern zurückfordern. Auch hier würden sicherlich wieder einige Aspekte einer vollständigen Rückabwicklung entgegenstehen (insbesondere die Einwendung der Entreicherung aufseiten der Empfänger). Dennoch wären zahlreiche Leistungsempfänger den begründeten Rückforderungsansprüchen der SOKA-BAU ausgesetzt.

Diese Rechtsfolge könnte jedoch durch einen einfachen Ausschluss von *allen gegenseitigen* Rückforderungsansprüchen verhindert werden. Durch einen Ausschluss, der sich in alle Beteiligten des Sozialkassensystems richtet, wären also nicht nur die Arbeitgeber daran gehindert ihre Beiträge von der SOKA-BAU zurückzufordern, sondern auch die SOKA-BAU wäre daran gehindert ihre Leistungen von den Empfängern zurückzufordern. Für einen Erhalt der Wartezeiten im Sinne des TVR bzw. des TZA Bau könnte außerdem geregelt werden, dass solche Tätigkeitszeiten, die bereits bei Geltung der (unwirksamen) AVEen TVR als Wartezeiten gegolten hätten, auch weiterhin und im Rahmen der (wirksamen) AVEen TZA Bau als Wartezeiten gelten.

[b] Entfall der Anspruchsgrundlage für bisher nicht erfüllte Leistungen

Problematisch ist jedoch, dass im Falle der Unwirksamkeit der anderen AVEen der Bau-Tarifverträge noch Ansprüche der Leistungsempfänger gegen die SOKA-BAU im Raum stehen könnten, die bereits im Jahr 2014 oder früher entstanden sind, aber durch die SOKA-BAU noch nicht beglichen wurden. Die wirksamen AVE BRTV 2015 und AVE BBTV 2015 gelten schließlich erst seit dem 1. Januar 2015 und bieten erst seit diesem Zeitpunkt eine Anspruchsgrundlage für tarifvertragliche Leistungen. 293

Erstattungsansprüche der Ausbildungsbetriebe gegen die SOKA-BAU nach den Vorschriften des BBTV können noch innerhalb von zwei Jahren nach Ablauf des Jahres, in dem sie entstanden sind, geltend gemacht werden (§ 32 Abs. 2 BBTV). Demnach könnten bei einem bloßen Ausschluss von Rückforderungsansprüchen noch unerfüllte Erstattungsansprüche der Ausbildungsbetriebe aus dem Jahr 2014 bestehen, die eigentlich bis zum 31. Dezember 2016 hätten geltend gemacht werden können, aber nunmehr mangels Rechtsgrundlage nicht mehr durchgesetzt werden können. Die wirksame AVE BBTV 2015 gilt schließlich erst für Ansprüche ab dem 1. Januar 2015.

Bezüglich der Leistungsansprüche zur zusätzlichen Altersversorgung würde die Anspruchsgrundlage sogar bis hin zum 31. Dezember 2015 entfallen, da die wirksame AVE TZA Bau erst seit dem 1. Januar 2016 gilt. Im Falle der Rentenleistungen gilt auch keine Verfallsfrist, so dass die Ansprüche grundsätzlich bis hin zum Ablauf der Verjährungsfrist von fünf Jahren (§ 11 TVR) geltend gemacht werden können. Rentenansprüche, die bereits im Jahr 2015 hätten verlangt werden können, hätten also auch noch bis zum 31. Dezember 2020 geltend gemacht werden können. Bei Entfall der Anspruchsgrundlage aufgrund der Unwirksamkeit der AVE TVR würden diese Ansprüche vollständig verloren gehen. Ein bloßer Erhalt der Wartezeiten würde diese Rechtsfolge nicht verhindern.

[c] Zwischenergebnis

Die Unwirksamkeit aller anderen AVEen der Bau-Tarifverträge, die vor dem 16. August 2014 erlassen wurden, ist nicht unwahrscheinlich. Und die Auswirkungen der Unwirksamkeit dieser AVEen auf die Ansprüche der Leistungsempfänger des Sozialkassensystems sind nicht zu unterschätzen. Sowohl innerhalb des Berufsbildungsverfahrens wie auch innerhalb der Regelungen zur zusätzlichen Altersversorgung existieren Leistungsansprüche, die gegebenenfalls noch nicht geltend gemacht oder durchgesetzt wurden und bei Unwirksamkeit der AVEen des BBTV und des TVR endgültig entfallen könnten. 294

Diesen Rechtsfolgen könnte man auch nicht mit dem bloßen Ausschluss von Rückforderungsansprüchen entgegenwirken. Es wäre eine alternative Anspruchsgrundlage zu den unwirksamen AVEen notwendig.

[5] Zwischenergebnis

295 Der bloße Ausschluss von Rückforderungsansprüchen stellt zwar ein milderes Mittel gegenüber dem Erlass des SokaSiG dar, ist aber nicht in gleichem Maße wirksam.

Entscheidend ist an dieser Stelle, dass auch die Unwirksamkeit aller anderen AVEen der Bau-Tarifverträge, die vor dem 16. August 2014 erlassen wurden, droht. Durch die Unwirksamkeit dieser AVEen würden gegebenenfalls Ansprüche der Leistungsempfänger des Sozialkassensystems endgültig verloren gehen, soweit diese bereits während der Geltung der (unwirksamen) AVEen entstanden sind, bisher aber durch die SOKA-BAU noch nicht beglichen wurden. Hierbei handelt es sich um Ansprüche aus dem Berufsbildungsverfahren und der zusätzlichen Altersversorgung.

Die verfassungsrechtliche Rechtfertigung für das SokaSiG als erforderliches Mittel findet sich damit allem voran in der drohenden Unwirksamkeit der anderen AVEen der Bau-Tarifverträge. Durch die Unwirksamkeit dieser AVEen wird zwar nicht unbedingt der Fortbestand der Sozialkassen bedroht, aber zahlreiche Ansprüche der schutzwürdigen Leistungsempfänger, insbesondere der schutzwürdigen Arbeitnehmer. Die Sicherstellung dieser Ansprüche stellt insoweit auch einen legitimen Zweck des Gesetzes dar, unabhängig davon ob dieser Gesetzeszweck im Rahmen des Gesetzesentwurfs ausdrücklich genannt wurde.

ee. Einschätzungsprärogative des Gesetzgebers

295 Auch in Bezug auf die Verhältnismäßigkeit einer gesetzgeberischen Maßnahme steht dem Gesetzgeber ein Beurteilungsspielraum zu.[643] Gesetzgeberische Maßnahmen können in Bezug auf die Erforderlichkeit verfassungsrechtlich nur dann beanstandet werden, „[...] wenn nach den dem Gesetzgeber bekannten Tatsachen und im Hinblick auf die bisher gemachten Erfahrungen feststellbar ist, dass Beschränkungen, die als Alternativen in Betracht kommen, zwar die gleiche Wirksamkeit versprechen, indessen die Betroffen weniger belasten“[644]. Bezüglich

643 BVerfG vom 9.3.1994 – 2 BvL 43, 51, 63, 64, 70, 80/92, 2 BvR 2031/92 = BVerfGE 90, 145, 173; BVerfG vom 8.6.2010 – 1 BvR 2011, 2959/07 = BVerfGE 126, 112, 145; BVerfG vom 14.1.2014 – 1 BvR 2998/11, 236/12 = BVerfGE 135, 90, 118; vgl. auch M/K/S/*K.-P. Sommermann*, Band 2, Art. 20 GG Rn. 316.

644 BVerfG vom 8.6.2010 – 1 BvR 2011, 2959/07 = BVerfGE 126, 112, 145.

der vorgeschlagenen Alternative muss feststehen, dass sie einen bestimmten Zweck sachlich gleichwertig erreicht.[645] In Zweifelsfällen ist die Entscheidung des Gesetzgebers zu respektieren.[646] Auf dem Gebiet der Arbeitsmarkt-, Sozial- und Wirtschaftsordnung gebührt dem Gesetzgeber laut BVerfG sogar ein besonders weitgehender Einschätzungs- und Prognosevorrang.[647]

Der Gesetzgeber ist also bei einem Gesetz auf dem Gebiet der Arbeitsmarkt- und Sozialordnung wie dem SokaSiG besonders frei in seinem Beurteilungsspielraum. Dies bedeutet zwar nicht, dass jeder Annahme und Prognose des Gesetzgebers blind vertraut werden muss. Das BVerfG kann eigene Prognoseerwägungen vornehmen und dabei die Grundlagen der Annahme des Gesetzgebers überprüfen.[648] Vorliegend kann sich der Gesetzgeber aber zu Recht auf die drohende Unwirksamkeit der anderen AVEen der Bau-Tarifverträge stützen und damit das SokaSiG als erforderliches Mittel rechtfertigen.

3. *Zwischenergebnis*

Der Erlass des SokaSiG stellt eine verhältnismäßige Maßnahme zur Sicherung **297** des Fortbestands des Sozialkassensystems des Baugewerbes und zur Sicherung von Ansprüchen der schutzwürdigen Leistungsempfänger, insbesondere der schutzwürdigen Arbeitnehmer, dar.

VII. Ergebnis

Der Erlass des SokaSiG stellt keinen Verstoß gegen das Rückwirkungsverbot aus **298** Art. 20 Abs. 3 GG dar.

Zwar entsteht durch das SokaSiG eine „echte Rückwirkung", die im Grundsatz verfassungswidrig ist. Ausnahmen hiervon gelten nur in engen Grenzen. Zur Rechtfertigung der Rückwirkung des SokaSiG kann sich der Gesetzgeber jedoch darauf berufen,

- dass vorrangige Belange des Gemeinwohls vorliegen und
- dass zu keinem Zeitpunkt ein begründetes Vertrauen der Außenseiter in die Unwirksamkeit der AVEen VTV 2008 – 2014 bestanden hat.

Der Erlass des SokaSiG stellt schließlich eine verhältnismäßige Maßnahme zur Sicherung des Fortbestands des Sozialkassensystems des Baugewerbes und zur

---

645 BVerfG vom 5.2.2002 – 2 BvR 305, 348/93 = BVerfGE 105, 17, 36.

646 M/K/S/*K.-P. Sommermann*, Band 2, Art. 20 GG Rn. 316.

647 BVerfG vom 27.1.2011 – 1 BvR 3222/09 = NJW 2011, 1578, 1580.

648 M/K/S/*K.-P. Sommermann*, Band 2, Art. 20 GG Rn. 316 m.w.N.

Sicherung von Ansprüchen der schutzwürdigen Leistungsempfänger, insbesondere der schutzwürdigen Arbeitnehmer, dar.

D. Verfassungsmäßigkeit der Verpflichtung sog. „Außenseiter"

299 Durch das SokaSiG werden Arbeitgeber des Baugewerbes zur Beitragszahlung an die SOKA-BAU verpflichtet, die keinem Arbeitgeberverband angehören. Diese Verpflichtung der sog. Außenseiter könnte sowohl einen Verstoß gegen die Koalitionsfreiheit, als auch gegen die Berufsfreiheit darstellen.

I. Koalitionsfreiheit nach Art. 9 Abs. 3 GG

1. Negative Koalitionsfreiheit

300 Hier steht zunächst ein Verstoß gegen die negative Koalitionsfreiheit der Normadressaten im Raum. Dabei handelt es sich um das Recht, einer Koalition fernzubleiben.[649]

a. Verstoß durch die AVE VTV

301 Bereits im Rahmen von gerichtlichen Auseinandersetzungen zur AVE VTV rügten die Außenseiter immer wieder, dass sie sich in ihrer negativen Koalitionsfreiheit verletzt sehen. Bezüglich der staatlichen Tarifnormerstreckung auf Grundlage der AVE VTV und der AVE von Tarifverträgen generell entspricht es allerdings der übereinstimmenden Rechtsprechung des BAG[650], des BVerfG[651] und sogar des EGMR[652], dass hierbei kein Verstoß gegen die negative Koalitionsfreiheit vorliegt.

Nach Auffassung des BVerfG begründen die für allgemeinverbindlich erklärten Tarifverträge weder eine Mitgliedschaft in den jeweils beteiligten Arbeitgeberverbänden noch in den gemeinsamen Einrichtungen. Auch die Beitragspflicht an die Sozialkassen würde nicht zu einer solchen Mitgliedschaft führen. Bei den Beiträgen handele es sich demnach nicht um Mitgliedsbeiträge, sondern um Leistungen für die branchenzugehörigen Arbeitnehmer.[653] Das BVerfG räumte zwar ein, dass die Außenseiter insoweit benachteiligt sind, als sie ihre Interessen

649 BVerfG vom 15.7.1980 – 1 BvR 24/74; 439/79 = BVerfGE 55, 7 = NJW 1981, 215.
650 BAG vom 3.2.1965 – 4 AZR 385/63 = NJW 1965, 1624.
651 BVerfG vom 15.7.1980 – 1 BvR 24/74; 439/79 = BVerfGE 55, 7 = NJW 1981, 215.
652 EGMR vom 2.6.2016 – 23646/09 (Geotech Kancev GmbH/Deutschland) = NZA 2016, 1519.
653 BVerfG vom 15.07.1980 – BvR 24/74; 439/79 = BVerfGE 55, 7 = NJW 1981, 215.

bei den gemeinsamen Einrichtungen nicht mittelbar über die Berufsverbände geltend machen können. Dieser „Druck" Mitglied einer Koalition zu werden sei aber nicht erheblich genug, um einen Verstoß gegen die negative Koalitionsfreiheit zu begründen.[654]

b. Verstoß durch das SokaSiG

Die Entscheidung des BVerfG über die Vereinbarkeit der AVE VTV mit der negativen Koalitionsfreiheit kann auf das SokaSiG vollständig übertragen werden. Es macht keinen Unterschied, ob der potentielle Verstoß gegen die negative Koalitionsfreiheit auf Grundlage einer AVE oder auf Grundlage eines formellen Gesetzes erfolgt. Zum einen entfalten die Verfahrenstarifverträge stets die gleiche rechtliche Wirkung gegenüber den Außenseitern, unabhängig von der gewählten Rechtsgrundlage. Es handelt sich demnach auch bei den Beiträgen auf Grundlage des SokaSiG um keine „Mitgliedsbeiträge" und gleichermaßen entsteht durch das SokaSiG auch keine „Zwangsmitgliedschaft" bei den Arbeitgeberverbänden des Baugewerbes. **302**

Zum anderen begründet das BVerfG den Mangel eines Verstoßes gegen die negative Koalitionsfreiheit im Falle der AVE VTV auch nicht mit Argumenten, die exklusiv auf die AVE anwendbar sind. Denn nach Auffassung des BVerfG liegt bereits *kein Eingriff* in die negative Koalitionsfreiheit der Außenseiter vor. Dieses Ergebnis verändert sich durch einen Wechsel der Rechtsgrundlage nicht. Zwar kann sich der Gesetzgeber zur Rechtfertigung etwaige Grundrechtseingriffe nicht auf die Koalitionsfreiheit aus Art. 9 Abs. 3 GG berufen, wie es die Tarifparteien bei der Rechtfertigung von Grundrechtseingriffen durch ihre Tarifnormsetzung teilweise tun können (siehe Rn. 187). Da aber bereits *kein Eingriff* in die negative Koalitionsfreiheit der Außenseiter vorliegt, kommt es auch nicht mehr auf eine Prüfung der verfassungsrechtlichen Rechtfertigung eines solchen Eingriffs an. Erst an dieser Stelle würde der unterschiedliche Prüfungsmaßstab aber eine Rolle spielen.

Das SokaSiG verstößt daher nicht gegen die negative Koalitionsfreiheit der Außenseiter.

2. Positive Koalitionsfreiheit

Des Weiteren könnte das SokaSiG einen Verstoß gegen die positive Koalitionsfreiheit der Normadressaten darstellen. Die positive Koalitionsfreiheit beinhaltet **303**

654 BVerfG vom 15.07.1980 – BvR 24/74; 439/79 = BVerfGE 55, 7 = NJW 1981, 215.

das Recht, zur Wahrung und Förderung der Arbeits- und Wirtschaftsbedingungen Vereinigungen bilden zu können.[655]

a. *Verstoß durch die AVE VTV*

304 Auch ein Verstoß gegen die positive Koalitionsfreiheit durch die AVE VTV wurde durch die Außenseiter immer wieder geltend gemacht. Die zwingende Geltung von Tarifverträgen aufgrund einer AVE würde nach Auffassung der Außenseiter die Mitgliedschaft bzw. den Beitritt in andere als die vertragsschließenden Koalitionen beeinträchtigen.

aa. Kein Eingriff in das Recht der positiven Koalitionsfreiheit

305 Diesem Vorbingen hat das BVerfG ebenfalls eine klare Absage erteilt. Es besteht laut BVerfG bereits *kein Eingriff* in das Recht der positiven Koalitionsfreiheit, da die AVE die Mitgliedschaft in einer (anderen) Arbeitgeber- oder Arbeitnehmervereinigung in keiner Weise beeinträchtigt oder gar verhindert.[656] Soweit sich aufgrund der Existenz der vertragsschließenden Koalitionen *tatsächliche* Schwierigkeiten bei der Gründung neuer Koalitionen ergeben würden, bestünden diese Schwierigkeiten aufgrund des Wettbewerbs unter den verschiedenen Gruppen – nicht aufgrund der AVE VTV.

bb. Entscheidung auf Grundlage der Geltung der allgemeinen Grundsätze der Tarifkonkurrenz

306 Auffällig ist jedoch, dass das BVerfG den Mangel eines Eingriff in die positive Koalitionsfreiheit allem voran damit begründet, dass kein Vorrang allgemeinverbindlicher Tarifverträge gegenüber solchen Tarifverträgen besteht, die nicht für allgemeinverbindlich erklärt worden sind.[657] Das BVerfG ging zum Zeitpunkt der Entscheidung also noch von der Geltung der allgemeinen Grundsätze der Tarifkonkurrenz aus, so dass ein allgemeinverbindlicher Tarifvertrag durch einen autonomen Tarifvertrag verdrängt werden konnte. Während diese Einschätzung zum damaligen Zeitpunkt noch zutreffend war (oder zumindest eine vertretbare Auffassung darstellte), existiert seit der Einführung des § 5 Abs. 4 S. 2 TVG durch das TASG aber eine ausdrückliche gesetzliche Ausnahme zu den Grundsätzen der Tarifkonkurrenz. Tarifverträge über gemeinsame Einrichtungen i.S.v.

---

655 BVerfG vom 15.7.1980 – BvR 24/74; 439/79 = BVerfGE 55, 7 = NJW 1981, 215, 216.
656 BVerfG vom 15.7.1980 – BvR 24/74; 439/79 = BVerfGE 55, 7 = NJW 1981, 215, 216.
657 BVerfG vom 15.7.1980 – BvR 24/74; 439/79 = BVerfGE 55, 7 = NJW 1981, 215, 216.

§ 5 Abs. 1a TVG kommen demnach zwingend zur Anwendung und verdrängen anderweitige autonome Tarifverträge (siehe hierzu bereits Rn. 274).

Ob die Rechtsprechung des BVerfG zur Verfassungsmäßigkeit der AVE nach der Einführung einer Verdrängungswirkung unter § 5 Abs. 4 S. 2 TVG durch das TASG aufrechterhalten kann, ist damit mehr als fraglich.

cc. Verfassungsmäßigkeit der Verdrängungswirkung nach § 5 Abs. 4 S. 2 TVG

Die Frage nach der Verfassungsmäßigkeit von § 5 Abs. 4 S. 2 TVG hat in der Literatur bisher keinen großen Platz eingenommen. Eine Entscheidung des Bundesverfassungsgerichts zur Verfassungsmäßigkeit des TASG steht ebenfalls noch aus.[658] **307**

Es lohnt sich daher zunächst ein Blick auf eine Vorschrift mit ähnlicher Wirkung – § 8 Abs. 2 AEntG.

[1] Vergleich von § 5 Abs. 4 S. 2 TVG mit § 8 Abs. 2 AEntG

Die Frage nach der Verfassungsmäßigkeit einer Verdrängungswirkung besteht in ähnlicher Weise im Falle der zwingenden Geltung von Tarifnormen nach § 8 Abs. 2 AEntG. Im Rahmen der Neufassung des AEntG im Jahre 2009[659] hat man unter § 8 Abs. 2 AEntG eine ausdrückliche Verdrängungswirkung der nach dem AEntG erstreckten Tarifnormen (durch AVE oder Rechtsverordnung) normiert, wonach diese auch dann von einem Arbeitgeber einzuhalten sind, wenn er nach § 3 TVG oder kraft AVE nach § 5 TVG an einen anderen Tarifvertrag gebunden ist. **308**

Eine solche Verdrängungswirkung hat das BAG bereits vor der ausdrücklichen Normierung in § 8 Abs. 2 AEntG und auf Grundlage von § 1 AEntG in der Fassung vom 26. Februar 1996[660] angenommen (für Rechtsverordnungen ergibt sich dieses Ergebnis bereits aus dem Grundsatz, dass eine in der Normenhierarchie höherrangige Rechtsverordnung einem Tarifvertrag grundsätzlich vorgeht, siehe hierzu Rn. 277). Im Rahmen einer verfassungsrechtlichen Prüfung kam das BAG zu dem Ergebnis, dass es sich bei der Verdrängungswirkung

---

658 Laut einer Auskunft der Geschäftsstelle des BVerfG vom 11. Oktober 2018 ist das TASG Gegenstand der anhängigen Verfassungsbeschwerdeverfahren mit den Aktenzeichen 1 BvR 1777/15, 1 BvR 1778/15, 1 BvR 1779/15, 1 BvR 1781/15 und 1 BvR 1944/15. Derzeit sei nicht absehbar, wann mit einer Entscheidung in diesen Verfahren gerechnet werden kann.

659 AEntG in der Fassung vom 20.4.2009, BGBl. I, S. 799.

660 AEntG in der Fassung vom 26.2.1996, BGBl. I, S. 227.

um einen *gerechtfertigten* Eingriff in die Tarifautonomie handele. Der Eingriff bezwecke den Schutz anderer mit Verfassungsrang ausgestatteter Gemeinwohlbelange (Vermeidung gespaltener Arbeitsmärkte und sozialer Spannungen) und wahre den Grundsatz der Verhältnismäßigkeit.[661] In der Literatur wird die Verfassungsmäßigkeit der durch das AEntG angeordneten Verdrängungswirkung jedoch von zahlreichen Stimmen angezweifelt. Man sieht einen Verstoß gegen Art. 9 Abs. 3 GG.[662] Einschlägige Entscheidungen des BVerfG, die sich mit dieser Problematik tatsächlich auseinandersetzen, existieren bisher jedoch nicht.

Inwieweit sich die Begründung der Entscheidung des BAG zur Verdrängungswirkung aus § 8 Abs. 2 AEntG auf die Verdrängungswirkung aus § 5 Abs. 4 S. 2 TVG übertragen lässt, ist jedoch fraglich.[663] Auch wenn die Regelungen ähnlich formuliert sind, betreffen sie doch verschiedene Regelungsbereiche. Das AEntG dient allem voran der zwingenden Geltung von Mindestarbeitsbedingungen, insbesondere von Mindestentgelten. § 5 Abs. 4 S. 2 TVG bezieht sich hingegen ausschließlich auf Tarifverträge über gemeinsame Einrichtungen, die – wie die Tarifverträge des Baugewerbes – nicht nur Mindestarbeitsbedingungen schaffen, sondern ganze Sozialkassensysteme beinhalten. Zwar werden hierdurch branchenbedingte Nachteile ausgeglichen, um das soziokulturelle Existenzminimum der Arbeitnehmer (wie im Falle von Mindestentgelten) geht es aber wohl nur bei einem Teil der Regelungen aus Tarifverträgen über gemeinsamen Einrichtungen. Im Rahmen der verfassungsrechtlichen Rechtfertigung der beiden Regelungen (§ 8 Abs. 2 AEntG und § 5 Abs. 4 S. 2 TVG) wird man demnach differenzieren müssen.

[2] Meinungsstand in der Literatur

309 In der Literatur hat sich allem voran *Forst* mit der Verfassungsmäßigkeit von § 5 Abs. 4 S. 2 TVG beschäftigt und bejaht diese im Ergebnis.[664] Zwar liege durch die

---

661 BAG vom 25.6.2002 - 9 AZR 439/01 = AP AEntG § 1 Nr. 15, zu B. II. 3. f. bb; bejaht wird die Verfassungsmäßigkeit der Verdrängungswirkung auch ausdrücklich von Däubler/*Lakies*, AEntG § 8 Rn. 15 ff; einen nur „ganz schwachen“ und insgesamt gerechtfertigten Eingriff in die Koalitionsfreiheit des Arbeitgebers sieht Thüsing/*Bayreuther*, § 8 AEntG Rn. 54, 59 ff.

662 *Giesen*, ZfA 2008, 355 ff; *Sodan/Zimmermann*, ZfA 2008, 526 ff; *Willemsen/Sagan*, NZA 2008, 1216; im Ergebnis offener *Bayreuther*, NJW 2009, 2006; *Löwisch*, RdA 2009, 215, 220

663 (Knapp) Bejaht wird die Übertragbarkeit jedenfalls durch das LAG Hessen vom 2.6.2017 – 10 Sa 907/16 = NZA-RR 2017, 485, 496.

664 *Forst*, RdA 2015, 25, 26 f; zustimmend *Löwisch/Rieble*, § 5 TVG Rn. 325; so im Ergebnis und unter Verweis auf *Forst* auch Däubler/*Lakies*, § 5 TVG Rn. 128.

gesetzliche angeordnete Verdrängungswirkung grundsätzlich ein Eingriff in die positive Koalitionsfreiheit der Andersorganisierten und in die kollektive Koalitionsfreiheit konkurrierender Koalitionen vor. Dieser Eingriff sei aber dadurch gerechtfertigt, dass § 5 Abs. 1a TVG ein „öffentliches Interesse" erfordere und somit ein legitimes Ziel für den Eingriff vorliege. Außerdem sei durch den Verweis von § 5 Abs. 1a S. 3 TVG auf § 7 Abs. 2 AEntG sichergestellt, dass der für allgemeinverbindlich erklärte TV ausreichend repräsentativ ist. Aus der entsprechenden Anwendung von § 7 Abs. 2 AEntG folgt, dass das BMAS, für den Fall dass in einer Branche mehrere Tarifverträge mit zumindest teilweise demselben fachlichen Geltungsbereich zur Anwendung kommen, die Repräsentativität der jeweiligen Tarifverträge im Rahmen seiner Gesamtabwägung zu berücksichtigen hat.

[3] Zwischenergebnis

Die Verfassungsmäßigkeit von § 5 Abs. 4 S. 2 TVG ist zum jetzigen Zeitpunkt unklar. Eine Entscheidung des Bundesverfassungsgerichts zur Verfassungsmäßigkeit des TASG steht noch aus.[665] In der Literatur geht man jedoch vorwiegend von der Verfassungsmäßigkeit der Norm aus.

b. Verstoß durch das SokaSiG

aa. Übertragbarkeit der Rechtsprechung des BVerfG

Grundsätzlich lassen sich die Entscheidungen des BVerfG zur positiven Koalitionsfreiheit in Bezug auf die AVE VTV auch auf das SokaSiG übertragen. Denn wie bereits im Falle der Frage nach einem Verstoß gegen die *negative* Koalitionsfreiheit (siehe Rn. 302), liegt durch die zwingende Geltung der Tarifnormen auf Grundlage des SokaSiG *kein Eingriff* in die positive Koalitionsfreiheit vor. Das SokaSiG bedarf diesbezüglich auch keiner Rechtfertigung. 310

665 Laut einer Auskunft der Geschäftsstelle des BVerfG vom 11. Oktober 2018 ist das TASG Gegenstand der anhängigen Verfassungsbeschwerdeverfahren mit den Aktenzeichen 1 BvR 1777/15, 1 BvR 1778/15, 1 BvR 1779/15, 1 BvR 1781/15 und 1 BvR 1944/15. Derzeit sei nicht absehbar, wann mit einer Entscheidung in diesen Verfahren gerechnet werden kann.

bb. Verfassungswidrigkeit des § 5 Abs. 4 S. 2 TVG als Problem für das SokaSiG

[1] Akzessorietät von SokaSiG und AVE

311 Wie unter Rn. 306 ff. dargestellt ist jedoch fraglich, ob die Rechtsprechung des BVerfG zur Verfassungsmäßigkeit der AVE nach Erlass des TASG noch seine Geltung beanspruchen kann. Und da das SokaSiG die gleiche Wirkung entfalten soll, wie es die zugrundeliegenden AVEen taten, wirkt sich die fragliche Verfassungsmäßigkeit von § 5 Abs. 4 S. 2 TVG auch auf die Verfassungsmäßigkeit des SokaSiG aus. Die Wirkung des SokaSiG und damit auch dessen Verfassungsmäßigkeit ist insoweit „akzessorisch" zur Wirkung und Verfassungsmäßigkeit einer AVE nach § 5 Abs. 1, 1a TVG.

Es handelt sich dementsprechend also um kein eigenständiges Problem des SokaSiG, welches sich durch eine unabhängige verfassungsrechtliche Prüfung des SokaSiG klären lässt. Vielmehr ist zunächst der Frage nachzugehen, ob § 5 Abs. 4 S. 2 TVG verfassungsgemäß ist. Und wenn die dort normierte Verdrängungswirkung von allgemeinverbindlichen Tarifverträgen einen unzulässigen Verstoß gegen die positive Koalitionsfreiheit der Außenseiter darstellt, müsste ein Gesetz mit der gleichen Wirkung einen gleichartigen Verstoß gegen die positive Koalitionsfreiheit enthalten.

Sollte das BVerfG also über die Verfassungsmäßigkeit des SokaSiG entscheiden müssen, wird es sich *indirekt* auch mit der Verfassungsmäßigkeit von § 5 Abs. 4 S. 2 TVG auseinandersetzen müssen. Bestenfalls existiert bis zu diesem Zeitpunkt bereits eine Entscheidung über die Verfassungsbeschwerde gegen das TASG, so dass die Entscheidungsgründe entsprechend übertragen werden können. Bisher zeigt sich die höchstrichterliche Rechtsprechung eher „wohlwollend"[666] gegenüber der Dritterstreckung von Tarifrecht.

[2] Auswirkungen der Verfassungswidrigkeit von § 5 Abs. 4 S. 2 TVG

312 Letztendlich hätte aber selbst eine durch das BVerfG festgestellte Verfassungswidrigkeit von § 5 Abs. 4 S. 2 TVG keine Auswirkungen auf die Verfassungsmäßigkeit des SokaSiG.

[a] Keine Auswirkungen auf die Wirksamkeit von AVEen

313 Zunächst muss klargestellt werden, dass die Verfassungswidrigkeit von § 5 Abs. 4 S. 2 TVG bereits keine Auswirkungen auf die Wirksamkeit einer AVE nach § 5 Abs. 1, 1a TVG hätte. In seiner Entscheidung zur Wirksamkeit der AVE VTV

---

666 Thüsing/*Bayreuther*, § 8 AEntG Rn. 57 m.w.N.

2015 hat das BAG daher mangels Entscheidungserheblichkeit offen gelassen, ob § 5 Abs. 4 S. 2 TVG mit der Verfassung vereinbar ist.[667] Nicht entscheidungserheblich ist die Problematik deshalb, weil die Verfassungswidrigkeit von § 5 Abs. 4 S. 2 TVG nicht zur Unwirksamkeit der AVE VTV 2015 führen würde, sondern lediglich zur Anwendung der allgemeinen Regeln der Tarifkonkurrenz. Es würde also wieder die Rechtslage bestehen, wie sie bereits vor Erlass von § 5 Abs. 4 S. 2 TVG bestanden hat.

Sollte das BVerfG also zu dem Ergebnis kommen, dass § 5 Abs. 4 S. 2 TVG verfassungswidrig ist, würde das dementsprechend auch nicht zur Unwirksamkeit der AVEen der Bau-Tarifverträge führen, sondern lediglich zur Anwendung der allgemeinen Regeln der Tarifkonkurrenz.

[b] Akzessorietät und Auslegung des SokaSiG

Sollte sich § 5 Abs. 4 S. 2 TVG als verfassungswidrig erweisen und kämen deshalb für AVEen nach § 5 Abs. 1, 1a TVG wieder die allgemeinen Regeln der Tarifkonkurrenz zur Anwendung, hätte dies außerdem aufgrund der Akzessorietät des SokaSiG zu den zugrundeliegenden AVEen auch Auswirkungen auf die Wirkung des SokaSiG selbst. Wie bereits unter Rn. 311 dargestellt folgt die gesetzgeberisch gewollte Wirkung des SokaSiG erst aus einer Auslegung des Gesetzes und, infolge dieser Auslegung, aus der Akzessorietät zu den zugrundeliegenden AVEen. Das SokaSiG enthält auch keine Regelung, die explizit auf § 5 Abs. 4 S. 2 TVG verweist. 314

Man müsste daher im Rahmen einer Auslegung des SokaSiG zu dem Ergebnis kommen, dass auch das SokaSiG keine verfassungswidrige Verdrängungswirkung i.S.d. § 5 Abs. 4 S. 2 TVG entfalten soll. Vielmehr würden dann auch im Verhältnis zwischen dem SokaSiG und den autonomen Tarifverträgen die Grundsätze der Tarifkonkurrenz zur Anwendung kommen.

3. Ergebnis

Die Verpflichtung der Außenseiter auf Grundlage des SokaSiG stellt weder einen Verstoß gegen die negative, noch gegen die positive Koalitionsfreiheit nach Art. 9 Abs. 3 GG dar. 315

Das SokaSiG begründet weder eine Mitgliedschaft in den jeweils beteiligten Arbeitgeberverbänden, noch in den gemeinsamen Einrichtungen. Auch die Beitragspflicht an die Sozialkassen führt nicht zu einer solchen Mitgliedschaft.

667 BAG vom 21.3.2018 – 10 ABR 62/16 = BeckRS 2018, 5080 Rn. 148.

Das SokaSiG stellt auch keinen Eingriff in das Recht der positiven Koalitionsfreiheit dar, da die Mitgliedschaft in einer (anderen) Arbeitgeber- oder Arbeitnehmervereinigung in keiner Weise beeinträchtigt oder gar verhindert wird. Verfassungsrechtlich bedenklich ist zwar die Verdrängungswirkung des SokaSiG gegenüber Tarifverträgen. Selbst wenn sich § 5 Abs. 4 S. 2 TVG aber als verfassungswidrig erweisen sollte, hätte dies lediglich zur Folge dass auch AVEen nach § 5 Abs. 1, 1a TVG und das SokaSiG keine Verdrängungswirkung i.S.v. § 5 Abs. 4 S. 2 TVG entfalten, sondern dass wieder die allgemeinen Regeln der Tarifkonkurrenz zur Anwendung kommen.

II. Berufsfreiheit nach Art. 12 Abs. 1 GG

316 Wie bereits im Falle der AVE VTV, stellt sich auch im Rahmen des SokaSiG die Frage, ob die Regelungen einen unzulässigen Verstoß gegen die Berufsfreiheit nach Art. 12 Abs. 1 GG darstellen.

1. Verstoß durch die AVE VTV

317 Im Falle der AVE VTV hat das BVerfG einen Verstoß gegen Art. 12 Abs. 1 GG ausgeschlossen, da die Beitragspflichten das Recht auf freie Berufswahl nicht berühren und die allgemeinverbindlichen Tarifnormen über die Beitragspflicht auch keine Berufsausübungsregelung i.S.d. Art. 12 Abs. 1 S. 2 GG darstellen. Die Beiträge ständen in engem Zusammenhang mit den Lohnansprüchen, so dass es sich nicht um eine verlorene Abgabe an die Sozialkasse, sondern um eine Gegenleistung für die in Anspruch genommene Arbeitsleistung der Arbeitnehmer handele. Eine Beschränkung der Berufswahl könne hierin nicht gesehen werden.[668] Auch eine Berufsausübungsregelung liege schon deshalb nicht vor, weil die Tarifnormen sich nicht auf die berufliche Tätigkeit von Unternehmern im Bereich des Baugewerbes beziehen würden, sondern lediglich den Interessenausgleich zwischen den branchenzugehörigen Arbeitgebern untereinander und zu den Arbeitnehmern auf übertariflicher Ebene regelten.[669]

2. Verstoß durch das SokaSiG

318 Die Argumentation des BVerfG zur AVE VTV lässt sich auf das SokaSiG übertragen.[670] Das SokaSiG entfaltet bezüglich der Beitragsansprüche die gleiche

668 BVerfG vom 15.7.1980 – BvR 24/74; 439/79 = BVerfGE 55, 7 = NJW 1981, 215, 216.
669 BVerfG vom 15.7.1980 – BvR 24/74; 439/79 = BVerfGE 55, 7 = NJW 1981, 215, 216 f.
670 Vgl. hierzu auch BAG vom 20.11.2018 – 10 AZR 121/18 Rn. 55.

Wirkung wie die AVE VTV, so dass sich bei der verfassungsrechtlichen Bewertung keine Unterschiede ergeben. Und da es sich bereits um keine Beschränkung der Berufswahl und auch um keine Berufsausübungsregelung handelt, kommt es auch nicht mehr auf eine Rechtfertigung von Eingriffen in das Recht der Berufsfreiheit an. Der unterschiedliche verfassungsrechtliche Prüfungsmaßstab zwischen Tarifvertrag und Gesetz (siehe Rn. 187) spielt an dieser Stelle keine Rolle.

3. Ergebnis

Die Verpflichtung von Außenseitern auf Grundlage des SokaSiG stellt keinen **319**
Verstoß gegen die Berufsfreiheit nach Art. 12 Abs. 1 GG dar. Das SokaSiG statuiert weder eine Beschränkung der Berufswahl, noch eine Berufsausübungsregelung.

E. Eingriff in die Tarifautonomie

I. Tarifautonomie der Tarifvertragsparteien

Wie unter Rn. 315 dargelegt, stellt die Zwangsteilnahme am Sozialkassenver- **320**
fahren auf Grundlage des SokaSiG keinen Eingriff in die Koalitionsfreiheit der *Außenseiter* dar.

Nichtsdestoweniger könnte das SokaSiG einen unzulässigen Eingriff in die Tarifautonomie der Tarifvertragsparteien darstellen und auf diese Weise gegen die kollektive Koalitionsfreiheit der *Tarifvertragsparteien* verstoßen.[671] Schließlich werden durch das SokaSiG Regelungen geschaffen, die man normalerweise in Tarifverträgen findet und einen Kernbereich der Tarifnormsetzung betreffen. Der Gesetzgeber beraubt die Tarifvertragsparteien sozusagen ihrer ureigenen Rolle und damit auch ihrer Legitimation gegenüber den Mitgliedern.

II. Kein Normsetzungsmonopol der Tarifvertragsparteien

Zunächst muss festgestellt werden, dass den Tarifvertragsparteien – trotz der **321**
durch Art. 9 Abs. 3 GG garantierten Koalitionsfreiheit – kein Normsetzungsmonopol auf dem Gebiet der „Wahrung und Förderung der Arbeits- und Wirtschaftsbedingungen“ zusteht. Der Gesetzgeber kann sich weiterhin auf seine Gesetzgebungskompetenz für das Arbeitsrecht stützen, die ihm nach Art. 74 Abs. 1 Nr. 12 GG zusteht. Auch im tarifvertraglichen Tätigkeitsbereich der

671 Einen möglichen Eingriff sehen bspw. *Biedermann*, BB 2017, 1333, 1337; *Meides*, Die SOKA-BAU, S. 123.

Koalitionen besteht keine Normsetzungsprärogative im Sinne eines Vorrechts zur Rechtsnormsetzung zugunsten der Tarifvertragsparteien.[672] Der Staat bleibt daher jederzeit dazu befugt, seine Normsetzungsbefugnis im Bereich des Arbeitsrechts wieder wahrzunehmen, wenn er dies für notwendig hält.[673] Die bloße Tatsache, dass der Gesetzgeber einen Bereich regelt, der typischerweise der Gegenstand von Tarifverträgen ist, verletzt daher nicht automatisch die Koalitionsfreiheit der Tarifvertragsparteien.

III. Kernbereich der Tarifnormsetzung

1. Schutzbereich

322 Unabhängig davon, dass den Tarifparteien kein Normsetzungsmonopol zusteht, beinhaltet die Koalitionsfreiheit dennoch einen Kernbereich, der durch umfassende staatliche Regelungen nicht ausgehöhlt werden darf.[674] Beschränkungen der Tarifautonomie sind daher nur zulässig, „wenn diese im Prinzip erhalten und funktionsfähig bleibt“[675]. Dabei ist entscheidend, wie stark der Betätigungsbereich der Koalitionen durch die staatliche Regelung eingeschränkt wird und wie groß infolgedessen der verbleibende Betätigungsbereich der Koalitionen ausfällt.[676] Eine allgemeingültige, konkrete Grenze kann hier aufgrund der Komplexität der korrelativen der Beziehungen der Tarifvertragsparteien nicht gezogen werden. Es kommt auf den Gesamtumfang der den Tarifparteien verbleibenden Regelungsmaterien an.[677]

2. Eingriff in den Schutzbereich durch das SokaSiG

323 Das SokaSiG reguliert das Sozialkassenverfahren des Baugewerbes und erfasst damit einen riesigen Bereich der Tarifnormsetzung – die Rechtsbeziehungen zu den gemeinsamen Einrichtungen i.S.d. Tarifvertragsgesetzes. Da das SokaSiG zudem die gleiche Wirkung wie die AVEen der Bau-Tarifverträge entfalten

---

672 BVerfG vom 3.4.2001 – 1 BvL 32/97 = BVerfGE 103, 293, 306; *Bartlog*, Gesetz und Tarifvertrag, S. 192.

673 *Bartlog*, Gesetz und Tarifvertrag, S. 193; sog. „Kompetenzdualismus“, vgl. Däubler/*Lakies*, § 5 TVG Rn. 40 m.w.N; dem folgend LAG Hessen vom 2.6.2017 – 10 Sa 907/16 = NZA-RR 2017, 485, 496.

674 M/K/S/*M. Kemper*, Band 1, Art. 9 GG Rn. 151.

675 BVerfG vom 1.3.1979 – 1 BvR 532, 533/77, 419/78 und 1 BvL 21/78 = BVerfGE 50, 290, 373.

676 Vgl. *Kemper*, Schutzbereich der Koalitionsfreiheit, S. 122.

677 *Kemper*, Schutzbereich der Koalitionsfreiheit, S. 122.

soll, besteht seit Einführung des § 5 Abs. 4. S. 2 TVG durch das TASG auch keine Möglichkeit mehr, eigene Regelungen zu schaffen und die Regelungen des SokaSiG damit zu verdrängen (siehe hierzu bereits Rn. 274). Die Betätigungsmöglichkeit der anderen Koalitionen ist somit – zumindest auf dem Gebiet der gemeinsamen Einrichtungen – praktisch außer Kraft gesetzt. Entsprechend schwer wiegt der Eingriff des Gesetzgebers in die Koalitionsfreiheit der anderen Tarifvertragsparteien.

3. Verfassungsrechtliche Zulässigkeit des Eingriffs

a. Gesetz mit der Wirkung einer AVE

Dieser Eingriff in den tariflichen Regelungsbereich der gemeinsamen Einrichtungen lag allerdings schon aufgrund der Geltung der AVEen über die Bau-Tarifverträge in der Vergangenheit vor und ist in diesem Sinne gesetzlich in § 5 Abs. 1a TVG angelegt. Und auch seiner Wirkung nach kommt das SokaSiG einer AVE gleich, denn man wollte die gleiche Rechtslage herbeiführen, wie sie bei Wirksamkeit der AVEen VTV 2008 – 2014 bestanden. Wenn also bereits die AVE keinen Verstoß gegen die Koalitionsfreiheit der anderen Tarifvertragsparteien darstellt, muss dies letztendlich auch für ein inhalts- und wirkungsgleiches Gesetz gelten. **324**

b. Verfassungsmäßigkeit der AVE in Bezug auf die kollektive Koalitionsfreiheit

Sowohl das BVerfG[678] wie auch die herrschende Meinung im Schrifttum[679] halten die AVE für verfassungsrechtlich zulässig. In Bezug auf die *kollektive Koalitionsfreiheit der Tarifvertragsparteien* hat das BVerfG ausgeführt, dass die AVE den Abschluss eines Tarifvertrags im gleichen fachlichen Geltungsbereich rechtlich nicht behindert und auch nicht faktisch unmöglich macht.[680] Dabei betonte das BVerfG, dass das Betätigungsrecht der Koalitionen den Staat nicht daran hindert, „die von anderen konkurrierenden Koalitionen gesetzten Normen, die bereits ein gewisses Maß an Verbreitung erreicht haben, für allgemeinverbindlich zu erklären"[681] – selbst wenn das Betätigungsfeld der anderen Koalitionen dadurch eingegrenzt wird. **325**

---

678 BVerfG vom 24.5.1977 - 2 BvL 11/74 = BVerfGE 44, 322 = NJW 1977, 2255; zur AVE von Tarifverträgen über gemeinsame Einrichtungen BVerfG vom 15.7.1980 – 1 BvR 24/74, 439/79 = BVerfGE 55, 7 = NJW 1981, 215.

679 *Strippelmann,* Gemeinsame Einrichtungen, S. 168 m.w.N.

680 BVerfG vom 24.5.1977 - 2 BvL 11/74 = BVerfGE 44, 322 = NJW 1977, 2255, 2259.

681 BVerfG vom 24.5.1977 - 2 BvL 11/74 = BVerfGE 44, 322 = NJW 1977, 2255, 2259.

Auffällig ist jedoch, dass das BVerfG die Eingrenzung des Betätigungsfelds durch die AVE u.a. damit rechtfertigt, dass die für allgemeinverbindlich erklärten Tarifnormen bereits ein „gewisses Maß an Verbreitung" erreicht haben. Das BVerfG argumentiert hier also mit dem Erreichen des 50-Prozent-Qurorums. Gerade dieses Quorum wurde im Gesetzgebungsprozess zum SokaSiG aber außer Acht gelassen und dessen Vorliegen kann im Nachhinein auch nicht mehr belegt werden.

Außerdem standen die Entscheidungen des BVerfG noch unter der Annahme, dass die allgemeinverbindlichen Tarifverträge durch die Anwendung von spezielleren autonomen Tarifverträgen verdrängt werden konnten. Diese Rechtslage hat sich seit der Einführung von § 5 Abs. 4 S. 2 TVG durch das TASG aber in Bezug auf Tarifverträge über gemeinsame Einrichtungen geändert (siehe hierzu bereits Rn. 274). Es ist daher fraglich, ob die AVE von Tarifverträgen über gemeinsame Einrichtungen zum jetzigen Zeitpunkt noch einer verfassungsrechtlichen Prüfung des BVerfG standhält. Es bleibt das Ergebnis der Verfassungsbeschwerde gegen das TASG abzuwarten.[682]

c. *Verfassungsmäßigkeit des SokaSiG in Bezug auf die kollektive Koalitionsfreiheit*

326 Die Verfassungsmäßigkeit einer AVE mit Verdrängungswirkung nach § 5 Abs. 4 S. 2 TVG ist also in Bezug auf die kollektive Koalitionsfreiheit ungewiss. Diese Ungewissheit schlägt auch auf das SokaSiG über, das die gleiche Wirkung wie eine AVE entfalten soll.

aa. Rechtfertigung des Eingriffs

327 Obgleich die in Art. 9 Abs. 3 GG garantierte Koalitionsfreiheit ohne Gesetzesvorbehalt gewährleistet ist, kann diese trotzdem zum Schutz von Gemeinwohlbelangen, denen gleichermaßen verfassungsrechtlicher Rang gebührt, eingeschränkt werden. Beeinträchtigungen der Tarifautonomie können daher verfassungsgemäß sein, „wenn der Gesetzgeber mit ihnen den Schutz der Grundrechter Dritter oder anderer mit Verfassungsrang ausgestatteter Belange bezweckt und wenn sie den Grundsatz der Verhältnismäßigkeit wahren"[683].

---

682 Laut einer Auskunft der Geschäftsstelle des BVerfG vom 11. Oktober 2018 ist das TASG Gegenstand der anhängigen Verfassungsbeschwerdeverfahren 1 BvR 1777/15, 1 BvR 1778/15, 1 BvR 1779/15, 1 BvR 1781/15 und 1 BvR 1944/15. Derzeit sei nicht absehbar, wann mit einer Entscheidung in diesen Verfahren gerechnet werden kann.

683 BVerfG vom 3.4.2001 – 1 BvL 32/97 = BVerfGE 103, 293, 306.

Im Schrifttum werden daher bereits mehrere Argumente aufgeführt, die den potentiellen Eingriff in die Koalitionsfreiheit der Tarifvertragsparteien rechtfertigen sollen. Zum einen geschehe die Tarifnormerstreckung, wie durch die Anträge zu den einzelnen AVEen der AVEen VTV 2008 – 2014 belegt, auf ausdrücklichen Wunsch der Tarifvertragsparteien.[684] Dem ist grundsätzlich zuzustimmen. Dagegen lässt sich jedoch einwenden, dass es geradezu nicht auf einen Verstoß gegen die Koalitionsfreiheit der Tarifvertragsparteien der Bau-Tarifverträge ankommt, sondern auf einen Verstoß gegen die Koalitionsfreiheit aller *anderen* Koalitionen, die nicht am Abschluss der Bau-Tarifverträge beteiligt waren. Diese Koalitionen hatten nie den Wunsch, dass die Tarifverträge ihrer Konkurrenten für allgemeinverbindlich erklärt werden und damit ihre eigene Koalitionsarbeit erschweren.

Des Weiteren wird darauf hingewiesen, dass das SokaSiG in Bezug auf die einzelnen Tarifverträge nur solange gilt, bis diese gekündigt, aufgehoben, geändert oder durch einen anderen Tarifvertrag ganz oder teilweise abgelöst werden (§ 9 SokaSiG). Die Tarifvertragsparteien bleiben also weiterhin handlungsfähig und haben es selbst in der Hand, die Geltung des SokaSiG zu beenden.[685] Auch dem muss aber wieder entgegnet werden, dass die Koalitionen, die nicht am Abschluss der Bau-Tarifverträge beteiligt waren, keine Möglichkeit haben auf die Beendigung der Tarifverträge i.S.v. § 9 SokaSiG Einfluss zu nehmen.

Mit den vorgenannten Argumenten kann demnach nur ein Eingriff in die Koalitionsfreiheit der Tarifvertragsparteien der Bau-Tarifverträge gerechtfertigt werden. Für alle anderen Koalitionen spielen diese Argumente hingegen keine Rolle.

bb. Verfassungskonforme Auslegung des SokaSiG

Wie bereits unter Rn. 312 ff. dargelegt, gilt aber auch an dieser Stelle: Sofern sich **328**
das TASG und damit die Regelung aus § 5 Abs. 4 S. 2 TVG als verfassungswidrig erweisen sollten, müsste man im Wege einer Auslegung des SokaSiG zu dem Ergebnis kommen, dass auch das SokaSiG keine Verdrängungswirkung i.S.d. § 5 Abs. 4 S. 2 TVG entfalten soll. Denn wenn eine solche Verdrängungswirkung schon im Rahmen von AVEen nach § 5 Abs. 1, 1a TVG nicht bestanden hat, muss dies auch für das SokaSiG gelten.

---

684 *Biedermann*, BB 2017, 1333, 1337.

685 *Biedermann*, BB 2017, 1333, 1337.

IV. Ergebnis

329 Das SokaSiG stellt keinen unzulässigen Eingriff in die Tarifautonomie der Tarifvertragsparteien dar.

Zwar greift das Gesetz durch seine umfängliche Regelung des Sozialkassenverfahrens in einen Kernbereich der Tarifnormsetzung ein. Das BVerfG und auch die herrschende Meinung in der Literatur halten einen solchen Eingriff jedoch zu Recht für zulässig, da der Abschluss eines Tarifvertrags im gleichen fachlichen Geltungsbereich rechtlich nicht behindert und auch nicht faktisch unmöglich gemacht wird.

F. Verfassungsmäßigkeit der Ausbildungsumlage für „Solo-Selbstständige" nach § 17 VTV

I. Ausbildungsumlage nach § 17 VTV

330 Mit Wirkung zum 1. April 2015 wurde ein Mindestbeitrag zur Finanzierung der Ausbildungsförderung für alle Bauunternehmen eingeführt. Demnach muss gem. § 17 VTV jeder Betrieb, auch wenn er keinen gewerblichen Arbeitnehmer beschäftigt, einen jährlichen Betrag für den Zeitraum Oktober bis September des Folgejahres in Höhe von mindestens 900,00 EUR abführen. Für den Zeitraum April bis September 2015 musste bereits ein Mindestbeitrag in Höhe von 450,00 EUR gezahlt werden. Dieser Mindestbeitrag wird auf den Beitragsanteil für das Berufsbildungsverfahren nach § 15 Abs. 1 bis 3 VTV angerechnet.

Die Verfassungsmäßigkeit der Ausbildungsumlage wurde bereits bei Einführung in den VTV angezweifelt. Es handelt sich dabei um einen Exoten innerhalb der Verfahrenstarifverträge, da erstmals auch Betriebe zur Kasse gebeten werden, die überhaupt keine Arbeitnehmer beschäftigen. Die Inhaber diese Betriebe reagierten entsprechend verärgert und empfanden die Ausbildungsumlage als eine ungerechtfertigte Zwangsabgabe.[686]

Die Regelung zur Ausbildungsumlage wurde über § 7 Abs. 1 und 2 SokaSiG i.V.m. Anlage 26 und 27 zum SokaSiG unverändert in das Gesetz übernommen und kann jetzt auch ein Problem für die Verfassungsmäßigkeit des SokaSiG darstellen.

---

686 Vgl. bspw. https://www.handwerksblatt.de/themen-specials/63-heftige-proteste-gegen-soka-bau-abgabe/24163-ist-die-neue-abgabe-fuer-solo-selbststaendige-gerecht.html?showall=&start=1, zuletzt abgerufen am 8.10.2018.

II. Stand der Rechtsprechung

Höchstrichterliche Rechtsprechung zu § 17 VTV selbst existiert bisher nicht. 331
Aufgrund zweier (zutreffender) Entscheidungen des BAG ist jedoch mittlerweile geklärt, dass Solo-Selbstständige zum einen keine Arbeitgeber im Sinne von § 2 Abs. 1 Nr. 6 ArbGG sind und damit bei Streitigkeiten über deren Beitragspflicht der Rechtsweg zu den Gerichten für Arbeitssachen nicht eröffnet ist.[687] Zum anderen steht seit dem 31. Januar 2018 fest, dass die tarifvertragliche Beitragspflicht für Solo-Selbstständige im Schornsteinfegerhandwerk nicht mehr der tariflichen Regelungsmacht unterliegt und damit unwirksam ist.[688] Auch das ArbG Wiesbaden entschied bereits am 28. März 2017, dass Solo-Selbständige keine Arbeitgeber im Sinne des § 5 Abs. 4 S. 1 TVG sind und daher auch nicht durch allgemeinverbindliche Tarifnormen wie § 17 VTV zur Beitragszahlung an eine gemeinsame Einrichtung herangezogen werden können.[689]

Die SOKA-BAU hat auf diese Entscheidungen entsprechend reagiert und schon am 24. August 2017 verkündet, die bisher nach § 17 VTV eingezogenen Mindestbeiträge zum Berufsbildungsverfahren an die Solo-Selbstständigen zurückzuerstatten und in Zukunft auf den Einzug des Mindestbeitrags zu verzichten.[690] Damit scheint es sich bei der Diskussion um die Verfassungsmäßigkeit des Mindestbeitrags für Solo-Selbstständige eher um ein Schein-Problem zu handeln. Ein *tatsächlicher* Eingriff in die Rechte der Solo-Selbstständigen besteht nicht, solange die SOKA-BAU ohnehin auf den Einzug des Mindestbeitrags verzichtet.

Nichtsdestoweniger wird dadurch eine potentielle Verfassungswidrigkeit des SokaSiG in Bezug auf den Mindestbeitrag zum Berufsbildungsverfahren nicht aus der Welt geschafft. Solange das SokaSiG in seiner jetzigen Form bestehen bleibt, verbleibt auch der SOKA-BAU jederzeit die Möglichkeit, die Solo-Selbstständigen wieder in Anspruch zu nehmen. Man kann die Solo-Selbstständigen daher auch nicht einfach auf das Vertrauen in ein verfassungskonformes Handeln der SOKA-BAU verweisen.

---

687 BAG vom 1.8.2017 – 9 AZB 45/17 = NZA 2017, 1143; vgl. hierzu außerdem *Vetter*, NZA-RR 2017, 281.

688 BAG vom 31.1.2018 – 10 AZR 279/16 = NZA 2018, 867.

689 ArbG Wiesbaden vom 28.03.2017 - 12 Ca 678/16 = BeckRS 2017, 133620.

690 Vgl. https://www.soka-bau.de/soka-bau/medien/nachrichten/beitrag/soka-bau-wird-bisherige-zahlungen-des-mindestbeitrags-zum-berufsbildungsverfahren-zurueckerstatten/, zuletzt abgerufen am 26.3.2018.

Ungeklärt ist zu diesem Zeitpunkt außerdem noch, inwieweit sich die Entscheidung des BAG zur Unwirksamkeit des Mindestbeitrags im Schornsteinfegerhandwerk *in einem Tarifvertrag* auf die Regelungen zum Mindestbeitrag im Baugewerbe *in einem Bundesgesetz* überhaupt übertragen lässt. Schließlich unterliegt der Gesetzgeber keiner „tariflichen Regelungsmacht" und kann demnach auch Rechtsbereiche regeln, die den Tarifparteien verschlossen sind. Auch die Tatsache, dass Solo-Selbstständige keine Arbeitgeber im Sinne des § 2 Abs. 1 Nr. 6 ArbGG sind, hindert den Bundesgesetzgeber grundsätzlich nicht daran, Regelungen für Solo-Selbstständige zu schaffen – jedenfalls solange hierfür eine einschlägige Gesetzgebungskompetenz des Bundes besteht und die Regelungen im Übrigen verfassungsgemäß sind.

III. Gesetzgebungskompetenz des Bundes

332 Bezüglich der Ausbildungslage in § 17 VTV ist bereits fraglich, ob überhaupt eine einschlägige Gesetzgebungskompetenz des Bundesgesetzgebers besteht.

1. Einschlägige Gesetzgebungskompetenz

333 Auf die Gesetzgebungskompetenz für das Arbeitsrecht aus Art. 74 Abs. 1 Nr. 12 GG kann sich der Gesetzgeber bzgl. § 17 VTV jedenfalls nicht stützen.[691] Mit „Arbeitsrecht" ist hier lediglich das Sonderrecht der *unselbstständigen* Arbeitnehmer gemeint.[692] Das Recht der selbstständigen Berufstätigkeit wird demnach nicht mehr von Art. 74 Abs. 1 Nr. 12 GG erfasst. Bei Solo-Selbstständigen handelt es sich jedoch um Selbstständige, ohne jeden Bezug zu einem Arbeitsverhältnis. Die Regelung fällt somit vollkommen aus dem eigentlichen Regelungszusammenhang der Bau-Tarifverträge zum Arbeitsrecht heraus und muss isoliert, also auch isoliert von der Gesetzgebungskompetenz aus Nr. 12, betrachtet werden.[693]

---

691 Hiervon abweichend bejaht das BAG auf der Grundlage von § 74 Abs. 1 Nr. 12 GG eine umfassende Zuständigkeit des Bundesgesetzgebers für § 7 SokaSiG und damit zumindest indirekt über § 7 Abs. 1 und 2 SokaSiG auch für § 17 VTV, vgl. BAG vom 20.11.2018 – 10 AZR 121/18 Rn. 44.

692 M/K/S/*St. Oeter*, Band 2, Art. 74 GG Rn. 101; Jarass/Pieroth/*Pieroth*, Art. 74 GG Rn. 32.

693 Eine Zugehörigkeit der Teilregelung zum Schwerpunkt der Gesamtregelung kann zwar angenommen werden, wenn eine enge Verzahnung aller verschiedenen Teilregelungen besteht und die in Frage stehende Teilregelung einen dementsprechend geringen eigenständigen Regelungsgehalt enthält, vgl. BVerfG vom 17.2.1998 – 1 BvF 1/91 = BVerfGE 97, 228, 251 f. Beim Mindestbeitrag für Solo-Selbstständige handelt es sich jedoch um einen absoluten Exoten im Rahmen der Bau-Tarifverträge, der einen hervorstechenden und einzigartigen Bezug zu Selbstständigen ohne Arbeitnehmer

Zumindest der (sehr weite) Tatbestand des Art. 74 Abs. 1 Nr. 11 GG für das „Recht der Wirtschaft" wird dem Gesetzgeber aber wohl die notwendige Kompetenz für die Regelung der selbstständigen Tätigkeit und der Berufsausbildung im Baugewerbe verschaffen. Auf Grundlage von Nr. 11 kann der Gesetzgeber ordnend und lenkend in das Wirtschaftsleben eingreifen und dabei jeden einzelnen Zweig des Handwerks regeln. Dazu zählen dann auch die Eigenarten des betroffenen Handwerks, wie bspw. im Falle des Schornsteinfegerhandwerks eine eigene angepasste Altersversorgung.[694] Auch die Einführung einer Sonderabgabe für Arbeitgeber zur Finanzierung der Berufsausbildung wurde vom BVerfG unter Nr. 11 subsummiert.[695] Ferner zählt die Berufsausbildung im Handwerk zum „Recht der Wirtschaft" i.S.v. Nr. 11, wovon dann auch Regelungen zu Pflichtbeiträgen für die Finanzierung dieser Berufsausbildung erfasst werden.[696]

§ 17 VTV unterfällt demnach der konkurrierenden Gesetzgebungskompetenz des Bundes aus Art. 74 Abs. 1 Nr. 11 GG, während der übrige Teil des SokaSiG Nr. 12 zuzuordnen ist. Derartige Mehrfachzuständigkeiten innerhalb eines einzigen Gesetzeswerks sind verfassungsrechtlich unproblematisch, soweit es insgesamt bei der Zuständigkeit desselben Kompetenzträgers verbleibt.[697]

2. *„Erforderlichkeit" i.S.v. Art. 72 Abs. 2 GG*

Für eine bundesgesetzliche Regelung wie § 17 VTV müsste aber auch die „Erforderlichkeit" i.S.v. Art. 72 Abs. 2 GG vorliegen, da es sich bei Art. 74 Abs. 1 Nr. 11 GG um einen der konkurrierenden Kompetenztitel handelt, der dem Bund nur unter den besonderen Voraussetzungen des Art. 72 Abs. 2 GG zusteht. Demnach besteht das Gesetzgebungsrecht des Bundes nur, **334**

> [...] wenn und soweit die Herstellung gleichwertiger Lebensverhältnisse im Bundesgebiet oder die Wahrung der Rechts- oder Wirtschaftseinheit im gesamtstaatlichen Interesse eine bundesgesetzliche Regelung erforderlich macht.

---

aufweist. Dementsprechend wurde auch entschieden, dass § 17 VTV nicht mehr der tariflichen Regelungsmacht unterliegt, obwohl es sich dabei nur um eine Teilregelung eines größeren (tarifrechtlichen) Regelungskomplexes zum Arbeitsrecht handelt, vgl. ArbG Wiesbaden vom 28.03.2017 - 12 Ca 678/16 = BeckRS 2017, 133620.

694 BVerfG vom 30.4.1952 – 1 BvR 14, 25, 167/52 = BVerfGE 1, 264, 272.

695 BVerfG vom 10.12.1980 – 2 BvF 3/77 = BVerfGE 55, 274, 308.

696 BVerwG vom 17. 12. 1998 - 1 C 7–98 = BVerfGE 108, 169 = NJW 1999, 2292, 2294.

697 M/K/S/*J. Rozek*, Band 2, Art. 70 GG Rn. 57 m.w.N.

Zur „Herstellung gleichwertiger Lebensverhältnisse im Bundesgebiet" ist ein Mindestbeitrag zum Berufsbildungsverfahren für Solo-Selbstständige sicherlich nicht erforderlich. Aber auch die Erforderlichkeit zur „Wahrung der Rechts- oder Wirtschaftseinheit im gesamtstaatlichen Interesse" ist mehr als fraglich. So soll eine bundesgesetzliche Regelung zur „Wahrung der Rechtseinheit" einer Rechtszersplitterung mit problematischen Folgen entgegenwirken, die im Interesse sowohl des Bundes als auch der Länder nicht hingenommen werden kann.[698] Inwieweit eine Rechtszersplitterung ohne § 17 VTV drohen soll, ist jedoch nicht ersichtlich. Denn auch ohne eine Regelung wie § 17 VTV wäre die Rechtseinheit gewahrt – in Form des vollumfänglichen Ausbleibens einer vergleichbaren Regelung. Konkurrierende landesrechtliche Regelungen existieren nicht. Auch bestand die Gefahr einer Rechtszersplitterung weder vor Einführung des § 17 VTV zum Jahr 2015, noch nachdem die SOKA-BAU vom weiteren Einzug des Mindestbeitrags abgesehen hat. Es handelte sich dabei lediglich um den gescheiterten Versuch von Tarifparteien, einen Bereich zu regeln, der nicht ihrer tariflichen Regelungsmacht unterliegt.

335 Für die „Wahrung der Wirtschaftseinheit" wäre eine bundesgesetzliche Regelung nach Art. 74 Abs. 1 Nr. 11 GG nur dann erforderlich, „wenn und soweit sie Voraussetzung für die Funktionsfähigkeit des Wirtschaftsraums der Bundesrepublik ist, wenn also unterschiedliche Landesregelungen oder das Untätigbleiben der Länder erhebliche Nachteile für die Gesamtwirtschaft mit sich brächten"[699]. Auch hier ist wieder nicht ersichtlich, inwieweit ohne dem Mindestbeitrag nach § 17 VTV Nachteile für die Gesamtwirtschaft entstehen könnten. In keiner Weise wurden solche Nachteile vor Einführung des § 17 VTV befürchtet oder auch nur in Betracht gezogen. Auch geht die Begründung des Gesetzesentwurfs zum SokaSiG überhaupt nicht auf derartige Nachteile oder grundsätzlich auf die Erforderlichkeit i.S.v. Art. 72 Abs. 2 GG ein, da man fälschlicherweise von einer umfassenden Gesetzgebungskompetenz aus Art. 74 Abs. 1 Nr. 12 GG ausgegangen ist.[700] Zwar kann laut BVerfG ein Bundesgesetz zur Wahrung der Wirtschaftseinheit erforderlich sein, wenn es die Einheitlichkeit der beruflichen Ausbildung sicherstellen soll.[701] Eine solche Einheitlichkeit der beruflichen Ausbildung im Baugewerbe bestand aber bereits vor Einführung des § 17 VTV. Alle Betriebe mit gewerblichen Arbeitnehmern im Geltungsbereich der AVE VTV wurden

698 BVerfG vom 17.12.2014 – 1 BvL 21/12 = BVerfGE 138, 136, 176 f.
699 BVerfG vom 17.12.2014 – 1 BvL 21/12 = BVerfGE 138, 136, 177.
700 BT-Drucksache 18/10631, S. 649.
701 BVerfG vom 26.1.2005 – 2 BvF 1/03 = BVerfGE 112, 226, 249.

durch den Sozialkassenbeitrag nach § 15 VTV gleichermaßen zur Beitragszahlung herangezogen und konnten unter den gleichen Voraussetzungen ihrerseits Ansprüche gegenüber der SOKA-BAU geltend machen. An diesem System hat sich nichts geändert. Durch den Mindestbeitrag für Solo-Selbstständige nach § 17 VTV sollten lediglich zusätzliche Beitragsschuldner geschaffen werden, die an sich in keiner Verbindung zum Berufsbildungsverfahren des Baugewerbes stehen. Wie das BAG bereits zutreffend festgestellt hat: Solo-Selbstständige sind keine Arbeitgeber.[702] Genauso wenig besteht für Solo-Selbstständige irgendein direkter Zusammenhang zum Berufsbildungsverfahren der SOKA-BAU.[703] Darüber kann man auch nicht hinwegtäuschen, indem man Solo-Selbstständige ganz einfach als „potenzielle Arbeitgeber" deklariert.[704]

3. *Zwischenergebnis*

Es bestand keine einschlägige Gesetzgebungskompetenz des Bundes bezüglich der Einführung einer Ausbildungsumlage für Solo-Selbstständige im Baugewerbe. Zwar ist grundsätzlich die Gesetzgebungskompetenz für das „Recht der Wirtschaft" aus Art. 74 Abs. 1 Nr. 11 GG eröffnet. Für ein zulässiges Tätigwerden des Bundesgesetzgebers fehlte es aber an der Voraussetzung der „Erforderlichkeit" i.S.v. Art. 72 Abs. 2 GG. **336**

IV. Gebot der Gleichbehandlung aus Art. 3 Abs. 1 GG

1. *Willkürliche Heranziehung zur Beitragszahlung*

Als weiteres verfassungsrechtliches Problem sieht *Vetter* den Verstoß gegen das Gebot der Gleichbehandlung aus Art. 3 Abs. 1 GG.[705] So würde der Mindestbeitrag nach § 17 VTV in der Theorie zwar alle Solo-Selbstständigen erfassen, die unter den Geltungsbereich des SokaSiG fallen. In der Praxis würden aber nur die Ein-Mann-Betriebe zur Beitragszahlung herangezogen werden, die der SOKA-BAU überhaupt bekannt sind. Dabei handele es sich nur um einen Bruchteil der potentiellen Beitragsschuldner und insbesondere nur um die Solo-Selbstständigen, die der SOKA-BAU bereits aufgrund einer Beschäftigung von Arbeitnehmern in der Vergangenheit bekannt sind. Arbeitnehmerlose Betriebe, **337**

702 BAG vom 1.8.2017 – 9 AZB 45/17 = NZA 2017, 1143.

703 Aus diesem Grund scheidet im Übrigen auch eine Kompetenz kraft Sachzusammenhangs mit dem Arbeitsrecht aus.

704 So aber *Bayreuther*, RdA 2015, 129.

705 *Vetter*, NZA-RR 2017, 281, 287 f.

die von der SOKA-BAU auch in der Vergangenheit noch nicht erfasst wurden, blieben hingegen außen vor. Die *tatsächliche* Heranziehung zur Beitragszahlung des Mindestbeitrags aus § 17 VTV erfolge daher völlig willkürlich und verstoße gegen das Gleichheitsgebot.[706]

Vetter bringt hier einen berechtigten Einwand vor. Schließlich muss sich eine Ungleichbehandlung i.S.d. Art. 3 GG nicht direkt aus dem Gesetzeswortlaut ergeben. Eine Ungleichbehandlung kann auch auf faktischem Handeln oder auf den praktischen Auswirkungen der Gesetzesanwendung beruhen.[707] § 17 VTV unterscheidet zwar nicht zwischen solchen Solo-Selbstständigen, die der SOKA-BAU bereits bekannt sind und solchen, die der SOKA-BAU bisher unbekannt sind. In der praktischen Anwendung wird sich die Regelung aber mit großer Wahrscheinlichkeit so auswirken, wie es *Vetter* vorträgt. Zwar gibt es keinen Anspruch auf Gleichstellung im Unrecht, ein Anspruch auf Fehlerwiederholung bei der Rechtsanwendung scheidet also aus.[708] So können die der SOKA-BAU bekannten Solo-Selbstständigen nicht verlangen, dass sie von der Zahlung der Ausbildungsumlage ausgenommen werden, weil die der SOKA-BAU unbekannten Solo-Selbstständigen unrechtmäßigerweise nicht zur Beitragszahlung herangezogen werden. Geltend gemacht werden kann aber trotzdem ein Verstoß gegen die Belastungsgleichheit.[709] Denn wenn der unterschiedliche Belastungserfolg bereits auf der gesetzlichen Konzeption beruht, kann diese Konzeption verfassungsrechtlich keinen Bestand mehr haben.[710]

Grundsätzlich mag man den Tarifvertragsparteien im Rahmen ihrer Tarifnormsetzung das Recht zugestehen, selbst darüber zu entscheiden wie effektiv ihre Tarifnormen in der Praxis zur Anwendung kommen. Schließlich können den Tarifvertragsparteien aufgrund ihrer fehlenden *unmittelbaren* Grundrechtsbindung unter Umständen Regelungen erlaubt sein, die dem Gesetzgeber verwehrt sind (siehe hierzu Rn. 187). Auf dieses Privileg kann sich der Gesetzgeber allerdings nicht berufen. Es gilt die *unmittelbare* Grundrechtsbindung und damit auch das Gebot der Gleichbehandlung aus Art. 3 Abs. 1 GG.

---

706 *Vetter*, NZA-RR 2017, 281, 287 f.

707 M/K/S/*F. Wollenschläger*, Band 1, Art. 3 GG Rn. 77 f.

708 BVerwG vom 19.1.2005 – 6 C 9.04 = BVerwGE 122, 331, 335 ff; Jarass/Pieroth/*Jarass*, 15. Auflage 2018, Art. 3 GG Rn. 46 m.w.N.

709 BVerfG vom 27.6.1991 – 2 BvR 1439/98 = BVerfGE 84, 239, 284.

710 BVerwG vom 19.1.2005 – 6 C 9.04 = BVerwGE 122, 331, 340; auch bezeichnet als „strukturelles Vollzugsdefizit", vgl. Jarass/Pieroth/*Jarass*, 15. Auflage 2018, Art. 3 GG Rn. 46.

Es sind auch keine vernünftigen Gründe dafür ersichtlich, warum Solo-Selbstständige, die der SOKA-BAU bereits aufgrund einer Beschäftigung von Arbeitnehmern in der Vergangenheit bekannt sind und Solo-Selbstständige, die der SOKA-BAU mangels einer Beschäftigung von Arbeitnehmern in der Vergangenheit unbekannt sind, unterschiedlich behandelt werden sollten. Eine Rechtfertigung der Ungleichbehandlung scheidet daher aus.

Die Ausbildungsumlage nach § 17 VTV i.V.m. § 7 Abs. 1 und 2 SokaSiG i.V.m. Anlage 26 und 27 zum SokaSiG stellt damit einen Verstoß gegen das Gleichheitsgebot aus Art. 3 Abs. 1 GG dar.

2. *Verstoß gegen das Äquivalenzprinzip*

Verfassungsrechtlich „verdächtig“ wirkt auch die Tatsache, dass durch den Min- **338**
destbeitrag für Solo-Selbstständige zusätzliche Beitragsschuldner geschaffen werden, die mangels eigener Auszubildenden oder eigener Arbeitnehmer überhaupt nicht vom Berufsbildungsverfahren der SOKA-BAU profitieren. Für diese Betriebe besteht also lediglich eine Leistungspflicht ohne Gegenleistung.[711] Nach dem Äquivalenzprinzip darf die Höhe eines Beitrags aber nicht in einem Missverhältnis zu dem Vorteil stehen, den er abgelten soll.[712] Darüber hinaus verlangt der Gleichheitssatz, dass die Beiträge im Verhältnis der Beitragspflichtigen untereinander grundsätzlich vorteilsgerecht bemessen werden.[713] Dementsprechend müsste der Beitrag für Solo-Selbstständige vollständig entfallen, da für diese überhaupt keine Vorteile aus dem Berufsbildungsverfahren bestehen.

Diesbezüglich hat aber bereits das BVerwG in einer Entscheidung zur Pflichtmitgliedschaft in der Handwerkskammer klargestellt, dass es verfassungsrechtlich zulässig ist, die Kosten der überbetrieblichen Ausbildung auf *alle* Betriebsinhaber umzulegen – unabhängig davon, ob der einzelne Betrieb von der Möglichkeit überbetrieblicher Ausbildung tatsächlich Gebrauch macht. Der Vorteil der beitragspflichtigen Handwerksbetriebe hier liegt bereits darin, unabhängig von eigenen Ausbildungsanstrengungen, auf einen qualifiziert

711 Kritisch sieht dies auch BeckOK ArbR/*Giesen*, § 5 TVG Rn. 36.

712 BVerfG vom 11.10.1966 – 2 BvR 179, 476, 477/64 = BVerfGE 20, 257, 270

713 BVerfG vom 25.6.2014 – 1 BvR 668/10, 1 BvR 2104/10 = BVerfGE 137, 1, 21; BVerwG vom 17.12.1998 – 1 C 7.98 = BVerwGE 108, 169, 181; zwar handelt es sich hierbei um Grundsätze, die vorrangig bei Pflichtabgaben von Bürgern an die *öffentliche Hand* zur Anwendung kommen. Es kann aber nichts anderes gelten, wenn der Gesetzgeber Bürger zur Beitragszahlung an eine nichtstaatliche, gemeinsame Einrichtung verpflichtet.

ausgebildeten, leistungsfähigen Nachwuchs zurückgreifen zu können.[714] Dieses Ergebnis lässt sich letztendlich auf die Ausbildungsumlage aus § 17 VTV übertragen.

Dieses Ergebnis ändert jedoch nichts daran, dass im Falle des Mindestbeitrags nach § 17 VTV bereits die Erforderlichkeit für eine solche bundesgesetzliche Regelung i.S.v. Art. 72 Abs. 2 GG äußerst fraglich erscheint (siehe Rn. 336). Die Tatsache, dass auch Solo-Selbstständige vom potentiellen Zugriff auf einen qualifiziert ausgebildeten, leistungsfähigen Nachwuchs profitieren und die Ausbildungsumlage daher keinen Verstoß gegen das Äquivalenzprinzip darstellt, bedeutet nicht automatisch, dass eine solche Regelung auch erforderlich i.S.v. Art. 72 Abs. 2 GG ist. Es handelt sich hierbei um zwei unterschiedliche Fragen. Jedenfalls müsste hierfür durch den Gesetzgeber entsprechend vorgetragen werden, da bisher keine Aussagen zu dieser Thematik gemacht wurden – weder während des Gesetzgebungsverfahrens, noch in der Begründung des Gesetzesentwurfs zum SokaSiG.

3. Zwischenergebnis

339 Die Ausbildungsumlage nach § 17 VTV i.V.m. § 7 Abs. 1 und 2 SokaSiG i.V.m. Anlage 26 und 27 zum SokaSiG stellt einen Verstoß gegen das Gleichheitsgebot aus Art. 3 Abs. 1 GG dar. In der Praxis wird die Regelung dazu führen, dass nur die Solo-Selbstständigen zur Beitragszahlung herangezogen werden, die der SOKA-BAU überhaupt bekannt sind. Arbeitnehmerlose Betriebe, die von der SOKA-BAU auch in der Vergangenheit noch nicht erfasst wurden, blieben hingegen außen vor. Für diese Ungleichbehandlung (unterschiedlicher Belastungserfolg) liegen keine rechtfertigenden Gründe vor.

Die Ausbildungsumlage führt hingegen zu keinem Verstoß gegen das Äquivalenzprinzip.

V. Verfassungskonforme Auslegung

340 „Retten" kann das SokaSiG an dieser Stelle aber wiederum eine verfassungskonforme Auslegung des Gesetzes.[715] So wird bereits in Rechtsprechung[716] und Fachliteratur[717] angenommen, dass das SokaSiG dahingehend ausgelegt werden

714 BVerwG vom 17.12.1998 - 1 C 7.98 = BVerwGE 108, 169 = NJW 1999, 2292, 2295.
715 Siehe zum Prinzip der verfassungskonformen Auslegung bereits Rn. 280 und Rn. 328.
716 ArbG Wiesbaden vom 28.03.2017 - 12 Ca 678/16 = BeckRS 2017, 133620 Rn. 50 ff.
717 *Vetter*, NZA-RR 2017, 281, 287 f.

muss, dass der Gesetzgeber lediglich Arbeitgeber und keine Solo-Selbstständigen erfassen wollte. Dies begründet sich aus mehreren Umständen:

Zwar stellen § 17 VTV und § 31 Abs. 1 BBTV bzgl. der Beiträge zum Berufsbildungsverfahren ausdrücklich auch auf Betriebe ab, die *keine* gewerblichen Arbeitnehmer beschäftigen. Diese Tarifnormen wurden durch den Verweis in §§ 1 und 7 SokaSiG auch unverändert in das SokaSiG übernommen. Nach §§ 1 und 7 SokaSiG besteht die Geltung des BBTV und des VTV in seiner jeweiligen Fassung aber lediglich „in seinem Geltungsbereich für alle Arbeitgeber und Arbeitnehmer". Betriebe ohne Arbeitnehmer werden dort ausdrücklich nicht erwähnt und können mit dem Begriff „Arbeitgeber" auch nicht gemeint sein. Denn auch der VTV selbst versteht Betriebe ohne Arbeitnehmer nicht als Arbeitgeber, sondern enthält für diese Betriebe eine ausdrückliche Sonder- und Neuregelung in § 17 VTV, die eine Erweiterung des klassischen Adressatenkreises des VTV zur Folge hat. Hierzu das ArbG Wiesbaden:

> „Wären die Tarifvertragsparteien von einer Arbeitgebereigenschaft der Solo-Selbständigen ausgegangen, hätten sie im Übrigen gänzlich von der Schaffung des § 17 n. F. absehen können. Es hätte dann vollauf genügt, die Absätze 1 bis 3 des § 15 um den Zusatz zu ergänzen, für das Berufsausbildungsverfahren sei ein Mindestbetrag in Höhe von € 900,- (April bis September 2015 anteilig € 450,-) zu zahlen (o. ä.)."[718]

Soweit der tarifliche wie auch der staatliche Gesetzgeber also den Begriff „Arbeitgeber" verwenden, ist damit auch nur der Arbeitgeber in seinem klassischen Verständnis gemeint – nicht der Solo-Selbstständige. Dementsprechend ergibt bereits eine Auslegung des SokaSiG anhand des Wortlauts, dass § 7 SokaSiG i.V.m. § 17 VTV keine Beitragspflicht zum Berufsbildungsverfahren für Solo-Selbstständige begründen sollen.

Zwar mag der Gesetzgeber die Begrenzung der Anwendung des SokaSiG auf *Arbeitgeber* durch die Wortwahl in §§ 1 und 7 SokaSiG eher unbewusst und in Unkenntnis der genauen rechtlichen Auswirkungen vorgenommen haben. Letztendlich handelte es sich um ein Gesetzgebungsverfahren von enormer Geschwindigkeit, trotz beachtlicher Komplexität der Materie. Die Regelungen in ihrer jetzigen Form entsprechen aber auch dem Gesetzeszweck des SokaSiG. Dazu im Folgenden:

Das SokaSiG soll nur die Betriebe erfassen, „die auch bei Anwendung der für allgemeinverbindlich erklärten Tarifverträge an den Sozialkassenverfahren des Baugewerbes teilnehmen mussten"[719]. Betriebe, die bspw. unter die Große

718 ArbG Wiesbaden vom 28.03.2017 - 12 Ca 678/16 = BeckRS 2017, 133620 Rn. 52.
719 BT-Drucksache 18/10631, S. 649.

Einschränkungsklausel fallen, werden hingegen nicht einbezogen. Dieses Prinzip zur Wiederherstellung der identischen Rechtslage bei vermeintlicher Geltung der AVE VTV muss aber konsequenterweise auch dazu führen, dass das SokaSiG *allgemein* keine Betriebe erfasst, die durch die AVE VTV nicht erfasst wurden. Nach zutreffender Ansicht des ArbG Wiesbaden fallen Solo-Selbstständige nicht unter den Arbeitgeberbegriff aus § 5 Abs. 4 TVG und können daher auch nicht von allgemeinverbindlichen Tarifnormen wie § 17 VTV erfasst werden. Gemäß einer Entscheidung des BAG können Tarifparteien außerdem mangels tariflicher Regelungsmacht allgemein keine Beitragspflicht für Betriebe ohne Arbeitnehmer begründen.[720] Demzufolge stellte § 17 VTV zu keinem Zeitpunkt eine wirksame Rechtsgrundlage für die Beitragspflicht von Solo-Selbstständigen dar. Wenn aber bereits der VTV und damit konsequenterweise auch die AVE VTV keine Solo-Selbstständigen erfassen konnte, soll das SokaSiG dies erst recht nicht.[721] Eine gegenteilige Annahme würde dem Gesetzeszweck widersprechen.[722]

VI. Ergebnis

341 Sofern die Ausbildungsumlage nach § 17 VTV i.V.m. § 7 Abs. 1 und 2 SokaSiG i.V.m. Anlage 26 und 27 zum SokaSiG tatsächlich auch Solo-Selbstständige erfassen soll, besteht hierfür bereits keine einschlägige Gesetzgebungskompetenz des Bundes.

Außerdem stellt die Ausbildungsumlage für Solo-Selbstständige einen Verstoß gegen das Gleichheitsgebot aus Art. 3 Abs. 1 GG dar. In der Praxis wird die Regelung dazu führen, dass nur die Solo-Selbstständigen zur Beitragszahlung herangezogen werden, die der SOKA-BAU überhaupt bekannt sind. Arbeitnehmerlose Betriebe, die von der SOKA-BAU auch in der Vergangenheit noch nicht erfasst wurden, blieben hingegen außen vor. Für diese Ungleichbehandlung (unterschiedlicher Belastungserfolg) liegen keine rechtfertigenden Gründe vor.

„Retten“ kann das SokaSiG an dieser Stelle aber eine verfassungskonforme Auslegung des Gesetzes. Eine Auslegung des SokaSiG anhand des Wortlauts und

720 BAG vom 31.1.2018 – 10 AZR 279/16 = NZA 2018, 867.

721 So auch ArbG Wiesbaden vom 28.03.2017 - 12 Ca 678/16 = BeckRS 2017, 133620 Rn. 55.

722 Auch die Rückwirkungsproblematik würde sich durch ein solches Verständnis des SokaSiG verschärfen, da es zu einem zusätzlichen und nicht erforderlichen Eingriff in die Rechte der Außenseiter in Gestalt der Solo-Selbstständigen kommen würde, vgl. ArbG Wiesbaden vom 28.03.2017 - 12 Ca 678/16 = BeckRS 2017, 133620 Rn. 56.

des Gesetzeszweckes machen deutlich, dass der Gesetzgeber lediglich Arbeitgeber und keine Solo-Selbstständigen erfassen wollte. Die Ausbildungsumlage nach § 17 führt daher nicht zur Verfassungswidrigkeit des SokaSiG.

G. Verfassungsrechtliche Beurteilung des SokaSiG durch das BAG

Nach der Auffassung des BAG ist das SokaSiG verfassungsgemäß.[723] 342

Das Gericht hat sich in einem Urteil vom 20. November 2018 mit dem Gesetz auseinandergesetzt und kam u.a. zu dem Ergebnis, dass das SokaSiG kein nach Art. 19 Abs. 1 GG verbotenes Einzelfallgesetz ist. Es stelle lediglich sicher, dass alle verbliebenen Fälle, in denen die Normerstreckung auf Außenseiter gefährdet war, gleichbehandelt würden.[724] Der Gesetzgeber habe auch alle Grenzen beachtet, die aus dem Rechtsstaatsprinzip für echte rückwirkende Rechtsetzung folgten. Ein schützenswertes Vertrauen auf die Unwirksamkeit der AVEen VTV habe sich nicht bilden können. Vielmehr hätten die tariffreien Arbeitgeber damit rechnen müssen, dass die tariflichen Rechtsnormen durch Gesetz rückwirkend wieder auf sie erstreckt werden würden.[725]

Auch Verstöße gegen andere Grundrechte konnte das BAG nicht erkennen. Ein Verstoß gegen Art. 9 Abs. 3 GG liege nicht vor, da den Tarifvertragsparteien im tarifvertraglichen Regelungsbereich kein Normsetzungsmonopol zustehe und das SokaSiG zudem einen legitimen Zweck verfolge (Fortbestand des Sozialkassensystems). Gleichzeitig hätten die beteiligten Rechtskreise ohnehin nicht erwartet, dass die AVEen VTV, die durch das SokaSiG übernommen wurden, für unwirksam erklärt würden.[726] Für die Korrektur der „Fehler" des Normgebers der AVEen hätte sich der Gesetzgeber auch für eine andere Rechtsform als die der AVE entscheiden dürfen.[727] Ein Verstoß gegen die Koalitionsfreiheit der tariffreien Arbeitgeber liege ebenfalls nicht vor, da sie durch das SokaSiG weder zwangsweise Mitglied eines der tarifvertragschließenden Verbänden werden würden, noch würde es ihnen verwehrt werden, sich anderweitig als Koalition zusammenzuschließen.[728] Auch einen Verstoß gegen die Berufsfreiheit aus Art. 12 GG lehnt das BAG ab. Das SokaSiG enthalte keine Berufszugangsregelungen

723 BAG vom 20.11.2018 – 10 AZR 121/18.
724 BAG vom 20.11.2018 – 10 AZR 121/18 Rn. 105 ff.
725 BAG vom 20.11.2018 – 10 AZR 121/18 Rn. 68 ff.
726 BAG vom 20.11.2018 – 10 AZR 121/18 Rn. 45 ff.
727 BAG vom 20.11.2018 – 10 AZR 121/18 Rn. 51.
728 BAG vom 20.11.2018 – 10 AZR 121/18 Rn. 52.

und bei der Beitragspflicht, die das SokaSiG begründet, handele es sich um keine Berufsausübungsregelung die in die durch Art. 12 Abs. GG geschützte unternehmerische Betätigungsfreiheit der Arbeitgeber eingreife. Die durch die Beitragspflichten bezweckte Umlagefinanzierung stelle lediglich einen Interessenausgleich zwischen den branchenzugehörigen Arbeitgebern und Arbeitnehmern her.[729]

Das Ergebnis des BAG deckt sich insoweit mit dem Ergebnis dieser Arbeit. Nichtsdestoweniger hat das BAG zahlreiche verfassungsrechtliche Probleme außen vor gelassen. So wurde bspw. nicht im Ansatz geprüft, ob der Fortbestand des Sozialkassensystems tatsächlich gefährdet war und damit die Rückwirkung des Gesetzes rechtfertigen konnte. Man geht schlichtweg davon aus, dass der Gesetzgeber das Sozialkassensystem aufgrund seines Einschätzungsspielraums als „erheblich gefährdet ansehen"[730] durfte. Auch die verfassungsrechtlich höchstproblematische Ausbildungsumlage für Solo-Selbstständige spielt in dem Urteil des BAG, wohl bereits aufgrund mangelnder Relevanz im konkreten Verfahren, keine Rolle. Auffällig ist außerdem, dass sich auch das BAG der verfassungskonformen Auslegung bedienen musste.[731] Andernfalls hätte das Gericht, laut eigener Aussage, zu dem Ergebnis kommen müssen, dass die Rückwirkung des SokaSiG gegen das aus Art. 20 Abs. 3 GG folgende Gebot des Vertrauensschutzes verstößt und das Gesetz damit verfassungswidrig ist.[732]

Das letzte Wort zur Verfassungsmäßigkeit des SokaSiG ist daher noch keinesfalls gesprochen. Die Entscheidung des BVerfG bleibt abzuwarten.

H. Ergebnisse zu § 6

343 Das SokaSiG stellt weder ein Einzelfall- noch ein Einzelpersonengesetz i.S.v. Art. 19 Abs. 1 S. 1 GG dar. Es handelt sich um eine abstrakt-generelle Regelung mit einer Vielzahl von Anwendungsfällen.

Ein Verstoß gegen den Grundsatz der Gewaltenteilung liegt ebenfalls nicht vor. Der Gesetzgeber hat mit dem Erlass des SokaSiG nicht in den Kernbereich der Judikative eingegriffen – die Beschlüsse des BAG haben weiterhin Bestand.

Nach Art. 20 Abs. 3 GG ist der Gesetzgeber an die verfassungsmäßige Ordnung gebunden. Art. 20 Abs. 3 GG statuiert allerdings kein Normwiederholungsverbot.

729 BAG vom 20.11.2018 – 10 AZR 121/18 Rn. 53 ff.
730 BAG vom 20.11.2018 – 10 AZR 121/18 Rn. 59.
731 BAG vom 20.11.2018 – 10 AZR 121/18 Rn. 97 ff.
732 BAG vom 20.11.2018 – 10 AZR 121/18 Rn. 100.

Der Gesetzgeber durfte demnach den Inhalt der für unwirksam erklärten AVEen VTV erneut in einem Gesetz verankern.

Der Erlass des SokaSiG stellt keinen Verstoß gegen das Rückwirkungsverbot aus Art. 20 Abs. 3 GG dar. Zwar entsteht durch das SokaSiG eine „echte Rückwirkung", die im Grundsatz verfassungswidrig ist. Zur Rechtfertigung der Rückwirkung des SokaSiG kann sich der Gesetzgeber jedoch darauf berufen, dass vorrangige Belange des Gemeinwohls vorliegen und dass zu keinem Zeitpunkt ein begründetes Vertrauen der Außenseiter in die Unwirksamkeit der AVEen VTV 2008 – 2014 bestanden hat. Der Erlass des SokaSiG entspricht auch dem Grundsatz der Verhältnismäßigkeit.

Die Verpflichtung von Außenseitern auf Grundlage des SokaSiG stellt keinen Verstoß gegen die negativ Koalitionsfreiheit nach Art. 9 Abs. 3 GG dar. Das SokaSiG begründet weder eine Mitgliedschaft in den jeweils beteiligten Arbeitgeberverbänden, noch in den gemeinsamen Einrichtungen.

Das SokaSiG stellt auch keinen Eingriff in das Recht der positiven Koalitionsfreiheit dar, da die Mitgliedschaft in einer (anderen) Arbeitgeber- oder Arbeitnehmervereinigung in keiner Weise beeinträchtigt oder gar verhindert wird.

Die Verpflichtung von Außenseitern auf Grundlage des SokaSiG stellt keinen Verstoß gegen die Berufsfreiheit nach Art. 12 Abs. 1 GG dar. Das SokaSiG statuiert weder eine Beschränkung der Berufswahl, noch eine Berufsausübungsregelung.

Das SokaSiG stellt keinen unzulässigen Eingriff in die Tarifautonomie der Tarifvertragsparteien dar. Zwar greift das Gesetz durch seine umfängliche Regelung des Sozialkassenverfahrens in einen Kernbereich der Tarifnormsetzung ein. Das BVerfG hält einen solchen Eingriff jedoch zu Recht für zulässig, da der Abschluss eines Tarifvertrags im gleichen fachlichen Geltungsbereich rechtlich nicht behindert und auch nicht faktisch unmöglich gemacht wird.

Die Regelung zur Ausbildungsumlage nach § 17 VTV i.V.m. § 7 Abs. 1 und 2 SokaSiG i.V.m. Anlage 26 und 27 zum SokaSiG führt ebenfalls nicht zur Verfassungswidrigkeit des SokaSiG. Eine Auslegung des SokaSiG anhand des Wortlauts und des Gesetzeszweckes machen deutlich, dass der Gesetzgeber lediglich Arbeitgeber und keine Solo-Selbstständigen erfassen wollte.

Das SokaSiG ist damit insgesamt verfassungskonform.

§ 7 Zusammenfassung der Ergebnisse

1. Die SOKA-BAU, zusammengesetzt aus der des Baugewerbes (ZVK) und der Urlaubs- und Lohnausgleichskasse der Bauwirtschaft (ULAK), erbringt eine Vielzahl an Leistungen gegenüber den Arbeitsvertragsparteien des Baugewerbes, die darauf ausgerichtet sind branchenbedingte Nachteile der Arbeitnehmer des Baugewerbes auszugleichen. Auf Grundlage von mehreren Tarifverträgen, die stets nach § 5 TVG für allgemeinverbindlich erklärt werden, betreibt und organisiert die SOKA-BAU u.a. ein überbetriebliches Urlaubsverfahren, eine zusätzliche Altersversorgung sowie die Berufsausbildung im Baugewerbe. Bei der ZVK und der ULAK handelt es sich um gemeinsame Einrichtungen im Sinne des TVG. **344**

   Die Leistungen des SOKA-BAU werden durch den sog. Sozialkassenbeitrag finanziert, dessen Höhe und zugehöriges Verfahren durch die Tarifverträge über das Sozialkassenverfahren im Baugewerbe (VTV) geregelt werden. Über die Allgemeinverbindlicherklärung des VTV (AVE VTV) wird die Beitragspflicht auf alle Arbeitgeber des Baugewerbes erstreckt. Zur Finanzierung der Berufsausbildung existiert darüber hinaus ein tarifvertraglich festgesetzter Mindestbeitrag, der unabhängig davon abzuführen ist, ob es sich um Betriebe mit Arbeitnehmern oder um Betriebe ohne Arbeitnehmer (sog. Solo-Selbstständige) handelt. Als Einzugsstelle für den Sozialkassenbeitrag fungiert die ULAK.

2. Die AVE VTV wird schon seit Jahrzehnten juristisch angegriffen. Die Außenseiter, d.h. die nicht tarifgebundenen Arbeitgeber des Baugewerbes rügen u.a. regelmäßig einen Verstoß gegen ihre Koalitionsfreiheit aufgrund der Zwangsteilnahme am Sozialkassenverfahren durch die AVE VTV.

   Im September 2016 und Januar 2017 stellte der 10. Senat des BAG die Unwirksamkeit der AVEen VTV 2008 – 2014 fest. Zum einen rügte das BAG die fehlerhafte Ermittlung des 50-Prozent-Quorums nach § 5 Abs. 1 S. 1 Nr. 1 TVG a.F. durch das BMAS wegen der Verwendung von ungeeigneten Schätzgrundlagen. Zum anderen bemängelte das BAG die unzureichende demokratische Legitimation der AVEen VTV, da sich die jeweils zuständigen Bundesminister bzw. Staatssekretäre mit der Entscheidung nicht (ausreichend) befasst hatten.

3. Aufgrund des Wegfalls der AVEen VTV 2008 – 2014 als Rechtsgrundlage für die Erhebung von Sozialkassenbeiträgen, stehen den Außenseitern grundsätzlich Rückforderungsansprüche bezüglich ihrer abgeführten Sozialkassenbeiträge zu. Als Rechtsgrundlage für etwaige Rückforderungsansprüche dient § 812 Abs. 1 S. 1, 1. Alt. BGB.

Es unterliegen aber nur maximal 40 % aller Arbeitsverhältnisse des Baugewerbes und die hierfür abgeführten Sozialkassenbeiträge einem potentiellen Rückforderungsanspruch der Arbeitgeber gegen die SOKA-BAU. Darüber hinaus steht die Fortgeltung und Nachwirkung der AVE VTV 2006 einem großen Teil dieser Rückforderungsansprüche entgegen.

Auf eine Entreicherung nach § 818 Abs. 3 BGB kann sich die SOKA-BAU jedoch größtenteils nicht berufen. Bezüglich der Teil-Beiträge für die zusätzliche Altersversorge und das Berufsbildungsverfahren scheidet die Einwendung der Entreicherung bereits im Grundsatz aus. Bezüglich der Teil-Beiträge für das Urlaubsverfahren kommt es letztendlich auf den konkreten Einzelfall an, so dass keine seriöse Prognose erstellt werden kann. Außerdem besteht eine nicht zu vernachlässigende Rechtsunsicherheit aufgrund der potentiellen Auswirkungen der Unwirksamkeit der AVEen aller Bau-Tarifverträge.

Der genaue Umfang und die Werthaltigkeit der Rückforderungsansprüche lassen sich daher trotz umfänglicher Prüfung nicht bestimmen.

4. Durch das SokaSiG soll der Fortbestand des Sozialkassenverfahrens im Baugewerbe gesichert werden. Es ordnet hierfür die bislang stets nach § 5 TVG für allgemeinverbindlich erklärten Tarifverträge, die dem Sozialkassenverfahren zugrunde liegen, beginnend mit dem 1. Januar 2006 kraft Gesetzes mittels statischer Verweisung für alle Arbeitgeber des Geltungsbereichs als verbindlich an. Auf diesem Wege schafft das Gesetz eine eigenständige Rechtsgrundlage für das Sozialkassenverfahren im Baugewerbe. Inhaltlich handelt es sich beim SokaSiG um einen gesetzlichen Rundumschlag, da das SokaSiG nicht nur die Verfahrenstarifverträge des Sozialkassenverfahrens zum Gesetz macht, deren AVEen durch die Beschlüsse des BAG für unwirksam erklärt wurden, sondern auch die übrigen Tarifverträge, die das Sozialkassenverfahren des Baugewerbes inhaltlich ausgestalten (Bau-Tarifverträge).

5. Das SokaSiG wirft eine Vielzahl an verfassungsrechtlichen Fragen auf, ist aber im Ergebnis verfassungsgemäß.

   Das SokaSiG stellt weder ein Einzelfall- noch ein Einzelpersonengesetz i.S.v. Art. 19 Abs. 1 S. 1 GG dar. Es handelt sich um eine abstrakt-generelle Regelung mit einer Vielzahl von Anwendungsfällen.

   Ein Verstoß gegen den Grundsatz der Gewaltenteilung liegt ebenfalls nicht vor. Der Gesetzgeber hat mit dem Erlass des SokaSiG nicht in den Kernbereich der Judikative eingegriffen – die Beschlüsse des BAG haben weiterhin Bestand.

   Nach Art. 20 Abs. 3 GG ist der Gesetzgeber an die verfassungsmäßige Ordnung gebunden. Art. 20 Abs. 3 GG statuiert allerdings kein

Normwiederholungsverbot. Der Gesetzgeber durfte demnach den Inhalt der für unwirksam erklärten AVEen VTV erneut in einem Gesetz verankern.

Der Erlass des SokaSiG stellt keinen Verstoß gegen das Rückwirkungsverbot aus Art. 20 Abs. 3 GG dar. Zwar entsteht durch das SokaSiG eine „echte Rückwirkung", die im Grundsatz verfassungswidrig ist. Zur Rechtfertigung der Rückwirkung des SokaSiG kann sich der Gesetzgeber jedoch darauf berufen, dass vorrangige Belange des Gemeinwohls vorliegen und dass zu keinem Zeitpunkt ein begründetes Vertrauen der Außenseiter in die Unwirksamkeit der AVEen VTV 2008 – 2014 bestanden hat. Der Erlass des SokaSiG entspricht auch dem Grundsatz der Verhältnismäßigkeit.

Die Verpflichtung von Außenseitern auf Grundlage des SokaSiG stellt keinen Verstoß gegen die negativ Koalitionsfreiheit nach Art. 9 Abs. 3 GG dar. Das SokaSiG begründet weder eine Mitgliedschaft in den jeweils beteiligten Arbeitgeberverbänden, noch in den gemeinsamen Einrichtungen.

Das SokaSiG stellt auch keinen Eingriff in das Recht der positiven Koalitionsfreiheit dar, da die Mitgliedschaft in einer (anderen) Arbeitgeber- oder Arbeitnehmervereinigung in keiner Weise beeinträchtigt oder gar verhindert wird.

Die Verpflichtung von Außenseitern auf Grundlage des SokaSiG stellt keinen Verstoß gegen die Berufsfreiheit nach Art. 12 Abs. 1 GG dar. Das SokaSiG statuiert weder eine Beschränkung der Berufswahl, noch eine Berufsausübungsregelung.

Das SokaSiG stellt keinen unzulässigen Eingriff in die Tarifautonomie der Tarifvertragsparteien dar. Zwar greift das Gesetz durch seine umfängliche Regelung des Sozialkassenverfahrens in einen Kernbereich der Tarifnormsetzung ein. Das BVerfG hält einen solchen Eingriff jedoch zu Recht für zulässig, da der Abschluss eines Tarifvertrags im gleichen fachlichen Geltungsbereich rechtlich nicht behindert und auch nicht faktisch unmöglich gemacht wird.

Die Regelung zur Ausbildungsumlage nach § 17 VTV i.V.m. § 7 Abs. 1 und 2 SokaSiG i.V.m. Anlage 26 und 27 zum SokaSiG führt ebenfalls nicht zur Verfassungswidrigkeit des SokaSiG. Eine Auslegung des SokaSiG anhand des Wortlauts und des Gesetzeszweckes machen deutlich, dass der Gesetzgeber lediglich Arbeitgeber und keine Solo-Selbstständigen erfassen wollte.

§ 8 Ausblick

Im Ergebnis ist das SokaSiG verfassungskonform. Es ist allerdings kein leichter Weg dorthin.

Es ist auffällig, dass man der Verfassungsmäßigkeit des Gesetzes an mehreren Stellen mit dem „Hebel" der verfassungskonformen Auslegung nachhelfen muss. Würde man das Gesetz nicht an jeder einzigen Stelle in diesem wohlwollenden Sinne auslegen, käme man um die Feststellung der Verfassungswidrigkeit nicht herum.

Bei der Geltungskraft des SokaSiG hat der Gesetzgeber bspw. völlig außer Acht gelassen, dass ein formelles Gesetz nicht mit einer AVE vergleichbar ist. Die Geltungskraft einer AVE richtet sich nach § 5 TVG, während einem formellen Gesetz immer zwingende Geltung zukommt. Dabei wurde lediglich der Hinweis in der Begründung des Gesetzesentwurfs hinterlassen, dass man nur die Arbeitgeber erfassen wolle, „die auch bei Anwendung der für allgemeinverbindlich erklärten Tarifverträge an den Sozialkassenverfahren des Baugewerbes teilnehmen mussten". Was dies im Detail für das SokaSiG und dessen Normadressaten bedeutet, wird jedoch dem Interpreten des Gesetzes überlassen. Auch bezüglich der Ausbildungsumlage für Solo-Selbstständige muss erst im Wege der Auslegung herausgearbeitet werden, dass der Gesetzgeber gar keine Solo-Selbstständigen gemeint haben *kann*. Wäre dies nicht der Fall, würde dem Gesetzgeber für eine derartige Regelung aber bereits die notwendige Gesetzgebungskompetenz fehlen. Ganz davon abgesehen, dass die Verpflichtung von Solo-Selbstständigen auch im Übrigen höchst problematisch ist und einen Verstoß gegen das Gleichheitsgebot aus Art. 3 Abs. 1 GG darstellen würde.

Im Rahmen der Rechtfertigung der Rückwirkung des Gesetzes profitiert der Gesetzgeber letztendlich von seiner umfangreichen Einschätzungsprärogative. Denn es kann trotz umfangreicher Prüfung nicht mit Sicherheit gesagt werden, ob die SOKA-BAU ohne das SokaSiG *tatsächlich* in ihrer Existenz bedroht gewesen wäre. Der Gesetzgeber dürfte hier aber zumindest davon ausgehen.

Weiterhin steht die Verhältnismäßigkeit der rückwirkenden Regelung auf wackeligen Füßen. Denn zur „Sicherstellung des fortlaufenden Einzugs von Sozialkassenbeiträgen" wäre das SokaSiG sicherlich nicht notwendig gewesen und auch für die Vergangenheit hätte der bloße Ausschluss von Rückforderungsansprüchen genügt. Helfen kann hier nur die Tatsache, dass auch die Wirksamkeit der AVEen der übrigen Bau-Tarifverträge höchst zweifelhaft ist und deren

Unwirksamkeit nicht durch den bloßen Ausschluss von Rückforderungsansprüchen aufgefangen werden könnte.

Frei nach dem Motto „Gut gemeint ist nicht immer gut gemacht“ haben wir also ein Gesetz zur Sicherung des Sozialkassenverfahrens erhalten, das den Inhalt der Bau-Tarifverträge unverändert wiedergibt und dabei zahlreiche verfassungsrechtliche Probleme produziert. Der immense Zeitdruck mag hier die entscheidende Rolle gespielt haben, so dass bereits aus diesem Grund im Vorfeld keine detaillierte Auseinandersetzung mit den verfassungsrechtlichen Problemen mehr stattfinden konnte. Notwendig wäre dies aber trotz allem gewesen. Stattdessen wird es nun an den Richtern des BVerfG liegen, das Gesetz auszulegen. Vertretbar wäre hier sicherlich eine Entscheidung in beide Richtungen.

Literaturverzeichnis

Ansey, Siegfried / Koberski, Wolfgang, Die Allgemeinverbindlicherklärung von Tarifverträgen, AuR 1987, 230 ff.

Bader, Peter, Anforderungen an die Erklärung der Allgemeinverbindlichkeit als Akt der Normsetzung und zu der Bestimmung der sog. Kleinen Zahl i.S.d. § 5 Abs. 1 Satz 1 Nr. 1 TVG a.F., jurisPR-ArbR 10/2017 Anm. 1

Bamberger, Heinz Georg / Roth, Herbert (Hrsg.), Kommentar zum Bürgerlichen Gesetzbuch, Band 2, 3. Auflage 2012 [zitiert als: Bamberger/Roth/*Bearbeiter*, Band 2]

Bartlog, Julia V. C., Das Verhältnis von Gesetz und Tarifvertrag, 2006 [zitiert als: *Bartlog*, Gesetz und Tarifvertrag]

Bayreuther, Frank, Der Einbezug arbeitnehmerloser Betriebe in gemeinsame Einrichtungen der Tarifvertragsparteien, RdA 2015, 129 ff.

Bayreuther, Frank, Einige Anmerkungen zur Verfassungsmäßigkeit des Arbeitnehmer-Entsendegesetzes und des Mindestarbeitsbedingungengesetzes 2009, NJW 2009, 2006 ff.

Beck'scher Bilanz-Kommentar, 10. Auflage 2016, herausgegeben von Ellrott, Helmuth / Kozikowski, Michael / Förschle, Gerhart / Winkeljohann, Norbert [zitiert als: Beck Bil-Komm/*Bearbeiter*]

Beck'scher Online-Kommentar Arbeitsrecht, 45. Edition, Stand: 1.9.2017, herausgegeben von: Giesen, Richard / Kreikebohm, Ralf / Rolfs, Christian / Udsching, Peter [zitiert als: BeckOK ArbR/*Bearbeiter*]

Beck'scher Online-Kommentar Grundgesetz, 35. Edition, Stand: 15.11.2017, herausgegeben von: Epping, Volker / Hillgruber, Christian [zitiert als: BeckOK GG/*Bearbeiter*]

Beck'scher Online-Kommentar Verwaltungsgerichtsordnung, 44. Edition, Stand: 1.1.2018, herausgegeben von: Posser, Herbert / Wolff, Heinrich Amadeus [zitiert als: BeckOK VwGO/*Bearbeiter*]

Berndt, Joachim, SOKA-Bau – Geld zurück? Zur Verfassungsmäßigkeit des Sozialkassenverfahrensicherungsgesetzes (SokaSiG), DStR 2017, 1166 ff.

Bickenbach, Christian, Die Einschätzungsprärogative des Gesetzgebers, 2014 [zitiert als: *Bickenbach*, Einschätzungsprärogative]

Biedermann, Andreas / Möller, Thomas (Hrsg.), Bundesrahmentarifvertrag für das Baugewerbe: BRTV Kommentar, 9. Auflage 2015 [zitiert als: Biedermann/Möller/*Bearbeiter*, BRTV]

Biedermann, Andreas / Möller, Thomas, Das Arbeitsverhältnis im Baugewerbe, 5. Auflage 2018 [zitiert als: *Biedermann/Möller*, Das Arbeitsverhältnis im Baugewerbe]

Biedermann, Andreas, Sozialkassenverfahren der Bauwirtschaft wieder auf sicheren Füßen, BB 2017, 1333 ff.

Boecken, Winfried / Düwell, Franz Josef / Diller, Martin / Hanau, Hans (Hrsg.), Gesamtes Arbeitsrecht Band 3, 2016 [zitiert als: Boecken/Düwell/Diller/Hanau/*Bearbeiter*, Band 3]

Bötticher, Eduard, Die gemeinsamen Einrichtungen der Tarifvertragsparteien, 1966 [zitiert als: *Bötticher*, Gemeinsame Einrichtungen]

Büdenbender, Ulrich, Die Erklärung der Allgemeinverbindlichkeit von Tarifverträgen nach dem Arbeitnehmer-Entsendegesetz, RdA 2000, 193 ff.

Burkiczak, Christian / Dollinger, Franz-Wilhelm / Schorkopf, Frank (Hrsg.), Bundesverfassungsgerichtsgesetz, 2015 [zitiert als: Burkiczak/Dollinger/ Schorkopf/*Bearbeiter*]

Däubler, Wolfgang (Hrsg.), Tarifvertragsgesetz, 3. Auflage 2012 [zitiert als: Däubler/*Bearbeiter*, 3. Auflage]

Däubler, Wolfgang (Hrsg.), Tarifvertragsgesetz, 4. Auflage 2016 [zitiert als: Däubler/*Bearbeiter*]

Dornbusch, Gregor / Fischermeier, Ernst / Löwisch, Manfred (Hrsg.), AR – Kommentar zum gesamten Arbeitsrecht, 7. Auflage 2015 [zitiert als: Dornbusch/Fischermeier/Löwisch/*Bearbeiter*]

Dreier, Horst (Hrsg.), Grundgesetz Kommentar, Band II: Artikel 20-82, 3. Auflage 2015 [zitiert als: Dreier/*Bearbeiter*, Band II]

Duden, Das Bedeutungswörterbuch, Band 10, 3. Auflage 2002 [zitiert als: Duden, Bedeutungswörterbuch]

Düwell, Franz Josef, Die Sicherung der Sozialkassen des Baugewerbes, jurisPR-ArbR 2/2017 Anm. 1

Emmert, Angela, Auswirkungen der unwirksamen Allgemeinverbindlicherklärungen im Baugewerbe, DB 2016, 2669 ff.

Engels, Andreas, Allgemeinverbindlichkeit qua Gesetz? Die Sozialkassen im Baugewerbe und das Sozialkassenverfahrensicherungsgesetz auf dem Prüfstand, NZA 2017, 680 ff.

Erfurter Kommentar zum Arbeitsrecht, 14. Auflage 2014, [zitiert als: ErfK/*Bearbeiter*, 14. Auflage]

Erfurter Kommentar zum Arbeitsrecht, 18. Auflage 2018, [zitiert als: ErfK/*Bearbeiter*]

Erman, Walter, Bürgerliches Gesetzbuch, Band I, 15. Auflage 2017, herausgegeben von: Westermann, Harm Peter / Grunewald, Barbara / Maier-Reimer, Georg [zitiert als: Erman/*Bearbeiter*, Band I]

Fischer, Torsten, Nachwirkung von Tarifnormen (§ 4 Abs. 5 TVG), 2009 [zitiert als: *Fischer,* Nachwirkung]

Forst, Gerrit, Die Allgemeinverbindlicherklärung von Tarifverträgen nach dem sogenannten Tarifautonomiestärkungsgesetz, RdA 2015, 25 ff.

Franzen, Martin, Verfassungsrechtliche und konzeptionelle Fragen der AVE, Soziales Recht: Wissenschaftliche Zeitschrift für Arbeits- und Sozialrecht, Sonderausgabe Mai 2017, 14 ff. [zitiert als: *Franzen,* SR Sonderausgabe Mai 2017]

Gamillscheg, Franz, Kollektives Arbeitsrecht Band I, 1997 [zitiert als: *Gamillscheg,* Kollektives Arbeitsrecht Band I]

Gemeinschaftskommentar zum Arbeitsgerichtsgesetz, Loseblattsammlung, Band 3, Stand: Dezember 2017 [zitiert als: GK-ArbGG/*Bearbeiter*, Band 3]

Giesen, Richard, Staatsneutralität bei der Verbindlicherklärung von Tarifverträgen, ZfA 2008, 355 ff.

Gornik, Andreas, Grundrechtsbindung in der Rechtsprechung des BAG, NZA 2012, 1399 ff.

Greiner, Stefan / Hanau, Peter / Preis, Ulrich, Die Sicherung der Allgemeinverbindlichkeit bei gemeinsamen Einrichtungen der Tarifvertragsparteien, Soziales Recht: Wissenschaftliche Zeitschrift für Arbeits- und Sozialrecht, Sonderausgabe April 2014, 2 ff. [zitiert als: *Greiner/Hanau/Preis,* SR Sonderausgabe April 2014]

Greiner, Stefan / Strippelmann, Hagen, Kurzkommentar zu BAG, Urteil vom 13.3.2013 – 5 AZR 424/12, EWiR 2013, 571 ff.

Greiner, Stefan, Die Unwirksamkeit der Allgemeinverbindlicherklärung von Sozialkassentarifverträgen im Baugewerbe, NZA 2017, 98 ff.

Hartmann, Felix, Negative Tarifvertragsfreiheit im deutschen und europäischen Arbeitsrecht, 2014 [zitiert als: *Hartmann,* Negative Tarifvertragsfreiheit]

Henrich, Hermann, Das Verhältnis von tarif- und gesellschaftsrechtlicher Struktur der Gemeinsamen Einrichtungen der Tarifvertragsparteien – am Beispiel der Zusatzversorgungskasse des Baugewerbes Versicherungsverein auf Gegenseitigkeit, 1968 [zitiert als: *Henrich,* Zusatzversorgungskasse des Baugewerbes]

Henssler, Martin / Willemsen, Heinz Josef / Kalb, Heinz Jürgen (Hrsg.), Arbeitsrecht Kommentar, 6. Auflage 2014 [zitiert als: H/W/K/*Bearbeiter*]

Hippmann, Christoph, Die Allgemeinverbindlicherklärung im Kontext staatlicher Beteiligung bei der Feststellung von Arbeitsbedingungen, 2015 [zitiert als: *Hippmann*, Die Allgemeinverbindlicherklärung]

Hohenstatt, Klaus-Stefan / Schramm, Nils, Tarifliche Mindestlöhne: Ihre Wirkungsweise und ihre Vermeidung am Beispiel des Tarifvertrags zum Post-Mindestlohn, NZA 2008, 433 ff.

Isensee, Josef / Kirchhof, Paul (Hrsg.), Handbuch des Staatsrechts der Bundesrepublik Deutschland Band III: Demokratie – Bundesorgane, 3. Auflage 2005 [zitiert als: *Isensee/Kirchhof*]

Jacobs, Matthias, Entgeltfindung zwischen Markt und Staat – Bemerkungen zur aktuellen Diskussion um einen gesetzlichen Mindestlohn, in: *Kohl, Helmut / Kübler, Friedrich / Ott, Claus / Schmidt, Karsten*, Zwischen Markt und Staat – Gedächtnisschrift für W. Rainer Walz, 2007, S. 289 ff. [zitiert als: *Jacobs*, FS Walz]

Jarass, Hans D. / Pieroth, Bodo, Grundgesetz für die Bundesrepublik Deutschland (GG) – Kommentar, 15. Auflage 2018 [zitiert als: Jarass/Pieroth/*Bearbeiter*]

Jauernig, Othmar, Bürgerliches Gesetzbuch (BGB) – Kommentar, 16. Auflage 2015, herausgegeben von Stürner, Rolf [zitiert als: Jauernig/*Bearbeiter*]

Kempen, Otto Ernst / Zachert, Ulrich (Hrsg.), TVG – Tarifvertragsgesetz, 5. Auflage 2014 [zitiert als: KeZa/*Bearbeiter*]

Kemper, Michael, Die Bestimmung des Schutzbereichs der Koalitionsfreiheit (Art. 9 Abs. 3 GG), 1989 [zitiert als: *Kemper*, Schutzbereich der Koalitionsfreiheit]

Klebeck, Ulf / Weninger, Heike, Mindestlohn-Rechtsverordnung nach AEntG, SAE 2009, 159 ff.

Klein, Thomas, Die Sicherung der Sozialkassenverfahren im Baugewerbe, AuR 2017, 48 ff.

Kopp, Ferdinand O. / Schenke, Wolf-Rüdiger, Verwaltungsgerichtsordnung (VwGO) – Kommentar, 24. Auflage 2018 [zitiert als: Kopp/Schenke/*Bearbeiter*]

Lechner, Hans / Zuck, Rüdiger, Bundesverfassungsgerichtsgesetz – Kommentar, 7. Auflage 2015, [zitiert als *Lechner/Zuck*]

Lenz, Christofer / Hansel, Ronald, Bundesverfassungsgerichtsgesetz – Handkommentar, 2. Auflage 2015 [zitiert als: *Lenz/Hansel*]

Lorenz, Stephan, Gescheiterte Vertragsbeziehungen zwischen Geschäftsführung ohne Auftrag und Bereicherungsrecht: späte Einsicht des BGH?, NJW 1996, 883 ff.

Löwisch, Manfred / Rieble, Volker, Tarifvertragsgesetz, 3. Auflage 2012 [zitiert als: *Löwisch/Rieble*, 3. Auflage]

Löwisch, Manfred / Rieble, Volker, Tarifvertragsgesetz, 4. Auflage 2017 [zitiert als: *Löwisch/Rieble]*

Löwisch, Manfred, Die neue Mindestlohngesetzgebung, RdA 2009, 215 ff.

Mangoldt, v., Hermann / Klein, Friedrich / Starck, Christian, Grundgesetz Kommentar, Band 1: Präambel und Art. 1 – 19, 7. Auflage 2018 [zitiert als: M/K/S/*Bearbeiter*, Band 1]

Mangoldt, v., Hermann / Klein, Friedrich / Starck, Christian, Grundgesetz Kommentar, Band 2: Art. 20 – 82, 7. Auflage 2018 [zitiert als: M/K/S/*Bearbeiter*, Band 2]

Maunz, Theodor / Dürig, Günter, Grundgesetz Loseblatt-Kommentar, Band III, Stand: April 2018 [zitiert als: Maunz/Dürig/*Bearbeiter*, Band III]

Maunz, Theodor / Dürig, Günter, Grundgesetz Loseblatt-Kommentar, Band VI, Stand: April 2018 [zitiert als: Maunz/Dürig/*Bearbeiter*, Band VI]

Maunz, Theodor / Schmidt-Bleibtreu, Bruno / Klein, Franz / Bethge, Herbert, Bundesverfassungsgerichtsgesetz Loseblatt-Kommentar, Band 1, Stand: Juni 2018 [zitiert als: M/S/K/B/*Bearbeiter*, Band 1]

Meides, Peter, Die SOKA-BAU – Eine Sozialkasse der Bauwirtschaft im Spannungsfeld von Recht und Politik, 2018 [zitiert als: *Meides*, Die SOKA-BAU]

Moll, Wilhelm (Hrsg.), Münchener Anwaltshandbuch Arbeitsrecht, 4. Auflage 2017 [zitiert als: Moll/*Bearbeiter*]

Moraw, Christian, Tarifkonkurrenz, Tarifpluralität und der Grundsatz der Tarifeinheit bei Tarifnormen über gemeinsame Einrichtungen im Anwendungsbereich des Tarifvertragsgesetzes, 2018 [zitiert als: *Moraw*, Tarifkonkurrenz, Tarifpluralität und der Grundsatz der Tarifeinheit]

Münchener Kommentar zum Bilanzrecht, Band 2: §§ 238–342e HGB, 1. Auflage 2013 [zitiert als: MükoBilanzR/*Bearbeiter*, Band 2]

Münchener Kommentar zum Bürgerlichen Gesetzbuch, Allgemeiner Teil, Band 1: §§ 1 – 240, 7. Auflage 2015 [zitiert als MüKoBGB/*Bearbeiter*, Band 1]

Münchener Kommentar zum Bürgerlichen Gesetzbuch, Schuldrecht Allgemeiner Teil, Band 2: §§ 241 – 432, 7. Auflage 2016 [zitiert als MüKoBGB/*Bearbeiter*, Band 2]

Münchener Kommentar zum Bürgerlichen Gesetzbuch, Schuldrecht Besonderer Teil III/2, Band 5/2: §§ 651a – 704, 7. Auflage 2017 [zitiert als MüKoBGB/*Bearbeiter*, Band 5/2]

Münchener Kommentar zum Bürgerlichen Gesetzbuch, Schuldrecht Besonderer Teil IV, Band 6: §§ 705 – 853, 7. Auflage 2017 [zitiert als MüKoBGB/*Bearbeiter*, Band 6]

Münchener Kommentar zum Handelsgesetzbuch, Band 4: §§ 238 – 342e, 3. Auflage 2013 [zitiert als: MükoHGB/*Bearbeiter*, Band 4]

Nerlich, Jörg / Römermann, Volker (Hrsg.), Insolvenzordnung (InsO) Loseblatt-Kommentar, Stand. Juni 2018 [zitiert als: Nerlich/Römermann/*Bearbeiter*]

Palandt, Otto, Bürgerliches Gesetzbuch: BGB, 77. Auflage 2018 [zitiert als: Palandt/*Bearbeiter*]

Preis, Ulrich / Povedano Peramato, Alberto, Das neue Recht der Allgemeinverbindlicherklärung im Tarifautonomiestärkungsgesetz, 2017 [zitiert als: *Preis/ Povedano Peramato,* Das neue Recht der Allgemeinverbindlicherklärung]

Prütting, Hanns / Wegen, Gerhard / Weinreich, Gerd (Hrsg.), Bürgerliches Gesetzbuch – Kommentar, 13. Auflage 2018 [zitiert als: Prütting/Wegen/Weinreich/ *Bearbeiter*]

Rieble, Volker / Klebeck, Ulf, Gesetzlicher Mindestlohn?, ZIP 2006, 829 ff.

Sachs, Michael (Hrsg.), Grundgesetz – Kommentar, 8. Auflage 2018 [zitiert als: Sachs/*Bearbeiter*]

Sahl, Karl-Heinz, Leistung und Verfahren der gemeinsamen Einrichtungen ULAK und ZVK, NZA-Beil. 2010, 8 ff.

Schaub, Günter / Koch, Ulrich (Hrsg.), Arbeitsrecht von A-Z, 22. Auflage 2018 [zitiert als: Schaub/Koch/*Bearbeiter*]

Schüren, Peter, Die Tariffähigkeit der Tarifgemeinschaft Christlicher Gewerkschaften für Zeitarbeit und PSA vor den deutschen Arbeitsgerichten, Ergebnisse einer Umfrage, NZA 2007, 1213 ff.

Sodan, Helge / Ziekow, Jan (Hrsg.), Verwaltungsgerichtsordnung – Großkommentar, 5. Auflage 2018 [zitiert als: Sodan/Ziekow/*Bearbeiter*]

Sodan, Helge / Zimmermann, Markus, Die Beseitigung des Tarifvorrangs gegenüber staatlich festgelegten Mindestarbeitsentgelten auf dem Prüfstand der Koalitionsfreiheit, ZfA 2008, 526 ff.

Stern, Klaus, Das Staatsrecht der Bundesrepublik Deutschland, Band III/2, 1994 [zitiert als: *Stern,* Staatsrecht, Band III/2]

Strippelmann, Hagen, Rechtsfragen der gemeinsamen Einrichtungen, 2016 [zitiert als: *Strippelmann,* Gemeinsame Einrichtungen]

Thüsing, Gregor (Hrsg.), Kommentar zum Mindestlohngesetz und Arbeitnehmer-Entsendegesetz, 2. Auflage 2016 [zitiert als: Thüsing/*Bearbeiter*]

Thüsing, Gregor / Braun, Axel (Hrsg.), Tarifrecht: Handbuch, 2. Auflage 2016 [zitiert als: Thüsing/Braun/*Bearbeiter*]

Thüsing, Gregor / v. Hoff, Konrad, Leistungsbeziehungen und Differenzierungen nach der Gewerkschaftszugehörigkeit bei Gemeinsamen Einrichtungen, ZfA 2008, 77 ff.

Thüsing, Gregor, SOKA-BAU, das BAG und das SOKA-SiG, Die Entscheidungen des BAG vom 21.9.2016 (10 ABR 33/15, NZA-Beil. 2017, 12 und 10 ABR 48/15, BeckRS 2016, 74224), die Antwort des Gesetzgebers und Handlungsperspektiven für die Praxis, NZA-Beilage 2017, 3 ff.

Ulber, Daniel, Das Sozialkassenverfahrensicherungsgesetz ist mit dem Grundgesetz vereinbar!, NZA 2017, 1104 ff.

Vetter, Franz, Potenzielle Arbeitgeber sind Arbeitgeber? – Die Problematik der Solo-Selbstständigen, NZA-RR 2017, 281 ff.

Wiedemann, Herbert (Hrsg.), Tarifvertragsgesetz, 7. Auflage 2007 [zitiert als: Wiedemann/*Bearbeiter*]

Wiedemann, Herbert, Anmerkung zu BAG, Urteil vom 29.1.1975 – 4 AZR 218/74, AP Nr. 8 zu § 4 TVG Nachwirkung

Willemsen, Heinz Josef / Sagan, Adam, Mindestlohn und Grundgesetz – Staatliche Lohnfestsetzung versus Tarifautonomie, NZA 2008, 1216 ff.

Wonneberger, Wolfgang, Die Funktionen der Allgemeinverbindlicherklärung von Tarifverträgen, 1992 [zitiert als: *Wonneberger*, Die Funktionen der AVE]

Zöllner, Wolfgang, Die Wirkung der Normen über gemeinsame Einrichtungen der Tarifvertragsparteien, RdA 1967, 361 ff.

Zöllner, Wolfgang, Empfiehlt es sich, das Recht der Gemeinsamen Einrichtungen der Tarifvertragsparteien (§ 4 Abs. 2 TVG) gesetzlich näher zu regeln?, Gutachten für den 48. Deutschen Juristentag, 1970 [zitiert als: *Zöllner*, Gutachten zum 48. DJT]

FSC
www.fsc.org
MIX
Papier | Fördert gute Waldnutzung
FSC® C083411

Kolibri 360 GmbH
Ferdinand-Jühlke-Straße 7
99095 Erfurt, Deutschland
produktsicherheit@kolibri360.de